SCHARNHORSTS VERMÄCHTNIS

VON

PROF. DR. REINHARD HÖHN

Zweite Auflage

1972
Bernard & Graefe Verlag · Frankfurt am Main
und
Verlag für Wissenschaft, Wirtschaft und Technik
Bad Harzburg

Umschlag: Anton Christ, Hofheim/Ts.
Bildnachweis: Alle Abbildungen Ullstein Bilderdienst

1. Auflage 1952

Umfang: 387 Seiten + 4 Abbildungen.

Gesamtherstellung: Druckerei R. E. Beltz KG. Frankfurt am Main.
Printed in Germany — ISBN 3-7637-5110-6

VORWORT

In einer gewaltigen Krise, die von ihrer Zeit nicht weniger einschneidend empfunden wurde als die heutige, wirkte in Preußen Gerhard Scharnhorst — still und ohne größeres Aufsehen zu erregen, bis zum Zusammenbruch von 1806; von da ab leuchtete er wie ein Meteor am politischen Himmel eines Staates auf, der „durch die Verbindung der Umstände selbst fast zum Mittelpunkt des europäischen Staaten-Systems geworden war", (Clausewitz) und verschwand durch seinen plötzlichen Tod, ohne sein Werk vollendet zu haben, wieder von der Bühne.
Scharnhorsts Vermächtnis liegt im Vorbild seiner staatsmännischen Leistung. Es wird für denjenigen wenig bedeuten, der hier Rezepte für die Meisterung der Gegenwart und Material für billige Analogieschlüsse zu finden glaubt. Es geht jedoch den an, der sich darauf besinnt, wie entscheidende Männer der Vergangenheit mit den schwierigsten politischen und militärischen Situationen fertig geworden sind. Scharnhorsts Vermächtnis gilt für den politischen Menschen in Katastrophenzeiten. Es besitzt eine über die nationale Begrenzung hinausreichende Weite.
Das vorliegende Buch ist keine Scharnhorstbiographie. Auch so interessante und wichtige Tatsachen wie Scharnhorsts Wirken als Lehrer an der Regimentsschule in Northeim und an der Artillerieschule in Hannover, seine damalige literarische Tätigkeit, die ihm bei niederem Range eine geachtete Stellung in der Militärliteratur der Zeit verschaffte, werden nur insoweit herangezogen, als sie unmittelbar für das Thema von Bedeutung sind. Dies gilt auch von seiner Teilnahme an den Feldzügen der Revolutionskriege und von seinen Waffentaten.
Es ist ebenfalls nicht Aufgabe dieses Buches, die geistigen Strömungen aufzuweisen, die auf Scharnhorst eingewirkt haben und die er seiner Aufgabe dienstbar zu machen verstand. Das Buch zeigt Scharnhorst in seinem unmittelbaren Wirken als Soldaten, Erzieher und Staatsmann. Es sagt damit zugleich auch dem Kenner, woher er kommt und aus welchen Quellen er schöpft. Einige von ihnen lassen sich unschwer erkennen. So

ist der Einfluß der Göttinger historischen Schule in Scharnhorsts Auffassung von der Aufgabe, die die Kriegsgeschichte zu lösen hat, deutlich spürbar. Auch im Ringen um die wissenschaftliche Forschungsmethode des Generalstabs, wobei sich Scharnhorst mit der „Kunst, die Erfahrungen zu benutzen", der Bedeutung einer „der Natur der Sache" entsprechenden Theorie und „richtiger Begriffe" auseinandersetzen muß, heben sich die geistigen Verbindungslinien ab. Wie grundlegend Scharnhorst sich von den Aufklärern trotz Gebrauchs gleichklingender Vokabeln unterscheidet, ergibt sich aus der Darstellung. Wie wenig er mit Hilfe der uns geläufigen Kategorien, in die wir die Männer seiner Zeit geistig einzuordnen pflegen, zu erfassen ist, wird jedem klar, der sich ernsthaft um einen solchen Versuch bemüht. Scharnhorst benutzt Bausteine aus den verschiedensten Zeitepochen. Er verwendet sie so, wie er sie zur Bewältigung seiner Aufgaben benötigt.

Das vorliegende Buch ist eine Quellenarbeit. Es beruht auf Material, das zum Teil nicht mehr zugänglich, zum Teil vernichtet ist. Ist doch die gesamte archivalische Hinterlassenschaft des preußischen Heeres von den ersten Anfängen bis zum Jahre 1918 mit Ausnahme der Nachlässe durch Luftangriff im April 1945 zerstört worden. Ein Zufall erhielt dem Verfasser die Unterlagen.

All denen, die durch wichtige Hinweise und Ratschläge bei der Bearbeitung und Korrektur dieses Werk gefördert haben, danke ich herzlichst.

Hamburg 1952 *Reinhard Höhn*

INHALT

A. DIE ERSCHÜTTERUNG DER MILITÄRISCHEN VORSTELLUNGS-WELT DURCH DIE FRANZÖSISCHEN REVOLUTIONSKRIEGE

B. SCHARNHORST IM KAMPF UM DIE ERNEUERUNG DES HEERES

C. SCHARNHORSTS REFORM NACH DEM ZUSAMMENBRUCH ALS POLITISCH-MILITÄRISCHES WERK

A. DIE ERSCHÜTTERUNG DER MILITÄRISCHEN VORSTELLUNGSWELT DURCH DIE FRANZÖSISCHEN REVOLUTIONSKRIEGE

I. Das Gefühl geistiger Unterlegenheit gegenüber den revolutionären Heeren

Das gesamte europäische Kriegswesen von der Kriegskunst über die Kriegstheorie bis zur Stellung des Offiziers und Soldaten innerhalb der Wehrverfassung, in klassischer Form im preußischen Heer friderizianischer Prägung verkörpert, wird durch die französischen Revolutionskriege in seinen geistigen Voraussetzungen und damit zugleich in seinem militärischen Wert fragwürdig [1]. Das friderizianische Heer ging davon aus, daß der Krieg eine „Staatsaktion" sei, bei der der Bürger nicht merken solle, wenn die Armee sich schlage. Demgegenüber wird im Massenaufgebot, der levée en masse, das ganze Volk einbezogen. Während der Soldat des preußischen Heeres für seinen König und nicht für Ideen kämpft, wird der Krieg von den Franzosen bewußt für politische Ideale geführt. Wurden die bisherigen Kriege als Kriege der Dynastien, als sogenannte „Kabinettskriege" betrachtet, so wird der Kampf, den die absolutistisch regierten Staaten Preußen und Österreich gegen das revolutionäre Frankreich begannen, von diesem als ein Krieg gegen das französische Volk empfunden. Er gilt als Weltanschauungskampf, als „ein Krieg über Meinungen", wie es in der Sprache der Zeit heißt, als ein Kampf um diejenigen Ideen, die dem französischen Volk seine Freiheit verschafft hatten, als Krieg um die Früchte der Revolution, um die Aufrechterhaltung eines neuen, als gerechter empfundenen politischen und sozialen Zustandes. Dieser Krieg werde entscheiden, so

---

1 Vgl. hierzu eingehend *Höhn, R.*, Revolution, Heer, Kriegsbild, 1944, insbesondere das Kapitel „Die Wandlung des Kriegsbildes durch die Französische Revolution", S. 120 ff.

verkündet man, ob die Bauern wieder „Fronden, lehensherrliche Dienste leisten und andere herrschaftliche Gebühren bezahlen müßten", oder ob sie „auf immer von diesem Tribut der Sklaverei befreit blieben". „Ihr sollt jetzt fechten", so liest man in einem Flugblatt der Zeit,

> „um zu erfahren, ob eure Erndten, als die rechtmäßige Frucht eurer Arbeiten euch gehören ... Ihr sollt fechten, um zu erfahren, ob Intendanten, Subdelegaten und Amtsleute euch wieder drückende Gesetze vorschreiben, euch eure Straßen nach ihrem Belieben und zu ihrem Vergnügen bauen und euch allen die Last auflegen dürfen ... oder ob eure Brüder, eure Freunde, Männer, die ihr selbst zu euren Verwaltern wähltet, fernerhin alles nach dem billigen Gesetze der Gleichheit verteilen und uns Rechenschaft von ihrem Haushalt ablegen werden" [2].

Darauf, daß der Krieg darum gehe, ob für den gewerbetreibenden Bürger der Zunftzwang sowie alle übrigen ehemaligen Beschränkungen wieder eingeführt, ob die Kirchensteuern von neuem erhoben werden dürfen, die Freizügigkeit weiter gelte, Versammlungs- und Pressefreiheit, Glaubens- und Gewissensfreiheit bestehen dürfen, wird immer wieder hingewiesen.

Der Krieg wird im übrigen nur als Teil einer Gesamtauseinandersetzung betrachtet. Er wird auf den verschiedensten Ebenen geführt, auf der wirtschaftlichen, politischen, propagandistischen und der militärischen. Letztere stellt nur e i n e Kampffront dar. Der Krieg durchbricht damit die Grenzen, die ihm nach dem Kriegsbild des absoluten Staates gesetzt waren. Der Krieg ist kein militärisches Schachspiel mehr, bei dem die Bauern und Türme als feste Größen im Spiel stehen und Gegensätze der Staaten nach allgemein anerkannten, festgelegten Regeln turniermäßig und kunstgerecht ausgefochten werden. Umfang und Dauer des Krieges sind nicht mehr begrenzt und daher auch nicht berechenbar wie im absoluten Staat, der zur Führung des Krieges nur sein stehendes Heer benutzen konnte und dem zu diesem Zweck im allgemeinen nur die Ersparnisse des Staatsvermögens zur Verfügung standen.

Jetzt treten Elemente auf, die dem Kriegsbild des absoluten Staates völlig fremd waren. An der Spitze steht der Enthusiasmus. Er drückt die grundsätzlich neue Haltung eines revolutionären, für Ideen kämpfenden Soldatentums aus. „Wir fochten einer gegen fünf, doch mit uns focht die Marseillaise." Mit diesen Worten gibt ein junger Soldat die

---

[2] Vgl. dazu das Gutachten des Diplomatischen Ausschusses der französischen Nationalversammlung über den Krieg mit Deutschland, gegeben am 14. Januar 1792, abgedr. Minerva, 1792, Bd. I, S. 390 ff. 402.

Begründung für den Sieg. Der Enthusiasmus verkörpert in sich den fanatischen Willen zur Selbstbehauptung der Revolution. Er äußert sich militärisch in einer bis zum letzten gehenden Opferbereitschaft und dem Einsatz aller nur erreichbaren Mittel. Für den Enthusiasmus ist der Wille zum Äußersten trotz beschränkter militärisch-technischer Mittel kennzeichnend. Der Enthusiasmus ist die Kraftquelle, mit deren Hilfe ein ganzes System von Notbehelfen eingerichtet wird. Überall versteht man mit seiner Hilfe aus der Not eine Tugend zu machen. Vermöge des Enthusiasmus gelingt es der Französischen Revolution, die Zeit zu überbrücken, während der ihr die physischen und technischen Mittel fehlen, bis der Zusammenklang von beiden wieder erreicht wird und ihr in *Carnot* der Mann ersteht, dem es gelingt, all die revolutionären, aus der Not geborenen Einzelmaßnahmen in ein System zu bringen und die Begeisterung der Revolution mit einer den revolutionären Ideen entsprechenden Heeresorganisation zu verbinden. Man beschränkt sich in Waffen und Ausbildung auf das Zweckmäßige, gibt die überkommene Taktik, soweit sie im Wege steht, auf und behält nur soviel bei als für den Felddienst wesentlich erscheint. Der Apparat des stehenden Heeres mit seinem Organisations-, Ausrüstungs- und Verpflegungssystem gilt als Hindernis, um die Kräfte des ganzen Volkes, die man für die Verteidigung braucht, einspannen zu können. Als unnütze Verschwendung von Energien erscheint es, die starre Linie künstlich aufrecht zu erhalten, wenn sie im Schlachtgetümmel sowieso in Unordnung gerät. Der mechanische Ablauf der in der Lineartaktik vorgeschriebenen Evolutionen erscheint gekünstelt, weil er den inneren Elan und die seelischen Kräfte der Revolutionssoldaten nicht zur Auswirkung kommen läßt.

In Verbindung mit der levée en masse und dem Enthusiasmus bringen die französischen Revolutionskriege eine neue Kampfesform, das Tirailleursystem, hervor. Der Tirailleur durchbricht am sichtbarsten das bisherige Heeressystem und verändert das Bild vom Kriege. Für die absolutistische Heeresordnung ist der Soldat eine Nummer. Durch Zwang wird er zu einem rein maschinenmäßigen Fechten abgerichtet. Die moralische Bindung schafft, so argumentiert man, der Stock des Korporals. Mechanisch vollzieht der Soldat bestimmte eingedrillte Handgriffe, auf die er „dressiert" ist. Der Tiralleur gilt als neuer Menschentyp, der dem „Soldknecht des stehenden Heeres" als militärischer Ausdruck der neuen, auf der Befreiung des Individuums von jedem absolutistischen Zwang aufgebauten Ordnung gegenübertritt. Der Enthusiasmus, der ihn erfüllt, weckt in ihm seine vielfältigen

Fähigkeiten und Eigenschaften, erhebt ihn zur Persönlichkeit, zum Einzelkämpfer mit ausgeprägter Individualität. Wie auf dem politischen Sektor der einzelne, von den Ideen der Freiheit und Gleichheit gepackt, sich gegen den absoluten Staat stemmt und vom Untertanen zum Staatsbürger wird, so soll er auch im militärischen Bereich, vom Enthusiasmus erfaßt, zum Erwachen seiner Persönlichkeit kommen. Neue, bisher völlig unbekannte Kräfte sollen damit in ihm zur Entfaltung gelangen. Für den Soldaten des stehenden Heeres ist es im Rahmen des absolutistischen Kriegsbildes selbstverständlich, daß er davonläuft, wenn er nicht mehr im engen Truppenverband steht und sobald sich ihm die Möglichkeit zur Desertion bietet. Der Tirailleur, hinter dem kein „Stockkorporal" steht, der ihn davon abhält zu fliehen, kämpft trotzdem und läuft nicht davon. Ja, wenn er zurückweicht, so nur deshalb, um im nächsten Augenblick wieder vorzustoßen und den durch diese Taktik verwirrten Gegner zu schlagen.

Das absolutistische Heeressystem, das auf Zwang zum Dienst und Zwang im Dienst aufgebaut war, und das nach dem Siebenjährigen Kriege als das große militärisch-technische Wunder der Zeit angestaunt wurde, wird auf diese Weise völlig in Frage gestellt. Das Kriegsbild ist dazu in seinem Wesen entscheidend verändert. Volkskraft gegen stehendes Heer ist jetzt die Parole. Das Massenaufgebot als die moderne Form der Aufbringung von Heeren ist in Verbindung mit dem Enthusiasmus und dem Tirailleursystem die große militärische Überraschung, die Frankreich in seinem Kampf gegen die absoluten Staaten diesen bereitet.

Anfänglich trennt man sich freilich nur aus Not und auch nur mit Mühen und Bedenken von den überlieferten Anschauungen, ist oft selbst unglücklich darüber, daß man den Armeen der absoluten Staaten nicht in Bewaffnung und Ausrüstung gleichwertige Heere entgegenstellen kann [3]. Später erst tritt die Erkenntnis hinzu, daß, gleichwie in politischer Beziehung eine Revolution das Alte hinweggefegt und sieghaften neuen Ideen Platz macht, dies auch in militärischer Hinsicht

---

[3] Richtig erkennt dies unter den Zeitgenossen der *Erzherzog Karl* in seinen „Grundsätzen der höheren Kriegskunst für die Generäle der österreichischen Armee", 1806: Die französischen Armeen wurden in der Eile von ausgehobenen Bauern zusammengestellt. Das schwerste bei der Bildung von Soldaten, das Geschlossen-Bleiben, konnte man ihnen in der kurzen Zeit nicht beibringen, man benutzte daher den Vortheil ihres von Natur aus kühnen, leichtempfänglichen, leichtsinnigen Charakters und ließ sie zerstreut fechten." Erzherzog Karl, Ausgewählte Schriften, 1882, S. 46.

GERHARD VON SCHARNHORST

Königlich Preussischer General Lieutenant und General Quartiermeister.

Neidhardt von Gneisenau

geschehen muß. Erst dann sieht man bewußt die Frontenstellung, die sich hier vollzogen hat.

Der Ausgang der französischen Revolutionskriege, die im Ergebnis mit einem vollständigen Sieg der Franzosen endeten, rief eine Umwälzung in den Köpfen der geistig führenden Offiziere der preußischen Armee sowie aller derjenigen hervor, die mit Bewußtsein die Vorgänge betrachteten. Der nordamerikanische Unabhängigkeitskrieg, in dem nach dem bisherigen System ausgebildete Milizen ihre nach der Manöverstrategie kämpfenden Gegner schlugen, war im Grunde nicht ernst genommen und nicht als Warnungssignal für Europa betrachtet worden. Wie war es möglich, so fragte man sich, als die ersten Meldungen über den Rückzug der Alliierten, insbesondere über die vergebliche Kanonade von Valmy, eintrafen, daß die „bravsten Krieger Europas: Preußen, Österreicher, Ungarn, Hessen, Sachsen, jenem zusammengerafften Haufen" [4] der französischen Revolutionsheere weichen mußten? Der spätere Generalfeldmarschall *von dem Knesebeck,* der als junger Offizier auf preußischer Seite den Feldzug mitgemacht hatte, gibt darauf die Antwort: Nicht weil der Mut des stehenden Heeres geringer gewesen sei, habe dieses verloren, sondern

> „weil seine Seele seinen Körper nicht so antreibe, wie jenen, den der Enthusiasmus entflamme. Dies sei der Unterschied zwischen einem Heer, wo sich ein jeder vom Ersten bis zum Letzten mit Wärme für die Sache interessiere und einem, das der Ehrgeiz der Oberen nur antreibt" [5].

Aus den Erscheinungen der Revolutionskriege folgert der Herausgeber des „Magazin der neuesten Kriegsbegebenheiten", daß der Krieg „nichts anderes als der Kampf wechselseitig vereinigter physischer und geistiger Kräfte" sei. Daraus aber ergibt sich für ihn weiter, daß

> „jener Teil, der die geistigen Kräfte aller ihm zu Gebote stehenden Individuen mit für sich anzuspannen weiß, allerdings den entscheidenden Vortheil vor jenem voraus hat, der von den mehrsten nur die physischen gebraucht" [6].

Für den hessischen Major und Generalquartiermeisterleutnant F. P. *von Porbeck* ist es eine feststehende Tatsache, daß die Franzosen es

---

[4] „Über militairischen Enthusiasmus", Magazin der neuesten merkwürdigen Kriegsbegebenheiten, 1797, S. 29.

[5] *Knesebeck,* Betrachtung über den jetzigen Krieg und die Ursachen seiner falschen Beurtheilung, 1794, S. 59.

[6] Anmerkungen des Herausgebers des „Magazin der neuesten Kriegsbegebenheiten", 1796, S. 25.

fertiggebracht haben, die Massen „zum tollkühnen fanatischen Enthusiasmus“ [7] hinzureißen, den Gleichklang zwischen Führung und Truppe herzustellen und auf diese Weise Erfolge zu verzeichnen, die sonst niemals erzielt worden wären. „Die Erfahrungen der Revolutionskriege“, so erklärt er, hätten bewiesen, daß

> „zwangvoller, gekünstelter zu sehr zusammengesetzter Mechanismus — zum Siegen wenig beytragen könne, daß — wenn diese Theorie auf den Übungs- und Paradeplätzen alles Mögliche leiste — im Kriege hingegen — angewandte moralische und Geisteskräfte der Heere mehr, ja weit mehr vermöchten und alle mechanischen Künste der Waffenübungen weit hinter sich zurückließen“ [8].

Das ist das entscheidend Neue, das für ihn die Revolution brachte. Er bezeichnet es als das „nie geglaubte Problem“. Er ist selbst zutiefst darüber erschüttert, daß ein neuer Kriegsfaktor das bisherige Bild vom Kriege sowie die vortreffliche Organisation der preußischen Armee, die von beinahe allen Staaten Europas nachgeahmt worden war, in der Weise in Frage stellen konnte, wie dies jetzt geschehen sei. Über das preußische Heer aber kommt er auf Grund der Erfahrungen der Revolutionskriege zu folgendem Urteil:

> „So schön und glänzend die Außenseiten aller Truppen waren, so kriegerisch die Bewaffnung — und so imposant die Evolutionen, besonders der meisten deutschen Kriegsvölker zu seyn schienen, so entsprach doch kein froher Gemeingeist — nicht das moralische Einverständnis, — nicht der Einklang der kleinen und großen Massen — noch die Anstrengung der Leibes- und Seelenkräfte aller Glieder, — den schmeichelhaften Hoffnungen, womit sich bisher jedermann — selbst die einsichtsvollsten Männer getäuscht hatten.“ [9]

Die Ausführungen aller dieser Offiziere, die beliebig vermehrt werden könnten, überraschen in ihrer Weitsichtigkeit. Sie bringen Gesichtspunkte, die in dieser Schärfe und Klarheit unmittelbar nach den Feldzügen, während man noch mitten im Geschehen stand, erstaunlich sind. Das preußische Heer ist also in den Revolutionskriegen nicht deshalb unterlegen, weil die Heeresmaschine weniger gut funktioniert hat, sondern weil die Franzosen ein Moment in Rechnung stellten, das die preußische Führung völlig außer acht gelassen hatte und auf Grund des bisherigen Kriegsbildes nicht in die Kriegführung mit einbeziehen

---

[7] *Porbeck*, Über die Ursachen der vielen Siege und des Kriegsglücks der Franzosen auf dem festen Lande in diesem Revolutionskriege, Neue Bellona, Bd. 1, S. 389.

[8] Ebenda, Bd. 3, S. 237.

[9] Ebenda, S. 238.

konnte, die Begeisterung und den Enthusiasmus des einzelnen Soldaten, der „sich über menschliche Kräfte hinaufschwingt".
Bei dieser Kritik handelt es sich nicht um Einzelkorrekturen am überkommenen Heeressystem, es geht vielmehr um die Frage, ob man mit dem Heer des absoluten Staates überhaupt noch zu fechten und zu siegen in der Lage sei. Der absolute Staat und sein Heer kämpfen, das empfinden diese Offiziere deutlich, auf verlorenem Posten. „Diese Stimmung" aber ist, so versichert *Knesebeck*, mit Rücksicht auf künftige Kriege „der fürchterlichste Feind" der Monarchien. Alle diese Kriege werden, unter welchem Vorwand man sie auch immer führen mag, von jetzt ab stets „Meinungskriege" sein, in denen „die Monarchien nichts gewinnen", sondern nur „ihre Existenz wagen" [10].
Über diese einzelnen Äußerungen der Offiziere, die unter dem Eindruck des unmittelbaren Kriegserlebnisses ihre Stimme erhoben, hinaus fehlte der vom Grundsätzlichen her geführte Stoß gegen die alte Heeresordnung, der von hoher Warte das überkommene Heeres- und Kriegssystem in seinen Fundamenten angriff. Dieser Stoß sollte nicht lange auf sich warten lassen.

II. Der Kampf der Geister um ein neues Kriegsbild

1. Berenhorsts vernichtende Kritik an der Heeresverfassung

Bei großen Auseinandersetzungen, die eine Zeitenwende kennzeichnen, trifft man immer wieder auf Männer, die aus der alten Front ausbrechen, die das bisherige System genau kennen, von den neuen Ideen erfüllt, es mit ungemeiner Schärfe zu kritisieren vermögen und dabei auf stärksten Widerhall stoßen. Im preußischen Heer war der Rufer im Streit *Heinrich von Berenhorst* [11], ehemals Brigademajor in der Suite Friedrichs des Großen, der allgemein als einer der hervorragendsten Kenner des zeitgenössischen Heeres- und Kriegssystems galt, und des-

---

[10] *Knesebeck*, Militairische Rhapsodien, Acta, Heeresarchiv Potsdam, Nachlaß Knesebeck, Nr. 15.
[11] *Berenhorst*, G. H., Betrachtungen über die Kriegskunst, über ihre Fortschritte, ihre Widersprüche und ihre Zuverlässigkeit, Bd. I, 1797; Bd. II 1798, Bd. III, 1798.

sen Stimme in ganz Europa gehört wurde [12]. Er nahm den Kampf gegen „tiefgewurzelte, verjährte und allgemeine Vorurtheile" im Bereiche der Heeresverfassung auf, schlug die bisher verehrten Autoritäten und zog alles bis dahin Anerkannte in Zweifel. Zugleich hielt er den Militärs eine Vorlesung über den „Geist der Zeit", den sie bisher als „Phantom" zu betrachten pflegten, wie dies vor ihm noch keiner getan hatte. Seine Thesen lassen die Wucht des Zusammenpralles, der hier zwischen Altem und Neuem stattfindet, klar erkennen. Sie lauten:

> Kampf der Auffassung vom Kriege als einem kunstreichen Spiel, das, nach bestimmten Regeln geführt, im einzelnen berechenbar ist und wo der Feldherr, „indem er eine Schlacht liefert, bloss eine Partie Schach spielet" [13].
>
> Unberechenbar ist für Berenhorst der Krieg; das „große Ungefähr", der Zufall, ist der entscheidende Faktor. Unbrauchbar sind daher die Regeln, sie werden im Ernstfall über Bord geworfen.
>
> Kampf der Manövrierkunst als dem charakteristischen Ausdruck der Auffassung vom Krieg als Spiel. Die Manövrierkunst selbst ist nichts anderes als ein Schauspiel, zweckdienlich allein für den Paradeplatz von Potsdam, die ausländischen Diplomaten und einen „eingebildeten Feind", erweist sich aber im Felde, wo es die Hindernisse des Geländes zu überwinden gilt, als unbrauchbar.
>
> Kampf der Auffassung vom Soldaten als „leblosem Kunstwerk" und „seelenlosem Automaten" mit einem „armensünderartigen Mute".
>
> Kampf dem absolutistischen Zwangssystem, das die Soldaten „an den Haaren unter das Gewehr zerrt" und mit Hilfe von Prügeln zu einer „Exerziermaschine" herabwürdigt, anstatt an ihre inneren seelischen Kräfte zu appellieren.
>
> Kampf den unmenschlichen Strafen sowie dem System „der kunstreichen Anwendung des Aufpassens" untereinander, indem alle „sich selbst bewachen", das im Ergebnis die Soldaten zu „dienstversehenden Gefangenen der preußischen Armee" herabwürdigt. Notwendig ist es in Zukunft, die Seele des Soldaten zu gewinnen und den Enthusiasmus zu entfachen. „Ohne Begeisterung geht alle Taktik auf Krükken . . ., das Feuer, aber physisches mit moralischem verbunden, bereitet den Sieg."
>
> „Staatsverteidiger" müssen in Zukunft die „gezwungenen Soldaten" ablösen. An die Stelle des jetzigen stehenden Heeres, das „einen Stand, abgesondert von allen übrigen Ständen", bildet, soll „ein Heer

---

12 Vgl. über Berenhorst meine Darstellung in dem Kapitel: „Berenhorsts Auseinandersetzung mit dem absolutistischen Kriegsbild" in „Revolution, Heer, Kriegsbild" 1944, S. 179 ff.

13 *Berenhorst* an Valentini, Acta, Heeresarchiv Potsdam, Nachlaß Valentini, Bd. 2, S. 198.

> aus Staatsbürgern" treten. „Jeder Staatsbürger soll im Prinzip auch Staatsverteidiger sein." Ein neuer Typus von Vorgesetzten hat die Stelle der bisherigen „Zuchtmeister" einzunehmen.
>
> Voraussetzung für diese neue Heeresverfassung ist eine neue politische Verfassung, die den Absolutismus aufgibt und von dem Gedanken ausgeht, den einzelnen an den Staat heranzuziehen. Wird sie nicht eingeführt, dann wird „die rächende Zukunft dies erzwingen", wenn sie „die übel zusammengefrorenen Schollen wie Tauwetter im Frühling mit schrecklichem Bruch auflösen wird".
>
> In der praktischen Übung der Soldaten sind an Stelle der Künstlichkeit des Exerzierens „starke Märsche mit Waffen und Gepäck" einzuführen, damit die Soldaten gewandt werden, ihre natürlichen Körperkräfte üben und so die Grundlagen für eine neue natürliche Art des Krieges mitbringen. Statt Meister der Paradekniffe zu sein, die ihre ganze Kraft auf das starke Formieren, Entfalten und Halten der Linie verwenden, müssen die Offiziere die besten Kenner des Landes werden und so bereits eine natürliche Überlegenheit gegenüber dem Feind in den Kampf mitbringen.

Berenhorst entdeckt das Individuum im Bereich des Militärischen, er benutzt das Geschichtsbild der Aufklärung, um von dieser zentralen Position aus den Angriff gegen das stehende Heer zu führen. Er übte eine geradezu sensationelle Wirkung aus. Er machte seinen Zeitgenossen das Zwangs- und Drillsystem, das bisher als Voraussetzung für das Bestehen der Heeresmaschine und zugleich als Höchstform für eine wirkungsvolle Fechtweise betrachtet worden war, in seiner geschichtlichen Bedingtheit klar. Es ist nichts ewig Gültiges, gehört vielmehr zum absoluten Staat und muß mit ihm fallen. Er erhellte den großen Zusammenhang zwischen politischer und militärischer Ordnung und bewies, daß auch

> „das Ideal von dem trauernden Subjekt, aus welchem man heutzutage den Soldaten herauszwängt",

historisch bedingt ist: Die natürliche Kampfesweise setzt die innere Teilnahme am Kampfe voraus. Alle guten und brauchbaren Kampfinstinkte entfalten sich, wenn die Menschen wissen, wofür sie kämpfen. Schneidet man diese Wurzeln ab, verdorrt der Stamm. Dann erhält man eine leblose Organisation, mit der man nun künstlich diejenigen Funktionen erfüllen will, die einst auf natürliche Weise vollzogen wurden. Die Basis dieser Organisation ist der Zwang zum Dienst und der Zwang im Dienst. Ihr Ziel ist die Erstarrung zur Exerzier- und Schießmaschine Soldat. Das Mittel dazu ist das Prügelsystem, verbunden mit harten, unmenschlichen Strafen und einer ständigen Überwachung. Das Ergebnis ist der Soldat, der zwar äußerlich zu einem

„leblosen Kunstwerk" geworden ist, dessen Seele aber doch nicht gänzlich getötet werden konnte, der deshalb in einer ständigen inneren Auflehnung lebt und nur darauf sinnt, diesem System zu entgehen und zu desertieren.

Mit diesem Bild erhält der Beschauer einen tiefen Einblick in den inneren Zusammenhang zwischen der Struktur des stehenden Heeres der absoluten Monarchie und dem Kriegsbild der Zeit. Auch das Manövriersystem, gegen das man besonders in der zeitgenössischen Kritik Sturm läuft, wird nunmehr als Ausdruck des allgemeinen Geistes des Absolutismus verstanden, der nicht an die natürlichen seelischen Eigenschaften im Menschen appelliert und sie zum Einsatz aufruft, sondern diese Eigenschaften überall da, wo sie vorhanden sind, bewußt unterdrückt.

Nunmehr wird allen klar, warum das preußische Heer in den Revolutionskriegen keine ähnlichen Kräfte wie die Armeen der französischen Revolution zu entwickeln vermochte, und auf der anderen Seite diejenigen siegten, die

> „diese Künste verachteten und im Zorn tiefgefühlter Beleidigung all ihr Vertrauen auf ihre Wuth setzten, und die schönsten Ordnungen gleich irdenen Gefäßen zerschmissen" [14].

Berenhorsts theoretische Ausführungen besaßen eine unmittelbare praktisch-aktuelle Bedeutung. Der Respekt vor dem Heer als demjenigen Bereich des Staates, in dem die Nur-Fachleute und die Techniker der Kriegskunst regieren, ist dahin. Man weiß jetzt um die Zusammenhänge. Die künftige Heeresordnung wird ebenso wie die Kriegskunst den Händen der Nur-Techniker entrissen und zu einem ebenso politischen wie militärischen Problem, das gelöst werden kann und muß.

Besonders imponiert der Zeit die ungeheure Kühnheit Berenhorsts, an Friedrich II. als dem großen Feldherrn im Sinn der zeitgenössischen Dogmatik der Kriegskunst zu zweifeln. Die Frage der Militärs, warum der König mit dem System, das Berenhorst als so unnatürlich und künstlich hinstellt, doch solche Erfolge im Siebenjährigen Kriege errungen habe, beantwortet Berenhorst mit überlegener Ironie auf Grund der Einblicke, die ihm der nahe Umgang mit dem König während der Feldzüge gegeben hatte. Nicht wegen und vermöge der Kunst, sondern weil der König in der Lage war, in den entscheidenden Momenten gegen die Kunst zu handeln, heftete er den Sieg an seine Fahnen. Die

---

[14] *Berenhorst*, II, S. 234.

Unerschöpflichkeit seiner Anschläge, seine kühnen Unternehmungen, seine weiten und raschen Züge, seine herausfordernden Märsche im Angesicht des Feindes, seine meisterhafte Anwendung der schiefen Schlachtordnung, seine nie trügende Beurteilung der Lage des Feindes, sein oft glückliches Einkreisen oder sein Erscheinen im Rücken des Feindes, dazu sein ungewöhnlicher Scharfsinn, sein Adlerblick, mit dem er die Ränke der Höfe durchschaute, seine ergebenen Anhänger an den Höfen von Wien, Paris und Petersburg, die seine Persönlichkeit bewunderten und, obwohl unbestochen, für ihn wirkten, sie haben ihm nach Berenhorst im Verein miteinander die Siege eingebracht. Dabei half ihm die Tatsache, daß seine Gegner in ihrer Verblendung unverzeihliche Fehler machten, so etwa bei Roßbach oder Leuthen auf ihn losgingen, statt nichts zu tun. Bei Bunzelwitz respektierten sie Friedrichs Lager „wie einen magischen Zirkel, den kein unsauberer Geist überschreiten darf", anstatt es anzugreifen. Oft aber glaubten sie, im Vertrauen darauf, daß er sich starr an die Regeln halten würde, seine Maßnahmen berechnen zu können, täuschten sich dabei jedoch entscheidend, sobald er die Kunst beiseite legte und den Genius walten ließ. Vor allem aber ist es nach Berenhorsts Ansicht das „hochverehrte Ungefähr", der Zufall, der eine sehr bedeutsame, bisher zu wenig beachtete Rolle spielte, dem man viel mehr „auf die Finger schauen" müßte und der Friedrich dem Großen eine Reihe von Erfolgen da in den Schoß warf, wo er nach den Regeln der Kunst verlieren mußte, jedoch „der Kunst zum Hohn" gewann. Wie kann bei dieser Sachlage und nach diesen Erfahrungen in Zukunft ein Feldherr sich auf die Regeln der Kunst verlassen und noch zu sagen wagen: „Wenn ich so verfahre, muß der Erfolg dieser seyn?"

An Dutzenden von Beispielen aus seiner eigenen Praxis zeigt Berenhorst, wie die Dinge ganz anders vor sich gingen, als man es hinstellte. Mit Behagen zitiert er des *Marschalls von Sachsen* Ausspruch: „Alle Wissenschaften haben Grundsätze und Regeln, der Krieg allein hat keine." In seiner Gegnerschaft gegen die herrschende Kriegstheorie und das Heeressystem seiner Zeit ruft er den Feldherrn wie Soldaten ein „Zurück zur Natur" zu.

Mit Berenhorst war der geistige Durchbruch gelungen. Was auf dem politischen Sektor die großen Philosophen und politischen Denker der Aufklärung an Kritik gegen das überkommene System der absoluten Monarchie vorgebracht hatten, ergänzt auf militärischer Seite Berenhorst mit „kantischer Zermalmungsmethode".

Es war daher nur verständlich, daß die militärischen Fachgenossen

Berenhorsts Ausführungen als Verrat an der Zunft betrachteten. Sie fühlten den Boden schwanken, auf dem sie bisher so fest zu stehen vermeinten, sie glaubten, das Ethos des Standes ginge verloren, wenn das geheiligte Erbe der Kunst, als deren Hüter sie sich ansahen, überflüssig würde. Im übrigen verlegten sie sich Berenhorst gegenüber auf die Methode, mit der immer wieder die Fachleute Männer mit weitschauendem Blick und großen, vorwärtsweisenden Ideen zu bekämpfen pflegen. Sie beschäftigen sich mit diesen rein von der fachwissenschaftlichen Seite her, betrachten alle großen geistigen Fragestellungen als eine im Grunde unzulässige Kostümierung, die man bei einer ernsthaften Auseinandersetzung unter Fachleuten abstreifen müsse, da es ja hier nicht um Ideologien gehe. Sie versuchten Berenhorst dann in einzelnen Punkten zu widerlegen und ihm Unrichtigkeiten nachzuweisen, ohne ihm jedoch eine ernsthafte politisch-militärische Gesamtkonzeption entgegenstellen zu können. Sie verkannten die innere Gesetzmäßigkeit ideologischer Auseinandersetzungen und die hieraus sich ergebende Überlegenheit des Angreifers gegenüber einer Verteidigung, die sich auf die Abwehr in Einzelfragen erstrecken mußte.

2. *Bülows Theorie vom Masseneinsatz im künftigen totalen Krieg*

Derjenige Mann, der weiter vorstößt, nachdem Berenhorst die Bahn frei gemacht hat, ist *Dietrich von Bülow*[15], eine der bestechendsten Erscheinungen in den großen Auseinandersetzungen dieser Zeit. Er kümmert sich schon nicht mehr um das stehende Heer und seine lineartaktische Kampfesweise, sondern versucht Regeln dafür aufzustellen, wie man das Heer der Zukunft richtig einzusetzen vermag. Seine Lehre vom Kriege soll der preußischen Armee, die an der Überlegenheit ihrer eigenen Kriegskunst zu zweifeln begonnen hatte, neue wissenschaftlich unverrückbare Grundlagen für den Zukunftskrieg geben.

Bülow ist im Gegensatz zu Berenhorst ein erklärter Gegner des Zufalls und des Regellosen im Krieg. Er verlangt, daß man wieder zu einem System kommen müsse, das sich allerdings um einen ganz anderen Mittelpunkt, um die Masse und ihren Einsatz, zu bewegen habe. Bülow richtet ein bis ins einzelne durchkonstruiertes Lehrgebäude auf, in dem

---

[15] Vgl. über ihn meine eingehende Darstellung in dem Kapitel: „Dietrich von Bülow, der Verkünder eines neuen Kriegssystems", in „Revolution, Heer, Kriegsbild", a. a. O., S. 237 ff.

er die Gesetzmäßigkeiten des Massenkrieges darstellt, deren Richtigkeit er aus einer diesem System innewohnenden Notwendigkeit zu beweisen versucht. Die Anwendung dieses Systems verbürgt nach seiner Ansicht unfehlbar den Sieg. Bülows Grundauffassungen sind folgende:

> Der Einsatz der Masse ist der allein entscheidende Faktor im künftigen Krieg. Ein das Prinzip der Masse und ihre Gesetzmäßigkeit methodisch auswertendes Heer ist jedem stehenden Heer überlegen.

Im Spiel des Krieges muß die Ausschöpfung der Volksmassen und ihr nach einem bestimmten Schema berechneter Einsatz nach Wahrscheinlichkeitsgrundsätzen zumindest ein „Unentschieden" erzwingen.
Unerschöpfliche Reserven gleichen jede Schlappe wieder aus. Der Glaube an diese zur Verfügung stehenden Reserven überwindet den moralischen Eindruck jeder Niederlage.
Motor für die Bewegung der Massen ist der Enthusiasmus, der alle irrationalen Kräfte des Soldaten weckt und dadurch die vielfältigen in ihm schlummernden Kräfte verwendbar macht.
Die Aufgabe des Feldherrn erschöpft sich in der technischen Beherrschung des Masseneinsatzes, vor allem in der Weckung des Enthusiasmus in den Massen, der als Motor die Maschinerie des Krieges in Gang hält.
Die neue Kampfesweise im Massenkrieg ist die des Tirailleursystems. Es verachtet die starre Linie als Ausdruck einer „knechtischen Taktik" und gibt „dem Individuum seinen Mut, seine Wirksamkeit, seine Klugheit und den Gebrauch seiner körperlichen Fakultäten wieder".

> „Ein unregelmäßiges, jedoch bewaffnetes Volk wird die flatternde dünne Phalanx in kurzer Weste, bunt bekleidet, ebenso unfähig, eine Impulsion zu geben, als ihr zu widerstehen, durchbrechen und vernichten."

Ein solches Volk siegt auf Grund der

> „Überlegenheit der Zahl über inhärente taktische Güte".

Der moderne Massenkrieg ist nichts anderes als eine „Menschenjagd". Der moderne Kämpfer muß gleich dem „Jäger" sich auf seine natürlichen Kampfesinstinkte verlassen und alle „Vorteile des Erdbodens" ausnützen.
„Menschentaktik" gegen „Uhrwerkstaktik" sind von nun an die entscheidenden Gegensätze. Von dem Bekenntnis zur einen oder anderen hängen alle übrigen Folgerungen ab.
Der Krieg selbst ist ein totaler Krieg. „Objekt" der Operationen ist alles, was einen Angriff lohnt, nicht nur das feindliche Heer. Es gilt

deshalb nicht bloß die Soldaten, sondern alle Kraftquellen des Gegners zu treffen, im Lande des Feindes insbesondere denjenigen „Hauptort",

> „aus dem das feindliche Heer seine Bedürfnisse bezieht, und wo die größten Vorräthe der Elemente der kriegerischen Macht vorhanden sind, um letztere in der Wurzel zu vernichten".

Bülow geht ebenso wie Berenhorst von einer ideologischen Basis aus. Die Forderung nach Aktivierung der Massen, der große revolutionäre Gedanke der Zeit, wird von ihm auf das militärische Gebiet übertragen und daraus das Bild des künftigen Krieges entwickelt. Was die adlige preußische Berufskriegerkaste als „Kunst des Krieges" gehütet und von Geschlecht zu Geschlecht weitergegeben hat, ist für ihn überholt. Das Zeitalter der Massen hat den Krieg gewandelt. Die Zunft des preußischen Offizierkorps vermag die neuen hier entstehenden Probleme nicht mehr zu meistern, man bedarf neuer kriegstheoretischer Grundlagen und eines neuen Kriegssystems.

Mit Hohn und Spott wendet sich Bülow gegen diese Zunft und fragt sie, was sie etwa tun würde, wenn die Tartaren in Anwendung der Gesetze des Masseneinsatzes „aufsitzen" und Europa überschwemmen würden. Europa wäre ihnen gegenüber wehrlos. Ihre Herrschaft würde

> „in einem Augenblick gleichsam auf den Trümmern der europäischen Reiche und über den Köpfen der verächtlichen Reste europäischer Bevölkerung errichtet, in welchem kalmuckische Knutenmeister die Mandarinen abgeben würden"[16].

---

[16] Einige seiner grundlegenden politischen Aussprüche seien im folgenden angeführt:

Zur Frage nach der Substanz der Monarchie erklärt er:

> Die Begriffe „Kaiser und König" bedeuten „eigentlich nur die höchste Intelligenz im Staate", sie bezeichnen „da, wo diese fehlt, eine leere Form, die, weil das Wesen nicht in ihr ist, auch nicht Kaiser und König seyn kann. Denn ein Staat wird entweder durch die höchste Intelligenz oder er wird gar nicht regiert. Schauspieler, welche auf der Bühne mit den Symbolen der Macht einhertreten, sind nicht Kaiser und Könige".

Gegenüber der „behaglichen Mittelmäßigkeit", die sich in der Zeit größter Entscheidungen im preußischen Staat breit macht und gar nicht sehen will, was auf dem Spiel steht, erklärt Bülow:

> „Ist diese Hausmannskost des Verstandes, mit welcher diese genügsame Monarchie sich behilft, zureichend, ein Volk in schwierigen Situationen zu retten, wo Excentrität des Ceistes nur allein einen Ausweg findet? Wenn die Politik und der Krieg unordentlich gehen, wird der Geist bürgerlicher Ordnung allein sie beherrschen können? Werden gewöhnliche Leute außerordentliche Mittel zu veranstalten

Keinerlei Mittel wären da, um diese Katastrophe abzuwehren, oder könnten etwa dazu

> „unsere bekreideten und bestecknadelten Phalangen mit ihren klappernden und stumpfen Bajonetten und Gewehren, mit denen man nichts treffen kann",

verwandt werden? Und was würden die „gelahrten Offiziere" angesichts der von den Tartaren verwüsteten Gebiete sagen? Sicherlich nur das eine:

> „Auf eine solche Art ist es keine Kunst."

Was soll man aber, so fragt er sie,

> „von einer Kunst urtheilen, die gegen die Unkunst nichts vermag?"

In der konkreten außenpolitischen Situation, in der sich Preußen befindet, erscheint ihm der Einsatz der Massen als der einzige Weg, um den von Frankreich drohenden Gefahren Schach zu bieten. Vielleicht wird der Korse, wenn er sieht, daß ein Land zum Einsatz der Massen übergeht, von seinen Plänen abstehen und das Schicksal auf diese Weise sich noch wenden lassen. Insofern empfindet er seine Lösung zugleich als eine patriotische Tat.

Bülows Vorschläge zur Umgestaltung des Heeres und seine Anschauungen vom Massenkrieg sind im einzelnen stark schematisch überspitzt und in ihrem militärischen Wert fragwürdig. Der junge *Clausewitz*, der selbst eine Zeitlang zu Bülows Anhängern gehörte und auch, als er sich von ihm frei machte, anerkennen mußte, wie weitgehend Bülow den Durchbruch zu einer neuen Auffassung vom Kriege gefördert hat, bezeichnete ihn ironisch wegen seiner allzu genialischen Vereinfachung der komplizierten Problematik der Kriegstheorie als eine Art „militärischen Kinderfreund", der einen jeden „in kurzer Zeit zum Strategen mache und ihn in den Stand setzte, die größten Feldherren zu beurteilen".

> wissen, wenn die öffentliche Wohlfahrt in außerordentlichen Lagen diese fordert?"

Denjenigen, die in Napoleon nur den Usurpator sehen und seine genialen Züge verkennen, hält er entgegen:

> „Der wahre Usurpator ist derjenige, welcher schlecht regiert" (S. 126).
> „Man glaubte, die französischen Armeen würden sich nur mit Kälte um ihren Kaiser schlagen, als wenn ein Heer nicht immer vom Geiste seines Anführers beseelt würde."
> „Sollte die Bürokratie allgemein in Europa werden, so ist eine Eroberung der Tartaren das einzige Rettungsmittel des menschlichen Geschlechts in Europa. Welches ich als ein geschichtliches Axiom zu betrachten bitte."

Sicher ist diese Kritik zutreffend. Das Entscheidende jedoch an Bülow ist, daß er die Bedeutung des Masseneinsatzes in ihrem ganzen Gewicht für die Revolutionierung der Kriegskunst spürt und sich darum bemüht, nunmehr die entsprechenden Regeln zu finden, mit denen man diese neue Erscheinung meistern kann. Unbekannt ist im übrigen, daß der berühmte Satz von Clausewitz: „Der Krieg ist eine bloße Fortsetzung der Politik mit anderen Mitteln" von Bülow mit anderen Worten im Rahmen seines Systems bereits klar ausgesprochen wird [17].

Bülow war eine von den genial veranlagten Persönlichkeiten, die ständig nach einer starken, sie anziehenden und ihre Fähigkeiten anspannenden Kraft verlangen, die sich verzehren und aufrührerisch wirken, wenn sie zurückgestoßen werden und in sich selbst den Mittelpunkt finden sollen, den ihnen eine schwache und mittelmäßige Regierung nicht zu geben vermag. Die Tragik seines Schicksals liegt darin, daß der Staat, den er im Grunde liebte, dem er mit seinen Plänen und Vorschlägen helfen wollte, ihn von sich wies und ihn damit in eine unfruchtbare Opposition trieb. So erklären sich jene Überspitzungen in seinen Angriffen gegen das herrschende System und auch die Tatsache, daß er sachlich und persönlich schließlich scheitern mußte.

In Berenhorst und Bülow sehen wir Offiziere, die, überwältigt von den Ergebnissen der Französischen Revolution, aus der Enge des absoluten Staates und Heeres ausbrechen. Sie verlangen die radikale Änderung des überkommenen Heeressystems und als Voraussetzung dafür eine politische Revolution, um den Anforderungen der künftigen Kriege genügen zu können. Sie verkünden neue Grundsätze und Lehren für das Kriegswesen und versetzen damit alle Zeitgenossen in Bestürzung oder Begeisterung. Sie sind Meister antithetischer Formulierungen und haben einen besonderen Sinn für den prägnanten Ausdruck des Zeitgeistes. Die Suggestion ihrer Paradoxe und die Kühnheit ihrer Konsequenzen wirkt auf die Zeitgenossen überwältigend. Sie verlangen nach dem neuen Offizier, der nicht mehr unproblematisch in der Lebensordnung des absoluten Staates steht und seinen Dienst versieht, ohne sich mit den großen Erscheinungen der Zeit und den Grundlagen seiner Existenz zu beschäftigen. Sie fordern von ihm vielmehr eine bestimmte geistige Haltung, eine Suche nach den letzten Hintergründen des militärischen Geschehens.

---

17 Vgl. dazu meine Darstellung in „Revolution, Heer, Kriegsbild", insbesondere den Abschnitt: „Des jungen Clausewitz' Kritik an Bülows Kriegssystem", S. 265 ff.

III. Die Hilflosigkeit der Praxis im Rahmen der geistigen Auseinandersetzung

1. Der Kampf um die neue Fechtweise

Die Praxis vermag mit diesen geistigen Auseinandersetzungen wenig anzufangen. Sie beschäftigt sich in erster Linie mit der neuen Fecht=weise. „Den Nutzen des Tirailleurs hat die neuere Kriegsgeschichte hinlänglich erwiesen." [18] Das Tirailleursystem ist nicht länger als eine „taktische Hypothese oder ein bloßer Einfall" zu bewerten, vielmehr erteilt „das Bedürfnis diesem neu eingeführten Fremdling das Bürger=recht im Gebiethe der Krieges=Kunst" [19]. Wenn es das Rezept für den Sieg wirklich enthält, so kann man daran nicht vorbeigehen, sondern muß es irgendwie für Staat und Heer nutzbar machen.

Das Tirailleursystem war politisch und militärisch zu einem Angelpunkt der Auseinandersetzung geworden. Politisch erscheint es als der Aus=druck eines neuen Soldatentyps, der freiwillig für seine Überzeugung kämpft. Dieser von allen Fesseln befreite Soldat wird in die Lage ver=setzt, militärisch als Einzelkämpfer auftreten zu können. Damit wird die starre Lineartaktik in Frage gestellt. Um das Tirailleursystem mili=tärisch zu diffamieren, wertete man es politisch und moralisch ab und bezeichnete es als völkerrechtswidrig, artfremd, unfair und unritterlich, als System der Feigheit und Hinterlist.

Demgegenüber nimmt die Praxis eine vermittelnde Stellung ein. Sie rückt eindeutig von der moralischen und politischen Abwertung der neuen Kampfesweise ab, bemüht sich aber auch zugleich, sich von der militärischen Orthodoxie zu distanzieren. Sie ist bereit, in begrenzter Form das Tirailleursystem zu übernehmen. Sie weist auf die leichte Infanterie, die Freibataillone und Schützen der alten Schule hin, glaubt ihre Fechtweise weiterentwickeln und eine dem stehenden Heer ent=sprechende arteigene Form des Tirailleurkampfes herausarbeiten zu

---

18 *Porbeck*, Über die Verfassung neuerer Kriegsheere, ihre Nothwendigkeit und ihre Mängel, Neue Bellona, Bd. 7, S. 395.

19 *Boyen*, Erörterung der Gründe dafür und dawider, daß die Linien=Infan=terie auch zum Dienst der leichten und zum Fechten à la Debande für den Fall, daß sie in sehr durchschnittenen Gegenden gebraucht werden soll, ab=gerichtet werde, Versuch zur Beantwortung der von der Militairischen Ge=sellschaft für die Elementar Taktik aufgegebenen Frage, 1804, Acta, Heeres=archiv Potsdam, Nachlaß Boyen, Nr. 1, 11.

können. Während die radikalen Gegner gerade aus dem Bestehen der leichten Infanterie das Argument ziehen, man besitze ja bereits, was die Anhänger des Tirailleursystems verwirklicht sehen wollen und wisse daher auch, was man von dieser Fechtart zu halten habe — sie sei das System der obrigkeitlich konzessionierten Feigheit — sieht die Praxis gerade hier die Möglichkeit, anzuknüpfen, aufzubauen und weiterzuentwickeln.

Sie will dabei eine neutrale, voraussetzungslose Haltung einnehmen. Sie wendet sich gegen die radikalen Gegner der neuen Fechtart, die voller Verachtung auf die Methode der französischen Tirailleure hinabsehen, zurückzuweichen, sobald der Kampf aussichtslos erscheint, um sich bei passender Gelegenheit wieder zu stellen. Sie billigt nicht unbedingt mehr den starren Mensurstandpunkt, geradezustehen und auszuhalten, als die Form ritterlicher Kampfesweise, die zur Ehre eines wahrhaften Soldaten gehöre. Für sie ist das Schlachtfeld schon nicht mehr nur Turnierplatz, wo im strengen Rahmen zeremonieller Formen Männer gegen Männer streiten und auf die Contenance fast ebensoviel Wert gelegt wird, wie auf den Sieg.

Die Praxis ist bereit, auch andere Kampfesformen anzuerkennen. Ihr sind unter diesem Gesichtspunkt Argumente der Gegenpartei willkommen, die betonen, daß es auf den Sieg ankomme und nicht darauf, in welchen Formen er errungen wird. Die Paradesoldaten nützen nichts, wenn sie von den Tirailleuren reihenweise niedergeschossen würden. Was habe die Contenance für einen Sinn, wenn sie nicht zum Siege führe? Im Kriege sei jedes Mittel recht. Wer sich zu gut dünke, bestimmte Mittel anzuwenden, der müsse in Kauf nehmen, den Kampf zu verlieren.

Die Praxis wendet sich aber auch gegen die unbedingten Anhänger des Tirailleursystems, die nur denjenigen als Soldaten gelten lassen wollen, der weiß, wofür er kämpft und jeden anderen zum Soldknecht herabwürdigen. Sie versucht, sich auf diese Weise zwischen den Fronten zu bewegen. Sie will das Gute und Brauchbare der neuen Fechtweise übernehmen, hält aber an dem überkommenen Heeressystem und dem alten Kriegsbild fest. Sie schlägt vor, das stehende Heer möglichst unberührt zu lassen, aber eine eigene milizähnliche Organisation zu schaffen, die neben dieses Heer treten und nach der neuen Fechtweise ausgebildet werden soll.

Damit setzt sie sich jedoch einer Reihe gewichtiger Gegenargumente aus. Stellt man eine nach den neuen Grundsätzen fechtende Miliz neben das von den Prinzipien der Lineartaktik beherrschte Heer, so besitzt man zwei nach völlig verschiedenen taktischen Gesichtspunkten arbeitende Heeresteile. Wie soll man im übrigen die Miliz organisieren? Zieht man den Bürger zum Heeresdienst heran, so gibt man die Heeresanstalt in der bisherigen Form auf und sprengt den Rahmen des absoluten Staates, der in jeder Bewaffnung der Bürger ein gefährliches Experiment und die Grundlage für die Revolution sieht.

Bildet man das dritte Glied innerhalb des stehenden Heeres in der neuen Fechtweise aus, so ergibt sich eine Fülle weiterer Schwierigkeiten. Der Soldat der Linie, der den Tirailleurkampf lernt, verliert, worauf man besonders hinweist, seine „Eigentümlichkeit". In den Prinzipien der Lineartaktik gedrillte Leute vermögen nur mit großer Mühe ihre Aufmerksamkeit auf das Terrain zu richten und sich dadurch in ihren Handlungen bestimmen zu lassen. Sie fühlen sich verlassen, sobald sie ohne Tuchfühlung stehen, warten auf Kommandos, sehen auf Nebenleute und sind hilflos. Die Infanterie ist, wenn sie tirailliert, gezwungen, „bei allen Gelegenheiten, wo eine überlegene Macht" auf sie stößt, zurückzuweichen [20] und sich zu ihrer eigenen Sicherheit der Vorteile zu bedienen, die dem Soldaten, der nach lineartaktischen Regeln kämpft, strengstens verboten sind. Wie kann man verlangen, daß eine solche Infanterie, wenn sie wieder in der Linie ficht, dies alles vergißt und von neuem standhaft hält? Sie wird, davon ist man überzeugt, die Gelegenheit wahrnehmen und sich auch dann, wenn sie es nicht darf, davonschleichen, um der Gefahr auszuweichen und nicht mehr im Gleichschritt im stärksten Feuer bedenkenlos gegen den Feind marschieren. Die Begriffe „Ehre und Schande" sind nun einmal „bei der leichten Infanterie ganz andere" [21]. Niemals wird man es fertigbringen, den einfachen Soldaten derart zu erziehen, daß er die jeweils sich völlig widersprechenden Vorstellungen von Mut, Ordnung, Ehre und Disziplin auseinanderhält und sie im Ernstfalle richtig anwendet.

Große Sorge bereitet es darüber hinaus der vermittelnden Praxis, welche Leute man überhaupt zum Tiraillieren verwenden soll. Die Ausländer scheiden von vornherein aus. Sie würden sofort desertieren, wenn sie nicht mehr bewacht würden. Davon ist man überzeugt. Aber sind, so fragt der spätere preußische Feldmarschall *von Müffling*,

> „alle Knechtssöhne, die in ihrem Vaterlande nichts zu verlieren haben, im Grunde nicht ebenso unsicher als die Ausländer"? [22]

---

20 Bemerkungen *Lecoqs* zu *Müfflings* Ausarbeitungen über die leichte Infanterie, Acta, Heeresarchiv Potsdam, Altes Kriegsarchiv, Kap. 45, Nr. 21, S. 37.
21 *Müffling*, Ausarbeitungen über die leichte Infanterie, Acta, Heeresarchiv Potsdam, Altes Kriegsarchiv, Kap. 45, Nr. 21, S. 1.
22 *Müffling*, ebenda S. 16.

Muß man sie nicht durch besondere Vertraute „beim Tiraillieren beobachten und bewachen lassen"? [23]
Im Ergebnis will man eine kleine Anzahl ausgesuchter Burschen nach Tirailleurart in einzelnen Gruppen unter Aufsicht eines Unteroffiziers fechten lassen. Dieser Kompromiß ist kennzeichnend für die ständige Angst, die man den Auswirkungen des Tirailleursystems entgegenbringt. Dadurch, daß der Unteroffizier gewissermaßen Offiziersaufgaben übernimmt, wird der Grundsatz aufrechterhalten, daß der Soldat niemals ohne Aufsicht bleiben darf. Das Ziel der neuen Kampfesweise ist jedoch nicht der beaufsichtigte, wenn auch unter feinerem Zwang stehende, sondern der auf sich selbst gestellte, aus innerem Antrieb als Persönlichkeit kämpfende Soldat. Da die politischen Motive, die den Tirailleur zum Kampfe bestimmen, fehlen, greift man zum Zwang als Surrogat, um sich der Soldaten, denen man nicht traut, zu versichern.
So ist es auch kein Wunder, daß der Tirailleurkampf als solcher in der Praxis dann revuemäßig stilisiert wird. Im einzelnen wird festgelegt, wie er sich zu vollziehen hat. Bezeichnend hierfür ist das Reglement der leichten Infanterie vom 18. Juni 1801, wo die Bewegungen der Tirailleure durch 20 Hornsignale bestimmt werden, so daß, wie bei dem Exerzieren der Linieninfanterie, eine Reihe von Evolutionen reglementmäßig abrollt. Jeweils im $^3/_8$-, $^2/_4$-, $^3/_4$- oder $^6/_8$-Takt werden Signale für den „Marsch-, den Geschwindschritt, für Chargieren, Schwärmen, Nichtfeuern, Rechtsziehen, Linksziehen, Geradeaus, Rechte Schulter vor" verwendet [24]. Mit Recht weist der dänische Generalmajor *von Ewald*, der im amerikanischen Freiheitskriege mitgekämpft hatte und Erfahrungen mit den „Riflemännern" sammeln konnte, darauf hin, daß man mit solchen Methoden, statt zum Kern der Sache vorzudringen, „bei der Schale hängenbleibe". Anscheinend könnten sich die Deutschen nun einmal nicht von dem Drillmäßigen, von „der steifen, schwerfälligen, tourniermäßigen Haltung" trennen. Wo aber höre man etwas von Kriegslisten, Überfällen, Hinterhalten, Kniffen und der Kunst des Bluffens, auf die es im Tirailleurkampf ankomme? Dem Deutschen liege mehr die andere Methode. Er

---

[23] *Müffling*, a. a. O.
[24] Acta, Heeresarchiv Potsdam, Ober-Kriegs-Kollegium Nr. 347. Vgl. dazu *Valentini*, Abhandlung über den kleinen Krieg und über den Gebrauch der leichten Truppen mit Rücksicht auf den Französischen Krieg, 2. Ausgabe 1802, ferner v. B., Über die Schützen der preußischen Infanterie, Acta, Heeresarchiv Potsdam, Nachlaß Gneisenau, Nr. 48.

Carl von Clausewitz

Scharnhorsts Totenmaske

„stehet still, erwartet seinen Feind und läßt sich bei Tage schlagen, damit jeder sieht, daß es ehrlich zugegangen ist" [25].

Trotz ihres guten Willens zur neutralen Behandlung und Prüfung aller hier entstehenden Probleme scheitert die vermittelnde Praxis. Gerade da, wo sie die politischen und militärischen Zusammenhänge in ihrer Wechselwirkung geflissentlich übersehen will, um zu brauchbaren militärischen Entscheidungen zu kommen, treten diese mahnend und fordernd, hemmend und störend hervor. Die Praxis gelangt im Ergebnis zu einem Zerrbild der neuen Fechtweise und zeigt ihre ganze Hilflosigkeit gegenüber den Problemen der Zeit.

2. *Die Auseinandersetzung der Praxis mit dem Enthusiasmus*

In ähnliche Schwierigkeiten wie bei dem Meinungsstreit über die Fechtweise gerät die Praxis, sobald sie sich mit der Frage des Enthusiasmus beschäftigt, der neuen Haltung eines revolutionären, für Ideen kämpfenden Soldatentums.

a. Der Enthusiasmus als anormale Erscheinung

Graf Friedrich *von der Decken*, Scharnhorsts Freund und Mitherausgeber des „Neuen militärischen Journals", der als der letzte große Verteidiger des stehenden Heeres vor dem Zusammenbruch von 1806 [26] anzusehen ist, hatte auf diese Frage eine klare Antwort gegeben. Er kennzeichnete den Enthusiasmus als eine anormale fieberhafte Erscheinung, die den gesunden Körper der Staaten ergriffen habe, ihn augenblicklich gefangenhalte und mit ihren Schauern erschüttere. Als einen Rückschritt in der Entwicklung und Äußerung eines krankhaften Zustandes betrachtet es Decken, wenn die Gegner der überkommenen Heeresordnung fordern, jeder Bürger müsse mit den Waffen in der Hand den Staat selbst verteidigen. Sie werden es nicht tun, erklärte er, und sie haben auch keinen Grund dazu. Die Zeiten sind vorbei, wo die Eroberung einer Provinz ihre gänzliche Zerstörung zur Folge hatte, in denen „die Überwundenen als Sklaven behandelt, heerdenweise verkauft wurden und die Sieger sich in ihre Ländereien teilten". In jenen

---

[25] *Ewald*, Ein Wort über leichte Infanterie, in Minerva 1806, Bd. 3, S. 25.
[26] Über ihn und seine Stellung im Kampf der Geister um ein neues Kriegsbild eingehend *Höhn*, „Revolution, Heer, Kriegsbild", a. a. O., S. 275 ff.

Zeiten hatte es Sinn, „daß ein Volk, das in Gefahr war, überwunden zu werden, große Anstrengungen der Kräfte zu seiner Verteidigung aufbot". Heute haben die Völker etwas Derartiges nicht mehr nötig. „Alle monarchischen Staaten werden mit unbedeutenden Verschiedenheiten nach den nämlichen Grundsätzen regiert". Es kann dem Untertan also im Prinzip gleich sein, ob er von dem einen oder dem anderen Fürsten beherrscht wird. Der Untertan hat von diesem soviel zu befürchten wie von jenem. Weshalb soll er sich noch anstrengen und aus Patriotismus sein Leben opfern? Als Beispiel führt Decken Schlesien unter Maria Theresia und Friedrich dem Großen an und fragt:

> „Hat Schlesien wohl durch die Veränderung seines Regenten eine merkliche Verschiedenheit zwischen der vormaligen und der gegenwärtigen Lage erfahren?" [27]

Wenn die Bürger unter diesen Umständen im monarchischen Staat aber wirklich, vom Enthusiasmus gepackt, sich begeistert für die Verteidigung des Landes einsetzen sollten, so sei dies eine mit der Gesamtentwicklung völlig in Widerspruch stehende Erscheinung, die man nicht als gesund betrachten kann. Als Äußerung desselben krankhaften Zustandes ist es zu werten, wenn man an die Stelle der im bisherigen Heeressystem geltenden „mechanischen Tapferkeit" und des „passiven Mutes", die Decken nach wie vor als Idealbilder preist, den feurigen Mut begeisterter Scharen setzen will, und von diesem behauptet, er sei dem ersteren überlegen. Sicherlich in seiner momentanen Wirkung, aber dieser Enthusiasmus ist für Decken ein zu unsicherer Faktor. Decken will keine Tapferkeit, die „von Motiven abhängt", auch wenn die Beschwörung von Verzweiflung, Furcht und Haß den Soldaten dahin zu bringen vermöge, den Gefahren des Krieges zeitweilig in viel stärkerem Maße zu trotzen. Decken tritt für den Mut ein, der auf dem Boden der „mechanischen Gewohnheit" und des Gehorsams erwächst, bei dem man nicht nach den Gründen fragt, sondern sich mutig einsetzt, weil der Vorgesetzte es so befiehlt.

Als ebenso anormal betrachtet Decken den Gehorsam aus Überzeugung, jenen Gehorsam, bei dem die äußere Form hinter der inneren Bereitwilligkeit zur Ausführung der gestellten Aufgabe zurücktritt. Nicht innere politische Begeisterung und Liebe für eine Sache dürfe den Soldaten zum Gehorsam bringen. Auch wenn dies im Einzelfall noch so zweckdienlich sein möge, könne es sich im Ergebnis nur höchst nach-

---

[27] *Decken, F. von der,* Betrachtungen über das Verhältnis des Kriegsstandes zu dem Zwecke der Staaten, 1800, S. 185.

teilig auswirken. Der Zwang solle die Unterwerfung eines Willens unter einen anderen Willen bezwecken. Jedes eigene Denken und jedes Handeln aus Überzeugung müsse ausgeschaltet werden. Wie wolle man, so fragt Decken, „dem bloßen Anschein von Widersetzlichkeit" wirksam begegnen, wo will man anfangen und wo aufhören? Die innere Gegensätzlichkeit zwischen dem überkommenen System, das von dem „Geist der Widerspenstigkeit" und der „feindseligen Haltung gegen den Oberen" ausgeht, die beide durch Zwangsmaßnahmen gebrochen werden müssen, und der neuen Auffassung vom Soldaten als begeistertem Kämpfer für politische Ideale kommt hier deutlich zum Ausdruck. Welche grundverschiedenen Welten stehen sich gegenüber!

b. Von der Deckens Gegenrezept: Esprit de Corps statt Enthusiasmus

Wie aber soll sich das Heer in der Gegenwart verhalten? Was kann es tun, um über den augenblicklichen Zustand innerer Unsicherheit hinwegzukommen? Im Kampf gegen die ideologische Infizierung des Heeres, gegen jenes „furchtbare System", das die bisherigen Grundwerte der Armee, ihre Auffassung von Tradition und Ehre, Tapferkeit, Mut, Kampf, Disziplin und Gehorsam bedroht, das nach Spielregeln arbeitet, die mit normalen Methoden überhaupt nicht erfaßt und bekämpft werden können, vermag Decken nur den einen Rat zu geben: Fest am Alten halten, sich nicht irre machen lassen, nicht den Mut verlieren, abwarten, bis die Zeit, in der politische Ideale so viel gelten, wieder vergeht. Auch der Arzt weiß oft nicht, woher das Fieber kommt, er weiß nur, daß es wieder weichen muß, wenn der Patient nicht sterben soll. Daher kann man im Augenblick nur eines tun: Die Widerstandsfähigkeit des Körpers stärken, um zu erreichen, daß das Heer über diese furchtbare Krisenzeit mit ihren ideologischen Kämpfen und Versuchen ständiger Einflußnahme einigermaßen heil hinwegkommt. Einst wird der Tag kommen, an dem die normalen Gesetze der alten Ordnung von neuem gelten. Dann wird diese schreckliche Zeit nur noch als ein böser Traum erscheinen. Alle Probleme, die heute die Köpfe der Menschen in so unerhörter Weise gefangen nehmen, werden schließlich wieder gegenstandslos werden. Bis dahin muß man, in dem Bewußtsein, daß wieder bessere Zeiten kommen, sich gedulden.

Zur Stärkung seiner eigenen Widerstandskraft gegen das Eindringen der neuen Weltanschauung soll sich das Heer wieder auf seine bisherigen traditionellen Grundlagen besinnen. Bewußt soll es den „esprit de corps" pflegen, den Glauben an die Exklusivität und Ausgewähltheit einer Elite von Berufskriegern, als den Gegenspieler des Enthusiasmus, des treibenden Motors der Massen. Nicht der Gedanke des Vaterlandes, an dem sich die schwärmerisch begeisterten Massenheere der Gegenwart erwärmen, nicht ihre Lieder von den „enfants de la patrie" sollen den Soldaten antreiben, ehrenvoll zu fechten und zu sterben, sondern die Liebe zu dem eigenen Stand mit seinem eigenen Inhalt, seinen Vorstellungen und Werten, seiner Tradition und Erziehung, seiner Auserwähltheit und besonderen Bestimmung, seiner fast mönchischen Entrücktheit und Immunität gegen äußere Einflüsse. Dieser „esprit de corps" ist im Gegensatz zum Enthusiasmus die Energie, die keinerlei Schwankungen ausgesetzt ist, die in der Abgeschlossenheit vom Bürgertum, der neuen revolutionären Schicht, und in dem Glauben an die eigene Auserwähltheit entstanden ist und nur so auch erhalten werden kann.

Das Mittel aber, mit dem man dies vor allem vermag, ist der viel umkämpfte Drill, der insoweit eine hohe ethische Funktion besitzt: Er bricht den Willen des einzelnen und bringt ihm zum Bewußtsein, daß er der Heeresanstalt angehört. Er vermag die Kräfte so vieler Individuen zum Erreichen eines Zieles zu vereinigen und auf „einen Punkt auszurichten" [28]. Er ist die Grundlage der Erziehung, die dem jungen Menschen bei seinem Eintritt in die Heeresanstalt zuteil wird. Er nimmt insofern dieselbe Stellung ein, wie die Exerzitien innerhalb der Mönchsorden. Er schafft die Form, vermittels derer die langsame, aber sichere Einfügung des einzelnen in das Heer erfolgen kann. Er ist zugleich der Motor, der dem Heer täglich neue Kräfte zuzuführen und den „esprit de corps" gewaltig anzufachen vermag.

Mit dieser Betonung der eigenen geistigen Grundlagen des Heeres, der Forderung nach Aufrechterhaltung seiner Immunität und der eindeutigen Ablehnung jeder ideologischen Einflußnahme auf die Armee, sind die Positionen, die nach Auffassung Deckens das Heer einzunehmen hat, klar gekennzeichnet.

c. Enthusiasmus für verblichene Ideale?

Theoretisch war so der Enthusiasmus abgetan. Er paßt nicht in das stehende Heer und ist mit dessen Geist unvereinbar. Die Instruktionen, die sich mit der Einführung des Tirailleurgefechts in das stehende Heer im Rahmen des dritten Gliedes beschäftigten, ignorierten ihn

---

[28] Ebenda S. 367.

dementsprechend völlig. Sie betrachteten das Tiraillieren als eine Angelegenheit, die man technisch betreiben könne, ohne sich viel um die Grundlagen des Tirailleurkampfes im Geiste eines neuen Kriegsbildes und um den Enthusiasmus als den treibenden Motor des Tirailleurgefechts zu kümmern.

Hiermit vermochten sich jedoch die Offiziere, denen es oblag, den Tirailleurkampf zu einer wirksamen Waffe zu entwickeln, nicht abzufinden. Sie stießen gerade in der Praxis mit den Problemen zusammen, die man in den Instruktionen geflissentlich übergangen hatte. Könne man wirklich, so fragten sie sich, einen Mann, der im Tirailleurkampf fechten solle, genau so prügeln, wie dies für den Soldaten bisher üblich war? Könne man ihm darüber hinaus die „Dressur" für diese Art des Kampfes mit dem Stock beibringen? Oder bedürfe es dazu nicht ganz anderer Mittel, über die man sich grundsätzliche Gedanken machen müsse? Wie wolle man im Gefecht selbst den gemeinen Mann „bloß durch Furcht regieren?" Sei er doch zu oft „sich selbst überlassen" und dem Wesen des Tirailleurgefechts entsprechend „von Offizier und Unteroffizier ungesehen". Was solle ihn „in solchen Augenblicken zu seiner Schuldigkeit treiben?" Die Furcht veranlasse, darüber müsse man sich klar sein, „nur immer zu Handlungen, die sich nach dem gewöhnlichen Maßstab der menschlichen Kräfte berechnen lassen — nie zu etwas Außerordentlichem" [29]. Vermöge man nicht „durch sittlichere, mehr aufs Herz wirkende und dadurch seltner werdende Strafen mehr Gutes, mehr Gemeingeist (zu) bewirken" [30] als durch das jetzige System? Müsse man nicht endlich aufhören, den Soldaten lediglich „als Glied der großen Maschine Armee" zu behandeln? [31] „Bearbeitung der Gelenke und Muskeln macht keine Helden, und nur Gelenke und Muskeln bearbeiten wir", nicht die Seelen, auf die im Grunde alles ankommt [32].

Die Praxis konnte also am Enthusiasmus nicht vorbeigehen, auch wenn er theoretisch und ideologisch noch so verdammenswert erschien. Sie wurde allerdings auf ihre eigene Weise mit diesem Problem fertig. Sie betrachtet zunächst nüchtern die Vorteile, die ihr der Enthusiasmus bietet. Er ist im Grunde eine bequeme Neuerung. Man kann sich seiner bedienen, ohne daß große organisatorische Veränderungen im Heer

---

29 *Müffling*, Ausarbeitungen über die leichte Infanterie, a. a. O., S. 14.

30 *Boyen*, Über die militärischen Gesetze, Heeresarchiv Potsdam, Nachlaß Boyen, I, Nr. 5.

31 *Knesebeck*, Rhapsodien, a. a. O. Bl. 115 f.

32 Anonym, Über stehende Heere und ihre Vervollkommnung, 1800, S. 35.

vorgenommen zu werden brauchen. Man vermag mit ihm nicht nur den Motor für die Tirailleure, sondern für das gesamte stehende Heer zu finden und auf diese Weise die veraltete Maschine im Ganzen wieder in Schwung zu bringen. Notwendig ist allerdings, daß man den Enthusiasmus von den gefährlichen ideologischen Grundlagen der Revolution löst, ihn politisch neutralisiert und zu einem allgemeinen Kriegsmittel erhebt, dessen man sich nach Belieben bedienen kann. Diese abstrakte Größe läßt sich dann mit den gewünschten Inhalten versehen, so daß an Stelle eines Enthusiasmus, der aus den Idealen der Revolution immer neue Nahrung zieht, ein arteigener Enthusiasmus begründet wird. Warum sollten wir Deutschen, so fragt der militärische Verfasser einer eingehenden Abhandlung, die sich mit dem Einfluß der Gemütsbewegungen auf militärische Operationen befaßt, „nicht eben der warmen Eindrücke fähig sein“, mit denen „sich andere Völker brüsten“? „Ich bin vielmehr stolz zu glauben“, so antwortet er,

> „daß es uns an edlen Anlagen hierzu nicht fehlt, ja daß es uns vielmehr leicht sey, diese Anlagen in eine bessere Form zu gießen, ohne daß sie übersieden und daß wir dem Enthusiasmus eine vernünftigere Richtung zu geben und ihn besser zu zügeln imstande sind“ [33].

Bei der Frage nach den Gehalten, von denen dieser arteigene Enthusiasmus getragen sein soll, gerät man allerdings in größte Schwierigkeiten. Wenn die Franzosen sich für „Nationalkokarde und Freiheitsbaum“ begeistern, so sollen sich die Deutschen für die Regierung eines „weisen und gerechten Fürsten“, mit anderen Worten für die bisherigen Inhalte des absoluten Staates erwärmen. Bei dieser Schwäche der Konzeption war es wohl nicht verwunderlich, daß man sofort mit der Gegenfrage auftrat: Werden sich die Soldaten wirklich für die weise Regierung ihres Fürsten begeistern lassen, und was soll geschehen, wenn dies nicht der Fall ist? Wie will man sie insbesondere dazu veranlassen?

d. Der Offizier als Künder einer fragwürdig gewordenen Lebensordnung

Dieses schwierige Problem soll in erster Linie der Offizier meistern. Er darf in Zukunft nicht mehr wie bisher lediglich ein Kämpfer für seinen König sein, und ohne nach den tieferen Zusammenhängen zu fragen, allein deshalb fechten, weil er seinem Herrn treu ergeben ist. Der Offizier soll vielmehr zu einem Bekenner und Künder des absoluten

---

[33] „Über den Einfluß der Gemütsbewegungen auf die militairischen Operationen“, Neue Bellona, Bd. 1, S. 188.

Staates werden, für die fragwürdig gewordene absolutistische Lebensordnung nicht nur mit der Waffe, sondern auch geistig innerhalb seines Wirkungskreises eintreten. Damit wird der Offizier gewissermaßen zum Propagandisten für den absoluten Staat und seine Ordnung aufgerufen. Zwar besitzt die Idee der Monarchie keineswegs die Kraft und die propagandistische Wirkung wie die Parolen der Französischen Revolution. Aber in dem Kreis, in dem der Offizier wirkt, ist dies kein Mangel. Der Offizier soll den Soldaten auf dem Gebiet ansprechen, auf dem dieser gewisse persönliche Vorteile vom Staat hat. Diese gilt es besonders deutlich zu machen. Hier waren in der Tat auf Grund einer Reihe von Maßnahmen, die seit Friedrich Wilhelm II. getroffen worden waren, gewisse Möglichkeiten für den Offizier gegeben: Der König hatte sich der Invaliden angenommen, kurz nach Beginn seiner Regierung die Errichtung einer Invalidenversorgungsanstalt angeordnet, in die er jährlich 100 000 Taler zahlte und die Offiziere zu einem monatlichen Beitrag aufforderte. Unter ihm wurden die Ansprüche der Versorgungsberechtigten geregelt. Im übrigen sorgte er für die Witwen und Waisen sowie für die Erziehung und Pflege der Soldatenkinder. Friedrich Wilhelm III. hatte die Brotrationen der Soldaten erhöht und dabei insbesondere auf die „Zuneigung und Vorsorge" hingewiesen, die er seinen „guten Soldaten" entgegenbringe.
Hier soll der Offizier ansetzen. Den Aufgeweckteren vermag er bestimmte, segensreiche Einrichtungen innerhalb des monarchischen Staates vor Augen zu führen, sie auf die Institutionen für invalide Soldaten aufmerksam zu machen, vor allem aber die Versorgungsmöglichkeiten für sie und ihre Hinterbliebenen ins rechte Licht zu setzen. Er kann seinen Untergebenen erklären, wie der Soldat, der in seinen Jugendjahren unter Gefahr und Aufopferung seines irdischen Glücks den Staat mutig verteidigt hat, „auch im Alter bey zerstümmelten Gliedern oder geschwächter Gesundheit auf eine ehrenvolle Art belohnt und geschätzt" werde. Er ist weiterhin in der Lage, recht deutlich zu machen, daß der Soldat

> „seinen Verhältnissen nach, in allen Ständen aufgenommen und in denselben als ein achtungswürdiges Mitglied vorgezogen und durch diejenige Anstellung im Staate wohl belohnt werde, wozu ihn die ausgestandenen Gefahren, seine Kenntnisse und warme Anhänglichkeit an Vaterland und Souverain so vorzüglich in Friedenszeiten berechtigen" [34].

---

[34] „Über die Geistesbildung des Kriegers" in „Neues militärisches Magazin", Bd. III, 3. Stück, S. 38.

Andererseits ist es Aufgabe der Monarchie, dafür zu sorgen, daß der Offizier solche Anknüpfungspunkte besitzt, um alles Hinderliche aus dem Wege zu räumen. So weist der Oberstleutnant *von Lecoq* unter diesem Gesichtspunkt darauf hin, daß für den Soldaten „von seiner Löhnung zu leben, hungern" heiße[35]. Der Generalleutnant *von Cour=bière* meint, daß „die erste unter allen Bedingungen Vermehrung des Soldes durch Geld oder Brodt" sei, wolle man dem Soldaten „Liebe zu seinem Stand und zum Staate einflößen" [35a]. Wie sei es möglich, von einem Soldaten Begeisterung zu verlangen, der, wenn er zehn Jahre diene und dann ein Bein verliere, genau wisse, daß er im elften nicht so viel Geld habe, um sich ein hölzernes dafür anschaffen zu können?[36] Sei das Geld nicht gut angelegt, wenn man beweise, was man könne, daß

> „nur der muthige Arm dankbarer, froher, enthusiasmierter Krieger dem Vaterland Schutz verleihe?"[37]

Was nütze das furchtbar erscheinende Heer, wenn seine Soldaten bei schlechtem Sold und mangelhafter Versorgung ihrer Familien unzu=frieden ins Feld rückten? Man nehme dem Heer ja geradezu den En=thusiasmus, den man von ihm verlange[38]. In aller Deutlichkeit spricht man aus, daß die

---

[35] *Lecoq*, Über die Notwendigkeit einer Verminderung der Ausländer und eines besseren Soldes des Subaltern=Officiers, Unterofficiers und Gemeinen bey der Königlich=Preußischen Infanterie, Acta, Heeresarchiv Potsdam, Akten der Immediat=Militär=Organisations=Kommission Nr. 48, S. 19.

[35a] Brief *Courbières* an den Feldmarschall von *Moellendorff* vom 31. Januar 1789, obiger Akt. In aller Schärfe wendet sich *Rüchel* gegen derartige Ideen. Für die innere Schlagkraft der Armee, für die Tatsache, daß sie begeistert für ihren König ficht, ist es gänzlich belanglos, ob sie eine Soldzulage be=kommt oder nicht. Denn auch „ohne diese Wohltat" ist, so erklärt er zu=gleich im Namen der Generalität

> „keine Spur von Mißvergnügen in derselben, welche hypochondrische Hypothese nur wir einzig und allein zu würdigen imstande sind, die wir die Truppe kennen und solche commandieren".

Rüchel, Kurze Beantwortung einiger sonderbarer Zweifel, vom 16. Februar 1798, Heeresarchiv Potsdam, Akten der Immediat=Militär=Organisations=Kommission Nr. 48.

[36] „Über militärischen Enthusiasmus", Magazin der neuesten merkwürdigen Kriegsbegebenheiten, 1796, S. 43.

[37] „Gedanken eines deutschen Offiziers", Neues Magazin, 8. Stück, S. 5.

[38] „Über den militärischen Enthusiasmus" a. a. O. S. 45.

„Güte der Einrichtungen, die Sorge für sein Wohl und seine Belohnung im weitesten Verstande seinen Eifer erhalten ... und selbst bis zum Enthusiasmus erheben" werde [39].

Wie aber würde es sich auswirken, so fragt der deutsche Offizier in seinen „Gedanken über die Geistesbildung des Kriegers", wenn über den Hinweis auf solche Einrichtungen hinaus der Offizier seinen Männern sagen könnte, daß diejenigen, gleich ob in hohen oder niedrigen Graden stehend, die durch ausgezeichnete Handlungen den Heldentod gefunden haben, in Kirchen oder auf Plätzen Ehrendenkmäler zu gewärtigen haben, die ihre Namen und ihre Taten verewigen? [39a].

Wie peinlich wirken im Grunde solche Ausführungen, wie kümmerlich erscheinen die Gehalte dieses Enthusiasmus gegenüber dem der Revolution, wie gekünstelt und unecht! Wo sind, abgesehen von der Fragwürdigkeit des Beginnens überhaupt, die Offiziere, die wirkliche Bekenner und Künder des absoluten Staates sein könnten und wollten? Hier hätte es eines neuen Typs des ideologisch geschulten Offiziers bedurft, den man erst hätte heranbilden müssen, vor allem aber klarer, zündender Parolen, wie sie auf französischer Seite in der Verkündung der politischen und sozialen Errungenschaften der Revolution vorhanden waren.

e. Der Offizier als Verbreiter eines dosierten und ungefährlichen Enthusiasmus

Dies empfindet auch die Zeit. Sie glaubt selbst nicht recht daran, daß man auf diese Weise sehr viel gewinnen werde. Mehr meint sie erreichen zu können, wenn der Soldat an Stelle der wenig anziehungskräftigen Ideale des absoluten Staates sich für denjenigen Mann begeistert, der ihm persönlich am nächsten steht, seinen Offizier.

Man ging dabei von der selbstverständlichen Voraussetzung aus, mit besserer Behandlung den Soldaten zu heller Begeisterung für seinen Offizier entflammen zu können. Wie sollte sich auch ein Soldat einem Offizier gegenüber anders verhalten, der ihm, anstatt ihn zu prügeln, wie er es erwarten mußte und gewohnt war, menschliche Anerkennung zuteil werden ließ? Wie sollte der Soldat auf dieses große Wunder hin anders reagieren?

Die Höhe des Enthusiasmus ist damit von einer mehr oder minder

---

[39] „Versuch einiger Ideen über die Zulässigkeit wissenschaftlicher Grundsätze bei dem Kriege", S. 251.

[39a] „Über die Geistesbildung des Kriegers", a. a. O., S. 39.

guten Behandlung abhängig. Man vermag ihn zu berechnen und zu dosieren. Die Frage, die der Zeit soviel Kopfzerbrechen macht, ob der Enthusiasmus wirklich dann zur Verfügung stehe, wenn man ihn brauche, kann auf eine mathematische Weise gelöst werden.
Ein auf solche Art erzeugter Enthusiasmus ist auch nicht gefährlich. Man kann ihn sofort, wenn normale Zeiten eingetreten sind und man seiner nicht mehr bedarf, wieder abstoppen. Man braucht nur den Befehl zu geben, den gemeinen Mann wie einst zu prügeln und man hat den Normalzustand in der Heeresverfassung des absoluten Staates wieder hergestellt. Wenn es gelingt, den Soldaten an einen menschlich geläuterten Offizierstyp innerlich zu binden, so gewinnt man die Kräfte, die man nötig hat, um den absoluten Staat in der Notzeit zu erhalten, ohne ihn in seiner Gesamtstruktur zu sprengen. Begeistert sich der Soldat für seinen Offizier, so geschieht dies zunächst nur für dessen Persönlichkeit. In der Auswirkung aber kommt dies, ohne daß es dem Soldaten bewußt zu sein braucht, der Monarchie selbst zugute. Der Soldat erkennt im Offizier, den er liebt und verehrt, das Mitglied des adligen Standes, damit aber einen der wichtigsten Pfeiler der absolutistischen Ordnung und dadurch wiederum diese an.
Um diese Aufgabe erfüllen zu können, werden dem Offizier eingehende Anweisungen zur Erlernung der „Kunst über die Gemüter zu herrschen" gegeben. Ein ganzes System von Klugheitsregeln wird ihm empfohlen. Es wird ihm klargemacht, wie er am besten „auf das Innere des Soldaten zu wirken" [40] und den eigentümlichen Charakter seiner Untergebenen zu erforschen in der Lage ist. Meister soll er auf dem Gebiete der Menschenkenntnis und Menschenbehandlung werden. Allgemein sei man „außerordentlich behutsam in heutigen Tagen", auch bei der Erteilung nötiger Befehle.

> „Vor ihrer Ausfertigung prüfe man sie nach allen Seiten genau, welchen Vorteil und welche Sensation aufs Ganze sie veranlassen könne und ob sie dem ganzen Körper zuträglich und nützlich sind." [41].

Wenn aber befohlen werde, so sollen die Befehlshaber bis zum Korporal herab „nie mit unbescheidenen, unhöflichen Ausdrücken und zornigen Gebehrden sich gegen die Untergebenen benehmen", denn

---

[40] *v. Reizenstein,* Über den wichtigen Einfluß des militärischen Geistes, der Disziplin und Subordination auf stehende Heere, Denkwürdigkeiten der militärischen Gesellschaft, Bd. 2, S. 338.

[41] „Gedanken eines deutschen Offiziers", Neues militairisches Magazin Bd. III, 3. Stück, S. 37.

> „es schade nichts mehr dem Frohsinn und dem so nöthigen Gemein=geist als ein erniedrigender Druck dieser Art“ [42].

Ja, es soll den Offizieren nicht einmal zur Rechtfertigung gereichen, wenn dies im Feuer des Diensteifers geschehe, denn der Dienst er=fordere in allen Angelegenheiten kaltes Blut.
Das Idealbild des Vorgesetzten ist jetzt der „menschenfreundliche Held“, der davon überzeugt ist,

> „daß der Stand des Kriegers vor allem andern derjenige ist, wo herz=liche Verbindungen von der größten Wirkung sind, von ihnen aus=geht und den esprit de corps aufs höchste zu entflammen sucht“ [43].

Je mehr es dem Offizier gelinge, dem einfachen Mann

> „immer höflich und gefällig zu begegnen, seinen Bedürfnissen abzu=helfen, seine guten Seiten öffentlich zu beloben und ihn zu Zeiten zu belohnen“ [44],

um so mehr bekomme er die Truppe in die Hand, um so eher sei er in der Lage, sie wirksam einzusetzen. „Die Wirkung, die vom Innern dieser Gemüthskräfte ausgehe“, sei bei

> „weitem stärker und wichtiger als die erst durch den Körper auf das Gemüth gerichtet ist, so daß nur jene, nicht diese die einzig wahre und richtige Art auf den Menschen zu wirken ist und seyn kann“ [45].

Von diesem Gesichtspunkt aus werden auch ganz neue Forderungen an den Feldherrn, die Generale und Stabsoffiziere gestellt. Der Feldherr einer Armee muß davon ausgehen,

> „daß jedes Individuum, woraus sie zusammengesetzt ist, sein Hand=lungsprinzip in ihm selbst hat, und der Anführer nur durch sein An=sehen, welches Zutrauen einflößt, nicht aber durch Gewalt etwas über dasselbe vermag“ [46].

„Den Willen und die geistigen Kräfte anderer zu seinem Zwecke zu lenken“, betrachtet der spätere Feldmarschall *von dem Knesebeck* als die allein den großen Feldherrn bildende Eigenschaft. Sie verdrängt den Typ des „pedantischen Exerzier=Meisters“ als „besten Feldherrn“ [47].

---

[42] Ebenda, S. 37.
[43] Über den militärischen Enthusiasmus, a. a. O., S. 43.
[44] Über den Einfluß der Gemüthsbewegungen auf die militärischen Opera=tionen, a. a. O., S. 212.
[45] *Knesebeck*, Militärische Rhapsodien, Acta, Heeresarchiv Potsdam, Nachlaß Knesebeck Nr. 15, Bl. 118.
[46] „General Loyds militairisch=praktisches Handbuch für Offiziere“, 1798, S. 60.
[47] *Knesebeck*, Militärische Rhapsodien, a. a. O., Bl. 118.

Die Generale und Stabsoffiziere werden als diejenigen bezeichnet, die insbesondere „auf die Kultur des Ehrgefühls einen ungemein großen Einfluß haben"[48]. Sie sollen die Offiziere in diesem Bestreben unterstützen, ihnen immer wieder klarmachen, daß der Soldat heutzutage weit über den „rohen Menschen" hinausgewachsen sei, und daß es weder möglich erscheine, ihn zu jener Rohheit zurückzubringen, noch dies auch irgendeinen Sinn habe. Sie haben ihre Offiziere darauf hinzuweisen, welche Bedeutung der Appell an die Ehre für den Soldaten besitze, wie man damit in der Lage sei, dem Schwachen zu helfen und den Starken zu den höchsten Taten zu veranlassen. Die revolutionären Heere, die mit Anführern besetzt waren, die die Gemütsstimmung ihrer Soldaten genau kannten und wußten, wie sie sie richtig einzusetzen hatten, werden allenthalben als Beispiele herangezogen.

f. Bildung des Offiziers als Voraussetzung für die Erzeugung des Enthusiasmus

Aber auch hier galt es, sich darüber klar zu werden, ob der Offizier, an den man derartige Forderungen stellte, überhaupt die Voraussetzungen in sich trug, um auch nur persönlichen Enthusiasmus verbreiten zu können und damit die politischen Aufgaben, die ihm gestellt wurden, zu erfüllen. Dies wird wiederum entschieden verneint. Um den dazu notwendigen Offizierstyp schaffen zu können, will man sich der Bildung bedienen. Nur der gebildete Offizier kann, so glaubt man, den Enthusiasmus im Heer erwecken. Der nichtgebildete wird die Berechtigung der neuen Forderung überhaupt nicht einsehen, er wird sich auf das bisherige Stocksystem zurückziehen, den Soldaten weiterhin als Maschine betrachten und in bezug auf die Fechtweise niemals zugeben,

> „daß es die erbärmlichste Art der Dressur ist, wenn man durch die Kunst ersetzen soll, was man künstlich in der Natur von Anlagen und Vermögen erstickt hat"[49].

Zwei Formen der Bildung sind es, die sich dem Offizier anbieten, die Bildung, wie sie die Aufklärung verficht, und die sogenannte „arteigene" Bildung. Schärfste Antipoden, sind sie sich doch darin einig, daß der bisherige Offizierstyp für die neuen Aufgaben nicht ausreicht.

---

[48] „Über den Einfluß der Gemüthsbewegungen" usw., a. a. O., S. 209.
[49] Anonym, Über stehende Heere und ihre Vervollkommnung, a. a. O., S. 39/40.

Aufklärung und Enthusiasmus

Für die Aufklärung sind die Zeiten endgültig vorbei, in denen man es als selbstverständlich ansah, daß der Offizier auf Grund seiner adligen Tradition sein Verhältnis zum Soldaten in der alten patriarchalischen Weise meistern könne. Schon die soziologischen Voraussetzungen dafür sind entfallen. Bei dem Umfang, den die stehenden Heere angenommen hatten, genügten die eingeborenen Elemente nicht mehr. Solange der Kompaniechef, der wie ein Vater sich um seine Kompanie kümmern sollte, die Werbung selbst in der Hand behielt, wurden nur solche Ausländer angeworben, die in die „Familie der Kompanie", um die Worte des Generalmajors *Gaudi* zu gebrauchen, paßten. Ein jeder Kapitän war daher bestrebt,

> „nicht nur eine schöne, sondern auch eine brauchbare und aus wohlgezogenen und guten Leuten bestehende Compagnie zu haben; einer beeyferte sich, es dem andern hierin zuvor zu thun; was liederlich und untauglich war, wurde abgeschafft und ein jeder war darauf bedacht, seine Compagnie zu verschönern und mit guten und zuverlässigen Leuten zu verbessern" [50].

Sobald jedoch den Kompaniechefs die eigene Werbung genommen und „alle Rekruten in eine Masse geworfen und verteilt" wurden, änderte sich das Bild. Landfremde, oft auch hergelaufenes Gesindel wurden angeworben oder zum Dienst gepreßt. Es desertierte, wo sich ihm Gelegenheit bot. Die Desertion galt allgemein als die Berufskrankheit der stehenden Heere. Dieser Art von Soldaten fehlte von vornherein die Bindung, die den adligen Offizier und den auf Grund des Kantonsystems dienenden Bauernsohn umfaßte. Zwar hätte die patriarchalische Bindung zwischen Offizier und Mann stets neue Nahrung erhalten können, wenn diese Bauernsöhne zum Heer stießen. Von großer Bedeutung war demgegenüber jedoch die Tatsache, daß die Gesamtbehandlung nicht auf sie abgestellt war, daß vielmehr die negative Bewertung des Soldaten als Menschen zum Leitprinzip der gesamten Heeresanstalt erhoben wurde, man grundsätzlich von der Widerspenstigkeit des Soldaten ausging und zur Durchsetzung der Disziplin ein mechanisches, auf den Soldaten als Nummer abgestelltes Prügelsystem anwandte. Die Eigentümlichkeit der militärischen Ausbildung erforderte dies. Der Soldat, der infolge von Zwang und Drill zu einem Rädchen innerhalb der Heeresmaschine herabsank, mußte

---

50 *Gaudi*, Von Verbesserungen in der Armee, Acta, Heeresarchiv Potsdam, a. a. O., S. 5.

ohne Rücksicht auf sein Herkommen wie eine Nummer behandelt werden. Wenn jedoch das Ideal der Ausbildung darin lag, den Soldaten zur Maschine zu machen und seine Persönlichkeit geflissentlich zu unterdrücken, so mußte dies in gegenseitiger Steigerung zur völligen Auflösung der noch vorhandenen patriarchalischen Substanz führen.
Diese Entwicklung war in doppelter Hinsicht für die Position des adligen Offiziers bedeutsam. Auf der einen Seite half sie, die Unentbehrlichkeit des Adels stärker zu betonen. Hielt man nämlich im Prinzip alle Soldaten für unzuverlässig, so blieb der Offizier das einzig zuverlässige Element im Heer. Seine Stellung als Adliger, seine Tradition und seine Verbundenheit mit dem König boten dafür die Garantie. Andererseits verlor das Adelsprivileg gerade durch diese Entwicklung seinen höheren Sinn. Maschinen und seelenlose Puppen konnte auch ein bürgerlicher Offizier in Gang setzen, wenn er nur die Regeln ihrer Bewegung einwandfrei beherrschte.
Die Aufklärung liefert für diese Stellung des Soldaten in der Heeresanstalt die Theorie. Sie verneint im Prinzip jede patriarchalische Bindung und faßt das Verhältnis zwischen Offizier und Mann als eine Beziehung zwischen zwei nebeneinanderstehenden Individuen auf. Andererseits versucht sie jedoch vom Boden der Menschenwürde her neue Bindungen zu schaffen, um die Lage des Mannes, der geprügelt und gefuchtelt wird, zu erleichtern. Die Aufklärung nimmt insofern eine doppelseitige Stellung gegenüber dem absoluten Staat ein. Auf das engste mit ihm verbunden, hatte sie das stehende Heer als höchst gesteigerte rationalistische Organisation mitformen helfen. In der Klarheit seines Aufbaus sowie der Präzision seines Funktionierens erscheint es als Kunstwerk und Maschine zugleich und damit als typische Verkörperung aufklärerischen Geistes. Dieser Grad der Vollendung enthält jedoch bereits den Keim des Zerfalls. Entspricht es, so muß die Aufklärung fragen, der Idee der Menschenwürde, den Soldaten in der Weise in die Heeresmaschinerie einzuzwängen, wie dies dem vollendeten Kunstwerk zuliebe geschieht? Zweifellos spielte bei solchen Erwägungen die Reibung zwischen Mensch und Maschine eine Rolle. Man erkannte, daß durch die Vergewaltigung der menschlichen Natur auch der Mechanismus der Heeresanstalt leiden mußte. Die trotz schärfster Strafen immer mehr überhand nehmenden Desertionen zeigten die Unzulänglichkeit dieser Maßnahmen[51]. Die Notwendigkeit der Suche

---

[51] Vgl. dazu die Klagen *Gaudis*, Von Verbesserungen in der Armee, a. a. O., S. 7 und des Oberstleutnannts *Lecoq*, Über die Nothwendigkeit einer Ver=

nach einem anderen Kitt innerhalb der Heeresanstalt trat deutlich hervor. Die Aufklärung kam dem inneren Bedürfnis des Heeres nach neuen Bindungen entgegen. Sie behauptete, das Geheimmittel zu besitzen, mit dem sich alle Schwierigkeiten lösen ließen. Mit der Veredelung des Menschen versprach sie, die Rentabilität der Maschine zu steigern, aus ihr viel mehr als bisher herauszuholen und sie auf die letztmögliche Höhe zuverlässiger Leistung bringen zu können.

Diese rein zweckbestimmten Erwägungen sind jedoch nicht der einzige und allein ausschlaggebende Grund. Die allgemeine Auffassung der Zeit, daß der Mensch ein Vernunftwesen sei, als solches eigene Einsichten und eine eigene Würde besitze, und man ihn von hier aus lenken müsse, macht auch vor dem Heer nicht halt. Beides, der Zeitgeist und der Wunsch, den Konflikt zwischen Maschine und Mensch zu beseitigen, um die gewünschte Vollendung der Heeresanstalt herbeizuführen, wirken zusammen. Im einzelnen verlangt die Aufklärung, daß der Offizier die menschliche Seite pflege, den Soldaten im allgemeinen besser behandele und auf das Prügeln verzichte. Sie untersucht das innere Getriebe des Heeres, den täglichen Drill auf dem Kasernenhof, die Behandlung des Invaliden, die unmöglichen Zustände bei der Werbung ebenso wie die Ursachen der Desertion und ergeht sich in heftigen Angriffen gegen den absoluten Staat[52].

Ob der Offizier in der Lage ist, sein Verhältnis zum Soldaten in einer der Aufklärung entsprechenden Weise zu gestalten, hängt nach ihrer Ansicht allein von seiner Bildung, nicht mehr von seinem Adel ab. Die alten Tugenden und Ideale des adligen Offiziers, die im Rittertum wurzeln, werden säkularisiert. Höhere Bildung des Offiziers bewirkt höhere Menschlichkeit und damit bessere Behandlung des Soldaten. Den Wunsch, daß der Offizier im Soldaten Enthusiasmus erzeuge und auf diese Weise den Staat in seiner Krisenzeit stütze, verspricht die Aufklärung zu erfüllen, wenn man ihr die Möglichkeit gebe, den Grad der Bildung des Offiziers entsprechend zu erhöhen.

Die Vertreter der Aufklärung konnten dabei darauf hinweisen, daß von ihrer Seite aus bereits die Voraussetzungen für eine erhöhte Bildung des Offiziers geschaffen worden seien. Mit Stolz stellen sie fest, daß zum Beispiel in der „École militaire" Locke und Wolff, Grotius, Pufen=

---

minderung der Ausländer und eines besseren Soldes der Subaltern=Offiziers, Unteroffiziers und Gemeinen bey der Königlich=preußischen Infanterie, Heeresarchiv Potsdam, Akten der Immediat=Militär=Organisations=Kommission, Nr. 48.

52 Vgl. dazu *Höhn*, Revolution, Heer, Kriegsbild, a. a. O., S. 75 ff.

dorff und Thomasius, auch Montesquieu und Rousseau gelesen würden. In diesem Sinne gelte es fortzufahren, den Unterricht immer mehr zu heben, um die Offiziere zunächst zu „gebildeten Menschen“ werden zu lassen und das Zufällige in ihrer Ausbildung immer mehr abzustreifen. Insbesondere solle der Akzent auf die Philosophie gelegt werden, die zur „Oberaufseherin aller geistigen Fähigkeiten werden müsse“ [53]. Sie allein lehre den Offizier, wie der Hauptmann *Kamptz* betont,

> „wie und aus welchem Gesichtspunkt er Menschen betrachten und behandeln müsse, deren Bildung ihm übertragen worden, sie gebe ihm die wichtigsten Mittel an die Hand, seine Leute kennen zu lernen“ [54].

Mit ihrer Hilfe sei er auch allein in der Lage,

> „die begangenen Fehler seiner Untergebenen nicht allein der Quelle nach richtig beurtheilen zu können, sondern auch in den Stand gesetzt, sie mit angemessenen Strafen zu belegen“ [55].

Im ganzen gesehen erhält man ein überraschendes Bild von den Möglichkeiten, die die Aufklärung gegenüber dem absoluten Staat besitzt. Da sie in ihrer Psychologie, ihrer sozialen Einstellung und ihrer Geschichtsbetrachtung von dem aus allen Bindungen gelösten Einzelmenschen ausgeht, kommt sie dabei dem absoluten Staat entgegen. Sie bejaht auf dieser Ebene zwar auch die revolutionären Ideen, die sie gegenüber dem Rückschritt im absoluten Staat als Fortschritt preist, stellt sie aber in ihren Auswirkungen als eine Verzerrung und Überspitzung ihrer Menschheitsideale dar, die es auf das richtige Maß zurückzuführen gilt. Sie liefert ein gutes Teil der Ideologie für diese Revolution, aber auch die Gegenideologie. Sie gibt das Gegengift gegen das den absoluten Staat zerstörende Gift der Revolution. Sie schafft keinen neuen Typ des Offiziers, geht vielmehr von dem vorhandenen aus und will ihn, indem sie ihn bildet, für die neuen Aufgaben brauchbar machen. Sie braucht sich in ihrem Wesen nicht zu ändern. Ihre Tendenz bleibt nach wie vor, wenn auch in anderen Formen, zu veredeln und zu erhalten, nicht zu sprengen.

Auch die Art ihres Vorgehens ist interessant und bezeichnend. Sie gibt dem Offizier zwar ihr psychologisches und geistiges Material an die Hand, überläßt es aber im übrigen seiner persönlichen Initiative,

---

[53] *Knesebeck*, „Militairische Rhapsodien“, Heeresarchiv Potsdam, a. a. O., Bl. 110.

[54] *Kamptz*, Für Offiziere und die es nicht sind, Bd. 1, 1797, S. 124/126.

[55] Ebenda, S. 126.

die entsprechenden Schlüsse zu ziehen. Eine solche Methode ist zwar theoretisch richtig, muß aber praktisch ohne Wirkung bleiben. Ihr fehlt die politisch zweckmäßige, gegenwartsnahe Form, um den Offizier zu einem wirklichen Kämpfer für seinen Staat zu erziehen. Diese Methode erweist wiederum die Hilflosigkeit des absoluten Staates und der ihn unterstützenden Aufklärung gegenüber den wirklichen Problemen der Zeit. Auf der Seite des Gegners stehen harte Kämpfertypen mit eindeutig politischer Zielsetzung, die aus der Revolution erwachsen ist. Der absolute Staat sucht solche Typen mit Hilfe einer aufgeklärten Bildung künstlich zu schaffen, um das alte System aufrechterhalten zu können. Dieses schreibt ihm zugleich im einzelnen vor, wie weit er gehen darf. Er muß sich stets in einem bestimmten Rahmen halten, auch wenn er sich an seinen Grenzen bewegt.

„Arteigene" Bildung und Enthusiasmus

Neben der Aufklärung bietet sich eine andere Richtung an, die vom Boden der „arteigenen" Bildung die neue Aufgabe des Offiziers zu lösen sucht. Sie erklärt, der Offizier müsse zwar ein bestimmtes Wissen haben. Dies sei aber nur mittelbar von Bedeutung. Viel entscheidender komme es auf seine Anlagen, seinen Weitblick, die harmonische Ausbildung aller in ihm liegenden Fähigkeiten, im ganzen gesehen auf die Formung seiner Gesamtpersönlichkeit an. Ideen, wie sie *Herder* ausgesprochen, *Justus Möser, Arndt, Jahn* und *Fichte* weitergeführt haben, finden hier ihren Ausdruck. Diese Art von Bildung ist für die Aufgabe des Offiziers, den Soldaten an seine Person zu binden, ihn für sich zu begeistern und den so erzeugten Enthusiasmus mittelbar dem absoluten Staat zugute kommen zu lassen, objektiv betrachtet, viel geeigneter als die vernunftmäßige Bildung der Aufklärung. Sie konstruiert das Verhältnis zwischen Offizier und Mann nicht auf Grund rationaler Erwägungen. Es stellt sich ihr als ein einheitliches Lebensverhältnis dar. Der Offizier ist dann kraft seines Adels der geborene Führer, der nicht nur im militärischen Verhältnis seinem König gehorcht, sondern aus adliger Gesinnung heraus sich verantwortlich für das Schicksal des Staates in seiner Gesamtheit fühlt. Beweist er sein Führertum, dann werden Bürger und Bauern sich an diesem Beispiel begeistern, von der „allgemeinen Apathie des Zeitalters, der Verblendung und der Muthlosigkeit" sich frei machen und neu einsetzbar sein [55a]. Der Enthusias-

[55a] *Von der Marwitz*, Aus dem Tagebuch eines preußischen Patrioten, bei Walter Kayser, L. v. der Marwitz, ein preußischer Patriot 1939, S. 40.

mus, der aus dem Verhältnis zwischen Offizier und Mann entsteht, wird nicht künstlich erzeugt, sondern ist der Funke, der aus der Polarität der überlegenen Persönlichkeit des Offiziers und des Mannes entspringt. In ihm kommt eine natürliche Empfindung des Gefühls zum Ausdruck. Keinesfalls ist dieser Enthusiasmus daher auch rational berechenbar.

Mit aller Entschiedenheit wehren sich die Anhänger der arteigenen Bildung dagegen, daß sich der auf solche Weise entstandene Enthusiasmus chaotisch auswirken könne. Bildet er sich im Rahmen des Lebensverhältnisses zwischen Offizier und Mann, so stellt er von vornherein etwas Natürliches dar. Wo die Aufklärung ständig auf der Hut sein und Schranken gegen die chaotischen Triebe im Einzelwesen ziehen mußte, sind diese Schranken bereits in der Harmonie des natürlichen Lebensverhältnisses inbegriffen. Das Moment des Arteigenen hilft sie verstärken. Der Deutsche, der seinem Wesen nach viel schwerfälliger als der leichtbeschwingte Franzose ist, wird den ihm arteigenen Enthusiasmus hervorbringen, der keine Kopie des französischen darstellt und auch nicht zu denselben Ergebnissen führen kann, wie sie die Revolution gezeitigt hat. Der absolute Staat vermag daher über diese Art von Enthusiasmus beruhigt zu sein und kann sich seiner getrost bedienen.

Von diesem Boden läßt sich gleichzeitig auch die Aufgabe des Offiziers, Künder und Propagandist des absoluten Staates zu sein, in ganz anderer Weise lösen als vom Boden der Aufklärung her. Der Offizier ist nicht darauf beschränkt, den Soldaten darauf hinzuweisen, was seine Regierung für ihn getan habe, welche soziale Fürsorge sie ihm angedeihen lasse, obwohl sie dazu gar nicht verpflichtet sei. Der Offizier kann den absoluten Staat vielmehr in ganz andere Zusammenhänge stellen und ihm einen aktuellen Sinn geben. Er vermag dabei die von Frankreich entfachte nationale Idee, die dort als schärfster Antipode des absoluten Staates auftrat, mit diesem zu verbinden und ihn als Ausdruck deutscher Nationalität hinzustellen. Der absolute Staat erscheint dann als etwas national Eigenständiges und gegenüber der Französischen Revolution Besseres. Der Inhalt der gewachsenen, eigenständigen Herrschaftsform erhält eine neue Legitimierung. Die große weltanschauliche Auseinandersetzung zwischen Absolutismus und revolutionären Kräften wird durch das nationale Empfinden, durch den Gegensatz zwischen deutscher und französischer Art, verwischt und abgeschwächt.

Für den Soldaten hat diese Auffassung noch eine ganz bestimmte Bedeutung. Er ist jetzt nicht mehr nur Nummer und Untertan, sondern besitzt einen bestimmten Platz im Staat. Sein Verhältnis zum Staat wird nicht mehr lediglich unter dem Gesichtspunkt der Widerspenstigkeit betrachtet. Der Staat braucht ihn, so wie er den Staat benötigt. Der Soldat ist nicht nur Soldat, sondern auch Preuße. Der absolute Staat selbst wird zum Garanten eigenständiger deutscher Form und Lebensart. An Stelle des „von Gottes Gnaden" tritt zwar nicht wie in der Französischen Revolution das „von Volkes Gnaden", aber neben das „von Gottes Gnaden" tritt das Moment der traditionellen Verbundenheit der Monarchie und des angestammten Königshauses, die als Einheit betrachtet werden.

Durch die arteigene Bildung, die die Persönlichkeit des Offiziers tragen soll, erhalten Staat, Vaterland, Monarchie und Soldat eine bestimmte neue Stellung im Weltbild des Offiziers. Seine eigene Bestimmung ist es, diese natürlichen Quellen dem Enthusiasmus zu erschließen. Die Französische Revolution, erklärt man, habe zwar den großen Impuls gegeben, im Ergebnis aber habe sie doch die Besinnung auf das Arteigene, dem deutschen Wesen Entsprechende zur Folge gehabt und sich damit zum Segen des absoluten Staates ausgewirkt.

Praktisch erreicht man jedoch auch hiermit wenig. Man ist nicht in der Lage, neue Parolen programmatisch zu formulieren und sie sowohl den Ideen von 1789 wie auch dem Absolutismus gegenüberzustellen. Man schafft keine eindeutige politische Position, um die es sich zu kämpfen lohnt, man setzt nur an, wo man konkret handeln müßte. Man stellt Forderungen und steckt den Rahmen ab, innerhalb dessen ein neuer Idealtyp wirken könnte. Was nützt jedoch der Hinweis auf die traditionelle Verbundenheit der Monarchie mit den Untertanen, wenn diese Verbundenheit nicht ihren zeitgemäßen politischen und programmatischen Ausdruck zu finden vermag? Man kommt im Ergebnis über den guten Willen, den absoluten Staat auf eine andere Weise zu stützen, nicht hinaus.

IV. Die Ergebnisse der Auseinandersetzung

Von allen Seiten hatte man das überkommene Kriegsbild in Frage gestellt. In seiner Gesamtheit, wobei man die bisherige Heeresverfassung und die überlieferte Kriegskunst anzweifelte, das stehende Heer nicht mehr als die passende Wehrform betrachtete und an seine Stelle eine milizartige Organisation setzen wollte. Im einzelnen, soweit man sich mit der Frage nach der zweckmäßigen Form des neuen Heeres, der Ausbildung, den strategischen und taktischen Prinzipien, insbesondere aber der künftigen Fechtweise im Bereich der niederen Taktik beschäftigte. Immer standen die politischen Gesamtprobleme der Zeit hinter diesen Auseinandersetzungen, auch da, wo es um scheinbar rein militärisch-technische Fragen ging. In Antithesen wie stehendes Heer und Miliz, Enthusiasmus und esprit de corps, Lineartaktik und Tirailleursystem findet die Auseinandersetzung ihren Ausdruck.

Auf die verschiedenste Weise hatte man zu einer Lösung zu kommen versucht. Die Revolutionskriege bildeten stets den Angelpunkt. Zwei große Richtungen standen sich in ihrer Bewertung gegenüber. Die eine leitete aus den Erfahrungen dieser Kriege die völlige Unbrauchbarkeit des stehenden Heeres für die Zukunft ab und fällte über die Kriegskunst des absoluten Staates ein vernichtendes Urteil. Die andere betrachtete die Niederlage in diesen Kriegen mehr oder weniger als einen Zufall und wollte nicht zugeben, daß sich damit die bestehende Heeresorganisation in ihrer Strategie und Taktik als nicht mehr zeitgemäß erwiesen habe. Ihre Position läßt sich mit der Parole „Festhalten am Alten" kennzeichnen. Diesen beiden großen Richtungen gegenüber wollte sich eine vermittelnde Linie in den weltanschaulichen Auseinandersetzungen neutral verhalten. Sie erwies jedoch durch ihr eigenes Beispiel die Unwirklichkeit einer solchen Haltung. Im Grunde stand sie den Problemen der Zeit hilflos gegenüber.

Alle Vorteile und Schwächen einer derartigen Auseinandersetzung treten uns dabei vor Augen. Männer wie *Berenhorst* und *Bülow* hatten die neue Anschauungswelt in ihren grundlegenden Positionen am schärfsten aufgezeigt. Ihre Betrachtungsweise war, weil sie sich das Bild des Gegners vielfach so zurechtrückten, wie sie es brauchten, naturgemäß einseitig. Sie besaß einen stark literarischen und ideologischen Charakter. Sie ging, obwohl ihre Vertreter stets von den Bedürfnissen der Praxis sprachen und die Unvereinbarkeit der alten Auffassung von Heer und Krieg mit dieser Praxis als Hauptargument benutzten, doch über viel mehr als eine neue Theorie nicht hinaus. Diese Theorie erhob allerdings den Anspruch, der Realität der modernen Kriegführung allein gerecht zu werden. Sie kam zu einer Reihe von richtigen Ergebnissen, die aber nur Teilwahrheiten enthielten. Ihre Vertreter waren dabei in der glücklichen Lage, frei theoretisieren zu können, standen sie doch nicht auf verantwortlichen Posten, wo sie ihre Theorien in die Wirklichkeit hätten umsetzen müssen. Ohne Rücksicht auf die Schwierigkeiten der Durchführung war es ihnen möglich, die

prinzipiellen Gegensätze in aller Schärfe antithetisch herauszuarbeiten. In ihrer Kompromißlosigkeit erregten sie allgemeines Aufsehen und lenkten alle Blicke auf die schwachen Punkte des überkommenen Kriegsbildes und Heeressystems. Sie vermochten dabei ihrer geistigen Beweglichkeit freien Lauf zu lassen und konnten alle Kombinationen, auch wenn sie noch so absurd erschienen, durchspielen. Daher auch das eigentümliche, unmittelbare Nebeneinander von der Zeit weit vorauseilenden, das Wesen der künftigen Entwicklung in ihrem Kern treffenden Gedanken und völlig abwegigen Vorschlägen. Bülows Rat zur Einführung der Telegraphie auf dem Schlachtfeld und Berenhorsts Vorschlag zur Wiedereinführung der Pike kennzeichnen die ungeheure Spannweite zwischen den beiden Polen der Auseinandersetzung.
Damit war man jedoch zugleich auch festgefahren, insbesondere einem Staats- und Heeressystem gegenüber, das sich starr in sich selbst zurückzog. Wo aber eröffnete sich eine Aussicht, zu praktischen Ergebnissen zu gelangen? Sollte man warten, bis ein äußerer Anstoß diesem Staat ein Ende bereitete, wie das Berenhorst und Bülow prophezeit hatten, und sich in der Zwischenzeit der Resignation ergeben? Oder gab es Möglichkeiten, reformierend einzugreifen und Wege zu weisen, die zu fruchtbaren Resultaten führen konnten?
Der Mann, der mit dieser Fragestellung im Hauptabschnitt des Kampfes die Führung übernahm, war *Gerhard Scharnhorst.*

B. SCHARNHORST IM KAMPF UM DIE ERNEUERUNG DES HEERES

I. *Scharnhorst als Anhänger des absolutistischen Kriegsbildes*

Scharnhorst stand in seinen ersten Äußerungen den neuen Ideen keinesfalls aufgeschlossen gegenüber. Er bezog vielmehr gegenüber den üblichen Angriffen, wie sie auf Grund der Französischen Revolution gegen das stehende Heer erneut in aller Heftigkeit aufflammten, eindeutig Position im Sinne des absoluten Staates, seines Heeres und Kriegsbildes und bediente sich dabei aller verfügbaren Argumente[1]. Die Frage, ob es möglich sei, durch die Erzeugung von Patriotismus und Begeisterung im einzelnen Bürger Kräfte zu erzeugen, die sich mit denen des stehenden Heeres messen könnten, beantwortet er negativ[2]. „Der Geist des guten Bürgers läßt sich nicht mit dem eines guten Soldaten vereinigen", versichert er und fährt fort:

> „Der Soldat muß den Krieg wünschen; der Bürger muß ihn hassen, wenn er ein guter Bürger, ein guter Wirth ist — wenn ihm seine Wirthschaft, sein Gewerbe am Herzen liegt. Der Bürger, der den Krieg nicht wünscht und mit Widerwillen in denselben geht, ist bey jedem Unglück und bey Fatiguen mißvergnügt, und ohne Vertrauen und guten Willen ist kein Sieg." [3]

Ein kleines Land könne man durch den Patriotismus seiner Bürger wohl verteidigen. Da vereinigen sich „Interesse und Ehre". Da komme es auf die Erhaltung des Eigentums, der Familie usw. für jeden ein=

---

[1] *Scharnhorst,* Ueber die Vor= und Nachtheile der stehenden Armee, Neues Militärisches Journal, Bd. 6, 1792, S. 244 ff., 347 ff.

[2] Vgl. im einzelnen *Höhn,* Die Wirkung der Französischen Revolution auf die bürgerliche Kritik am Heer und die Antwort Scharnhorsts, in „Revolution, Heer, Kriegsbild", a. a. O., S. 151 ff.

[3] *Scharnhorst,* Ueber die Vor= und Nachtheile der stehenden Armee, a. a. O., S. 370.

zelnen an. Bei großen Reichen aber sei dies anders. „Welche Beweg=gründe", so fragt Scharnhorst,

> „hat der Pommer, sich für die Gerechtsamen des Westphälingers auf=zuopfern? Wird der Westphälinger 100 Meilen machen, um den Vor=theil, den der Einwohner des Königsreichs Preußen vom Handel haben kann, zu verteidigen?"

Der Bürger möge wohl die Stadt verteidigen, in der er gerade lebe, aber wenn der Krieg in freiem Felde geführt werde, der Bürger sich von seiner Familie, seinem Haushalte, seinem Gewerbe viele Meilen, vielleicht mehrere Jahre trennen müsse, dann versage er. Im übrigen sei diese Einbeziehung des Bürgers in den Krieg für den Staat auch gar nicht erwünscht. Denn dadurch, daß der Bürger sein Haus, seine Familie, seinen Ackerbau und Gewerbe verlassen müsse, habe das Land erheblich zu leiden. Woher solle man die Hilfsmittel für den Krieg nehmen, „wenn der erwerbende Theil den Krieg führe"?
Es ist das klassische Kriegsbild des absoluten Staates, das uns hier entgegentritt. Der Bürger steht dem Kriegsgeschehen neutral gegen=über und soll es auch. Er sieht zu, wie die Generale den Krieg als „Staatsaktion" auf dem „Kriegstheater" führen. Für preußische Ver=hältnisse hatte dies noch einen besonderen Sinn. Wurde doch „Preu=ßen", das aus den verschiedensten Ländern bestand, weitgehend ledig=lich durch das dynastisch=staatliche Band zusammengehalten. Gerade diese Tatsache aber war es, gegen die sich Scharnhorst später leiden=schaftlich wehrte und alle Mittel einsetzte, um die daraus resultierenden Schwierigkeiten bei der Reform des preußischen Staates zu überwinden. Scharnhorsts Stellungnahme ist deshalb so interessant, weil hier am Ende der Epoche des absolutistischen Kriegsbildes diesem seine Richtig=keit und Notwendigkeit noch einmal von dem Manne bescheinigt wird, der es in seiner Substanz angreifen und zerstören sollte.

II. Scharnhorsts innere Wandlung durch das Erlebnis der Revolutions=kriege — Seine Aufgabe

Die oben zitierten Äußerungen Scharnhorsts stammen jedoch aus der Zeit vor den Revolutionskriegen, sind vor den Erfahrungen geschrie=ben, die die verbündeten Heere in ihren Feldzügen gegen das revolu=tionäre Frankreich machen sollten. Für Scharnhorst, der als hannöver=

scher Offizier an den Feldzügen von 1793, 94 und 95 auf Seiten der alliierten Armee in Flandern und Holland teilnimmt und den Zusammenstoß der alten Kriegführung mit der neuen der Franzosen erlebt, vollzieht sich hier die große Wandlung. Er sieht in der Praxis, was er in der Theorie bestritten hatte, daß der Enthusiasmus von unermeßlicher Bedeutung ist, und zieht daraus die Folgerungen. Nüchtern stellt er fest, daß der Franzosen „persönliche Bravour und ihr Enthusiasmus sie in den Stand setzte, einzeln fechten zu können", während dies das absolutistische Heer, das sich aus gezwungenen Soldaten zusammensetzte, nicht vermochte. Diese Erfahrung wirkt auf ihn alarmierend. Er prophezeit aus ihr die künftige Revolutionierung des jetzigen „taktischen Systems" und auf politischem Gebiet die Vernichtung der bisherigen Ordnung. Er schreibt damals (1794) die prophetischen Sätze:

> „Der jetzige französische Krieg wird das jetzt angenommene tactische System in einigen Punkten gewaltig erschüttern." [4]
> „Durch diesen Krieg können, wenn man nicht andere Maßregeln nimmt, fürchterliche Zernichtungen mancher guten Verfassungen entstehen." [5]

Für Scharnhorst hat der Feldzug von 1794 „die Überlegenheit der Franzosen entschieden". Von da ab „nimmt eine ganz andere Art, den Krieg zu führen, als bisher gebräuchlich war, den Anfang" [6]. Hier hörte „aller Mechanismus" auf und konnte „der gerade Weg des Nützlichen befolgt werden". Seit dieser Zeit läßt ihn der Gedanke nicht mehr los, wie man das stehende Heer den Anforderungen der neuen, in der Französischen Revolution geborenen Kriegführung anpassen kann. Ihm sind die Äußerungen derjenigen Offiziere bekannt, die ebenso wie er an den Revolutionsfeldzügen teilgenommen und ihre Erfahrungen im militärischen Schrifttum der Zeit niedergelegt haben. Er sieht, welche gewaltige Wirkung Berenhorsts Kritik am stehenden Heer ausgelöst hat

---

[4] Acta, Heeresarchiv Potsdam, Nachlaß Scharnhorst B. 3, Bl. 24. Fortfahrend heißt es:

> „Ihre (der Franzosen) persönliche bravour und ihr Enthusiasmus setzt sie in den Stand, einzeln ... fechten zu können, da bey andern Truppen, wo die Disziplin alles in Bewegung setzt, nur so lange als Reih und Glieder gehalten werden, diese bravour stattfindet und einzeln wenig erwartet werden kann."

[5] Schreiben Scharnhorsts aus Arnheim, vom 22. November 1794, ebenda, S. 192. Vgl. dazu die Fassung bei *Karl Linnebach*, Scharnhorsts Briefe, Bd. I, 1914, S. 140/41.

[6] *Scharnhorst*, Neues militärisches Journal, Bd. 2, Vorbemerkung.

und greift selbst in die dadurch entfachte allgemeine Diskussion ein. In zahlreichen Bemerkungen und Abhandlungen, die vielfach nur des=halb geschrieben werden, um selbst zur Klarheit zu gelangen, sowie später nach seinem Übertritt in preußische Dienste (1801) in Vorträgen vor einem engeren Kreis von Offizieren der Kriegsakademie und der militärischen Gesellschaft nimmt Scharnhorst zu allen entscheidenden militärischen Problemen der Zeit Stellung.

Er hat dabei jedoch von vornherein eine eigene Art, zu Lösungen der die Zeit bewegenden Fragen zu kommen. Er wendet sich gegen die=jenigen, die als reine Ideologen den entscheidenden Wert auf den Durch=bruch der neuen Ideen legen. Auch gegen Ideologen und Systematiker wie *Bülow*, die ohne Rücksicht auf das Schwergewicht der geltenden Staats= und Heeresverfassung mit all ihren Vorschlägen in der Welt des Künftigen leben. Ebenso scharf aber wendet er sich gegen die Nur=Fachleute, die Ideen überhaupt ablehnen und ihnen hilflos gegenüber=stehen.

Scharnhorsts Stärke liegt in der Art und Weise, wie er den Dingen auf den Grund geht. Er verarbeitet in einer eigenen Weise die Gesamtheit der militärischen und politischen Zeitprobleme. Er verwendet die Vorstellung vom neuen Menschen und seinem Bil=dungsideal für eine zeitgemäße Erneuerung der militärischen Bil=dung. Er leitet aus den neuen geistigen und politischen Grundlagen eine entsprechende Betrachtung und Bewertung der bisherigen Art der Geschichtsschreibung ab und zieht daraus die Folgerungen für eine künftige. Er geht weit über die Fragestellung der Zeitgenossen hinaus und bemüht sich, sie schon in ihren Voraussetzungen kritisch zu er=fassen. Er untersucht die methodische Basis, von der aus die zeitgenös=sischen Kritiker ihr Urteil bilden und ihre Schlüsse im Kampf für oder gegen das neue Kriegsbild ziehen. Er behandelt die Gesamtproblematik, wie sie von der Literatur aufgerollt wird, in ihrer Vielgestalt streng analytisch. Er hütet sich vor jeder Art rein polemischer Formulierung und den damit verbundenen Verallgemeinerungen und Überspitzungen. Vorschläge wie die, daß man zunächst einmal die absolute Monarchie abschaffen müsse, um eine Reform des Heeres in Angriff nehmen zu können, haben für ihn, so konsequent gedacht sie auch sein mögen, wenig Wert. Weiß er doch, daß solche Voraussetzungen im Augenblick gar nicht geschaffen werden können. Ebensowenig praktisch verwend=bar ist für ihn das Idealschema einer neuen Heeresverfassung. Es er=scheint ihm zwecklos, die Zerschlagung des stehenden Heeres und seines Offizierkorps zu propagieren. Auch die schönste Theorie von

einer neuen, unfehlbar zum Siege führenden Kriegskunst besagt ihm wenig. Entscheidend ist für Scharnhorst allein, im Rahmen des gegebenen Heeres und der bestehenden politischen Ordnung, an der er nichts zu ändern vermag, auf Grund der Erkenntnisse, die die Revolutionskriege vermittelt haben, das Mögliche zu tun, mit dem Gegebenen zu rechnen und das Heer als vorhandene Institution mit all ihren menschlichen Schwächen aufs neue in Form zu bringen. All seine theoretischen Vorschläge sind auf dieses Ziel ausgerichtet. Sie sollen unmittelbar dem Heere zugute kommen und möglichst so formuliert sein, daß sie sofort übernommen und realisiert werden können. Überall tritt uns dieses Bestreben Scharnhorsts entgegen, mag er sich mit dem Enthusiasmus oder dem Fortschritt im Heer, der Umschulung des Offizierkorps oder der Errichtung des Generalstabs beschäftigen.
Unter diesem Blickpunkt befaßt sich Scharnhorst mit *Berenhorst*, dem „trotzigen, gelehrten militärischen Schriftsteller", der in so scharfer Form die Abschaffung des stehenden Heeres und seine Unbrauchbarkeit in künftigen Kriegen vor einem breiten Publikum propagiert hat [7]. Er nimmt ihn in Schutz vor der militärischen Zunft, die ihn lediglich als Blender und militärischen Scharlatan hinzustellen sich bemüht, um auf diese Weise den lästigen Mahner loszuwerden und getrost beim Alten verharren zu können. In Berenhorst kommt die Stimme der Nation zum Ausdruck, erklärt Scharnhorst demgegenüber. Auf der anderen Seite geißelt er Berenhorsts viel zu weit getriebene, alles vernichtende Polemik und fragt, was es für einen Sinn habe, die stehende Armee einer Nation zu untergraben nur um eines Idealbildes willen, das man nicht realisieren könne [8]. Er sieht die Gefahr, daß die Zeitgenossen, von Berenhorsts Kritik niedergeschlagen, resignieren und jede positive Maßnahme zur Besserung des gegebenen Zustandes als zwecklos betrachten, anstatt sich aufzuraffen und das Nächstliegende zu tun, um die Armee dahin zu bringen, daß sie bei kommenden Auseinandersetzungen bestehen kann. Es ist die völlig andere Einstellung zum Leben und die Art neue Probleme anzufassen, die hier zum Ausdruck kommt.

Diese maßvolle Zurückhaltung gegenüber den Extremen wurde später noch durch die Stellung verstärkt, die Scharnhorst nach seinem Über=

---

[7] Das Konzept ist enthalten in Acta, Heeresarchiv Potsdam, Nachlaß Scharnhorst B. Nr. 156 endgültige Fassung der Rezension in „Neues militärisches Journal", N. F. Bd. 5 S. 344 ff.

[8] Vgl dazu im einzelnen *Höhn*, „Scharnhorsts Kritik an Berenhorst" in „Revolution, Heer, Kriegsbild", S. 232 ff.

tritt in die preußische Armee einnahm. Neben seiner die Artillerie reformierenden Aufgabe trug er als Lehrer an der Kriegsakademie die Verantwortung für die Erziehung und Ausbildung eines Teiles des Offiziersnachwuchses. Er konnte sich daher, wenn er dieser Aufgabe gerecht werden sollte, nicht, wie Berenhorst, in einer weitgehend antithetischen Polemik erschöpfen oder wie Bülow, unbekümmert um die Wirklichkeit des preußischen Heeres, die neue Taktik des Massenheeres als das alleinseligmachende Mittel preisen. Er hatte vielmehr die Verpflichtung, in einer Zeit, wo alles bisher Gültige fragwürdig geworden war, dem Nachwuchs in dem Wirrwarr der Ideologien und Zweifel an dem traditionellen Wissen brauchbare Grundlagen für die Führung künftiger Kriege zu vermitteln.

Trotz seiner Zurückhaltung gegenüber den revolutionären Neuerern und ihren Forderungen ist Scharnhorst im Grunde ein viel größerer und für das alte System gefährlicherer Revolutionär. Seine gesamte Tätigkeit bis zum Jahre 1806 kann als eine umfassende gegen das alte System und seine Vertreter gerichtete Einkreisungsoperation betrachtet werden. Sie beginnt bereits in der Zeit, als er noch in hannöverschen Diensten steht, setzt an den verschiedensten Punkten an und erfaßt alle die Positionen, die für den Prozeß der Erneuerung und der Anpassung der überlieferten Heeresform an die modernen taktischen und strategischen Anforderungen wesentlich sind.

III. Scharnhorsts Methode

Dabei läßt sich in Scharnhorsts Vorgehen eine ganz bestimmte Methodik verfolgen. Drei Verfahrensweisen sind es, deren er sich bedient: Die wissenschaftliche, die praktische und die politisch-taktische. Sie greifen ineinander über, werden einzeln, aber auch vielfach zugleich mit stets nach den Bedürfnissen verlegtem Akzent angewandt. Sie begegnen uns bei allen wichtigen Maßnahmen.

Alle Kraft wird zunächst darauf verlegt, sich nüchtern und illusionslos über die Tatsachen klar zu werden, sich ein Bild von der veränderten Umwelt zu machen und sie in ihren Zusammenhängen wie in ihren Proportionen zu begreifen. Immer wieder wird an diesem Bild gearbeitet und keine Mühe gescheut, um das Erkennbare zu erkennen und Ursachen und Wirkungen festzustellen. Es ist die *wissenschaftliche*

Methode, die Scharnhorst hier anwendet. Mit ihrer Hilfe gelingt es ihm, aus der Wirrnis von Anschauungen und Teilwahrheiten auf höherer Ebene zu einer neuen und selbständigen Orientierung zu gelangen und gefährliche Legenden zu zerstören. Auf solcher Basis können die lebenswichtigen Fragen gestellt und beantwortet werden: Wie findet man sich in der veränderten Umwelt zurecht? Wie paßt man sich an, ohne sich selbst zu verlieren? Was muß, um den veränderten Umständen gegenüber in Form zu bleiben, an Veraltetem aufgegeben, was kann in die neue Welt mit hinübergerettet werden? Wo vermag man wieder anzuknüpfen? Die Anwort kann fast mit Exaktheit auf Grund des Tatsachenbildes gegeben werden, das die wissenschaftliche Methode vermittelt hat.

Wo es die Wege aufzuweisen gilt, wie man das als richtig Erkannte verwirklichen kann, verwendet Scharnhorst die Methode des *Praktikers*. Genau so wichtig wie eine großzügige Planung ist für ihn die bis ins einzelne durchdachte praktische Durchführung. Alle Schwierigkeiten, die dabei auftreten können, werden von vornherein in Rechnung gestellt. Unerschöpflich ist er in der Erfindung von Hilfsmitteln und Auswegen, unermüdlich in der Verfolgung von Plänen. Eine ihm von der Natur verliehene besondere Gabe, sich in die Mitmenschen einzufühlen, läßt ihn erkennen, wie leicht in der Praxis die besten Pläne und Absichten in ihr Gegenteil verkehrt werden können. Dementsprechend trifft er seine Maßnahmen. Nicht müde wird er auch, sich persönlich um die Einzelheiten der praktischen Durchführung zu kümmern [9]. Er vermag die überragende Position der Nur-Praktiker im Heere zu überwinden, indem er an Hand der Tatsachenforschung, die ihm die wissenschaftliche Methode ermöglicht, zeigt, zu welch einem Tiefstand dieser Handwerksgeist, dem die „mechanischen Köpfe" im Heere huldigen, geführt habe. Er warnt aber auch ebenso eindeutig vor den Spekulationen der Nur-Theoretiker und bedauert eine Armee, die ihnen ausgeliefert sei. Er bewahrt die Theorie davor, sich in Spekulationen zu verlieren und macht sie zu dem, was sie sein soll, zu einer wirklichen Richtlinie für das praktische Handeln. Andererseits achtet er peinlich darauf, daß man in der Praxis die großen Zusammen-

[9] *Clausewitz*, Über das Leben und den Charakter von Scharnhorst, abgedruckt in Historisch-politische Zeitschrift, Bd. 1, 1832 S. 175 ff. „Aus dem Nachlasse des Generals von Clausewitz". Deutlich tritt die Tendenz, auch das Detail für wichtig zu nehmen und damit eine Sache bis zum letzten auf das gründlichste zu durchdenken, insbesondere in Scharnhorsts militärischen Schriften hervor. Vgl. etwa: „Handbuch der Artillerie" Bd. I, 1804, Bd. II, 1806.

hänge nicht vergißt. Er stellt in seiner eigenen Person die Synthese zwischen Theorie und Praxis dar. „Sein praktischer Kopf bewahrte ihn vor dem Abwege, auf den der Philosoph hätte geraten können.“ [10]
Wie setzt man sich gegenüber den widerstrebenden Kräften im eigenen Bereiche und einer feindlichen Umwelt durch? Dies ist das tägliche Problem, an dem sich Scharnhorst stets von neuem bewähren muß. Scharnhorst weiß, wie schwer es sein wird, eine in festen Traditionen befangene Welt, selbst bei bester Einsicht ihrer Träger, neuen Erfordernissen anzupassen. Ein heikles Unterfangen in einem Militärstaat, wo Autorität alles ist und das Aufkommen jeder neuen Idee als „eine persönliche Beleidigung“ der obersten Führung und der höheren Offiziere gilt, Neuerungen gegen den Geist und den Willen der herrschenden Kaste durchzusetzen. Scharnhorst ist sich darüber im klaren, daß eine rücksichtslose Kampfansage eine Konzentration der gegnerischen Kräfte bewirken würde, die ihn erdrücken und sein Werk auf das höchste gefährden müßte. Nichts wäre gewonnen, dagegen alles verloren. Er warnt daher davor, im Frontalangriff gegen die feindlichen Positionen anzurennen. Stärkere Opposition, Zunahme der inneren Verhärtung, Steigerung des Mißtrauens gegenüber dem Neuen, selbst bei Wohlmeinenden Unruhe und Verwirrung würden die Folge sein. Scharnhorst sieht, daß es nicht genügt, einer träge in ihrer Tradition verharrenden Welt gegenüber neue Ideen zu besitzen. Mindestens ebenso entscheidend ist es, die richtigen Formen und Mittel zu finden, um diesen Ideen zur Durchsetzung zu verhelfen.
Um diese Aufgabe zu lösen, muß man daher in einer besonders geeigneten Form verfahren, der Scharnhorst mit seiner *politisch=taktischen Methode* gerecht zu werden versucht. Sie wird von ihm ebenso exakt gehandhabt wie die wissenschaftliche, mit der er ein Bild von der neuen Wirklichkeit erhalten und dieses seinen Zeitgenossen vermitteln konnte. In ihren Grundelementen sind beide Methoden eng miteinander verwandt. Wieder verschafft er sich zunächst genaueste Kenntnis von der tatsächlichen Position des Gegners. Wo ist dieser objektiv am angreifbarsten, wo sieht er selbst seine Position als unhaltbar an, in welchen Punkten ist er bereit, nachzugeben, welche Thesen sind in der Auseinandersetzung zu vermeiden, da sie nur unnötige Gegensätze aufreißen würden? Wie kann man ihm goldene Brücken bauen? Wann ist insbesondere die Zeit gekommen, um den Gegner, der schon ermüdet ist, die eigenen Hauptargumente mit der „Festigkeit des

---

10 *Clausewitz*, ebenda.

Vorsatzes" und der „Stärke des Willens" zu präsentieren und ihn zum Nachgeben zu zwingen?

Auf die richtige und konsequente Handhabung dieser Methode legt Scharnhorst den größten Wert. Seine Worte sind genauestens bedacht, seine Maßnahmen in generalstabsmäßiger Exaktheit auf ihre Wirkung hin berechnet, die Reaktionen des Gegners einkalkuliert. Die großen Einkreisungsoperationen werden ebenso genau auf dem politischen Gebiet wie auf dem militärischen vorgenommen. Wenig überläßt er hier dem Zufall des Augenblicks. Seine Gefühle und Gedanken hat er mit einem nur halb durchsichtigen ruhigen Schleier zu „umhängen gelernt" [11], auch wenn er auf das tiefste besorgt war und es „in seinem Innern kochte" [12]. Niemals läßt er sich in „Geschäften" weiter ein „als es gerade für den Augenblick nothwendig" ist [13]. Von einer gewissen „Schlauheit", einem Charakterzug, den das „Studium der Kriegskunst, in der alles darauf ankommt, seine Absichten zu verstecken", verstärkt hatte, sind alle seine Maßnahmen getragen [14].

> „Eine unbesiegbare Verschlossenheit, die sich nie weder durch die Auf=wallung der Leidenschaft, noch durch den Reiz der Eitelkeit überfallen ließ, stand jener Schlauheit zur Seite und gab ihr den großartigen Charakter, wodurch sie in großen Staats=Einrichtungen wirksam wer=den konnte" [14a].

Scharnhorst versteht es, in mehreren Sprachen zu sprechen. Er verwen=det die Terminologie der Reaktion ebenso wie die der Revolution, ohne sich darin zu verlieren und von seinem Wege abzuweichen. Er beschwichtigt die Alten, indem er sie in ihren gewohnten Vokabeln anspricht und Verständnis und Vertrauen zu schaffen versucht. Er redet mit den Jungen und bemüht sich, sie innerlich zu gewinnen und von der Richtigkeit seines Weges zu überzeugen. Er übernimmt ohne Bedenken alte politische Formeln, erfüllt sie aber mit neuem Inhalt.

---

[11] *Ernst Moritz Arndt*, Erinnerungen aus dem äußeren Leben, 1846, S. 116 ff.
[12] Ebenda.
[13] *Boyen*, Beiträge zur Kenntnis des Generals von Scharnhorst, 1833, S. 6 ff.
[14] *Clausewitz*, Über das Leben und den Charakter von Scharnhorst, a. a. O., In der Kriegskunst „befruchtete er damit sein ganzes System", in „allen Einrichtungen, die er im Staate beabsichtigte, teils um die fremde Gewalt zu hintergehen, die dem Staatsinteresse mit gezücktem Schwert entgegen=trat, teils um die Bande des Vorurtheils und der Gewohnheit zu lösen, die damals in Preußen allen Geist erstickten", kam sie zum Ausdruck. (Ebenda.)
[14a] *Clausewitz*, ebenda, S. 206.

Zur Überzeugung Dritter sucht er stets diejenigen Wege einzuschlagen, die die wenigsten Hindernisse bieten, seiner Meinung einen Weg in

> „gewohnten Kanälen zu bahnen und die Strudel zu vermeiden, womit Eigensinn und Vorurtheil den ruhigen Verlauf seines Wirkens stören konnten" [15].

Jede Maßnahme, die gegenüber der bisherigen Stagnation ein Weiterkommen bedeutet, wird von ihm als Fortschritt begrüßt, jedes momentane Bündnis ist für ihn unter diesem Blickpunkt vertretbar. Eindeutig setzt er sich von denen ab, die lediglich ideologische Positionen aufzubauen verstehen, aber vor jeder Art praktischer Verwirklichung kapitulieren, die stets das Ganze verlangen, anstatt überall, wo es möglich ist, bereits die ersten Schritte zu tun.

Dieselben Grundsätze befolgt Scharnhorst, soweit es sich um den Einsatz seiner eigenen Person handelt. Er rückt in entscheidende Positionen innerhalb der Apparatur ein, ohne irgendwelche Bedingungen zu stellen, obwohl er genau weiß, daß er zunächst fortfahren muß, im alten Geiste zu arbeiten. Wichtiger als mit den besten revolutionären Ideen draußen zu stehen, erscheint es ihm, im Apparat selbst verankert zu sein, dessen Schwergewicht genau zu kennen, die richtigen Ansatzpunkte für seinen Umbau herauszufinden und die Vorbereitungen im Sinne künftiger Lösungen treffen zu können.

Im Spiel der gegeneinander wirkenden Kräfte entfaltet sich die Vielgestalt seiner Persönlichkeit. Wendig in der Auswahl der Möglichkeiten, versucht er nicht das abstrakte Beste, sondern das den Umständen Angepaßte durchzusetzen. Kühn in den Entschlüssen, vorsichtig bei der Ausführung, insbesondere bei der Dosierung der Mittel, nimmt er auf den Durchschnitt des Apparates und seine Intelligenz ständig Rücksicht. Große Erkenntnisse und Konzeptionen vermag er in geistiges Kleingeld umzumünzen, seine Formeln lassen nach allen Seiten die Wege offen. Eine gewisse „weiche Nachgiebigkeit seiner Formen" läßt ihn in kleinen Dingen Verzicht leisten. Im großen behält er das Ziel fest im Auge. Mit der „unermüdlichsten Geduld, der zähesten Ausdauer und Elastizität" strebt er ihm nach [15a]. Die Zahl der Wege, die zum Ziele führen, reiflich prüfend, versucht er den je nach den Umständen geeignetsten auszuwählen. Nie ist eine von ihm bezogene Position Selbst-

---

15 *Clausewitz*, ebenda, S. 193.

15a *Huser*, in „Denkwürdigkeiten des Generals von Huser", 1877, S. 102 ff. Huser war im Jahre 1813 Scharnhorsts Adjutant.

zweck. Unübertroffen ist seine „Fassung in erschütternden Momenten“ [16].

Die Wege, die Scharnhorst einschlägt, setzen die Überlegenheit der Konzeption, die Nüchternheit des Blickes, die Klarheit des Denkens, die Stärke des Charakters sowie die Reinheit und Selbstlosigkeit des Wollens einer bei anderen alle Schwächen verstehenden und einkalkulierenden Persönlichkeit voraus. Nur solche Persönlichkeiten können, von hoher Warte das Gesamtgeschehen überschauend die politisch-taktische Methode zum Segen handhaben. In den Händen kleiner Geister wird sie zum Spiel der Intrigen.

IV. Scharnhorsts Kampf gegen das Glaubensdogma des militärischen Positivismus

1. Das Wesen des militärischen Positivismus

Der entscheidende Gegner jeder gesunden Weiterentwicklung des Heeres ist für Scharnhorst der in der überkommenen Tradition geistig verharrende militärische Positivismus jener Zeit. In einem bestimmten militärischen Glaubensdogma findet er seinen Ausdruck. Mag es sich um das System der Rekrutierung, die Ausbildung und Behandlung des Soldaten, seine Uniformierung und Besoldung oder seine Fechtweise handeln, mag beim Offizier das Adelsprivileg, seine Bildung, seine kriegsmäßige Schulung oder mögen bei der hohen Generalität die Grundsätze der Strategie und Taktik in Frage stehen, überall finden wir dieselbe Grundhaltung: Alle diese Einrichtungen, Anschauungen und Gebräuche werden als unantastbar betrachtet. Wenn man Verbesserungsvorschläge zuläßt, dann lediglich auf dem Boden der strengen Überlieferung, um in ihrem Sinne das Bestehende noch stärker auszufeilen, zu verfeinern und auf solche Weise zu vollenden.

In Preußen gibt der gewonnene Siebenjährige Krieg der Aufrechterhaltung des Gesamtzustandes die Rechtfertigung. Der Tod des Großen Königs läßt seine militärischen Schriften, insbesondere sein militärisches Testament und die „Generalprinzipien des Krieges“, die er seinem Nachfolger als Richtlinien gegeben hatte, zu Gesetzestafeln

---

16 *Clausewitz*, ebenda.

werden, an die man sich in ängstlicher Vorsicht wörtlich zu halten bemüht. Die Tendenz der Zeit, die Probleme der Kriegführung den Prinzipien der Mathematik zu unterwerfen, steigert den Zug zur Dogmatisierung des tatsächlichen Zustandes. Die Neigung zur Anbetung des Bestehenden in Verbindung mit der Mathematik schafft eine eigenartige Form des militärischen Positivismus, dessen Ergebnisse folgende sind:

Das Heer erstarrt zur Maschine, das innere Getriebe des Heeres wird zum Kult, die Kriegskunst zu einem mathematisch berechneten System von Regeln, das Gesamtgebäude aber erhält einen sakralen Charakter. Sünde ist es, daran zu zweifeln oder gar einschneidende Veränderungen daran vornehmen zu wollen.

Besonders deutlich wird dieser Vorgang an der Einstellung der hohen Generalität zur Lineartaktik. Die Generäle sehen in der Lineartaktik den Ausdruck der Genialität Friedrichs des Großen, das unfehlbare Rezept für den Sieg. Sie glauben im Sinne seines Genies am besten zu handeln, wenn sie die Evolutionen weiter ausbauen und verfeinern und die Lineartaktik bis zur Artistik steigern [17]. Den Höhepunkt bildet die „Anweisung zu militärischen Evolutionen", die der General *Saldern*, der Exerziermeister des preußischen Heeres, in seinen „Taktischen Grundsätzen" entwickelt hatte [18]. Saldern gilt als der große Kommentator des friderizianischen Geistes, als der Hohepriester des Systems. Seine „Grundsätze" enthalten ein System von Marschfiguren, deren Ablauf er in ihrem Mechanismus eingehend beschreibt und denen er als erfahrener Exerziermeister die Technik der Durchführung vermittelt. Welch ein Unterschied aber gegenüber Friedrich dem Großen! Für ihn hatte der Wechsel der Positionen nur den Sinn, die günstigste Ausgangsstellung für die Schlacht zu gewinnen. Eine überlegene Exerzierkunst sollte dazu die Möglichkeit verschaffen. Bei Saldern geht es weniger um die militärische Zweckmäßigkeit der Bewegungen, als vielmehr darum, beliebig angenommene Schlachtaufstellungen schnell in reibungsloser Form vorzunehmen. Der innere Sinn der Kunst ist dahin. Allgemein glaubt man, daß dieser Mechanismus der Bewegungen, in ein mathematisches System gefaßt, den Krieg entscheide.

Die Mathematik als „Basis des Denkvermögens" wird immer mehr zur

---

[17] *Hoyer, J. G.*, Geschichte der Kriegskunst, Bd. II, 1799, S. 403.

[18] *Saldern, F. Ch.*, Taktische Grundsätze und Anweisung zu militärischen Evolutionen, 1781, sowie die „Instruktion, nach welcher die Regimenter der Saldernschen Inspektionen exerziert wurden", Acta, Heeresarchiv Potsdam, Altes Kriegsarchiv, Kap. 32, Nr. 17.

Grundlage der gesamten Kriegskunst. Der „Geometer" ist eigentlich die richtige Vorstufe für den General. Er wird sich, wie dies *Tempelhoff* formuliert, „bald durch das Hervorstechende, Schnelle und Zweckmäßige in seinen Manövern auszeichnen" [19]. Zweiflern gegenüber erklärt *Friedrich Meinert:*

> „Man vernachlässige das Studium der Geometria und man bleibt auf dem Felde der Kriegswissenschaften ein unnützer Arbeiter." [20]

Auf solche Weise versuchte man dem Geiste Friedrichs des Großen treu zu bleiben und sein System sinngemäß weiter zu entwickeln. „Die mathematischen Grundsätze der niederen Taktik wurden, da man sich mit ihnen vorzugsweise beschäftigte, die Grundlage der höheren." [21]. Auch der höheren Taktik „unablässige Bemühung" ist auf die „Erfindung eines mathematischen Systems gerichtet"[22]. Auch dieses findet seinen Ausdruck in mathematischen Formeln und mechanischen Regeln. Tempelhoff glaubte, „aus einer willkürlich angenommenen Anzahl von Proviantwagen alle Bewegungen, welche eine Armee unternehme", bestimmen zu können [23]. Er dachte sich dabei „die Verpflegung als die Centripedal- und die Operation als die Centrifugalkraft, wo bei 15 Meilen Halbmesser das Gleichgewicht erfolgte". Über diesem „hübschen Kalkül" vergaß er nur „1000 Erfahrungen, welche dem widersprachen" [24]. „Diese Krankheit" war nach Scharnhorsts Zeugnis „so epidemisch, daß die gesundesten Körper davon ergriffen wurden." [25]
Neben dem *Herzog von Braunschweig* galten innerhalb der Generalität *Möllendorff, Rüchel* und *Grawert* als die hervorragendsten Verfechter dieses positivistischen Systems [26]. Eingehend erörterte *Rüchel* noch um die Jahrhundertwende in seinen „Gedanken über kriegerische Verhältnisse und Präparative zu Operationen für den preußischen Staat"

---

19 *Tempelhoff, G. F. V.*, Geometrie für Soldaten und die es nicht sind, 1790, S. 85.

20 *Meinert, F.*, Lehrbuch der gesammelten Kriegswissenschaften, 1790, Vorerinnerung.

21 *Scharnhorst*, Über die Taktik der Infanterie, Acta, Heeresarchiv Potsdam, Nachlaß Scharnhorst B. Nr. 101.

22 *Venturini, G.*, Mathematisches System der angewandten Taktik oder eigentlichen Kriegswissenschaft, 1800, S. 2.

23 *Scharnhorst*, Über die Taktik der Infanterie, a. a. O., S. 9.

24 Ebenda.

25 Ebenda.

26 *Clausewitz*, Nachrichten über Preußen in seiner großen Katastrophe, Kriegsgeschichtliche Einzelschriften, Heft 10, 1888, S. 429 und die dortige Kritik an den „Spiegelfechtereien der Taktik".

das System der Linien und der „points d'appui", innerhalb dessen sich die Operationen zu vollziehen haben und die „festen Punkte en Echiquiez zu distribuieren sind, die da unsere Operationen schützen sollen" [27]. Das Ideal bestand darin, möglichst gar nicht zu schlagen, sondern durch geschickte, mathematisch genau berechnete Marsch=kombinationen den Gegner auszumanövrieren. Der kleinliche Wetteifer, das stehende Heer in der Strategie und Taktik zur letzten Stufe der Vollendung zu führen, vereinigte sich mit der peinlich genauen Aus=führung mechanisch übersteigerter, für die praktische Kriegführung unbrauchbarer Formeln und der kritiklosen Anerkennung selbst ge=setzter, abstrakt mathematischer Grundsätze für die Strategie.

Der Krieg wird im Rahmen dieses mathematischen Systems zu einem „bis ins Unendliche verwickeltem Studium". Allenthalben ist man be=müht, feste Regeln auch noch für ungewisse Begebenheiten aufzustel=len und eventuell vorkommende Fälle zu normieren, so daß der Feld=herr im Ernstfall nur einen solchen Tatbestand unter die dafür passende Norm zu subsumieren braucht, um die Lösung zu finden, die den Sieg verbürgt. Seine Genialität liegt darin, daß er vermöge seines über=ragenden Verstandes in grandioser Form all diese Regeln beherrscht und im Ernstfall die richtige hervorhebt. Der Feldherr wird auf diese Weise zum Musterschüler der Kriegstheorie, zum meisterhaften Schach=spieler, der alle Kombinationen in vollendeter Form beherrscht, der das Heer selbst wie „eine leblose Figur" [28] auf dem Schachbrett hin= und herschiebt, dem aber das Feld, auf dem er sich bewegen muß, sowie die möglichen Züge vorgeschrieben sind. Allgemein bemüht man sich, die Taten der großen Feldherrn aus der Befolgung von Kunstregeln zu erklären. Die persönliche, schöpferische Leistung tritt demgegen=über völlig zurück. Insbesondere werden die Feldzüge Friedrichs des Großen unter dem Gesichtspunkt betrachtet, inwieweit sie das System rechtfertigen. Wo er entgegengesetzt handelte, sieht man Abweichungen von einer im einzelnen festgelegten und von ihm im übrigen genau ein=gehaltenen, herrschenden Linie, die diese nur bestätigen. Drückend liegt das Gewicht dieses positivistischen Systems auf der gesamten Heeres=verfassung.

---

[27] *Rüchel*, Acta, Heeresarchiv Potsdam, Nachlaß Rüchel, Bl. 123.

[28] *Venturini, G.*, Beschreibung und Regeln eines neuen Kriegsspiels, 1797, S. XVI.

2. *Der Einsatz der Kriegsgeschichte im Kampf gegen den militärischen Positivismus*

Wie aber will Scharnhorst den Trägern eines solch in sich geschlossenen Systems klarmachen, daß es in sich selbst erstarrt und nicht mehr in der Lage sei, den zeitgemäßen Anforderungen zu genügen? Wie will er die Wege weisen, auf denen man aus diesem Zustand herauszugelangen vermag, ohne sich sofort die gesamte Führungsschicht im Heer zu unerbittlichen Gegnern zu machen, obwohl er am heikelsten Punkt der überkommenen Heeresordnung Kritik zu üben wagt und damit den Finger auf die Wunde legt? Hier setzt er den Hebel mit der wissenschaftlichen Methode an. Er analysiert die geistige Eigentümlichkeit des militärischen Positivismus als ein wissenschaftliches Problem und führt den Beweis, warum ein bedingungsloses Festhalten an der Überlieferung nicht mehr zeitgemäß sei.

Im Rahmen der wissenschaftlichen Auseinandersetzung verwendet Scharnhorst die Kriegsgeschichte als entscheidende Waffe. Er befreit sie aus ihrer bisherigen Stellung als Sklavin der herrschenden Militärkaste und weist ihr eine neue umfassende Aufgabe zu. Mit ihrer Hilfe gelingt es, die geistigen Positionen der alten militärischen Welt aufzurollen. Sie wird darüber hinaus zum Kernpunkt im System der geistigen Schulung des Offizierskorps und findet ihre Krönung in der wissenschaftlichen Arbeitsmethode des Generalstabs.

a. Scharnhorsts Ablehnung der Kriegsgeschichte als Heldenbühne

Bisher war die Kriegsgeschichte für den Offizier im wesentlichen nichts anderes als eine „Heldenbühne", auf der im Rahmen einzelner Großtaten dramatische Gestalten von der menschlichen Seite gezeigt wurden und ihr Auf- und Niedergang eine schauspielhafte Darstellung fand. Ihr haftete noch der aventürenhafte Charakter mittelalterlicher Ritterromane an, in denen das heroische Lebensideal des adligen Offiziers seine historischen Vorbilder fand.

Diese Art der Geschichtsbetrachtung knüpfte an die Auffassung von der Kriegskunst als Seitenstück zur Kabinettsdiplomatie an. Dem „Hauptstaatstheater", das sich im Rahmen des Hofzeremoniells abspielte, entsprach im militärischen Bereich das „Kriegstheater" [29], auf

---

[29] *Knesebeck, K. F. v.*, Betrachtung über den jetzigen Krieg und die Ursachen seiner falschen Beurteilung, 1794, S. 21. Vgl. auch die von *Carl*

dessen Bühne insbesondere der Feldherr als „Akteur" erschien und wieder von ihr abtrat [30].

Hier rollten der diplomatische wie der miltärische Kampf der absoluten Staaten im festen Rahmen zeremonieller Schaustellungen ab, die im einzelnen genau festgelegt waren.

Bei der geschichtlichen Betrachtung solcher militärischer Haupt= und Staatsaktionen wählt sich der Geschichtsschreiber jeweils unter dem Gesichtspunkt des besonderen Effekts „die Augenblicke, in welchen er seinen Helden erscheinen lassen will" [31]. Man sieht daher diesen Helden „nur immer im Paradekleid und da, wo er gesehen seyn will". Die Ereignisse der Kriegsgeschichte werden auf diese Weise nach dra= matischen und ästhetischen Gesichtspunkten beleuchtet. Wie sich die Kriegskunst des absoluten Fürstenstaates in der Zeit seiner Überreife in parademäßigen Übungen auf dem Exerzierplatz erschöpft, so stellt sich die Kriegsgeschichte als der geistige Paradeplatz dar, auf dem der Krieg als höfisch=barockes Schauspiel durchexerziert wird. Hier wird in altmodischer Weise „ein Gemälde mit starken Farben aufgetragen, so daß es unmöglich wird, die wahren Umstände, Ursachen und Folgen zu entdecken" [32]. Die Geschichte ist dann, so formuliert es Scharnhorst in aller Schärfe,

> „nichts weiter als ein an Wahrscheinlichkeit grenzender Roman, mehr oder weniger nach der Verschiedenheit der Darstellung des Ge= schichtsschreibers" [33].

Der „Geschichtsschreiber" selbst befürchtet mit Rücksicht auf seine Leser, daß „eine zu genaue Zergliederung dem Eindruck des Schönen schaden könne". Will er sie doch nur „auf eine angenehme Art unter= halten". Die Kriegsgeschichte bietet bei dieser Methode

---

August Struensee herausgegebene „Kriegskunst des Grafen von Sachsen", 1767, wo es heißt, wenn die preußischen Truppen ihre Manövrierkunst zeigten, dann glaubte der Zuschauer, „daß ein Vorhang aufgezogen werde". (S. 344).

[30] So erklärt *Knesebeck* von dem Herzog von Braunschweig, als er das Ober= kommando über die alliierten Armeen gegen das revolutionäre Frankreich abgab: „Man sieht hier einen Herzog von Braunschweig seine Armee ver= lassen, als wenn ein Acteur von der Bühne abtritt." *Knesebeck*, Nota, Acta, Heeresarchiv Potsdam, Nachlaß Knesebeck 15, Bl. 103.

[31] *Scharnhorst*, Nutzen der militärischen Geschichte, Ursache ihres Mangels, Acta, Heeresarchiv Potsdam, Nachlaß Scharnhorst B., Nr. 169, Bl. 16.

[32] Ebenda.

[33] Ebenda.

„fast nichts Militärisches als den Namen der Befehlshaber und den Zeitpunkt der Schlachten und Belagerungen".

Sie hat keinen anderen Wert, als moralisch erhebend zu sein. Sie ist aus Prestigegründen zum Ruhme des einen oder anderen Feldherrn geschrieben [34]. Sie kann daher höchstens eine Quelle der Begeisterung sein. Sie sagt uns jedoch nicht,

„wie die Truppen eingerichtet waren. Sie unterrichtet uns unvollkommen von ihren Positionen und Bewegungen, sie erzählt uns nicht von dem Fehler, den ein oder der andere Befehlshaber machte, nicht von den wahren oder falschen Nachrichten, die die Heeresführer von dem Feinde hatten, sie belehrt uns nicht von der Beschaffenheit des Terrains und sagt uns nicht, inwieweit es der Heerführer kannte; kurz, sie enthält wenig Gegenstände, die uns belehren, und die uns in den Stand setzen, unsere Beurteilung in diesem Fache zu bilden ..." [35].

Gegen diese Art der Geschichtsbetrachtung wendet sich Scharnhorst, gestärkt durch die Erfahrungen mit der Berichterstattung über die Revolutionskriege. Eine ästhetisierende und geschminkte, dem eigenen Heer schmeichelnde kriegsgeschichtliche Darstellung steigert nur den Hochmut und die Selbstgefälligkeit, anstatt zum Nachdenken anzuregen und zur Besinnung zu mahnen. Sie wird darüber hinaus verantwortungslos dazu benutzt, um für bestimmte, zeitbedingte Thesen, feststehende dogmatische Regeln und vorgefaßte Prinzipien die notwendigen Beispiele zu liefern. Sie ist, aufs engste verknüpft mit dem herrschenden System, dessen Dienerin.

b. Kriegsgeschichte als Tatsachenforschung

Aus dieser unterwürfigen Stellung erhebt Scharnhorst die Kriegsgeschichte zu einem bisher unbekannten, höheren Rang. Der Autor kriegsgeschichtlicher Arbeiten soll in Zukunft seine Aufgabe nicht mehr darin sehen, Heldentaten auf dem Kriegstheater ästhetisch zur Darstellung zu bringen. Von ihm muß man verlangen, daß er

„die vorgefallenen Begebenheiten nicht als die Handlungen einzelner Individuen, sondern in ihren Verhältnissen im Ganzen genommen, zeichnet".

---

[34] Vgl. dazu des Schweizer Oberdivisionärs *Bircher*, Krieg ohne Gnade, 1937, der mit scharfen Worten diese Schwäche in der modernen kriegsgeschichtlichen Betrachtung geißelt.

[35] Ebenda, Bl. 17.

Er soll die Geschichte so schreiben, wie sie wirklich gewesen ist, schildern, was sich tatsächlich zugetragen hat. Die Kriegsgeschichte muß, wenn sie Nutzen stiften soll, sinn- und zweckvolle Tatsachen erbringen. Der Geschichtsschreiber hat daher bei der Schilderung eines Feldzuges alle Momente, die für den Erfolg oder Mißerfolg maßgebend waren, darzustellen und abwägend zur Geltung zu bringen. Nur so ist es möglich, die Ursachen aufzudecken, auf Grund deren eine Operation gelang oder fehlschlug und die entsprechenden Folgerungen zu ziehen. Scharnhorst fordert damit eine Kriegsgeschichtsschreibung, die der Besonderheit des Militärischen gerecht wird und in der Person des Geschichtsschreibers selbst eine fachliche Schulung voraussetzt. Nur dann ist der forschende Offizier wirklich imstande, Lehren und Nutzanwendungen aus der Kriegsgeschichte zu ziehen. Feldzugspläne, Marschorders, Protokolle sowie alle Dokumente, die von objektivem Wert sind und zur Rekonstruktion historischer Ereignisse grundlegend beitragen können, sind heranzuziehen. Darüber hinaus verlangt Scharnhorst — eine für die Geschichtsschreibung der Zeit revolutionäre Neuerung — daß in die Betrachtung der Kriegsgeschichte „der physische und moralische Zustand der Völker" sowie die Beschaffenheit der Länder in ihrer politischen Struktur und der Einfluß dieser Faktoren auf die Kriegführung einbezogen werde. Die französischen Revolutionskriege hatten die Bedeutung dieses „politischen Teils der Kriegswissenschaft" im Rahmen der gesamtmilitärischen Forschung gezeigt. Hier ward es deutlich, daß eine Kriegshistorie, die sich lediglich mit der Darstellung der Operationen beschäftigt, das für die Kriegführung wichtigste Moment übersah. Machte die von den Franzosen angewandten neuen Kampfesformen doch nur der Geist, der hinter ihnen stand, erst in ihrer Wirkung begreiflich. Die tieferen Ursachen der französischen Erfolge lagen außerhalb des bisherigen militärischen Bereiches.

Eine Kriegsgeschichte, die diesen Anforderungen genügt, ist dann kein „an die Wirklichkeit grenzender Roman" mehr, sondern eine Quelle für den forschenden Offizier, der sie als Material für richtige Schlüsse zu benutzen vermag. Sie ist darüber hinaus als die in der Vergangenheit liegende Wirklichkeit ein besonders brauchbares Schulungsmaterial für den führenden Offizier. Jede empirische Schulung des Offiziers wird hinfällig, wenn eine wirklichkeitsnahe und ganzheitliche Geschichtsbetrachtung fehlt, die ihm den Sinn der großen Zusammenhänge aufzuzeigen vermag und es ihm ermöglicht, seine Entschlüsse auf geschichtliche Erfahrungen und damit auf einen sicheren Boden zu gründen.

Mit dieser Polemik gegen die überkommene Geschichtsbetrachtung stürzt Scharnhorst einen der Grundpfeiler, auf den sich das Für und Wider der Argumentationen im Kampf um das neue Kriegsbild stützte. Stets glaubte man, festen Boden unter den Füßen zu haben, wenn man die jeweiligen Thesen oder Antithesen historisch zu erhärten vermochte. Nunmehr stellt Scharnhorst fest, daß die Anführung bloßen historischen Tatsachenmaterials nicht zum Beweise für bestimmte Behauptungen genügt. Sind doch die Voraussetzungen der Geschichtsschreiber, auf Grund deren sie dieses Material gewonnen hatten, schon in sich selbst fragwürdig! Die Beweismethoden, deren man sich bisher bediente, sind daher nicht mehr anwendbar. Die historischen Beispiele geraten ins Schwanken.

c. Kriegsgeschichte und Tradition

Eine wirklich sachgemäß betriebene Kriegsgeschichte wird zum schärfsten Gegner jeder Art von militärischem Positivismus. In ihr liegen bereits die Elemente unerbittlicher Kritik. Im Bilde einer solchen Geschichtsbetrachtung hebt sich nämlich klar ab, inwieweit sich die traditionellen Einrichtungen eines Heeres beim Zusammenstoß mit dem Gegner bewährt oder der militärischen und politischen Führung die Elastizität genommen haben, sich in ihren Maßnahmen nach denen des Gegners zu richten. Auf solche Weise gewinnt man die richtigen Maßstäbe. Jetzt läßt sich über den Wert der überkommenen Anschauungen eine Entscheidung treffen. Jetzt zeigt sich, inwieweit sie nur toten Ballast darstellen oder in der Gegenwart noch Sinn haben. Der Glaube an die Unantastbarkeit militärischer Dogmen und die Unfehlbarkeit der Auslegung durch ihre Hohenpriester ist zerstört.

Angesichts einer zu Ende gehenden Epoche vermag Scharnhorst auf diese Weise eine Sichtung von größten Ausmaßen zu vollziehen. Unter dem Blickpunkt der Bewährung am Gegner kann er seinen Zeitgenossen klarmachen, daß Wahrung der Tradition nicht Festhalten an zeitgebundenen Formen bedeuten kann, daß sie vielmehr nur dann noch Sinn hat, wenn sie ein Kraftspeicher ist und man mit ihrer Hilfe in Notzeiten zu bestehen vermag. Ihr ehrwürdiger Charakter darf nur so lange verpflichtend sein, als sie diese Funktion erfüllt. Auf der anderen Seite vermag er Grundsätze, die sich als fruchtbar erwiesen haben, über die Zeiten zu retten und in aktuelle Formen zu gießen. Den Extremisten, die einem abstrakten Prinzip zuliebe die restlose Zerschlagung des Alten verlangen und ganz von vorn anfangen wollen,

kann er erklären, daß die Erfahrungen aus dem Zusammenstoß mit dem Gegner dies nicht notwendig machen. Den Vertretern des Alten aber vermag er um so dringlicher die unbedingt notwendigen Reformmaßnahmen vor Augen zu halten. Die Frage: Was muß, um den veränderten Umständen gegenüber in Form zu bleiben, aufgegeben – was kann in die neue Welt mit hinübergerettet werden, beantwortet sich unter dieser Sicht fast von selbst. Tradition, Evolution und Revolution können in ihrer aktuellen Bedeutung erkannt werden. Das scheinbar Widerstrebende und einander Ausschließende vermag in einer Synthese für das Heer nutzbar gemacht zu werden.
Aber nicht nur für die Gegenwart, auch für die Zukunft erweist sich eine richtig betriebene Kriegsgeschichte als der Kraft- und Wissensquell für die Armee, mit deren Hilfe sie ihre Regeln und Systeme lebendig zu erhalten und sich dadurch einen hohen Stand ihrer Ausbildung zu sichern vermag. Neue historische Ereignisse stellen auf Grund eines damit gewonnenen neuen militärischen Erfahrungsschatzes bisher als gültig angesehene Lehrsätze in Frage. Die Kriegsgeschichte sichert zwar den militärischen Erfahrungsschatz, der in einem schulmäßigen Reglement zum Ausdruck kommt, hilft also selbst mit, positive Regeln aufzustellen. Auf der anderen Seite aber verneint sie immer wieder auf Grund neuer militärischer Erfahrungen die geltenden Lehrsätze und Regeln. Sie bewahrt vor jeder Erstarrung und bewirkt, daß eine ständige Ergänzung und Korrektur des vorhandenen militärischen Wissens eintritt. Sie steht außerhalb des Kampfes vorgefaßter Meinungen. Sie sichert die Tradition, schafft neue Tradition und zerstört sie wieder. Sie wird damit dem Leben gerecht.

d. Kriegsgeschichte und Kriegskunst

Die Bedeutung, die die Kriegsgeschichte im allgemeinen für die Tradition besitzt, hat sie für die Kriegskunst, die Führung von Heeren und die damit verbundene Kriegstheorie im besonderen. Die Kriegskunst ist für Scharnhorst eine praktische Wissenschaft, die ihren Sinn nur aus dem Studium der Wirklichkeit erhält. Sobald man sie davon trennt, verliert sie sich in Abstraktionen und gerät in die Welt der „Träumereien“ [36]. Eine Kriegstheorie, die wie damals üblich, sich vor-

[36] *Scharnhorst*, Nutzen der militärischen Geschichte, a. a. O., Bl. 12. Wenn man, so meint Scharnhorst, „einige nicht angewandte Regeln und Grundsätze, einige belehrende Beispiele des Verhaltens in supponierten Lagen,

zugsweise auf die Mathematik stützt und von ihr erwartet, eine Schlacht oder ganze Feldzüge in ihrem Verlauf berechenbar machen zu können, sieht Scharnhorst als eine mathematische Spielerei an, die dem führenden Offizier nichts zu geben vermag. Trotz der Fülle ihrer Systeme steht eine derartig betriebene Kriegstheorie noch auf einer primitiven Stufe, sie ist „im Stadium der Kindheit" steckengeblieben [37]. Aus dem hier entstandenen „Chaos von Trugschlüssen und Irrtümern" können kaum einige „nützliche Wahrheiten" [38] entnommen werden. Sich auf die Widerlegung der einen oder anderen Theorie einzulassen, ist ein zweckloses Beginnen. Wesentlicher ist es, die Art und Weise, wie hier Theorie betrieben wird, als höchst angreifbar hinstellen zu können.

Vermag die Kriegsgeschichte den wirklichen Verlauf eines Feldzugs aufzuzeigen, so ist man in der Lage, ihn mit den dogmatischen Lehrsätzen der bisherigen Kriegstheorie zu vergleichen. Das Urteil ergibt sich dann von selbst. Auf der anderen Seite hilft das Studium der Wirklichkeit, wie es die Kriegsgeschichte vermittelt, eine bessere lebensnahe Theorie an die Stelle der bisherigen zu setzen. Kriegsgeschichte, Kriegstheorie und Kriegskunst hängen so auf das engste miteinander zusammen. Sie ergänzen und korrigieren sich auf Grund der immer neu vermittelten Erfahrung. Die Kriegstheorie weiß insbesondere, wo ihre Grenzen gegenüber der Kriegskunst, der Führung der Armeen in der Praxis liegen. Die Herrschaft eines Systems traditioneller Regeln und Lehrsätze zur Führung des Krieges, mit anderen Worten das System des Positivismus in der Kriegstheorie und Kriegskunst, ist damit endgültig gebrochen. Viel weiter wäre man, so betont Scharnhorst, wenn man von jeher

> „statt dieser trockenen Systeme auf die Kriegsgeschichte selbst mehr Aufmerksamkeit gerichtet hätte, wenn die Völker frühzeitig angefangen hätten, ihre in jedem Kriege gemachten Erfahrungen und Bemerkungen niederzuschreiben; dann würde ... sich die Krieges-Kunst in allen ihren Theilen auf die Natur der Sache und auf Erfahrungen gegründet haben".

---

einige nützliche Vorschläge und Bemerkungen abzieht, so haben sie uns im ganzen genommen nur eine Menge Träumereien gelehrt, deren Ausführung nie möglich war".

[37] Ebenda.

[38] Ebenda.

e. Friedrich der Große in neuer Sicht

Auf der Basis dieser neuen kriegsgeschichtlichen Forschung kann sich Scharnhorst auch mit jenen Vertretern des militärischen Positivismus auseinandersetzen, die mit der Genialität Friedrichs des Großen das von ihm repräsentierte „System" rechtfertigten, um ihre Gegner zu zwingen, zugleich mit der Anerkennung des Genies auch das militärische System, innerhalb dessen es sich ausgewirkt habe, gutzuheißen. Legt man den Maßstab einer kritischen Geschichtsbetrachtung an, so kommt man zu einer ganz anderen Würdigung seiner Persönlichkeit. Es stellt sich nämlich heraus, daß Friedrich der Große nicht der große Feldherr schlechthin, sondern nur *ein* großer Feldherr war, keinesfalls auch der unfehlbare Dogmatiker, der Heilige der Kriegskunst. Im Gegenteil, er kann ebensogut, vielleicht mit viel besserem Recht, als ein militärisches Genie angesprochen werden, das sich in seinen Einzelmaßnahmen über die Regeln, auch solcher, die er selbst aufgestellt hatte, hinwegsetzte und neue schöpferische Wege ging, die ihm Genius und Stunde eingaben. Insbesondere läßt sich dies immer dann nachweisen, wenn er nach der herrschenden Vorstellung das Spiel hätte aufgeben müssen, aber sich trotzdem neue Kraftquellen zu erschließen wußte, um die Wechselfälle des Schlachtenglücks zu überstehen.

Dieselben Tatsachen sieht Scharnhorst neuerdings wieder in der Person Napoleons bestätigt. Er gilt in den Augen der Zeit als der Kriegsgott schlechthin. Von Scharnhorst wird er nicht nur als „bloßer Krieger", sondern als „Stifter einer neuen Schöpfung" [39] bezeichnet, der den Kontinent umgestaltet, neue Länder schafft, alte verschwinden läßt, durch den alles in Bewegung gerät. Überprüft man das Handeln solcher Männer kritisch, so muß man den Schluß ziehen, daß große Feldherren, gleichgültig, ob Friedrich oder Napoleon, überhaupt kein System der Taktik befolgen. Die Genialität, die wir an ihnen bewundern, besteht in etwas ganz anderem. „Ihr großer Geist band sich wenig an Regeln", sondern

> „erfand mehr aus den Umständen in jeder Lage die vortheilhaftesten Maßnahmen sich gleichsam für den besonderen Fall" [40].

---

[39] *Scharnhorst*, Buonaparte, Fragmente aus der Zeit vor der Reform, Acta, Heeresarchiv Potsdam, Nachlaß Scharnhorst B. Nr. 160.

[40] *Scharnhorst*, Friedrich der Große und Napoleon, die beiden größten Generale, Fragmente aus der Zeit vor der Reform, Acta, Heeresarchiv Potsdam, Nachlaß Scharnhorst B. Nr. 170.

Scharnhorst löst Friedrich den Großen vom absolutistischen Kriegsbild. Das sogenannte friderizianische System war nur *ein* Mittel, um sich im Kriege zu behaupten. Er hätte ebenso andere anwenden können. Er würde bestimmt sein gesamtes System aufgegeben haben, wenn er gesehen hätte, daß es sich nicht mehr am Gegner bewährte. Der Akzent liegt nicht auf dem System, sondern auf der Zeitlosigkeit der schöpferischen Persönlichkeit, deren Wesen darin zum Ausdruck kommt, daß sie das einzig Mögliche tut und damit ihrer Epoche den Stempel aufdrückt.

Welch verhängnisvoller Irrtum also, die Grundsätze, die Friedrich der Große für Heer und Krieg seinem Nachfolger hinterlassen hatte, einseitig und losgelöst von der Gesamtpersönlichkeit des Königs und dessen eigenem Handeln zu betrachten! Wie töricht, hier Dogmen sehen zu wollen, wo nur allgemeine Richtlinien gemeint sind, die jederzeit den Umständen entsprechend ebenso abgeändert werden können, wie dies der König selbst getan hat!

Auf solche Weise gelingt es Scharnhorst, die Gestalt Friedrichs des Großen dem Götzendienst der militärischen Positivisten zu entziehen. Die von Friedrich geschaffenen Institutionen sind keine Sakramente, die eine bedingungslose Unterwerfung verlangen. Sie sind nur solange anzuerkennen, als sie Leben zu geben vermögen und entwicklungsfähig sind. Auf der anderen Seite aber vermag Scharnhorst gerade dadurch, daß er Friedrich den Großen von einer höheren Sicht her zu betrachten lehrt, all das besonders hervorzuheben und für die Gegenwart nutzbar zu machen, was an Friedrich wirklich zeitlos gültig war.

f. Ergebnisse

Die Auseinandersetzung Scharnhorsts mit der Kriegsgeschichte, Kriegstheorie und Kriegskunst war für seine Zeitgenossen von aktueller Bedeutung. In einer Zeit, in der man einerseits fest am Alten hielt und sich dabei auf die Autorität des großen Königs berief, auf der anderen Seite aber die Ergebnisse der französischen Revolutionskriege, die ständige Verbesserung der französischen Armee und die imponierenden Siege Napoleons die Gemüter verwirrten, war es von größtem Wert für die Offiziere, Klarheit über ihre eigene Situation zu erhalten. Scharnhorsts Ergebnisse im Kampf gegen den militärischen Positivismus vermochten den Weg zu weisen, wie man aus dem Dunkel der Vorurteile, der Vielfalt widersprechender Theorien sowie der Unfruchtbar=

keit dogmatischer Kämpfe zu einem neuen Anfang zu gelangen vermochte.

Die wissenschaftliche Betrachtungsweise ermöglicht es ihm dabei, den streitenden Parteien und ihren Argumenten in souveräner Form zu begegnen. Er entzieht ihnen ihre gemeinsame Basis, die Kriegsgeschichte für vorgefaßte Meinungen zu benutzen und von da ihre Beweisführung abzuleiten. Kritisch untersucht er die objektiven Grundlagen der geistigen Auseinandersetzung und lenkt diese dahin, wo sie fruchtbar werden kann. Er vermag beiden Parteien gegenüber als Richter aufzutreten, ihre Thesen als halbe Wahrheiten und Fehlurteile zu kennzeichnen und ihnen nachzuweisen, wieweit sie im Recht oder Unrecht sind, ohne daß er selbst seine Person dem Streit der Meinungen auszusetzen braucht. Sein eigenes Grundprinzip aber: Lassen wir die Geschichte der letzten Feldzüge darüber entscheiden, was an Tradition auf allen Gebieten des Heerwesens von der Ausbildung bis zur Schlachtenkunst sich als brauchbar erwiesen hat, ist unangreifbar. Einer solchen Beweisführung kann sich im Grunde niemand entziehen. Niemand vermag ihm auch Vorwürfe darüber zu machen, daß er unter dem Gesichtspunkt der neusten Erfahrungen prüft, welche Einrichtungen im Heer seiner Zeit sich als zweckmäßig erwiesen haben und welche nicht.

3. Scharnhorst als Geschichtsschreiber der Revolutionskriege

Größten Wert legt Scharnhorst darauf, daß die kriegsgeschichtliche Untersuchung unmittelbar nach einem Feldzug einsetzt, um die hier gewonnenen Erfahrungen sofort ausnutzen zu können und nicht weiterhin auf Grund bloßer Gewohnheit nachteilige Institutionen beizubehalten und nach veralteten Regeln zu verfahren [41].

Die durch die Revolutionskriege geschaffene Situation hält Scharnhorst

---

41 *Scharnhorst*, Nutzen der militärischen Geschichte a. a. O., Bl. 21: „Die höheren Offiziere werden auf diesem Wege veranlaßt, über die in dem geführten Kriege ergriffenen Maßregeln Betrachtungen anzustellen, sie mit denen in anderen Kriegen zu vergleichen und ihr Nachtheiliges oder Nachahmungswürdiges einzusehen und ihren Untergebenen mitzuteilen. Dadurch wird aber angenommene nachtheilige Gewohnheit, falsche Grundsätze in der Leitung der verschiedenen Zweige der Ausrüstung, unangemessene Einrichtungen in dem Innern der Armee, Vernachlässigung der gewöhnlichen Regeln usw. ins Licht gesetzt, als verderblich anerkannt und in den folgenden Kriegen abgeändert."

für so entscheidend, daß er das seit dem Jahre 1793 nicht mehr erscheinende „Neue militärische Journal" gemeinsam mit seinem Freunde, dem Grafen Friedrich von der Decken, neu herausgibt und es ganz in den Dienst der mit den Revolutionskriegen neu entstandenen Probleme stellt. Die beiden Herausgeber waren ein gutes Gespann: Scharnhorst vorsichtig abwägend, aber den Problemen, die die Revolution aufwarf, gegenüber aufgeschlossen; Decken weitgehend auf das bisherige Kriegsbild festgelegt. Sie bürgten für eine kritische Betrachtung.
Im „Neuen militärischen Journal" betätigt sich Scharnhorst als moderner Kriegsgeschichtsschreiber. In einer grundlegenden Abhandlung über die „Ursachen des Glücks der Franzosen in den Revolutionskriegen" [42] unterzieht er diese zutiefst bewegende Frage einer genauen Analyse. Er will darin die „wahren Quellen des widerfahrenen widrigen Schicksals aufdecken" und den vielfach „irrigen Vorstellungen, die bei einer einseitigen Würdigung des Vorgefallenen beinahe unvermeidlich sind, entgegenarbeiten". Er will die falschen Urteile korrigieren und die Möglichkeit geben, daraus die politischen und militärischen Schlüsse für die Zukunft zu ziehen, insbesondere darüber Klarheit zu gewinnen, ob mit dem stehenden Heer in künftigen Kriegen noch zu fechten sei. Er gibt eine umfassende, alle Momente berücksichtigende und gegeneinander abwägende Darstellung und behandelt dabei auch eingehend den „psychologischen Teil der Kriegführung". Der nächste Feldzug soll nicht wieder verloren werden.

a. Die Unterschätzung des Gegners

Man unterschätzt den Gegner, wenn man seine Erfolge „einem Zufalle, einer Verrätherei, einer Uneinigkeit oder irgendeinem anderen geringfügigen Umstande" zuschreibt [43]. Die Siege der Franzosen sind vielmehr

> „tief in ihren inneren Verhältnissen, ihrem psychologischen wie moralischen Zustande begründet". [44]

---

[42] *Scharnhorst,* Entwicklung der allgemeinen Ursachen des Glücks der Franzosen in dem Revolutionskriege und insbesondere in dem Feldzug von 1794, Neues militärisches Journal, Bd. 1, 1797, abgedruckt bei *v. d. Goltz,* Militärische Schriften von Scharnhorst a. a. O., S. 192 ff., hiernach zitiert. Außerdem „Die Verteidigung der Stadt Menin und die Selbstbefreiung der Garnison unter dem Generalmajor von Hammerstein", Übersicht des Feldzugs von 1793 in den Niederlanden", sämtlich abgedruckt bei v. d. Goltz.
[43] *Scharnhorst,* Ursachen des Glücks der Franzosen, a. a. O., S. 196.
[44] Ebenda.

Sieht man nur auf die äußeren Umstände, so begeht man „den Fehler schlechter Ärzte, welche alle äußeren Schäden durch äußere Mittel kurieren wollen und die inneren Quellen derselben verfehlen“ [45]. Man stand einer Nation gegenüber, die das Höchste wagte, weil sie wußte, daß sie alles gewinnen oder alles verlieren würde, einer Nation, deren Regierung sie „an den Tod und alle Aufopferungen, welche der Krieg erforderte, gewöhnte“, sie für den Krieg zu begeistern verstand, gleichzeitig aber auch rigoros die Anforderungen des Krieges der eigenen Bevölkerung gegenüber durchzusetzen wußte. Wo wäre es möglich gewesen, „den Hungrigen das Brot zu nehmen und es nach der Armee zu schicken, ohne daß dadurch Unruhen entstanden wären?“ [46] Welches andere Land wäre in der Lage gewesen, etwas Ähnliches wie das „republikanische Fasten“ durchzuführen, auf Grund dessen „man in ganz Frankreich geraume Zeit kein Fleisch mehr aß, als es der Armee daran fehlte?“

Diese gewaltige Kraft, die den Franzosen für ihre Kriegführung zur Verfügung stand, erkannte man nicht. Man glaubte den Prophezeiungen der Emigranten und hoffte auf die Gegenrevolution. Man machte sich eines psychologischen Grundfehlers schuldig, indem man verkündete, wie schlecht der unterlegene Feind vom Sieger behandelt werden würde und gab dadurch den Franzosen das Bewußtsein, daß man sie „zu Sklaven und unglücklichen Menschen machen wollte“ [47]. Man stärkte auf diese Weise nur ihre Widerstandskraft. Man hielt es für eine Phrase, wenn die Franzosen ihren Kampf gegen den Absolutismus zum Weltanschauungskampf und Missionskrieg erhoben und erklärten, daß sie „nicht allein für ihr ferneres Dasein und Glück, sondern auch für das Glück der ganzen Menschheit“ stritten, obwohl man „solche wirksamen Motive zu Aufopferungen aller Art noch nie bei einer Nation gefunden hatte“ [48]. Man unterschätzte auch die Organisation der französischen Armee, hielt sie für eine „Horde zusammengelaufener Menschen ohne Disziplin“ und verkannte, daß ihr Generalstab aus geschickten Offizieren der ehemals königlichen Armee bestand, die die Revolution einzuschmelzen verstanden hatte. Dieser falschen Beurteilung des Gegners

---

[45] Ebenda, S. 195.
[46] Ebenda, S. 210.
[47] Leicht hatten es die Franzosen bei dieser Sachlage zu verbreiten, „die verbundenen Armeen würden den größten Teil der Menschen umbringen, die Weiber nothzüchtigen und alle Örter sengen und brennen“. Ebenda, S. 202.
[48] Ebenda, S. 202.

entsprachen falsche Maßnahmen, insbesondere führte die zu hohe Bewertung der eigenen und die Verachtung der feindlichen Kräfte zur schlimmsten Erscheinung bei einem Kriege, „dem Übermut".

b. Die Koalition als Hemmnis der Kriegführung

Auf der Gegenseite wirkte sich die Koalition als solche bereits hemmend auf die Kriegführung aus [49]. „Jede Koalition führt schon den Keim des heimlichen Betrugs mit sich" [50], so kennzeichnet Scharnhorst die Koalition im allgemeinen [50a].

> „Das Wesen der Koalition ist nun einmal Verletzung des gemeinschaftlichen und Beabsichtigung des einseitigen Interesses. Wer eine aufrichtige Vertheilung bei dem sich kreuzenden Interesse für möglich hält, kennt nicht die Menschen, nicht — es ist hart zu sagen — die unabänderlichen Naturgesetze." [51]

Die Zusammensetzung der Invasionsarmee aus Truppen verschiedener Nationen erzeugte, da sie in ihrer Führung und sonstigen militärischen Verfassung nicht aufeinander abgestellt waren, „Unordnung und Erschlaffung des militärischen Geistes". Scharnhorst schildert dies in höchst anschaulicher Form:

> „Man denke sich an einem Ort Engländer, französische Emigranten, Holländer und Deutsche beieinander, bei denen wegen der Verschiedenheit der Sprachen die abgehenden Posten den aufkommenden nicht ihre Instruktionen bekannt machen können, bei denen niemand einander kennt und sich miteinander bekannt machen kann, und bei denen dazu eine Nation gegen die andere voller Vorurtheile ist. Unbeschreiblich mannigfaltig müssen da Mißverständnisse sein." [52]

Einige von ihnen führt Scharnhorst an: „Daß auf eigene Vorposten gefeuert wird, ist ein so gewöhnlicher Fehler, daß er hier kaum als einer angesehen wird." [53] Soldaten, die bei einem Ausfall aus einer Festung die feindlichen Kanonen vernageln sollten, waren infolge falsch verstandener Befehle kaum davon abzubringen, in dieser Weise mit den

---

[49] Vgl. *Scharnhorst*, Entwurf eines Aufsatzes „Mittel gegen die Uneinigkeit bey Armeen, welche aus Truppen verschiedener Staaten", Acta, Heeresarchiv Potsdam, Nachlaß Scharnhorst B. 170.

[50] *Scharnhorst*, Ursachen des Glücks der Franzosen, a. a. O., S. 229.

[50a] Vgl. dazu auch *Höhn, R.*, Scharnhorsts Gedanken zum Koalitionskrieg, in „Vielvölkerheere und Koalition", Auslandsforschung, H. 1, 1952, S. 88 ff.

[51] Ebenda, S. 197.

[52] Ebenda, S. 231.

[53] Ebenda, S. 232.

eigenen zu verfahren. Unterbefehlshaber weigerten sich, ihre Kanonen auf Befehl des kommandierenden Generals der Gesamtstreitkräfte zurückzuziehen, sie wollten „erst von dem kommandierenden General ihrer Nation, der gerade nicht zugegen war, Befehl haben“ [54], und mußten sie so dem Feinde überlassen. Ein General, der selbst auf eine „unwidersprechliche Art“ seine Schuldigkeit verletzt, kann nur schwer zur Verantwortung gezogen werden. Er vermag die Sache immer zu seinem Vorteil zu drehen, „wobei alle seine Untergebenen ihm behilflich sind“ [55]. Derselbe General, der in seinem eigenen Lande für solche Fehler ohne weiteres kassiert worden wäre, hat als General einer Koalitionsarmee von seiner Regierung nur „Komplimente zu erwarten“. Man betrachtet sein Verhalten

> „als einen großen Eifer für die Erhaltung der Truppen, und daran ist den meisten Kabinetten mehr gelegen, als an einem für die ganze Koalition erfochtenen Siege“ [56].

Die Motive zur Tätigkeit und zu großen Handlungen, „Bestrafungen und Belohnungen, Schande und Ehre“, hören bei Koalitionen auf, wirksam zu sein. Bejahrte Männer denken mehr daran, „sich für ihre Stelle zu erhalten als etwas außerordentliches zu tun“ und sich so gut als nur möglich aus der Affäre zu ziehen [57].

> „Auf diese Art geschieht wenig, Einer richtet sich nach dem anderen, die Höheren wirken auf die Niedrigeren und statt sich auszuzeichnen, wird es nun Ton, sich so gut als möglich zu erhalten, ohne das geringste zu tun.“

Betrachtet man noch die Verschiedenheit in der Ausbildung, in der Verpflegung und Munition, so rundet sich das Bild, aber nur zum Schlechten. Welche „Inkonvenienzen“ aller Art bei jeder Unternehmung! Da der kommandierende General der Gesamtarmee keine spezielle Aufsicht über die innere Verfassung eines Koalitionspartners besitzt, braucht man sich nicht zu wundern, wenn die Anordnungen von oben nur selten so ausgeführt werden, wie dies notwendig wäre. Nur ein Generalstab könnte hier helfen.

> „Wer aber den Gang der Koalitionen und Zusammenschmeißen ihrer Armeen kennt, siehet die Unmöglichkeit dieser sonst wichtigen Einrichtung leicht ein.“ [58]

---

[54] Ebenda.
[55] Ebenda.
[56] Ebenda, S. 233.
[57] Ebenda, S. 234.
[58] Ebenda, S. 235.

Hinter all diesen Unzulänglichkeiten steckt im Grunde das innerhalb der Koalition ungelöste politische Problem, die Frage nach dem „Endzweck des Krieges". Im Jahre 1792 war es u. a. die „Furcht, daß alle Staatsverfassungen umgeworfen werden möchten", sie war im Jahre 1793 verschwunden. Jetzt ging es um ganz andere Dinge. So wollte die Kaiserliche Armee eine Barriere von Festungen für die Niederlande erobern, den Engländern lag an Dünkirchen, die Spanier beabsichtigten, die Engländer um die Früchte der Eroberung von Toulon zu bringen, die Preußen interessierten ihre polnischen Angelegenheiten mehr als der französische Revolutionskrieg. Insgesamt lauter „miteinander nicht zu vereinbarende Endzwecke". Nur unter unendlichen Mühen kam man weiter:

> „Die Hilfen, die man einander leistete, hingen immer von Überredungen, Versprechungen, neuen Absichten u. dgl. ab und waren so wandelbar, daß man im ganzen die Kriegsoperationen der Armeen mit einer Menge an einem Seile ziehender Menschen vergleichen konnte, die nur die Last eines Menschen bewegen können, weil sie nie zugleich ihre Kräfte anwenden." [59]

Jeder versuchte, seinem Partner die Hauptlast des Krieges zuzuschieben. Jeder der Verbündeten wollte möglichst viel gewinnen, aber keiner sich den notwendigen Anstrengungen unterziehen.

c. Kriegsmüdigkeit bei Bevölkerung und Behörden

Bei der Bevölkerung bestand im Gegensatz zu Frankreich eine eindeutige Ablehnung des Krieges. Man betrachtete ihn als

> „eine Privatunternehmung, wobei jeder wuchern, aber nicht das geringste opfern wollte" [60].

Schiffer „verkauften den Armeen ihre alten Schiffe für neue". Die Transporte zu Schiff und die Fuhren, die unentgeltlich geleistet werden sollten, ließ man sich „dreifach bezahlen". Der Krieg wurde als ein einziges großartiges Geschäft betrachtet. Seine Nutznießer „ärgerten sich lediglich darüber, daß die verbündeten Armeen die Franzosen nicht bezwingen und ihnen völlige Ruhe zum Genuß verschaffen konnten". Jeder betrog die Armee, ohne daß er das tat, was sonst ein Landeinwohner im Kriege zu leisten pflegte. Während die Franzosen, um

---

[59] Ebenda, S. 237.
[60] Ebenda, S. 208.

die Festungen zu versorgen, da, wo Pferde fehlten, Menschen ein=spannten und durch ganz Frankreich Transporte zur Verstärkung der Nord=, Mosel= und Rhein=Armee führten, konnte man in den Ländern der verbündeten Mächte nicht einmal die Verwundeten durch Fuhren abtransportieren oder sie im strengsten Winter unter Dach bringen, ohne daß man Gewalt anwenden mußte.
Aber nicht nur die Bevölkerung, auch die Zivilbehörden waren keines=falls „von der unumgänglichen Notwendigkeit des Krieges über=zeugt“ [62]. Minister, auch Generale, erklärten sich öffentlich gegen die Fortsetzung des Krieges. Dies erzeugte „Laulichkeit“ in allen Zweigen der Verwaltung und eine „unbegreifliche Gelindigkeit gegenüber den=jenigen, welche den Maßregeln, die die Gouvernements zur Führung des Kriegs treffen, entgegenstrebten“ [63].
Zusamenfassend stellt Scharnhorst fest:

> „Der Geist, der in diesem Kriege, sowohl bei den Regierungen als dem Volke herrschend war, legte im Ganzen, sowie im Einzelnen, dem Militair Hindernisse in den Weg,“ [64]

d. Die schlechte Kriegführung

Man vermag einen Revolutionskrieg ebenso gut oder schlecht wie einen Kabinettskrieg zu führen. Endgültig können beide nur in bezug auf den Gegner und seine Kampfmethoden bewertet werden. Der Kabinetts=krieg des Koalitionsheeres wurde allerdings äußerst mangelhaft be=trieben. Zunächst besaßen die Koalitionsarmeen viel zu wenig Truppen. Die Verbündeten waren nur scheinbar in der Übermacht. Sie wandten ihre militärische Macht, die sie Frankreich hätten entgegensetzen kön=nen, überhaupt nicht an. Von Preußen befand sich der dritte Teil der Soldaten im Kriege. Wie falsch sind daher die Erzählungen der Geschichtsschreiber, nach denen die verbundenen Mächte mit ihrer gan=zen Kraft den Krieg gegen Frankreich geführt hätten! Danach hätten sie 1 134 093 Krieger stellen müssen, um 502 800 zu besiegen. In Wirk=lichkeit haben nur 350 000 gegen Frankreich gekämpft.
Ein einheitlicher „auf alle Ereignisse Rücksicht nehmender Operations=plan“ fehlte. Das lag im Wesen der Koalition, in der das „heimliche Interesse den Operationsplan bestimmt“ und es schon als ein „Meister=

---

[62] Ebenda, S. 207.
[63] Ebenda.
[64] Ebenda, S. 208.

stück" zu betrachten ist, wenn man für „einen Fall" einen solchen zustande bringt. Der Operationsplan des Jahres 1792 war „auf den schmeichelhaften" Fall abgestellt, daß das Einrücken der verbündeten Truppen in Frankreich eine Konterrevolution auslösen würde. Die Möglichkeit, daß der Feind „aus der Defensive in die Offensive fiele", wurde nicht bedacht. Der Plan für die kriegerischen Aktionen von 1793 und 1794 war „mehr ein Entwurf zu einer Expedition als ein Plan zu einem Feldzug". Vorkehrungen für den Fall eines unglücklichen Ausgangs waren nicht getroffen worden.

Die Verhältnisse zwischen den Befehlshabern entsprachen dem Bild eines Koalitionskrieges ohne einheitlichen Operationsplan [65]. Bei kritischen unerwarteten Ereignissen fühlten sich die Generäle „in der größten Verlegenheit". Bis sie von ihren Regierungen Entscheidungen erhielten, hatte sich die Lage bereits so geändert, daß diese nichts mehr nützten. Der Gegner verstand es, sich dies zunutze zu machen und „erhielt dadurch unbeschreiblich große Vorteile".

Alle Momente, die für die Truppen der verbündeten Armeen sprachen, ihr „unbedingter Gehorsam, ihre Regelmäßigkeit und Ordnung in allen Bewegungen", die Möglichkeit, sich „nach einem unglücklichen Vorfall sogleich wieder gegen den Feind führen" zu lassen [66], wurden von den Verbündeten nicht ausgenutzt. Diese Vorteile hätten in offenem Gelände bei nicht gar zu ungleicher Stärke den Sieg zum Vorteil der Verbündeten entschieden, in jedem Falle aber verhindert, daß die Franzosen in den Provinzen der Verbündeten große Eroberungen machten, auch wenn sie einmal siegten.

---

[65] „Sobald z. B. wechselseitige Unterstützungen in kurzer Zeit erfordert werden, sobald ein Corps oder eine Armee mehr als eine andere thun, oder sich einer größeren Gefahr aussetzen muß, ist fast kein guter Erfolg mehr möglich. Jeder glaubt sich nun zu schwach; dieser ersucht jenen um Verstärkung, jener wieder diesen, ein jeder glaubt in einer bedrängten Lage zu sein, keiner will sich dem Angriff der ganzen Macht aussetzen, keiner will Truppen zur Besetzung der Festungen hergeben, keiner will eine Stellung behaupten, die ihn einiger Gefahr des Flanken- oder Rückenangriffs aussetzt, u.s.w.

Soll ein Flügel verstärkt werden und ein Corps sich dahin ziehen, so sagt der Befehlshaber des zweiten: ich kann dies nicht thun, wenn das dritte mir nicht folgt, der des dritten glaubt nicht ohne das vierte sich bewegen zu können, der des vierten oder fünften findet irgend ein Hinderniß in dieser Bewegung und die ganze Sache unterbleibt." Scharnhorst, ebenda, S. 230 f.

[66] Ebenda, S. 223.

Dagegen wußten die Franzosen trefflich nach den Umständen zu handeln. Durch kleine Gefechte verschafften sie ihren zum Teil ungeübten Truppen Zutrauen, alle Vorteile der Lage machten sie sich zunutze. Sie vermieden große Schlachten im offenen Terrain und verstanden es, das Schwergewicht der Aktion in durchschnittenes Gelände zu verlegen. Durch unaufhörliche Gefechte ermüdeten sie ihren Gegner. Im durchschnittenen Gelände unterlag der Soldat, der „an reguläre Bewegungen, an ein maschinenmäßiges Betragen" gewöhnt und nicht

> „in der Kunst, das Terrain, jeden Graben, jeden Baum und jeden Hügel zu benutzen und zerstreut mit Ordnung und gegenseitiger Unterstützung zu agiren, unterrichtet war" [67],

dem „schlaueren, ingeniöseren und geschwinderen Franzosen". In dieser ihrer besonderen Lage angepaßten Art Krieg zu führen waren die Franzosen Meister, in der Planung ihrer Operationen „mehr Erfinder als Nachahmer". Scharnhorst hält es für eine „ausgemachte Wahrheit", daß

> „die französischen Tirailleurs den größten Theil der Affairen in diesem Kriege entschieden haben" [68].

Die Möglichkeit, sich auf ihre innere Linie, ihr System von Festungen zurückzuziehen und von hier aus stets aufs neue vorzustoßen, unterstützte diese Art der Kampfesweise.

Dem hätte man durch eine geschickte Form der „höheren Taktik" begegnen müssen. Man hätte den Franzosen „regelmäßige Schlachten" in passendem Gelände antragen und dann sehen müssen, wie sie sich da, „wo es auf Genauigkeit der Bewegungen, auf Gehorsam ankommt", betragen hätten. Man nutzte jedoch die „Vortheile, welche die höhere Taktik darbietet", nicht aus, sondern kam der französischen Operationsmethode entgegen, deckte nach der Art des Türkenkrieges die langen Grenzen mit Postenketten und ließ diese wie die zu ihrer Verstärkung herbeigezogenen Truppen langsam aufreiben. Man lernte auch nicht aus den ersten Erfahrungen mit den Tirailleurs. Anstatt sofort dazu überzugehen, Infanterie im Tiraillieren nach französischer Art auszubilden, blieb man beim alten System [69]. Man wies zwar darauf hin, daß man ja Jäger und leichte Infanterie besaß, die es mit den Tirailleurs aufnehmen könnten, „aber wo haben diese", so fragt Scharnhorst,

---

[67] Ebenda, S. 223.
[68] Ebenda, S. 224.
[69] Ebenda, S. 226.

> „wie die französischen die Kanonen einer Festung zum Schweigen gebracht und sich vor dem Glacis in den Furchen und Vertiefungen im Kartätschfeuer der Kanonen ganze Tage gehalten?"
> „Wo hat man für sie eigene Gräben gemacht, woraus sie die Kanoniere durch die Schießscharten töteten, wenn das Geschütz der Festung gebraucht werden sollte, wie die französischen Tirailleurs es getan haben?" [70]

Im Ergebnis Fehler, nichts als Fehler und schwere Unterlassungen, Mißachtung der obersten Grundsätze einer richtigen Kriegführung! In schonungsloser Offenheit legt Scharnhorst auf Grund des kriegsgeschichtlichen Materials die Ursachen für die Niederlage dar. Hier liest der Offizier Kriegsgeschichte, wie er sie noch nie zu lesen bekommen hat. Hier wird er aus einer einseitig militärischen Betrachtungsweise herausgehoben, geht ihm der Sinn für den Zusammenhang und die Wechselwirkung des politisch-militärischen Geschehens auf. Modern noch für unsere Zeit, für die damalige eine geistig revolutionäre Tat.

Und die Folgerung für das Heer der absoluten Staaten? Ist es noch für den Kampf brauchbar oder muß man es abschreiben und ähnlich wie die Franzosen von neuem beginnen? Keinesfalls, antwortet Scharnhorst. Wenn auch der absolute Staat seiner Struktur nach den Franzosen auf politischem und militärischem Gebiet nichts Gleichwertiges entgegensetzen konnte, so hätte er doch bei vollem Einsatz seiner Kräfte ganz anders abschneiden können. Daß er mit seinem Heeressystem unbedingt unterliegen mußte, gilt auf Grund der Erfahrungen der Revolutionskriege nicht als erwiesen. Derartige Folgerungen könne man erst ziehen, wenn der absolute Staat alle seine Machtmittel in dem ihm gegebenen Rahmen zur Anwendung gebracht hätte und damit gescheitert wäre. Vor allem darf man nicht in den Fehler verfallen, einen Koalitionskrieg in der Form, wie er hier geführt wurde, mit dem Krieg eines absoluten Staates und seines Heeres schlechthin gleichzusetzen.

---

70 Ebenda, Anmerkung.

V. Scharnhorsts Kampf für den Fortschritt im Heer

Scharnhorst ist bei seiner grundlegenden Untersuchung über die Ursachen der französischen Erfolge in den Revolutionskriegen zu dem Ergebnis gelangt, daß die revolutionären Heere zweifellos eine ernsthafte Bedrohung bilden. Ihnen gegenüber hat jedoch das stehende Heer nicht ausgespielt, es besitzt auch in der Zukunft noch Wert und Lebensberechtigung. Allerdings muß man das Letztmögliche aus ihm herausholen, es auf Grund der Erfahrungen zeitgemäß umstellen und es in seinem Geist und seiner Organisation so heben, daß es aufs neue in Form kommt. Auf jeden Fall muß man dies versuchen.

Um der Armee zu zeigen, wie dies geschehen kann, wie sie sich Schritt für Schritt von sie belastenden und hemmenden Überlieferungen zu befreien vermag, verweist sie Scharnhorst auf die Gehalte, die in einem richtig verstandenen Fortschrittsgedanken liegen und erhebt selbst den Ruf nach Fortschritt im Heer.

1. Kriterium des Fortschritts: Anpassung an den Gegner

Gegenüber einer allgemeinen platten Fortschrittsgläubigkeit, die nach Neuerungen hascht und in bloßen Veränderungen bereits einen Wert sieht, betrachtet Scharnhorst den Fortschritt im Heer im Rahmen des großen lebensgesetzlichen Zusammenhangs, in dem dieses in einer feindlichen Umwelt im Kampf um seine und des von ihm verteidigten Staates Existenz steht. Für die Beurteilung des Fortschritts im Heer gelten daher unter Einbeziehung aller vorhandenen Imponderabilien besondere Maßstäbe. Um hier klar zu sehen, muß man feststellen:

Fortschritt heißt in Form bleiben. Als Fortschritt ist es schon zu betrachten, wenn man die bestehenden Einrichtungen in einen Zustand besseren Funktionierens zu versetzen vermag, sie in dauernder Elastizität erhält und die traditionellen Formen mit lebendigem Geist erfüllt, so daß das Heer angesichts der allgemeinen militärischen Krise und des Wankens aller Maßstäbe zu sich selbst wieder Vertrauen gewinnt und innere Sicherheit erhält. Fortschritt bedeutet so „individuelle Vervollkommnung einer Armee". Vom Geist des Fortschritts ist eine Armee getragen, die sich von einer mechanischen, geist- und seelenlosen Betriebsamkeit löst, die Genauigkeit im Dienst nicht mit Pedanterie ver-

wechseln wird, und der der tiefere Sinn einer militärischen Hierarchie — die Verkörperung eines echten Führertums — aufgegangen ist.
Aber wo liegen die Grenzen dieses Fortschritts? So fragen unwillig die mit solchen Gedanken aus ihrer behaglichen Ruhe aufgeschreckten Anhänger des alten Systems. Das bestimmt allein der Gegner, antwortet Scharnhorst. Leitendes Prinzip für den Fortschritt im Heer ist,

> „daß man alle seine Positionen nach denen des Gegners zu regulieren sich angelegen seyn läßt" [71],

daß man nach den Prinzipien, nach denen „der Feind verfährt, seine eigenen auf eine angemessene Art formen" [72] muß. Unter diesem Gesichtspunkt kann es genügen, die bisherigen Institutionen auf ein Höchstmaß der Leistungsfähigkeit zu bringen oder sie entsprechend umzuwandeln, ohne sie jedoch aufzugeben. Es kann aber auch notwendig werden, daß man zu einfachen, naturhaften Formen zurückkehren muß, weil dies innerhalb der Gefahrensituation des Staates die einzige Maßnahme ist, die Rettung zu bringen vermag und die deshalb gegenüber der bisherigen Verfeinerung als Fortschritt anzusprechen ist.
In höchst eigenwilliger Weise verwendet Scharnhorst einen der Zeit geläufigen Begriff, um an das in sich erstarrte Heer heranzukommen und ihm zu zeigen, wie es aus dem „Geist der Invalidität" zu neuem Leben erwachen kann, sich von zur Gewohnheit gewordenen Lastern, überkommenen Einrichtungen und Vorstellungen zu lösen vermag und dadurch einsatzfähig für die künftige Auseinandersetzung werde. Überall da, wo die neue Geschichtsbetrachtung festgestellt hat, inwieweit eine Erstarrung in überlieferten Formen der zeitgemäßen Vervollkommnung des Heeres im Wege steht, kann Scharnhorst seine Stimme erheben und darlegen, was demgegenüber im Geiste des Fortschritts zu geschehen habe. Dies mag zwar in den Augen der radikalen Neuerer ein altväterliches, nicht für die Zeit passendes Verfahren sein, aber es ist für Scharnhorst die einzige Methode, die bei dem augenblicklichen Zustand Erfolg verspricht. Es ist ein Wuchern mit dem anvertrauten Pfunde, ein Fortschritt gegenüber dem bisherigen Zustand, wenn auch ein relativer.

---

71 *Scharnhorst*, Ueber die Nothwendigkeit leichte Truppen zu haben und deren Nutzen, Acta, Heeresarchiv Potsdam, Nachlaß Scharnhorst B. Nr. 170.
72 *Scharnhorst*, Ueber die Schlacht bei Marengo, Acta, Heeresarchiv Potsdam, Nachlaß Scharnhorst, B. 144, (1802).

2. Tradition und Fortschritt

Fortschritt und Tradition sind keine Gegensätze. Sie werden nur von den Dogmatikern künstlich dazu gemacht. Beide gehören im Grunde zusammen und ergänzen sich. Der Fortschritt bedarf, um sich nicht zu verlieren, der Tradition als Anknüpfungspunkt, als Grundlage, von wo er innerhalb einer Lebenseinheit wirken und weiterbauen kann. Echte Tradition aber bedarf des fortschrittlichen Geistes, um in ihren Formen lebendig, wandlungs- und anpassungsfähig sein zu können. Tradition aber in der Armee muß es sein, in Form zu bleiben und an der Spitze des Fortschritts zu marschieren.

Als Kronzeugen für den Fortschritt führt Scharnhorst Friedrich den Großen an. Ständig habe dieser auf Grund neuer Erfahrungen in seinem Heer Verbesserungen vorgenommen, immer wieder habe er es so in Form gebracht, daß es in jedem Gelände zu fechten verstanden habe. Das Letztmögliche habe er aus diesem Heer herausgeholt. Unerbittlich habe er insbesondere dafür gesorgt, daß die Armee von unfähigen Offizieren gesäubert, befähigte aber bevorzugt und herausgestellt wurden. Im einzelnen demonstriert Scharnhorst am Verhalten Friedrichs des Großen gegenüber seinem Offizierskorps den bei dem Großen König herrschenden Geist des Fortschritts. Man vergleiche nur

> „die Liste von cassierten und verabschiedeten und von den außerordentlich avancierten und begnadigten Offiziers dieses großen Königs in dem 7jährigen Kriege gegen ähnliche von anderen Armeen in dem Kriege unserer Zeiten“ [73].

Nichts Ähnliches ist hier zu finden. Man könnte daraus fast den Schluß ziehen, „die Menschen wären besser geworden, ihre angeborene Nachlässigkeit, Furchtsamkeit und Eigennutz hätten kein Gleichgewicht mehr nötig oder der Große König wäre ohne Grund grausam gewesen“. Dem ist jedoch nicht so. In Wirklichkeit liegt in dem Verhalten der Jetztzeit ein Rückschritt gegenüber den Maßnahmen Friedrichs. Wo nämlich

> „nicht in jeder Campagne eine gewisse Anzahl höherer Officiere cassiert und verabschiedet, belohnt und außerordentlich avanciert werden, da hört der innere Trieb zu großen Taten auf“ [74].

---

[73] *Scharnhorst*, Ueber die Uebung und Bildung einer Armee in Friedenszeiten, a. a. O., Bl. 7.
[74] Ebenda, Bl. 9.

Der höhere Offizier einer Armee, in der dies als ungeschriebenes, unumstößliches Gesetz des Krieges gilt, weiß dann sehr wohl, daß „nicht jede gut besoldete Stelle eine Pfründe ist", die er „genießt, so lange er lebt", sondern eine höchst gefährliche Angelegenheit, bei der jeder, der sie anstrebt, mit seinem Kopfe spielt. Darin aber liegt gerade die Bedeutung für die Auslese der führenden Schicht und damit die Grundlage für den Fortschritt im Heer.

> „Das macht ihren inneren Wert aus, das entfernt den Unwissenden, den Unthätigen und Furchtsamen und bringt den Ehrgeizigen und Unternehmenden hervor, von dem man nur allein im Kriege etwas erwarten darf." [75]

Je „gefährlicher" nämlich eine „höhere Stelle ist", desto weniger hat sie „von unedlen Nachstellungen zu befürchten, desto mehr steht sie dem Mann von höheren Gefühlen, von innerem Bewußtsein seiner Kräfte und Energien offen" [76]. Beispielgebend hat sich Friedrich der Große in der Beseitigung unfähiger Offiziere verhalten und damit die Grundlage dafür gelegt, daß sein Heer in Form blieb und den höchsten Anforderungen sich gewachsen zeigte. Man verfahre in demselben Geiste!

Scharnhorst hatte im Kampf gegen den militärischen Positivismus nachgewiesen, daß der Große König nicht der Heilige der Kriegskunst sei. Er hatte sich demgegenüber gleich den Stürmern und Drängern auf die Genialität des Königs berufen, auf dessen schöpferische Urkraft, für die das Vorhandene nur Material ist, das Neue aber ohne Rücksicht auf überkommene Normen gestaltet werden muß. Scharnhorst hatte ihn als über seiner Zeit stehend hingestellt, dessen Regeln keine strenge Befolgung erheischen, vielmehr erfüllt sind von der überlegenen Kraft des Genies, dessen Elastizität sie widerspiegeln, eines Großen, der zugleich weiß, daß seine Taten und Einsichten nicht voll übertragbar sind, der ebenfalls weiß, daß sein Nachfolger wieder ureigene Wege gehen muß, wenn er im gleichen Geiste handeln will.

Mit dieser Darstellung Friedrichs des Großen als genialen Feldherrn im Sinne des Sturm und Drangs hatte Scharnhorst eine überlegene Position beziehen können. Auf solche Weise war es in der Tat möglich, den Anhängern des militärischen Positivismus das Recht, sich auf Friedrich als Autorität zu berufen, streitig zu machen. Wie aber verträgt sich eine solche Auffassung damit, daß Scharnhorst den König

---

[75] Ebenda, Bl. 8.

[76] Ebenda.

zum Kronzeugen für den Fortschritt im Heer anruft? Liegt hier nicht ein offensichtlicher Widerspruch vor? Als Vertreter des Fortschritts ist der König gerade nicht schöpferisches Genie, sondern Vollender des absolutistischen Heeressystems. Seine Genialität liegt darin, es bis zum Grunde auszuschöpfen, innerhalb desselben Züge zu entdecken, die man bisher weder gesehen noch ausgewertet hatte und sich sämtlicher Möglichkeiten, die der absolute Staat und sein Heer bieten, in überlegener Form zu bedienen. Er ist der rationalistische Übermensch auf dem Gebiete des Militärischen, der große Geist, dessen überragender Verstand bei Beschäftigung mit der Kriegskunst zu den letzten menschlichen überhaupt erreichbaren Möglichkeiten führt [77], die man als Norm anzuerkennen hat.

Zwei völlig einander widersprechende Auffassungen von Friedrich dem Großen also! Zweifellos sind sie jedoch im Wesen des Königs selbst begründet [78], in dessen Person beide Formen der Genialität ineinander übergehen und sich nicht in der säuberlichen Form trennen lassen, wie dies die Theoretiker der Genialität tun wollen. Scharnhorst bedient sich ihrer, wie er sie braucht, ohne sich auf die eine oder andere festzulegen. Um die Herrschaft des militärischen Positivismus erschüttern zu können, führt er die Genialität der schöpferischen Persönlichkeit ins Feld, die über allen Normen steht. Er schlägt sich damit auf die Seite der Stürmer und Dränger. Um den dringend notwendigen Fortschritt im Heer zu fördern, bedient er sich des Geniebildes der Aufklärung und sieht Friedrichs Genialität in der letztmöglichen Ausnutzung der im überkommenen Heer gegebenen Möglichkeiten. Unter anderen Verhältnissen wieder tritt die geniale Persönlichkeit als solche überhaupt zurück und wird durch das „Genie der Nation" ersetzt [79]. Scharnhorst steht über den Schulen.

---

77 Vgl. dazu *Struensee, C. A.*, Vorrede zu „Die Kriegskunst des Grafen Moritz von Sachsen", 1767, S. XXIV, wo es heißt, der Verstand seines Helden sei so groß, daß er sich nur aufs Nachdenken zu verlegen braucht, um sich „von allen im Kriege vorkommenden Fällen durch Nachdenken die gehörigen Regeln zu machen". Vgl. *Ferner R.*, Historisch-moralische Schilderung des Helden nach der Vernunft und Religion, 1763, S. 17 ff.; auch „Der vollkommene Soldat oder Abschilderung eines wahrhaftigen Helden".

78 *Höhn, R.*, Die Wandlung des absolutistischen Kriegsbilds im Siebenjährigen Krieg in „Revolution, Heer, Kriegsbild", a. a. O., S. 43 ff.

79 Vgl. S. 162 ff. dieses Buches.

3. Fortschritt in Ausbildung und Disziplin

Will man mit dem Gedanken des Fortschritts in der Praxis ernst machen, so muß man mit der Ausbildung beginnen. Sie ist zu formal und in ihren Methoden verkrampft, zu wenig frontnahe und lediglich auf den Kasernenhof abgestellt. Sie muß notwendigerweise zur inneren Erschlaffung im Gesamtbetrieb und damit zur Unsicherheit und zum Versagen im Ernstfall führen. Bei der Infanterie wird über dem „Spielwerk der niederen Taktik die Hauptübung, das Schießen, ganz vergessen“ [80], bei der Artillerie ist in ähnlicher Weise die „Exerzize“ mit einer so „großen Menge überflüssiger Pünktlichkeiten, abgemessener Tritte, Wendungen, Griffe, überladen, daß das Wesentliche nicht erlernt werden kann, und der Sinn für dasselbe verloren gehet“ [81], ohne daß dies freilich den Exerziermeistern bewußt wird.

Was nützt es, fragt demgegenüber Scharnhorst, wenn man den Artilleristen „mit den Evolutionen der Infanterie, dem Garnisondienst, der Aufzeichnung und Proportionierung von Geschützen und Lafetten“ beschäftigt, „welche, da Alles mechanisch geschieht, weder seine Ideen erweitern, noch ihm sonst wozu dienen?“ [82]. Was erreicht man damit, daß man den jungen Artilleristen nicht mit den Geschützen exerzieren läßt, mit denen er im Ernstfall umgehen muß, daß man bestimmte „Funktionen nur bezeichnet, anstatt sie ausführen zu lassen, daß man das Richten für überflüssig hält, dafür aber auf das Putzen der Geschütze den größten Wert legt?“ Zu welchem Zweck lehrt man die Leute alle „Griffe und Tritte bald nach Kommandos bald nach dem Trommelschlag“ zugleich mit „so viel Geschützen (zu) machen, als nur zusammen zu bringen“ sind? [83] Es ist nichts als ein „Schauspiel“, das mit „Salutirschüssen“, wenn die „hohe Generalität vorbeigeht“, endet. Man kann sich über „die Regelmäßigkeit“ der Abmärsche, Schwenkungen und Aufmärsche, über die „schnurgleiche Richtung in der Linie“, mit der etwa die reitende Artillerie manövriert und es dabei der Infanterie gleichtun will, ebenso freuen, wie über das „Schauschießen“ von sonst „nur zum Demontieren brauchbaren Geschützen“.

---

[80] *Scharnhorst,* Handbuch der Artillerie, Bd. 3, Vorrede, abgedruckt bei *Klippel,* Scharnhorst, III, S. 736 f.

[81] Ebenda, S. 237.

[82] *Scharnhorst,* Handbuch der Artillerie, Bd. 3, Erster Abschnitt, Elftes Kapitel, II.

[83] Ebenda.

Aber das alles hat nichts mit dem Ernstfall zu tun, auf den es allein ankommt [84].

Fortschritt würde es demgegenüber bedeuten, wenn man diese Art Ausbildung aufgäbe und stattdessen sein Hauptaugenmerk verlegte auf die

> „schnelle Bewegung über Gräben und Hügel, über Berg und Thal, das gute Richten und Treffen bei dem Schießen, die Übung in der Beurtheilung der Distanzen, in der zweckmäßigen Plazirung des Geschützes (nicht nach der Linie, sondern nach dem Terrain), die Kunst, Granaten und Bomben aus den Haubitzen und Mörsern gut zu werfen", Dinge, an die bisher „gar nicht oder doch nur nebenher gedacht" wurde [85].

Man fordere von der Artillerie nur das, was sie im Felde bei Belagerungen leisten muß, „man beurteile sie allein aus diesem Gesichtspunkte, in kurzer Zeit würde sie auch ohne weitere Hilfsmittel, viel brauchbarer werden als sie jetzt ist". Um dies zu erreichen, sind natürlich „Artilleriebefehlshaber" nötig, die jeweils sich darüber Rechenschaft geben, ob ihre „Uebungen Beziehung aufs Reelle haben", ob sie auch „Leute bilden, die am Tage einer Schlacht das leisten, was sie bei einer anderen Uebung leisten könnten" [86].

Das Ziel für die Ausbildung bei allen Waffengattungen aber muß sein, die „Kleinmeisterei" immer mehr zurückzudrängen. Scharnhorst hat das Beispiel der französischen Revolutionskriege und der Schlachtenführung Napoleons vor Augen, wenn er diese Art mit harten Worten geißelt und einem Heer, das seine Ausbildung weiterhin in diesem Geiste betreibt, abspricht, an seinem Gegner gemessen, in Form zu sein. Als Fortschritt würde es zu betrachten sein, wenn die

> „Offiziere und vorzüglich die höheren von dem Grundsatz ausgehen: Daß ihre Bestimmung nicht bloß in der Dressierung, Disziplinierung und den üblichen Dienstverrichtungen, welche in Friedenszeiten vorkommen, bestehe, sondern, daß sie ihnen auch die Pflicht auferlege, sich auf die angewandte Tactik zu applicieren und daß das Studium der angewandten Teile der Kriegskunst, die Übung in Entwürfen auf dem Felde und die Untersuchung der Schlachtfelder ganz und gar nicht eine beiläufige von ihrer Willkür abhängige Unterhaltung sei" [87].

---

84 Scharnhorst sah diese bedauerlichen Zustände „in fast allen Artillerien, auch bei den Chefs und Kommandeurs, welche die größte Erfahrung hatten, welche die Achtung geschickter und einsichtsvoller Männer genossen".

85 Ebenda.

86 Ebenda.

87 *Scharnhorst*, Hat man bis jetzt noch immer Fortschritte in der Kriegs-

Die Situation auf dem Gebiet der Disziplin liegt ähnlich. Wahre Disziplin bedeutet „Hebung des militärischen Geistes", sie ist die Grundlage für alle großen Taten. Von dem Geist einer solchen Disziplin muß eine Armee durchdrungen sein, wenn sie in Notsituationen bestehen, besonders aber einem Feind gegenübertreten will, der von dieser Disziplin getragen ist, dessen Oberbefehlshaber in vorbildlicher Form den Geist einer solchen Disziplin in seiner Person verkörpert und ihn auf die ganze Armee, vornehmlich aber auf seine Kommandeure zu übertragen vermag. Das Zerrbild einer echten Disziplin ist dagegen der „sklavische niederdrückende Gehorsam", der dem Geist „tötende Fesseln" anlegt und sich in der „Pedanterie" erschöpft. Sie bewirkt statt der Hebung eine allgemeine Erschlaffung des militärischen Geistes. Die Disziplin selbst wird zu einer „Ceremonie", die insbesondere in höheren Dienstgraden nicht mehr ernst genommen wird. Da vom Geiste der obersten Befehlshaber aber der Geist einer Armee abhängt, greift nach und nach unmerkbar die „Indisciplin" auf das ganze Offizierkorps über. Es teilt sich „die Indisciplin der Capitains und Stabsofficiere den Compagnie- und Unterofficieren mit".
Als Fortschritt ist es demgegenüber zu werten,

> „wenn die Pedanterie abnimmt, wenn der sclavische, niederdrückende Gehorsam der Offiziere sich in Achtung und Ehrfurcht für die Gesetze der Disciplin (im echten Sinne!) verwandelt und der Tätigkeit des Verstandes keine den Geist tötende Fesseln anlegt, wenn die Stärke der Subordination, welche in den höheren Graden nur allzu leicht erschlafft und dann in einer Art Ceremonie besteht, in Kraft und Strenge zunimmt" [88].

Fortschritt bedeutet es,

> „wenn die Chefs der Regimenter für die Indiscipline derselben im eigentlichen Verstande verantwortlich gemacht werden" [89],

wenn der Befehlshaber eines Corps

> „den Chef oder Commandeur eines Regiments zwingt, den Schaden, der durch Plünderungen desselben entstanden ist, aus eigenen Mitteln zu ersetzen" [90],

---

kunst gemacht? (1802), Acta, Heeresarchiv Potsdam, Nachlaß Scharnhorst, B. Nr. 34 S. 2.

[88] *Scharnhorst*, Hat man bis jetzt noch immer Fortschritte in der Kriegskunst gemacht, a. a. O., Bl. 1.

[89] *Scharnhorst*, Disciplin, Acta, Heeresarchiv Potsdam, Nachlaß Scharnhorst, Bl. 159.

[90] Ebenda.

wenn man weiß, daß

> „die Disciplin von den vornehmsten Befehlshabern eines Corps abhänge und daß diese die erste Veranlassung zur (Indiscipline) durch Nachsicht gegen die ihnen zunächst unterstehenden Unterbefehlshaber geben" [91].

Hat eine Armee solche Fortschritte auf dem Gebiet der Ausbildung und Disziplin gemacht, daß man von ihr behaupten kann, sie habe sich wieder auf sich selbst und ihren Wert besonnen, dann kann man dazu übergehen, sich mit der Verwirklichung des Fortschritts auf einer höheren Stufe zu befassen. Nunmehr ist es möglich, von der Armee zu fordern, daß

> „sie in ihren Übungen von Zeit zu Zeit eine größere Zweckmäßigkeit (entwickelt)" ...,

daß sie sich aber auch

> „von dem, was ohne Rücksicht des großen Zwecks eingeführt sein könnte, reinigt".

Nicht allein auf dem Gebiet „der Administration, Disziplinierung und mechanischen Übung der Truppen" hat die Armee dann die Pflicht, im Sinne organischer Weiterentwicklung neue Wege zu suchen. Ihre Aufgabe, vor allem die der höheren Offiziere, ist es,

> „auch die Erfindung und Herbeiführung neuerer, besserer und leichterer zum Siege führender Einrichtungen und Mittel" [92]

anzustreben. Besonders aber muß der vom Gedanken der Notwendigkeit des Fortschritts in der Armee erfaßte Offizier mit allen Mitteln seine Ausbildung „in den Verrichtungen, welche ihn dereinst erwarten", betreiben. Selbst wenn ihm von einer widerstrebenden Bürokratie größere Hindernisse in den Weg gelegt werden, kann er es

> „weder gegen sich selbst noch gegen den Staat verantworten, wenn er dies unterläßt".

4. Der Enthusiasmus als höchste Stufe des Fortschritts im Heer

Als höchste Stufe des Fortschritts im Heer betrachtet es Scharnhorst, wenn der Offizier von einem echten Enthusiasmus durchdrungen ist und aus diesem Geist in Zukunft handelt. Um den Enthusiasmus war, wie wir sahen, ein heftiger Kampf im preußischen Heer entbrannt [93].

---

[91] Ebenda.

[92] Ebenda, Bl. 2.

[93] S. 33 ff., 45 ff. dieses Buches.

Die Vertreter des Alten lehnten ihn als den „unzertrennlichen Gefährten der bürgerlichen Kriege" (Decken) strikt ab, die Neuerer erklärten, ohne Übernahme des Enthusiasmus in seiner inneren Abhängigkeit von den französischen Revolutionsidealen sei jede Reform des preußischen Heeres unmöglich. Eine vermittelnde Praxis versuchte den Enthusiasmus von der Französischen Revolution zu lösen, zu neutralisieren und als konstruktives Mittel zur Belebung der preußischen Armee zu verwenden. Man erschöpfte sich in endlosen Debatten darüber, wie man im Soldaten Enthusiasmus auslösen könne und betrachtete es als selbstverständlich, daß der Offizier, der im Gegensatz zum Mann Ehre und Ambition besitzt, nicht des Enthusiasmus bedarf, um anständig fechten und sterben zu können.

Scharnhorst weiß genau, welche Bedeutung der Enthusiasmus für die französische Armee besitzt, er weiß ebenfalls, „daß nur der Geist der Revolution" es ist, der ihn hervorbringt. Aber er darf ihn nicht beschwören. Scharnhorst deutet den Enthusiasmus daher in der Form, wie er für das Offizierkorps der monarchischen Staaten und ihre Armeeführung fruchtbar werden kann. Die Franzosen haben, so erklärt er, den Enthusiasmus nicht erfunden. Sie haben seine Grundprinzipien, den Geist der Strenge und Entsagung, von den Römern übernommen und in ihrer Revolution nutzbar gemacht. Ihr Enthusiasmus ist nichts anderes als

> „jene Strenge, die wir in der römischen Geschichte Unmenschlichkeit nannten ... die Tugend der Entsagung, die wir bei den Römern bewundern" [94].

Im Enthusiasmus befolgen die Franzosen

> „sowohl in Rücksicht der Moral als der Politik und der Kriegskunst die Grundsätze der Römer zur Zeit der Republik" [95].

Dies ist allerdings eine Plattform, von der sich fechten läßt. Scharnhorst identifiziert sich nicht mit dem französischen Enthusiasmus als solchem und bietet deshalb keinerlei Angriffspunkte. Wer aber will es ihm verargen, daß er die Ansicht vertritt, der Enthusiasmus der Franzosen sei nichts anderes als eine Wiederbelebung altrömischer Tugenden [96], daß er darlegt, in welcher Form die Franzosen diese römischen Staatstugenden modern ausgewertet haben und zu welchen Erfolgen dies führte? Wer

---

[94] *Scharnhorst*, Ueber die Uebung und Bildung einer Armee in Friedenszeiten, 1797, Acta, Heeresarchiv Potsdam, Nachlaß Scharnhorst B. 146, Bl. 2.
[95] Ebenda.
[96] Zumal die französischen Staatsmänner sich selbst gern dieses für sie allerdings nur äußerlichen Anknüpfungspunktes bedienten.

will ihm darüber hinaus verübeln, daß er dem Heer seiner Zeit dasselbe empfiehlt, um mit den Franzosen Schritt halten zu können? Dies geschieht allerdings in sehr eindringlicher Form. „Ist es nicht bewundernswert", so fragt Scharnhorst, „daß die französische Armee

> „ficht, ungeachtet es ihr an allen Bedürfnissen, an Kleidern, an Magazinen, an Zelten usw. fehlt? Sie ist nun einmal dahin gekommen; sie ist es nun gewöhnt, sich alles zu versagen, unter freiem Himmel oder in Erdhütten zu liegen, mit wenig Lebensmitteln sich zu behelfen" [97].

Bitter notwendig wäre diese Art von Enthusiasmus für die Armeen, die sich noch im Felde einen gewissen Luxus gestatten, sich auf Magazinversorgung und einen ungeheuren Troß stützen, nutzlos ein umfangreiches Offiziersgepäck mitschleppen und gerade dadurch zeigen, wie weit sie gegenüber den Anforderungen des modernen Krieges im Rückstand sind. Sie sollten am Beispiel der Franzosen erkennen, wie der Enthusiasmus es ermöglicht,

> „dem Luxus Gränzen zu setzen und alles, was sonst der Bequemlichkeit und dem Wohlleben aufgeopfert würde, zum Kriege zu verwenden" [98].

Darüber hinaus führt der Enthusiasmus auf Grund der letzten Rücksichtslosigkeit gegen sich selbst und gegen andere um einer Sache willen zu einem neuen sittlichen Ausleseprinzip. Scharnhorst weist darauf hin, wie in der französischen Armee „junge tätige Männer" an der Spitze von „Armeen, Divisionen und Brigaden" stehen.

> „Ihre Tätigkeit, ihre Einsicht redet allein für sie, wenigstens wird sich nie das Gouvernement unterstehen, einen jungen Offizier an die Spitze der Armee zu stellen, der sich nicht durch Thätigkeit, Einsicht, Mut und Vaterlandsliebe auszeichnete."[99]

Wie ganz anders ist demgegenüber die Situation in den Heeren von Frankreichs Gegnern. Hier ist eine richtige Auswahl gar nicht möglich, „ohne alle inneren Verhältnisse ganz zu zerreißen". Ist doch hier

> „die Beurtheilung der Klugheit eines älteren Generals sehr mißlich, da Konexion, Nepotismus, Neid und andere Leidenschaften hier mit ins Spiel kommen: So trifft es sich selten, daß diese älteren, zu Oberbefehlshabern bestimmten Männer die Erfahrung und Klugheit besitzen, die man bey ihnen voraussetzt" [100].

---

97 Ebenda, Bl. 4.
98 Ebenda.
99 Ebenda, Bl. 5.
100 Ebenda.

Wo liegt nun der Fortschritt? Im Ausleseprinzip der Franzosen oder in der Methode ihrer Gegner? Bei der richtigen Auswahl des „kommandierenden Generals" kommt es

> „nicht allein auf die Erfahrung, sondern auch auf Entschlossenheit, auf einen festen und unternehmenden Charakter, auf ein hohes herrisches Gefühl, auf Energie an. Ohne diese Eigenschaften wird er in verwickelten Umständen dem Staate schlecht dienen. Den Mangel an Erfahrung werden Generale wohl noch in Etwas ersetzen können, aber nicht den an Thätigkeit, an Charakter und Entschluß zu nützlichen Unternehmungen, den großen und erhabenen Gefühlen" [101].

Die Franzosen wissen das und handeln danach. Sie bringen auf Grund ihres Enthusiasmus die innere Härte auf, Generale vor der Front fortzujagen und andere auf der Stelle zu befördern. Sie züchten auf diese Weise, indem sie immer wieder Unfähige ihrer Stellen entsetzen und neues Blut nachströmen lassen, den Generalstyp heran, den sie für die Führung ihrer Revolutionskriege brauchen.

> „*Buonaparte* kassierte Generale vor der Front im Augenblick der Aktion und avancierte andere auf der Stelle; schon *Dumouriez* machte einen Oberstlieutenant auf der Stelle zum General; nach der Schlacht von Fleurus wurden 7 französische Offiziere arquebussirt, weil sie sich feig gezeigt hatten; Custine und Houchard mußten ihre Unwissenheit mit dem Leben büßen; Jourdan und Pichegru ihre Unthätigkeit mit dem Verlust ihrer Stellen, eine sehr große Menge anderer Generale in den niedern Graden wurden cassiert, ihrer Stellen entsetzt u.s.w." [102]

Demgegenüber, so stellt Scharnhorst fest, ist „die große Triebfeder der Verantwortlichkeit, der Bestrafungen und Belohnungen nicht mehr in den meisten Heeren" der monarchischen Staaten „zu Hause".

> „Ununtersucht, auch unbestraft bleibt (eines Offiziers) zweideutiges Betragen vor dem Feind, seine Unwissenheit bey der Vertheidigung eines Postens, seine unentschiedene Krankheit in mißlichen Zeitpunkten. Unbegreiflich zwecklos gehet man in diesem Stück überall zu Werke. Wer hat nicht 100mal gesehen, daß die Offiziere beym Exercies mit der größten Härte, wegen unvermeidlicher Fehler in den Bewegungen, behandelt werden, während man bey der schlechten Führung eines Detachments, der fehlerhaften Aufstellung eines Piquets, woran das Leben vieler Menschen und das Glück ganzer Corps oft abhängt, ihre Fehler ganz übersiehet." [103].

---

[101] Ebenda, Bl. 6.

[102] Ebenda.

[103] Ebenda, Bl. 9.

Und was erreichen die Franzosen mit ihren harten Maßnahmen? Eingehend legt Scharnhorst dies dem Offizierskorps der Staaten, die gegen die Franzosen gefochten haben und dereinst wieder fechten müssen, dar, einem Offizierkorps, das in seinem überwiegenden Teile vielleicht ein solches revolutionäres Verfahren als seiner Ehre und seiner Tradition widersprechend ansehen mag.

„Diese augenblicklichen Bestrafungen und Belohnungen geben der militärischen Maschine eine innere Thätigkeit und Kraft, welche auf keinem anderen Wege zu erhalten ist. Nur der Befehlshaber, der selbst verantwortlich ist, macht jeden Untergebenen wieder verantwortlich. Das Gefühl eigener Verantwortlichkeit gegen den Staat überträgt er auf die Verantwortlichkeit seiner Untergebenen gegen ihn — jeder vergibt ihm diese Härte, jeder weiß, daß die Nothwendigkeit, daß seine eigene Erhaltung ihn dazu treibt. Dieses Verhältnis des Heerführers mit seinen Generalen überträgt sich nun bald auf das zwischen diesen und den Stabs- und Compagnie-Officieren, auf das zwischen den Compagnie-Officieren und Unterofficieren, und endlich auf das zwischen Unterofficieren und Gemeinen.
Nur durch diese stufenartige Anstrengung bekommt die Armee Thätigkeit, Geist und Leben. — Der Commandeur eines Regiments, dessen Ehre von dem Betragen seiner Officiere abhängt, muß die Thätigen belohnen, und die Nachlässigen bestrafen; der Compagnie-Chef, der die Fehler seiner Compagnie nun theuer büsset, muß die Bravern und Fähigern hervorziehen, und sich von den Unbrauchbaren und Furchtsamen entledigen." [104]

Wenn eine Armee von einem solchen Geist erfüllt ist, steht sie auf der Höhe des Fortschritts. Gegen die Übernahme eines Enthusiasmus, der solche Veränderungen in einer Armee bewirkt und sie auf die höchste Stufe der Vervollkommnung hebt, soll man sich nicht wehren, vielmehr diesen Grad der Vollkommenheit auch zu erreichen sich bemühen und trauern, wenn man dem nachsteht.

Ob die Armee wieder in Form kommt, liegt für Scharnhorst nicht darin, mechanisch durch bessere Behandlung des Soldaten Enthusiasmus für den Offizier zu erzeugen. Damit geht man, ganz abgesehen davon, ob dies möglich ist, am Wesentlichen vorbei. Ein wirklich echter Enthusiasmus muß zunächst die Führerschaft durchfluten, ihre Gesinnung von Grund auf ändern, um sich von da der gesamten Armee mitzuteilen. Mit einem solchen Offizierkorps wandelt sich das ganze Heer. Scharnhorst geht damit gerade den umgekehrten Weg wie diejenigen, die sich bisher mit dem Problem des Enthusiasmus beschäftigten. Er fordert, daß der Offizier sich innerlich wandele und von einem

---

[104] Ebenda, Bl. 6 und 7.

neuen Geist durchdrungen sei. Darin sieht er die Voraussetzung dafür, daß sich der Geist des Heeres ändere und es in der künftigen Auseinandersetzung bestehen könne. Scharnhorst hält sie für nahe bevorstehend. Napoleon hat die Österreicher in Italien vernichtend geschlagen. „Bald ist die französische Nation Meister von halb Europa und in der Kunst, Krieg zu führen übertrifft sie auch jede andere."[105] Die monarchischen Staaten werden die ständige Herausforderung Napoleons gar nicht anders als mit Krieg beantworten können. Aber wie wollen sie den Krieg führen, wenn sie dem Enthusiasmus des Gegners nichts Ähnliches entgegenzusetzen haben?

5. Die Notwendigkeit des Fortschritts in Strategie und Taktik

Nicht nur das innere Leben der Armee, auch seine Strategie und Taktik müssen vom Geiste des Fortschritts durchdrungen sein. „Warum sollte denn jetzt gerade in allen Zweigen der Kriegeskunst die höchste Stufe erreicht sein?", fragt Scharnhorst alle, die die Idee verfechten, die Armee stehe auf der Höhe der Kunst. Die kriegsgeschichtlichen Erfahrungen lehren im Gegenteil, daß

> „eine Armee, welche die größten Fortschritte in der Kriegskunst gemacht, davon nur eine Zeit lang Vortheile hat"[106].

Dies muß man bedenken. Es gilt daher, die bisherige Strategie und Taktik daraufhin zu prüfen, ob sie am Gegner gemessen noch zweckdienlich ist. Eine Lineartaktik, die den Grundsatz verficht,

> „daß die Vorschriften der Evolutionen nie mit der Geometrie in Widerspruch stehen dürfen"[107],

ist unter diesem Gesichtspunkt unbrauchbar. Der Gegner richtet sich nicht nach den Lehrsätzen der „Geometer", sondern besitzt strategische Grundprinzipien, die man kennen muß, um sich ihnen anpassen zu können. Die Evolutionen der Lineartaktik sind daraufhin zu prüfen, ob sie den Erfordernissen der modernen Schlacht entsprechen und

---

[105] *Scharnhorst,* Schreiben vom 20. Januar 1797.

[106] *Scharnhorst,* Betrachtungen über Fortschritte in der Kriegskunst, Denkwürdigkeiten der Militärischen Gesellschaft, Bd. 2, S. 38; vgl. auch *Scharnhorst,* Betrachtungen über die allgemeinen Grundsätze der Kriegskunst, Denkwürdigkeiten der Militärischen Gesellschaft, Bd. 4, S. 62.

[107] *Scharnhorst,* Hat man bis jetzt noch immer Fortschritte in der Kriegskunst gemacht? a. a. O., Bl. 8.

gegebenenfalls zu ändern. In der Schlacht allein wird das Urteil über die richtige Taktik gefällt.

Dasselbe gilt für das Tirailleursystem, die neue Fechtart der Franzosen. Scharnhorst betrachtet es dann als ein wirklich fortschrittliches Kampfmittel, wenn entsprechendes Terrain die Voraussetzung dafür bietet. Die Kunst besteht immer darin, in der jeweiligen Lage das Zweckmäßige zu tun. Die Lineartaktik kann eine größere Bedeutung nur im freien Gelände beanspruchen. Ihre geschlossenen Bataillone bieten auch „zum Stoß, zum Einbruch, worauf es doch am Ende immer ankommt, ihre völlige Wirksamkeit"[108]. Außerdem kämpft es sich mit ihr viel standhafter gegen Kavallerieangriffe. Hilflos erscheint die starre Linie jedoch da, wo das Gelände unübersichtlich ist und sie durch Tirailleure aufgerieben werden kann[109]. Wenn man davon ausgeht,

> „daß man alle seine Dispositionen nach des Feindes Einrichtungen zu reguliren sich angelegen seyn lassen muß"[110],

so wäre es falsch, auf der Lineartaktik als dem allein richtigen Prinzip zu bestehen. Die Lineartaktik ist offensichtlich in bestimmten Situationen unterlegen. Die französischen Revolutionskriege und der nordamerikanische Unabhängigkeitskrieg haben es gezeigt. Man muß jetzt zur Niederringung des Feindes ebenso wie dieser mit leichten Truppen fechten können.

Wie aber will Scharnhorst Lineartaktik und Tirailleursystem miteinander vereinigen? Seine Zeitgenossen wurden, wie wir sahen, mit diesem Problem nicht fertig[111]. Wo man sich das Tirailleursystem rein technisch zunutze machen wollte, scheiterte man an der Unvereinbarkeit seines Strukturprinzips mit dem der Lineartaktik[112]. Scharnhorst er=

---

108 Ebenda, Bl. 11.

109 „Die Methode mit einem Theil der Infanterie à la Debande zu agiren, und so den Feind nach und nach aufzureiben, führt in durchschnittenem Terrain gegen einen nur im geschlossenen Gefecht geübten Feind vielleicht zu einem weit sichern Erfolg, als eine regelmäßige Aktion, deren Ausgang von so vielen zufälligen Umständen abhängt. Es ist daher nicht zu leugnen, daß die Art, wie die Franzosen den General Wurmser 1793 in dem Elsaß, den Feldmarschall von Freitag in eben dieser Zeit in Flandern und den Herzog von York in Nordholland schlugen, mit Recht zu den Fortschritten in der Fechtart neuer Zeiten gerechnet werden muß." Ebenda, Bl. 11.

110 *Scharnhorst*, Ueber die Nothwendigkeit leichte Truppen zu haben, und deren Nutzen, Acta, Heeresarchiv Potsdam, Nachlaß Scharnhorst B. Nr. 170.

111 Vgl. dazu S. 29 ff. dieses Buches.

112 Vgl. dazu S. 31 dieses Buches.

hebt sich weit über die starre Frontenstellung: hie Linie, hie Tirailleur=taktik. Er klammert sich nicht an die neue Fechtart als solche, sondern legt das Gewicht auf den in der Tirailleurtaktik zum Ausdruck kom=menden schöpferischen Gedanken. Diesen gilt es, für die gesamte Krieg=führung nutzbar zu machen. Die Elastizität der Kampfesweise, wie sie das Tirailleursystem kennzeichnet, hat das ganze Heer zu durchdringen. Der Geist der gesamten Kriegführung muß ein anderer werden. Darin liegt der entscheidende Fortschritt, den das Tirailleursystem der in sich erstarrten Kriegskunst des stehenden Heeres bietet. Scharnhorst ver=weist als Vorbild auf Napoleon, der diese neuen geistigen Prinzipien in die Schlachtenführung umgesetzt habe. Darauf sollen die Parteien ihr Augenmerk richten, anstatt sich in dem Streit, ob Tirailleursystem oder Lineartaktik, zu verlieren.

Das Tirailleursystem erhält so eine völlig neue Bewertung. Es kann sich als ungemein fruchtbar für die Armee erweisen, wenn man seinen tieferen Sinn versteht. Es ist ein Teil der modernen Kriegskunst, nichts Endgültiges, solange es sich lediglich im Bereich der niederen Taktik aus=wirkt, sondern nur ein Anfang. Hier finden sich wesentliche und viel=versprechende Ansätze. Ihnen gilt es, zur Reife und Vollendung zu verhelfen. Die Aufgabe besteht jedoch darin, das Tirailleursystem aus seiner Beschränkung auf die niedere Taktik zu befreien und seine Prinzipien für die höhere fruchtbar zu machen. Die Lösung der Ge=fechtsführung aus ihrer lineartaktischen Bindung und die Gliederung des Heeres in selbständige, aus allen Waffengattungen gemischte, nebeneinander aus der Tiefe fechtende Divisionen, wie sie Napoleon verwendet, vermitteln im Bereich der höheren Taktik dieselbe Elasti=zität, die den Tirailleur im kleinen Feldkrieg auszeichnet. Im Zu=sammenhang mit der modernen, in der Tiefe gestaffelten napoleoni=schen Schlachtordnung zeigt sich erst, welche gewaltige schöpferische Kraft im Tirailleursystem liegt. Die Unvereinbarkeit zwischen Linie und Tirailleursystem entfällt, der bisherige Gegensatz wird in einer höheren Einheit aufgehoben, wenn der Geist der gesamten Krieg=führung nach den in der Tirailleurtaktik zum Ausdruck kommenden Gedanken ausgerichtet wird. Aber auch mit der einseitigen Über=bewertung des Tirailleurkämpfers als solchem ist es zu Ende. Er er=hält im Rahmen des Gesamtbildes einer modernen Kriegführung den ihm angemessenen Platz. Man kann mit dem Tirailleurkampf als solchem Schlachten einleiten. Man muß die Schlachten selbst nach seinem geistigen Prinzip führen.

Alle Versuche, die sich mit der Einführung des Tirailleurkampfes im stehenden Heer beschäftigen[113], begrüßt Scharnhorst, auch wenn sie noch so beschränkt und unvollkommen sind. Er betrachtet sie als wichtigen Ansatzpunkt zur Auflockerung des bisherigen starren Systems und als künftige Basis für die Durchdringung des gesamten Heeres mit einem neuen Geiste. Er bedauert, daß der Streit der Dogmatiker es bisher verhindert habe, im Geiste des Fortschritts das neue Prinzip besser für die gesamte Kriegskunst nutzbar zu machen. Er fördert alle theoretischen Auseinandersetzungen, die weiterführen können[114]. Er zeigt selbst die Formen auf, in denen der Tirailleurkampf nutzbar gemacht werden kann[115].

Und die politischen Voraussetzungen des Tirailleursystems? Wir wissen, daß die Neuerer den Tirailleurkampf überhaupt nicht für möglich hielten, ohne daß eine Reform der gesamten Staats- und Heeresverfassung erfolgt war. Mit solchen Gedanken sich auseinanderzusetzen hält Scharnhorst in einer Situation, in der es innerhalb eines festgefügten absoluten Staates gilt, das Heer in Form zu bringen, für zwecklos.

---

[113] Vgl. die preußische Vorschrift „Vom Gebrauch des dritten Gliedes zum Tiraillieren" vom 30. März 1803, die auf den Fürsten Hohenlohe zurückging, Acta, Instruktions-Reglement für die Infanterie, Breslau, den 30. März 1803, vom Fürsten Hohenlohe mit einer Abänderung vom 4. 8. 1804, Heeresarchiv Potsdam, Nachlaß Gneisenau, Stück 50. Vgl. ferner Acta, betr. Militärische Uebungen von 1789 bis 1804 des Füsilierbataillons Rabenau, Heeresarchiv Potsdam, Nachlaß Gneisenau, ferner *Jany*, Urkundliche Beiträge und Forschungen zur Geschichte des preußischen Heeres, 5. Heft S. 88.

[114] Vgl. dazu die über dieses Thema gehaltenen Referate in der Militärischen Gesellschaft: *Kleist, v.*, Worin hat sich die mechanische Schlachtordnung einer Armee in der letzten Hälfte des vorigen Jahrhunderts geändert und welche Umstände haben diese Veränderungen herbeigeführt? Ist eine allgemeine zu jedem Terrain sich schickende Schlachtordnung möglich, welche nur durch die Umstände verändert wird und worin besteht sie?, Denkwürdigkeiten der Militärischen Gesellschaft, Bd. 4, S. 400, ferner „Fragmentarische Ideen über die Uebung der Linien-Infanterie zum Tiraillieren", Auszug aus den Protokollen der Militärischen Gesellschaft, Denkwürdigkeiten, Bd. 5, S. 198, ferner Anonym, Noch ein Wort über die Exercice der Linien-Infanterie zu Fechten à la debande, Auszug aus den Protokollen der Militärischen Gesellschaft, Denkwürdigkeiten Bd. 5, S. 206.

[115] *Scharnhorst*, Ueber Scharfschützen; Instruktion über einige Punkte der Uebung der Scharfschützen aller Infanterie-Regimenter; Beispiele von dem Gebrauch der Scharfschützen und des dritten Gliedes, Acta, Heeresarchiv Potsdam, Nachlaß Scharnhorst B. Nr. 99. Dazu „Bemerkungen über die Vorschläge des Oberstleutnants von Scharnhorst zum besseren Gebrauch des dritten Gliedes bey der Infanterie", Acta, Heeresarchiv Potsdam, Nachlaß Scharnhorst B. Nr. 147.

6. *Die politisch-taktische Bedeutung des Fortschrittsgedankens*

Wie bei dem Einsatz der Kriegsgeschichte gegen den militärischen Positivismus, ist mit dem Ruf nach Fortschritt im Heer der Ausgangspunkt von Scharnhorst sehr geschickt gewählt. Für fortschrittlich hält sich derjenige, der die Armee von Grund auf reformieren will, aber auch, wer im bisherigen Geist nur auf eine ständige Verbesserung und Verfeinerung der überkommenen Einrichtungen bedacht ist. Niemand will sich im Grunde dem Vorwurf aussetzen, zum Gegner des Fortschritts abgestempelt zu werden. Diese Tatsache macht sich Scharnhorst zunutze und stellt die Parteien auf der Grundlage des allgemeinen, von niemand anfechtbaren Strebens nach Fortschritt zum Kampfe. Seine Definition ermöglicht es ihm, den Fortschritt als eine Lebensfrage des Heeres und damit als zentrales Problem in allgemeiner Form zu behandeln. Indem er als Kriterium des fortschrittlichen Handelns das Sichanpassen an den Gegner und dessen Maßnahmen bezeichnet, vermag er unter diesem Gesichtspunkt die gesamten aktuellen Heeresprobleme, von der Ausbildung bis zur Strategie und Taktik, bis zur Kriegswissenschaft und Kriegstheorie in einer Offenheit aufzurollen, wie dies kaum jemand, der in der Hierarchie selbst stand, sonst gewagt hätte. Gleichzeitig kann Scharnhorst unter dem Motto: „Anpassung an den Gegner" die größten Anforderungen stellen, die fast einer Revolutionierung gleichkommen, ohne daß er die heiklen, wie ein rotes Tuch wirkenden Begriffe „Revolution" oder „Reform" überhaupt zu verwenden braucht. Er findet mit dem Begriff des Fortschritts das dritte neutrale Wort und begibt sich auf eine Ebene, wo man sich treffen und diskutieren kann.

Wenn die von Scharnhorst unter dem Gesichtspunkt des Fortschritts vertretenen Maßnahmen wirklich durchgeführt werden, erhält das Heer zwar tatsächlich ein neues Gesicht, aber dies wird in einem Prozeß organischen Wachstums und nicht auf eine alles umstürzende Weise erreicht.

Auch für die unmittelbare praktische Durchführung von Verbesserungen in der Armee ist Scharnhorsts Fortschrittsgedanke von Bedeutung. Um in diesem Sinne sogleich aktiv handeln zu können, bedarf es nicht erst der Errichtung einer neuen Kommission mit streitenden Parteien, von denen die eine für den Bestand des Alten, die andere für das Neue eintritt und die im Ergebnis den Gedanken des Fortschritts in endlosen Debatten ertöten. Mit der Verwirklichung des Fortschrittsgedankens kann man sofort beginnen: im Großen, wenn es die Armeeführung

will. Im Kleinen vermag jeder Offizier in seinem Kreis ohne weiteres damit anzufangen und die entsprechenden Schritte zu tun. All die vielen fortschrittlichen Einzelaktionen münden in den großen Strom ein, dem Scharnhorst den Weg gewiesen hatte. In jedem Offizier wird auf der anderen Seite das Bewußtsein erzeugt, daß er zu dieser individuellen Vervollkommnung der Armee persönlich etwas beitragen kann. An sein inneres Pflichtgefühl wird appelliert, in ihm wird die Überzeugung wachgerufen, daß auch er mit vielen Hunderten von Kameraden handeln muß, wenn nicht die Armee in eine „gänzliche Apathie" versinken soll. Es gibt kein Abschieben der Verantwortung, keinen Grund zum eigenen Abwarten, bis von oben die Befehle erteilt werden, wenn es auch Scharnhorst für besonders wirksam hält, daß die obersten militärischen Stellen den Fortschritt im Heer zum Prinzip erheben.
Scharnhorst packt das Offizierkorps am Geist der Tradition, nicht weil er diese um ihrer selbst willen aufrechtzuerhalten wünscht, sondern gerade, um die Offiziere auf dieser Basis anzuspornen und sie zur Übernahme zeitgemäßer Ideen bereitzumachen. Er appelliert an den Geist der Disziplin, macht ihn jedoch für den Fortschritt im Heere nutzbar. Der Offizier soll künftig das „Studium der Kriegskunst", die Übung in Entwürfen auf dem Felde" und die „angewandte Taktik" mit derselben Exaktheit und aus demselben Pflichtgefühl betreiben wie den kleinen Garnisondienst, in dessen Pedanterie er sich bisher zum Schaden des Heeres erschöpfte.

VI. Die Umschulung des Offizierkorps

Die Krönung der Arbeit im Geiste des Fortschritts sieht Scharnhorst in einer systematischen Umschulung des Offizierkorps und einer Festlegung der Grundsätze für die Erziehung des Nachwuchses, der Junker und jungen Offiziere. Hier liegt der Angelpunkt für die „individuelle Vervollkommnung" des Heeres. Ohne eine solche Umerziehung bleiben alle noch so klug ausgearbeiteten Systeme und Vorschläge bloße Postulate, mit denen man an der Wirklichkeit nichts zu ändern vermag. Der Geist des Fortschritts muß im Heer lebendige Träger finden. Gegenüber den Verfechtern des Alten muß ein Offizierkorps erstehen, das es in seinen besten Vertretern auch wirklich als oberstes Gesetz der

Tradition der Armee betrachtet, an der Spitze des Fortschritts zu marschieren.

Das Problem einer militärischen Reform faßt Scharnhorst damit von einer ganz anderen Seite als die Stürmer und Dränger an. Ihre Reformwünsche setzten sich auf Grund eines Idealschemas von einem neuen Heere weitgehend nur mit der Stellung des künftigen Soldaten innerhalb einer freiheitlichen Heeresverfassung und einer entsprechenden freieren Fechtweise auseinander. Der Offizier wird nur insoweit in die Erörterungen einbezogen, als er für die Verbesserung der Stellung des Soldaten wesentlich erscheint. Hier sieht man einerseits das Problem viel zu eng. Die Frage Tirailleurkampf oder Lineartaktik ist nur *ein* Problem im Rahmen des neuen Kriegsbildes. Andererseits sind derartige Forderungen von bürgerlichen Ressentiments bestimmt. Man betrachtet das „gequälte Subjekt" im einzelnen Soldaten und versucht, ihm zu helfen.

Demgegenüber fragt Scharnhorst: Was nützt es, wenn der Soldat von seinem Offizier besser behandelt wird und in Zukunft mild angefaßte Soldaten die Kasernenhöfe zieren, der Offizier aber die einfachsten Grundsätze der modernen Strategie und Taktik nicht beherrscht und neben dem Staat auch seine aufgeklärten Soldaten ins Verderben führt? Was nützt es, darüber zu streiten, von welchem Geiste ein künftiges Heer beseelt sein müsse, wenn man sich mit dem Schwergewicht des jetzigen täglich in der Praxis auseinandersetzen muß? Hier liegt der Ansatzpunkt für die Reform. Alle Reformvorschläge müssen in ihrem Wert und ihrer Brauchbarkeit daraufhin geprüft werden, was sie hier zu leisten vermögen und nicht, wie sie sich in das Idealschema eines neuen Heeres einfügen lassen.

In der gegenwärtigen Lage ist es entscheidend, daß das Offizierkorps gute militärische Vorlesungen hört, dazu die notwendigen Instruktionen zur höheren Truppenführung erhält, die dem modernen Kriegsbild angemessen sind, und ihm damit tiefere Einsichten in die Kriegführung vermittelt werden, als „jeder gute erfahrene Unteroffizier" besitzt[117]. Damit wird dem Offizier das Verständnis für die zwingende Notwendigkeit von Reformen aus dem Geiste des neuen Kriegsbilds aufgehen, das ihm jetzt völlig fehlt. Erhebt man auf solche Weise den

117 *Scharnhorst*, Sollte es nicht einer Armee von wesentlichem Nutzen seyn, wenn den Offizieren der oberen Klassen ein Unterricht in der Kriegskunst mitgetheilt würde, welcher die später entdeckten und tieferliegenden Grundsätze und Regeln derselben enthielte? 1800, Acta, Heeresarchiv Potsdam, Nachlaß Scharnhorst B. Nr. 29, Bl. 5.

Offizier zum „denkenden Offizier", dann wird er darüber hinaus aus eigener Initiative zum Träger des Fortschritts im Heere werden und von selbst überall die Ansatzpunkte finden, von wo er die alte Heeresanstalt mit neuem Geiste zu durchdringen vermag. Man erreicht auf indirektem Wege ohne viel Aufhebens, was auf direktem unüberwindliche Schwierigkeiten bereiten muß: Der Staat erhält ein Offizierkorps, das dem Gegner im Ernstfall gewachsen ist. Der Geist eines solchen Offizierkorps wirkt sich auf das gesamte Heer aus. Die richtige menschenwürdige Behandlung des einfachen Soldaten ergibt sich dann von selbst. Nicht aus der Einsicht, daß man den Humanitätsidealen zuliebe so verfahren müsse, sondern aus einem viel tieferen und wirksameren Beweggrund, aus dem Geist der neuen Kriegführung. Muß doch der Offizier in Zukunft, um seiner militärischen Aufgabe gerecht werden zu können und seine Soldaten von dem Sinn und der Bedeutung ihres militärischen Handelns zu überzeugen, diese als „denkende Menschen" ansprechen. Der Soldat kann dann nicht mehr lediglich „Exercier- und Schießmaschine", der Kampf selbst kein formales Exerzieren mit scharfer Munition sein. Das Zwangs- und Drillsystem tritt gegenüber einer hier erforderlichen anders gearteten Ausbildung automatisch zurück. Das bisher zur „Dressierung" des Soldaten als unvermeidlich betrachtete Prügelsystem wird unnötig. Obwohl der Ansatzpunkt ein anderer ist, werden im Grunde die drängenden Fragen der Zeit organisch im Rahmen der neuen militärischen Aufgabe des Offiziers mitgelöst.

Das Problem der Umerziehung des Offizierkorps beschäftigt Scharnhorst, seitdem er die ersten Gedanken um die Reform des stehenden Heeres hegt. Alle seine theoretischen Ausführungen gipfeln in der Frage: Können derartige Reformvorschläge mit dem vorhandenen Offizierkorps verwirklicht werden? Was muß geschehen, um es dazu fähig zu machen? Die ersten Grundsteine werden in der Zeit seines hannöverschen Dienstes gelegt. Große Möglichkeiten eröffnet die Lehrtätigkeit auf der Akademie für junge Offiziere nach seinem Übertritt in preußische Dienste, sowie seine Stellung als Quartiermeisterleutnant und Bearbeiter des westlichen Kriegstheaters im Generalstab. Aber auch, nachdem er die höchsten Stufen im preußischen Heer erklommen hat und „an der Spitze des preußischen Kriegsstaates" steht, ist die Erziehung und Schulung des Offizierkorps sein besonderes ständiges Anliegen. Es zieht sich wie ein roter Faden durch seine gesamte Tätigkeit und tritt in immer neuen Formen in Erscheinung.

Für die Umschulung des Offizierkorps boten sich innerhalb der bisherigen Heeresverfassung Anknüpfungspunkte. Friedrich der Große hatte zur wissenschaftlichen Unterbauung des Kriegshandwerks Militärschulen errichtet, deren wichtigste die Berliner Schule war. In anderen Ländern bestanden ähnliche Einrichtungen. Zwar erstreckte sich deren Lehraufgabe weitgehend nur auf die rein technische Seite der Kriegskunst, den Lager=, Stellungs= und Festungsbau, die Kunst, Befestigungen zu sprengen, sowie auf die Lösung ähnlicher praktischer Aufgaben, die eine gewisse theoretische Vorbildung verlangten[118]. Dieses Lehrprogramm ließ sich erweitern, neben der rein technischen konnte man die strategische Seite der Kriegskunst einbeziehen, geeignete Lehrer an die Stelle der bisherigen setzen und nach und nach die bestehenden Schulen so umgestalten, daß sie für die neuen Zwecke brauchbar wurden. An dem Beispiel der Berliner Schule zeigte Scharnhorst, was auf solche Weise zu erreichen war[119]. Entscheidend war es, daß Scharnhorst, der soeben erst aus hannöverschen Diensten kam, das Vertrauen des Königs fand und ihm die Möglichkeit gegeben wurde, die Erziehung des Offizierkorps in die Hand zu nehmen. Dies geschah durch seine Ernennung zum Gehilfen des Inspekteurs der Schulen, des durch seine vielfachen anderen Ämter stark überlasteten Generalleutnants *von Geusau*[120]. Nunmehr war Scharnhorst in der Lage, seine Pläne zu verwirklichen.

Seine Position war dabei außerordentlich günstig. Er brauchte nicht wie die Stürmer und Dränger von außen gegen das alte Heeressystem anzurennen und begegnete nicht von vornherein Mißtrauen und Opposition. Er saß innerhalb des Apparates in einer Schlüsselstellung, die ihm die Legitimation gab, Pläne über die Schulung des Offizierkorps vorzulegen. Man erwartete sie sogar von ihm auf Grund dieser Stellung. Seine Vorschläge ließen sich diskutieren[121]. Niemand konnte ver=

---

[118] *Thielcke, J. G.*, Eigenschaften und Pflichten eines Soldaten zur Prüfung derer, die es sind und derer, die in diesen Stand treten wollen, 1773, S. 45.

[119] Auf Scharnhorsts „Vorschlag zur Erweiterung des Unterrichts" wurde aus der Berliner Schule eine „Lehranstalt für junge Infanterie= und Kavallerie=Offiziere in den militärischen Wissenschaften" (Cabinettsbefehl an den Minister Schulenburg vom 6. Okt. 1801) und endlich die Akademie für die Heranbildung von Generalstabsoffizieren geschaffen. Vgl. *Scharnhorst*, Verfassung und Lehreinrichtung der Akademie für junge Offiziere und des Instituts für die berlinische Inspektion 1805, abgedruckt bei *Klippel*, Scharnhorst, III, S. 237.

[120] Cabinettsbefehl vom 5. September 1801.

[121] Vgl. dazu *Phulls* Stellungnahme zur „wissenschaftlichen Bildung des Offiziers", Acta, Heeresarchiv Potsdam, Nachlaß Scharnhorst B. Nr. 29, S. 136.

hindern, daß das Offizierkorps besser geschult wurde oder eine tiefere Kenntnis von der höheren Truppenführung erhielt. Dies lag in der allgemeinen Linie des Fortschritts und der Vervollkommnung. Scharnhorst vermochte sich dabei auf beste friderizianische Tradition zu berufen.

Das gleiche gilt für die praktische Durchführung des Unterrichts. Wenn Scharnhorst vor den Offizieren Pläne für die künftige Kriegführung entwirft, so wird dies nicht von vornherein als anrüchig empfunden. Er entspricht dem Wesen der Revuetaktik, ständig neue Figuren auszuklügeln und entsprechende Aufstellungen vorzuschlagen. Scharnhorst braucht nur an diese Tradition anzuknüpfen und kann, ohne auf größeren Widerstand zu stoßen, neben einem *Venturini* und *Grawert*, einem *Massenbach* und *Phull* seine eigenen taktischen Ideen entwickeln. Entscheidend war dabei immer nur, daß die Zentralfigur in diesem Spiel, das alte preußische Heer, äußerlich unangetastet blieb.

In überlegener Form bedient sich Scharnhorst der Kunst der Menschenbehandlung und der Menschenführung. Er besitzt in ausgesprochener Weise typenbildende Kraft. Im kleinsten Kreise beginnt er. Drei oder vier Männer, die sich ernsthaft um das Schicksal von Staat und Heer Gedanken machen, bedeuten für ihn ein wichtiges Kraftzentrum, zehn Männer dieser Art stellen bereits eine wirkliche Macht dar. Sie können vereint und in ihren Bestrebungen aufeinander abgestimmt ein ganzes Gebäude zum Einsturz bringen. Er ist eigentlich ständig auf der Suche, um „Männer mit Einsicht" zu finden, die dann „sich erheben, wenn der Staat in Not ist".

Auch hierbei finden wir ein bestimmtes System. Am Anfang steht die illusionslose Inventur dessen, was vorhanden und was noch brauchbar ist. Die bisherige maßgebliche Führerschicht, verkörpert in der hohen Generalität, scheidet praktisch aus. Sie kann nicht mehr geistig neu ausgerichtet werden. Sie vermag nur dadurch, daß ihr fähige Ratgeber erstehen, mittelbar den Nutzen aus der Umschulung des Offizierkorps zu ziehen. Die mittlere Führerschicht, ganz in der alten Zeit groß geworden, stellt in ihrer Masse einen Kreis dar, der neuen Ideen gegenüber besonders schwer zu bewegen und anzusprechen ist. Sie in ihrer Gesamtheit umzuschulen, fehlen die Voraussetzungen, aber sie birgt viele aufgeschlossene und dazu charakterlich einwandfreie Köpfe, die man dringend benötigt. Diese gilt es ausfindig zu machen und vor Aufgaben zu stellen. An der Aufgabe scheiden sich die Geister. Neben der mittleren Führerschicht ist das Hauptgewicht auf den Führernachwuchs, die jungen Fähnriche und Leutnante, zu legen. Hier gilt es, junge Männer mit guten geistigen und charakterlichen Anlagen auszusuchen und sie in einer geeigneten Form auf ihre künftigen Aufgaben vorzubereiten. Die Maßstäbe, die Scharnhorst bei der charakterlichen Bewertung eines Mannes zugrunde legte, hat Clausewitz in die folgenden Sätze zusammengefaßt:

> „Wer feil um Geld diente, war ihm verhaßt; wem äußerliche Ehre die Hauptsache war, der blieb ihm wenigstens fremd; wer ohne alles Streben träg dem Schlendrian folgte, war ihm verächtlich. Menschen aber, die irgendeinem edlen Zweck mit Aufopferung nachgingen, wurden ihm, welcher Art sie sonst sein mochten, augenblicklich lieb und achtungswert. Eine große Wirksamkeit, nicht um des Geldes oder der Ehre, sondern um ihrer selbst willen, aus Geistesbedürfnis lieben, war ihm der Stempel des Mannes." [122]

Solchen Männern kam er bei aller sonstigen Zurückhaltung mit letzter Offenheit entgegen und gewann ihre Herzen. Sie bildeten eine unorganisierte, treue Gefolgschaft, mit deren Unterstützung es ihm gelang, auf so verschiedenen Ebenen fechtend, seine Ideen durchzusetzen.

1. *Die Abneigung des Offizierkorps gegen jede Fortbildung*

Das neue Element, dessen sich Scharnhorst bei der Umschulung des Offizierkorps bedient, ist die Bildung. Das adlige Offizierkorps war in seinem Wesen zutiefst bildungsfeindlich. Es stand auf dem Boden eines handwerklichen Kriegertums, dessen Routine von Generation zu Generation durch den Drill vererbt wurde und dessen Führerqualitäten blutsmäßig bedingt waren.

„Man hat immer bemerkt", so erklärt Scharnhorst,

> „daß die meisten Familien ihre unfähigsten Söhne zu Offizieren bestimmten, man hat eine Menge Offiziere gesehen, welche unfähig zu den Verrichtungen eines Offiziers waren; man hat Offiziere gesehen, welche weder Schreiben noch Rechnen konnten, und was das übelste von allem ist, man hat allgemein wahrgenommen, daß die meisten jungen Leute, sobald sie Offiziere wurden, gleich aufhörten, sich zu applicieren und sich dagegen dem Müßiggange und oft der Libertinage ergaben" [123].

---

[122] *Clausewitz,* Ueber das Leben und den Charakter von Scharnhorst, a. a. O., S. 202.

[123] *Scharnhorst,* Über die Bildung der Offiziere und Unteroffiziere, Acta, Heeresarchiv Potsdam, Nachlaß Scharnhorst, B 2. Aus der hannöverschen Dienstzeit stammend.

Neben dem Drill und der Vermittlung von technischem Wissen in der „école militaire" hatte Friedrich der Große persönlich einem Teil ausgesuchter Generale und Offiziere eine besondere Unterweisung in den eigentlichen taktischen und strategischen Aufgaben ständig zuteil werden lassen, jedenfalls so lange, als er zu fechten gezwungen war. Diese vom König gegebenen Instruktionen wurden als strenges Geheimnis gehütet, herrschte doch die Auffassung, daß in ihnen die Rezepte für den Sieg enthalten seien.

Die Schichtung im Offizierkorps Friedrichs läßt sich demgemäß folgendermaßen kennzeichnen:

Die große Masse der Offiziere ist vom Haudegen-Ideal beherrscht. Ihr Führertum beruht auf der Substanz adligen Herrentums. Ihre technischen Kenntnisse sind untergeordneter Natur. Sie beschränken sich auf Drill und Exerzierkünste. Daneben stehen: Die kleine Schicht derjenigen, die von Friedrich dem Großen in der höheren Truppenführung besonders unterrichtet werden, sowie diejenigen Offiziere, die aus einem gewissen inneren Drang heraus ihre militärischen und sonstigen Kenntnisse auf eigene Faust erweitern. Von Friedrich dem Großen werden letztere gern gesehen, weniger von der Masse ihrer Kameraden. Diese empfindet die gebildeten Offiziere als Außenseiter, die sich zudem in ihrer Anschauungswelt dem Geist des Bürgertums bedenklich nähern. Gegen den gebildeten Offizier wird die These verfochten: Bildung verweichlicht, Bildung führt ab von der eigentlichen militärischen Bestimmung [124]. Im Kriege „jammere er über die Ströme Menschenblut, die vergossen werden sollen, im Frieden gebreche ihm jene grausame Strenge" [125], die man nach wie vor für die Grundlage jeder militärischen Subordination halten und ohne die man ein Heer niemals zum Vorgehen gegen den Feind bewegen könne. Man preist daher die Zeit, in der die Offiziere

> „keine andere Glückseligkeit als exerziren kannten, ihren Beruf als ein Handwerk trieben und dann schon für gelehrt gehalten wurden, wenn sie lesen, schreiben und rechnen konnten" [126].

Mit dem Tode Friedrichs des Großen fehlt der überragende militärische Führer, dessen Autorität man sich in allen Fragen der Kriegskunst voller Vertrauen unterordnen konnte, aber auch der Lehrmeister, der seinen Generalen die Grundsätze der höheren Kriegführung lebendig

---

124 Vgl. die typischen Ausführungen des Majors der Kavallerie *von Brenkenhoff*, Paradoxa größtenteils militärischen Inhalts, 1. Aufl., 1780.
125 *Brenkenhoff*, Paradoxa, a. a. O., S. 22.
126 Ebenda.

vermittelt hatte. Diese waren zwar der Zeit, in der er wirkte, angemessen gewesen, veralteten aber von Jahr zu Jahr mehr. Niemand ist da, der die Grundsätze der höheren Kriegführung nach ihrem neuesten Stand hätte lehren können. Friedrich der Große hatte größten Wert auf eine überlegene Exerzierkunst gelegt, weil er sie als Voraussetzung für eine entsprechende taktische Überlegenheit in der höheren Schlachtenführung betrachtete. Diese Exerzierkunst wird nunmehr um ihrer selbst willen von den Nachlaßverwaltern des Königs gepflegt und zur artistischen Vollendung gesteigert. Die Manövrierkunst, ehemals Voraussetzung für die Durchführung der operativen Aufgaben der Strategie, wird zum Selbstzweck. Der eigentliche Sinn der Unterweisung der Generale durch den König, nämlich Heerführer und Feldherren heranzubilden, geht damit verloren. Der einzelne Offizier bringt den größten Teil seines Lebens

> „mit dem ordinären Dienst, der Exercise, den mechanischen Manoeuvern, der oeconomischen Verwaltung der ihm anvertrauten Compagnien, Bataillons usw. hin, und allein hiernach beurtheilt man ihn. Selbst sein Avancement und militärische Ehre hängt nur hiervon ab. Denn daß sich seine Unkunde in den Kriegsvorfällen durch die Herbst- und sonstigen Manoeuvres offenbare, ist ein so seltener Fall, daß man nicht auf ihn rechnen kann. Er kommandiert nie abgesondert, er befolgt eine ihm vorgeschriebene Disposition“ [127].

Über der Masse der Offiziere, die sich so in der handwerklichen Routine des Exerzierdrills erschöpft, steht keine Schicht mehr, die diesen Drill sinnvoll einzuordnen weiß. Allmählich gelangen zudem diese Exerziermeister auf dem Wege über das Avancement nach dem Dienstalter in die höheren Führerstellen. Auf solche Weise wird der Drill zum eigentlichen Inhalt der höheren Kriegsführung, der „Pedantismus“ auch hier zum entscheidenden Wert.

Auf Grund dieser Situation kann Scharnhorst die Feststellung treffen:

> „Wir haben eine Vollkommenheit in der Kunst, Bewegungen mit Ordnung zu machen, erreicht, die vielleicht nicht übertroffen wird ... Unvollständig sind dagegen unsere Felddienst-Reglements ..., die meisten Armeen haben gerade über die wichtigsten Teile der Tactik, über den mechanischen Teil der Marschdispositionen, über die Schlachtordnungen, über die Fechtarten der verschiedenen Waffen u.s.w. keine Instruktionen ...“ [128]

---

[127] *Scharnhorst*, Über die Bildung der Offiziere usw., a. a. O.

[128] *Scharnhorst*, Sollte es nicht einer Armee von wesentlichem Nutzen seyn, wenn den Offizieren der oberen Klassen ein Unterricht in der Kriegskunst mitgeteilt würde, a. a. O., Bl. 5.

Der Mangel an solchen Instruktionen verursacht, das wußte Scharnhorst aus eigener Erfahrung,

> „daß im Felde die meisten Offiziere sobald sie Etwas kommandieren, nicht wissen, was sie zu thun haben. Sie sehen den Garnisondienst und die Exercieze als ihre wesentlichste und vielleicht auch als ihre gänzliche Bestimmung an. Sie hatten keinen Leitfaden unter der Menge von den ... größten Theils zum Unterricht sehr unzweckmäßigen Schriften über die Kriegskunst. Die meisten lasen überdem nie, wenn sie nicht Dienst und Pflicht zwang" [129].

Insgesamt hält Scharnhorst die militärische Erziehung in allen Armeen seiner Zeit für „so schlecht, daß durch sie in Rücksicht des Felddienstes nicht die Befehlshaber, sondern nur die unteren Klassen und insbesondere die Soldaten und Unteroffiziere gebildet werden" [130]. Nur wenn man sich über diese Situation im klaren ist, wird es verständlich, welch revolutionären Schritt Scharnhorst tut, wenn er eine systematische Umschulung des Offizierkorps anstrebt mit dem Ziel, den Exerzier- und Drillmeister-Typ zurückzudrängen und eine neue Offiziersgeneration heranzubilden, die wirkliche taktische und strategische Kenntnisse besitzt.

2. *Die Bildung als revolutionäres Element im Heer*

Die wirklichen Vorbehalte, die das Offizierkorps gegenüber allen Forderungen nach Bildung hegte, beruhten im Wesen und der Substanz des adligen Offiziers. Dies zeigte sich bereits in der Reaktion auf die Forderungen der Aufklärung. Der aus dem Landadel stammende Offizier braucht die Bildung nicht, die ihm die Aufklärung schulmäßig vermitteln will, damit er seine Untergebenen richtig behandeln lerne und nicht wie

> „der Aufseher einer Koppel Jagdhunde, die zu bestimmter Stunde Fressen und Prügel bekommen, ohne daß man sich weiter auf mündliche Erörterung einläßt" [131].

mit ihnen umgehe.

Er glaubt nach wie vor auf Grund seiner angeborenen Führerstellung mit den ihm unterstellten Soldaten ebenso fertig zu werden wie auf

---

129 Ebenda, Bl. 6.

130 *Scharnhorst*, Ursachen des Glücks der Franzosen in den Revolutionskriegen und insbesondere in dem Feldzug von 1794, a. a. O., S. 223.

131 *Prinz de Ligne*, Militairische Vorurtheile und Fantasien, aus dem Französischen übersetzt, 1797, S. 87.

dem Gutshof mit seinen Leibeigenen. Die Technik des Führens und herrschaftlichen Gebietens wird traditionell und natürlich ohne viel intellektuellen Aufwand vom Vater auf den Sohn übertragen. Er muß nicht erst zum Menschenkenner künstlich erzogen werden. Wer zur Lösung dieser Aufgaben von seiten des Adels zu den von der Aufklärung gebotenen Mitteln greifen muß, zeigt, daß er nicht mehr Träger der adligen Substanz ist und sich dem bürgerlichen Offizier gleichstellt, der gerade, weil er diese Substanz nicht besitzt, des von der Aufklärung gebotenen künstlichen Mittels der Bildung bedarf. Die vermittels der Bildung anerzogene Form der Menschenführung kann kein Ersatz für die Art sein, wie der Adel sie auf Grund seiner natürlichen Führerstellung handhabt. Das ist die Meinung der Zunft.

Darüber hinaus war die Bildung politisch anrüchig geworden. Alle neuen politischen und militärischen Ideen suchten ihren Eingang ins Heer auf dem Wege über die Bildung. Mochte es sich um die Abschaffung des Prügelsystems, die „Veredelung des Soldaten" oder die Erzeugung von Enthusiasmus im Heer handeln, stets wurde als Voraussetzung die Forderung erhoben, zunächst gebildete Offiziere zu schaffen[132]. Hinter dem Ruf nach dem gebildeten Offizier verbirgt sich die Kritik an der Güte der geltenden Heeresverfassung, die Forderung nach einem neuen Geist, neuen Formen und Inhalten. Der Offizier fühlt deutlich die politische Spitze, die gegen das System, das ihn trägt, gerichtet ist. Seit der Französischen Revolution gilt die Bildung als Vorstufe für den Umsturz.

Ernsthaft war das Bildungsproblem bisher, wenn man von der rein technisch-handwerksmäßigen Fortbildung des Offiziers absehen will, nie angefaßt worden. Insbesondere wurde die Forderung nach einer aufgeklärten Bildung nur äußerlich an den Offizier herangetragen. Er konnte sie sich zu eigen machen, sein Verhalten danach richten und wie der preußische Oberst *von Scholten*, der „mit dem eifrigsten, unermüdlichsten Bestreben an der Bildung und Vervollkommnung" seiner Offiziere arbeitete[133], die Genugtuung haben, in fortschrittlich gesinnten Kreisen mit dem Prädikat eines aufgeklärten Offiziers ausgezeichnet zu werden. Aber er brauchte dies nicht.

---

[132] Vgl. dazu *Höhn*, Revolution, Heer, Kriegsbild, a. a. O., S. 90 ff., 416 ff., 424 ff.

[133] *Ihn, J. C.*, Patriotischer Versuch über die Bildung eines würdigen Officiers, 1791, S. 102; *Scholten*, Was muß ein Officier wissen, wenn er die Pflichten seines Standes erfüllen und mit Recht Beförderung erlangen will, 1782.

Wirklich revolutionierend in das Gefüge der bisherigen Heeresord=nung griff erst Scharnhorst ein, indem er die Bildung als Grundlage für das Avancement in der Armee sehen wollte. Nun hatte Scharn=horsts Forderung nach Bildung des Offizierkorps nichts mit jener Bil=dung und ihren Problemen zu tun, um die sich bisher die Debatte bewegte. Scharnhorst benutzt die Bildung nicht dazu, um den Offizier menschlich zu veredeln, sondern zur Beseitigung seines mangelhaften Könnens. Er will auf diesem Wege den Offizier zum wirklichen taktischen Führer auf Grund der neuzeitlichen Erkenntnisse und Erfahrungen machen, wobei sich alle übrigen zeitbewegenden Fragen gleichzeitig von selbst lösen[134]. Um dies durchzusetzen, verlangt Scharnhorst: In Zukunft sollen die Offiziere nicht mehr automatisch befördert werden, wenn sie in der vorgeschriebenen Form ihren Dienst eine ge=wisse Zeit versehen haben. Insbesondere dürfen „die Fähnrichs=Cornets= und Seconde=Lieutenants=Stellen kein Recht auf weiteres Avancement geben". Jeder Fähnrich, Cornet und Seconde=Lieutenant kann erst dann zum Leutnant in Vorschlag gebracht werden, wenn er durch eine Kom=mission „examiert" worden ist und „die nötigen Kenntnisse und Eigenschaften gezeigt" hat[135]. Unmöglich soll es auf diese Weise wer=den, daß man später höhere Offiziersstellen mit Männern besetzt, die völlig „unwissend und roh" über die reinen Anfangsgründe formalen Exerzierens nicht hinausgekommen sind, die daher oft „nicht im Stande sind, den Dienst eines Unteroffiziers zu verrichten", obwohl es zu ihren Pflichten zählt, höhere Führungsaufgaben zu übernehmen. Scharnhorst hofft, daß die neue „Art der Avancements bey manchem die Ambition beleben" wird,

> „ohne die doch immer der Offizier militärisch betrachtet ein Körper ohne Geist ist".

Gleichzeitig hofft er auch, auf diese Weise einem anderen Übel einen Riegel vorschieben zu können, der Besetzung der Offiziersstellen „nach Konnexion" und „Verwandtschaftshilfe", gegen die er sich immer wie=der in scharfen Worten wendet[136].

In der Verbindung von Bildung und Avancement liegt der entschei=dende Vorstoß gegen das Führungsmonopol des adligen Offizierkorps. Die bisher als selbstverständlich betrachtete Führerqualität adligen

---

[134] Vgl. Seite 106 ff.

[135] *Scharnhorst*, Über die Bildung der Offiziere und Unteroffiziere, a. a. O.

[136] Vgl. S. 97 dieses Buches. Dazu *Scharnhorst*, Handbuch der Artillerie, Bd. I, Kap. 3, Einleitung.

Herrentums wird damit erstmalig ernsthaft in Frage gestellt. Das Bildungsproblem des Offiziers wird von der Substanz seines militärischen Wissens und Könnens aufgerollt. Adliges Führertum allein ohne ein qualifiziertes militärisches Wissen wird als für den Staat bedrohlich betrachtet. Bürgerliche Maßstäbe, insbesondere das „Examen", müssen in Zukunft im Offizierkorps angelegt werden, um festzustellen, inwieweit die bisher als selbstverständlich angenommene Führerqualität des adligen Offiziers für die modernen Bedürfnisse ausreicht. Dadurch sprengt Scharnhorst die Einheit des Standes und unterstützt den Einbruch der bürgerlichen Welt ins Heer. Was soll aber mit denjenigen Offizieren adligen Standes geschehen, denen bei mangelnder Bildung ihre Führerqualität abzusprechen ist? Stehen sie nicht diffamiert vor ihren Standesgenossen? Ist dies mit der Geschlossenheit des „Esprit de Corps" vereinbar? Wann wird der Augenblick kommen, in dem die Bildung den Adel verdrängt?
Es war verständlich, daß sich unter diesen Gesichtspunkten ein heftiger Kampf gegen das Examen als Grundlage für das Avancement im Heer erhob und man dieses als „gegen den Geist der Armee" verstoßend und den Offizier in seiner Ehre und Würde verletzend betrachtete. Kennzeichnend erklärt noch im Jahre 1805 der Generaladjutant des Königs: „Die dabei Zurückgesetzten könnten sich mit Recht in ihrer Ehre gekränkt fühlen." [137]

3. *Die Erziehung des Offiziersnachwuchses*

a. Scharnhorsts Grundsätze

Bei der Erziehung des Nachwuchses kommt es darauf an, dem jungen Offizier von vornherein im neuen Geiste entgegenzutreten und ihm „richtige Begriffe von dem, was er dereinst verrichten" muß, zu vermitteln. Hier darf nicht wieder mit Kompromissen begonnen werden, wenn man nicht völlige Verwirrung anrichten will. Seine für die Erziehung des Nachwuchses grundlegenden Gedanken legt Scharnhorst in einer Reihe von lapidaren Sätzen nieder. Sie besitzen heute noch dieselbe Geltung wie vor 150 Jahren und sind richtunggebend für das Offizierkorps der gesamten zivilisierten Welt geworden. In bezeichnender Weise

---

[137] Mitgeteilt von *Valentini,* Acta, Heeresarchiv Potsdam, Nachlaß Valentini, Bd. I, S. 231.

verbindet er diese Grundsätze mit einer pädagogisch geschickten Methode, um ihnen ihre Umsetzung in die Praxis zu sichern. Scharnhorst weiß, daß

> „von der Methode des Unterrichts der Erfolg desselben ebenso sehr abhängt, als von der Geschicklichkeit der Lehrer und den Fähigkeiten und Fleiß der Schüler. Man muß daher hierauf eine besondere Aufmerksamkeit verwenden" [138].

Der neue Lehrstoff wird daher durch eine neue Lehrmethode ergänzt. Nach dieser Methode soll in Zukunft an den Kriegsschulen vorgegangen werden. Die Hauptgrundsätze sind die folgenden:

1. Oberstes Bildungsziel für den jungen Fähnrich und Leutnant ist die „Anleitung zum Selbstdenken" [139] und die systematische Entwicklung des eignen Urteils.

„Denkende Offiziere" erziehen heißt, einen Nachwuchs heranbilden, der die sklavische Nachahmung der bisherigen Pedanterie überwindet und sieht, daß dem Drill nur eine bedingte und begrenzte Aufgabe im Heer zukommt. „Denkender Offizier" sein bedeutet, eine kritische Einstellung gegenüber allen militärischen Dogmen zu besitzen, ebenso kritisch sich aber auch gegenüber neuen militärischen Ideologien zu verhalten und sie auf ihre praktische Brauchbarkeit zu prüfen.

2. Praktisch entscheidend ist, daß in den jungen Offizieren von vornherein die Fähigkeit entwickelt wird, das theoretisch Erkannte im Felde anzuwenden.

> „Aller Unterricht in der Kriegskunst bleibt denen, welche nicht im Kriege gedient haben, oder im Kriege keine Gelegenheit gehabt haben, sich richtige Ideen von den Operationen einer Armee zu machen, dunkel, wenn sie nicht durch Beispiele auf dem Felde sehen, wie die auf dem Papier erklärten Sätze und Lehren angewendet werden können." [140]

Im Felde muß auch die Urteilskraft im jungen Offizier geweckt werden. Hier hat er zu lernen, daß die Kenntnis allgemeiner Regeln nicht

---

[138] *Scharnhorst,* Plan einer Lehranstalt für die Junker und jungen Offiziere der Infanterie und Cavalerie-Regimenter, nebst einer Instruktion für die Lehrer derselben, 1802, Acta, Heeresarchiv Potsdam, Nachlaß v. Geusau, Nr. 16, Bl. 8, Bl. 5.

[139] *Scharnhorst,* Promemoria: Die Notwendigkeit einer Instruction für den Unterricht der Junker und jungen Officiere bei den Infanterie- und Cavalerie-Regimentern betreffend, Acta, Heeresarchiv, 1802, Potsdam, Nachlaß v. Geusau, Nr. 16, Bl. 4.

[140] *Scharnhorst,* Plan einer Lehranstalt, a. a. O., Bl. 8.

genügt, daß es vielmehr entscheidend auf ihre Anwendung unter den besonderen Umständen ankommt. Andernfalls erhält der Offizier bloße „Begriffe"[141], mit denen er keine Vorstellungen zu verbinden vermag. Immer wieder bekämpft Scharnhorst die abstrakten Klugheits=regeln. Zweifellos sind die meisten der strategischen Grundsätze leicht zu verstehen, aber wie schwer ist es, sie durchzuführen! Stets haben sie nur Wert unter ganz bestimmten Bedingungen und bei Berücksichti=gung der besonderen Umstände. Der Offizier muß letztere kennen, um zu sehen, welche Regeln er überhaupt verwenden kann.

> „Wenn der Offizier nicht weiß, wie und wo er die allgemeinen Grundsätze und Regeln anwenden kann und sein Auge nicht ans Terrain gewöhnt; wenn er nicht nach den besonderen Umständen sich zu richten im Stande ist — wenn es ihm hier an Übung in Be=urtheilungen fehlt — was hilft ihm dann alles? Jeder weiß die Vor=theile des Überflügelns; aber wie wenige wissen, wie und wo es ausgeführt werden kann."[142]

Mit der Forderung nach der Verbindung des Unterrichts in der Kriegs=kunst mit der praktischen Erfahrung im Felddienst wendet sich Scharn=horst gleichzeitig gegen eine kriegsfremde Ausbildung, insbesondere gegen ein lediglich auf dem Kasernenhof geübtes und erzogenes Sol=datentum. Er wünscht dem Offizier das Leben unter Feldverhältnissen zu vermitteln, sein Denken und seine Fähigkeiten darauf abzustellen.

---

141 *Scharnhorst,* Über den Nutzen und die Etablierung einer Militärschule für die jungen Offiziere überhaupt, insbesondere die von der Artillerie, Acta, Heeresarchiv Potsdam, Nachlaß Scharnhorst, B 17, Bl. 31. Diese Ab=handlung stammt aus Scharnhorsts Dienstzeit in Hannover. Die entschei=denden Grundsätze, die Scharnhorst in seinem „Plan" und dem „Pro=memoria" vorsieht, sind hier bereits festgelegt. Sie bietet daher eine gute Ergänzung zu Scharnhorsts in diesen Abhandlungen niedergelegten Ge=danken über die Schulung des Nachwuchses. Vgl. im übrigen noch die für Scharnhorsts Grundeinstellung kennzeichnenden Sätze:

> „Ohne Beurtheilung ist dem Officier alles Wissen von keinem Nutzen, indem er nie nach einer gewissen Regel, sondern nach den beson=deren Umständen seine Maßregeln nehmen muß. Ohne Bildung der Beurtheilungskraft und Uebung in der Entwerfung und Ausführung militärischer Vorfälle auf dem Felde bekäme der Officier wohl Be=griffe, aber er wüßte sie nicht anzuwenden, er gewöhnte nicht sein Auge ans Terrain, er erlernte nicht die besonderen Umstände in Betracht zu ziehen — und würde nicht zu der Ausrichtung brauchbar. In der Kriegskunst ist es schwerer, die Verhaltungsmaßregeln anzu=wenden, als sie aus der Natur der Sache abzuleiten."

142 Ebenda, Bl. 30.

3. Jede einseitige Ausbildung ist zu vermeiden. Der junge Offizier muß von vornherein sein Augenmerk auf das Zusammenspiel der verschiedenen Waffengattungen im Kampf zu richten lernen, sowie einen Überblick über die Grundsätze und die Technik der „großen Operation" gewinnen. Auf dieser Grundlage soll dann die weitere Ausbildung in der höheren Truppenführung erfolgen.

4. Der junge Offizier ist von allem Ballast, der seine Gedanken auf Bahnen führt, die ihn von den großen sachlichen Aufgaben ablenkt, zu befreien. Es gilt daher „die Erfahrung mit der Theorie zu verbinden" und

> „aus der Menge von Materialien, welche sich zu dem militärischen Unterricht darbieten, diejenigen zu wählen, welche dem Offizier sowohl in Rücksicht der wissenschaftlichen Bildung auf die Zukunft als der Anwendung des Erlernten am nützlichsten sein können" [143].

Mathematik, Ingenieurkenntnisse und Geographie dürfen in Zukunft nicht mehr nebeneinander in der Weise vorgetragen werden, als ob die jungen Offiziere Mathematik zu ihrem Hauptstudium gemacht hätten und sich für das Ingenieurfach oder für ein Studium der Geographie vorbereiten wollten. Insbesondere hat die Mathematik, die bisher als die Grundlage des taktischen Unterrichts betrachtet wurde, nur insofern noch Berechtigung, als sie ein „bleibendes Gefühl für die logische Folgerichtigkeit und mathematische Strenge in den Schlüssen erzeugt" [144]. Dagegen ist sie abzulehnen, soweit sie im Sinne des alten Systems sich zum Tyrannen der Taktik im Felde aufschwingt. Damit wird die Mathematik von ihrer bisherigen beherrschenden Stellung entthront und so eine der Säulen aus dem überkommenen Gebäude der Kriegskunst herausgebrochen. Aber auch die Kriegswissenschaften selbst sollen nicht in allen Einzelheiten dargestellt werden. Man sucht vielmehr „aus der großen Masse des Stoffes nur das heraus, was eine besondere Beziehung auf die Ausrichtung und Bildung des Offizieres überhaupt hat und läßt das Detail weg".
Für die Methode des künftigen Unterrichts gelten folgende Hauptgrundsätze:

---

143 *Scharnhorst,* Promemoria, Bl. 1.

144 *Scharnhorst,* Plan einer Lehranstalt, Bl. 4. Insoweit wird allerdings auf die Mathematik auch weiterhin Wert gelegt. So sind nach Scharnhorsts „Immediatbericht über den Zustand der Kriegsschule zu Berlin am Schlusse des ersten Jahres 1811" in der „niederen oder ersten Klasse" 312 Stunden auf die Mathematik verwandt worden. Abgedruckt bei *Friedländer,* Die Königliche Allgemeine Kriegsschule und das höhere Militairbildungswesen, 1854, S. 299.

a) „Man muß mehr auf die Gründlichkeit als auf die Menge des Erlernten sehen."

> „Es ist bey jeder Lehranstalt eine Hauptsache, nicht zu viel zu lehren, aber dahin zu sehen, daß die Schüler dasjenige, was sie lernen, auch mit Fertigkeit anzuwenden verstehen." [145]

b) Dem Schüler sollen keine fertigen Ergebnisse vorgetragen werden, er ist anzuleiten,

> „durch seine eigene Betrachtung das herauszubringen, wozu er sonst sein Gedächtnis beschweren müßte".

c) „Es muß nur das gelehrt werden, was jeder Junker oder junger Offizier von gewöhnlichen Fähigkeiten zu begreifen im Stande ist." [146]
d) Der Vortrag des Lehrers ist „historisch" einzurichten, das heißt er soll vom Beispiel ausgehen[147]. Der Lehrer soll „nichts oder doch sehr wenig in Regeln vortragen", die Regeln müssen gewissermaßen von selbst abfallen. Entscheidend ist, daß man dem jungen Offizier die Sache so zeigt, „wie sie ist" und ihm klarmacht,

> „daß fast alle Verhaltungsmaßregeln und Anordnungen von dem Local und hundert anderen Umständen abhängen und daher nur unter gewissen Bedingungen stattfinden" [148].

Trägt man Regeln vor, denen immer der Charakter der Unfehlbarkeit anhaftet,

> „so gewöhnet man die Schüler, halbwahre Sätze als wahre zu behandeln, und benimmt ihnen das Gefühl für logische Wahrheit und Genauigkeit" [149].

Man verleitet sie überdies zu glauben, daß sie alles wissen. Anstatt dem jungen Offizier Regeln über die Belagerungskunst beizubringen, ist es zweckdienlicher, ihm eine Belagerung selbst vor Augen zu führen. Keine „idealistischen Zeichnungen", sondern nur „das Bild der Trancheen" kann dem Offizier etwas nützen.
Mit dieser Unterrichtsmethode will Scharnhorst verhindern, daß der militärische Positivismus auf dem Wege über den Unterricht neue Nahrung erhält, so daß der Offizier sich daran gewöhnt, an die „Unfehlbarkeit der Regeln" zu glauben. Dem jungen Offizier sollen keine Rezepte vermittelt werden, deren Wirkung er blindlings vertraut. Er muß vielmehr um die Zusammensetzung des Rezepts wissen und im

---

145 Ebenda, Bl. 2.
146 Ebenda, Bl. 3.
147 Ebenda, Bl. 5.
148 Ebenda, Bl. 5.
149 Ebenda, Bl. 6.

Ernstfalle das für ihn Passende herausfinden können. Er muß die Regel in ihrem Wesen kennen und dabei lernen, daß das Leben alle Regeln immer wieder schlägt. Ein „bescheidener Vortrag", in dem zum Ausdruck kommt, wo die Grenzen der Theorie liegen, ist deshalb nirgends wichtiger als „bei dem Unterricht für junge Officiere".

Die allgemeinen Richtlinien für die Schulung des Offiziers und die Methode der Durchführung verschmelzen zu einem Ganzen und bringen die neue Orientierung des Offizierkorps in der Armee zum Ausdruck. Eine junge Generation, ohne Vorurteile, auf die Praxis ausgerichtet, im selbständigen Denken geschult, mit der großen Konzeption der Führung von Armeen ebenso vertraut wie mit den Einzelheiten des praktischen Felddienstes, soll das Reservoir bieten, aus dem die Armee ihren Nachwuchs an brauchbaren Offizieren der mittleren und oberen Chargen künftig erhält.

Den Widerständen, die sich gegen eine solche Ausrichtung des Führernachwuchses erheben werden, sucht Scharnhorst auf seine Art zu begegnen. Bei der Aufstellung des Lehrplanes vermeidet er es peinlich, sich in Diskussionen über die Unbrauchbarkeit der bisherigen Erziehung und die Güte seiner eigenen Vorschläge einzulassen oder gar den König zu zwingen, sich für einen der beiden im Grunde völlig verschiedenen Wege zu entscheiden. Er hütet sich auch hier wieder davor, alles zu verlangen und sich damit die Möglichkeit zu nehmen, auch nur einen Teil des Erstrebten durchsetzen zu können. Scharnhorst sieht daher auch die Lehrfächer des traditionellen Unterrichts in seinem Plane vor. So bestimmt er, daß zur Erlernung der Elementarkenntnisse in der Taktik die alten Evolutionen gelehrt werden sollen, er will sie aber nur als historische Vorstufe für die moderne Taktik betrachtet wissen. Er empfiehlt Tempelhoffs „Geometrie für Soldaten und die es nicht sind", aber nur für die Lehrer. Wer von der alten Schule Scharnhorsts Studienplan liest, muß den traditionellen Lehrstoff hier irgendwie verankert finden, wenn der Plan für ihn überhaupt Wert und Gewicht haben soll[150]. Dem trägt Scharnhorst Rechnung. Er läßt das Alte formal bestehen, schiebt es aber in den historischen Teil des Unterrichts ab. Es erhält im Lehrplan noch einen Ehrenplatz, kann aber insbesondere durch die Bestimmung dessen, was und in welcher Form geprüft werden soll[151], keinen Schaden mehr anrichten und ist

150 Zum Vergleich kennzeichnend *Phulls* Ausarbeitung und sein Studienplan, in Acta, Heeresarchiv Potsdam, Nachlaß Geusau, Stück 16.

151 Vgl. dazu die „Ausarbeitungen derjenigen Offiziere, welche den mili-

praktisch ohne Bedeutung. Scharnhorsts Wertmaßstäbe führen dazu, daß die Schüler selbständig zur Einsicht des Richtigen und Zeitgemäßen gelangen. Diese indirekte Methode sichert Scharnhorst, davon ist er überzeugt, im Endergebnis den Erfolg.

b. Scharnhorsts Appell an die jungen Offiziere

Darüber hinaus versucht Scharnhorst, die jungen Offiziere innerlich zu gewinnen und sie von der Richtigkeit seines Weges mit rein praktischen Argumenten zu überzeugen. Scharnhorst weiß, wie schwer es für sie ist,

> „eine vollkommene Überzeugung vom Nutzen der Kriegs-Wissenschaften zu erhalten, solange man weder die Wissenschaft in ihrem ganzen Umfange, noch die Anwendung derselben kennt“ [152].

Er macht ihnen deshalb klar, wie viel besser sie es dereinst haben werden, wenn sie seine Ratschläge befolgen, in der Jugend etwas lernen und sich systematisch weiterbilden, als wenn sie diese Jahre ungenutzt vorübergehen lassen. Sie haben ganz andere Chancen zu avancieren. Sie erheben sich über den subalternen Offizier. Ihr Wissen macht ihren Beruf erst interessant. Sie können vor allem in der richtigen Weise die praktischen Erfahrungen, die sie in den Feldzügen gemacht haben, auswerten. Der Sinn der großen Zusammenhänge geht ihnen auf. In der Jugend wohl vorbereitet, vermögen sie mit innerer Beruhigung nach Beförderung zu streben, denn sie sind gänzlich gefeit gegen die „Unannehmlichkeiten“, die einen hohen Offizier treffen, der einen wichtigen Posten innehat, dem aber die innere Vorbereitung dazu fehlt. Scharnhorst weist sie auf die traurige Position hin, in der sich jetzt die höheren Offiziere befinden, denen es an einem ihrer Verantwortung entsprechenden Wissen mangelt. Hilflos stehen sie schwierigen Situationen gegenüber, weil sie nie darin geübt worden sind, sie zu meistern. Er versichert den jungen Offizieren, daß sie

> „wenn sie sich gründliche Kenntnisse erworben haben, dereinst in den höheren Posten sich in einer besseren Lage befinden (werden) als die, denen es hieran fehlt“ [153].

---

tärischen Vorlesungen in Berlin beigewohnt haben“, 1802, Acta, Heeresarchiv Potsdam, Altes Kriegsarchiv, Kap. 45, Nr. 75.

[152] *Scharnhorst*, Um das Studium der Kriegswissenschaft, Acta, Heeresarchiv Potsdam, Nachlaß Scharnhorst B 17.

[153] *Scharnhorst*, Ueber das Studium der Kriegskunst, Acta, Heeresarchiv Potsdam, Nachlaß Scharnhorst, B 17, Bl. 22.

Scharnhorsts Appell erfolgt gleichzeitig unter politisch=taktischen Gesichtspunkten. Noch ist die Art der Ausbildung, wie sie Scharnhorst für notwendig hält, wenn der Offizier künftig den an ihn gestellten Aufgaben gerecht werden soll, nicht obligatorisch, insbesondere nicht wesentlich für das Avancement. Das Interesse von Staat und Heer erfordert jedoch, daß die jungen Offiziere nicht abwarten, sondern sofort beginnen und freiwillig das tun, was ihnen dereinst zur Pflicht gemacht werden wird. Dazu will sie Scharnhorst, indem er ihnen mit beredten Worten die Erfolge, die man mit der neuen Form der Ausbildung erringen kann, schildert, anreizen und „verführen". Aber er versucht es nicht nur mit Verlockungen, sondern auch mit der Erregung von Angst und Besorgnis. Er malt die Gefahren aus, denen ein Offizier ausgesetzt ist, der allein durch Anciennität und Protektion zu den verantwortungsvollsten Posten gelangt ist, denen er seiner Vorbildung nach gar nicht gewachsen sein kann. Er wird als Regimentskommandeur und kommandierender General sich aufs höchste blamieren und seine Ehre verlieren. Er spielt jedoch nicht nur mit seinem Ruf, er spielt auch mit seinem Kopf. Bitter wird er dereinst die „Vernachlässigung" seiner Vorbereitung zu solchen Kommandos während seiner Dienstzeit als „subalterner Offizier" bereuen, aber dann ist es zu spät. Die Gelegenheiten, die sich ihm in der Jugend bieten, sind einmalig. Dabei läßt Scharnhorst keinen Zweifel darüber aufkommen, daß es keinen Weg zurück gibt. Die Zeit, in der man Kriege mit geringem Wissen führen konnte, ist vorbei. Die Anforderungen werden immer größer. „Die besondere Lage der Kunst erfordert ein neues Studium, eine neue Anstrengung der besten Köpfe." [154] Je eher, desto besser ist es, mit der ernsten Vorbereitung zu beginnen und mutig da voranzuschreiten, wo es kein Ausweichen mehr gibt. Dringende Vorstellungen erhebt Scharnhorst beim Inspekteur der Schulen, dem Generalleutnant von Geusau, daß

> „S. Majestät der König den Regimentern zur Pflicht macht, ebenso sehr für die Bildung der Offiziere als für die Exercie und Discipline zu sorgen" [155].

---

[154] *Scharnhorst*, Ohne Bildung der Offiziere in der Kriegführung kann der Staat keine gute Anführung von seinen Armeen erwarten, Acta, Heeresarchiv Potsdam, Nachlaß Scharnhorst, B 17, Bl. 69.

[155] *Scharnhorst* an den Generalleutnant *von Geusau* vom 10. August 1802, Acta, Heeresarchiv Potsdam, Nachlaß Geusau, Nr. 16.

4. Scharnhorsts pädagogisches Programm für die Schulung der mittleren Chargen

Die neue Art Schulung des Nachwuchses kann sich erst in einer Reihe von Jahren auswirken, wenn die Fähnriche und jungen Offiziere in die höheren Stellen eingerückt sind, die reinen Exerziermeister verdrängt haben und hier den Geist verbreiten, den Scharnhorst im Offizierkorps sehen will. Deshalb muß man auf die mittleren Chargen, die alten Haudegen, Handwerker und Praktiker des Exerzierdrills, „hauptsächlich sein Augenmerk richten". Sie gilt es umzuschulen, um die Kluft, die zwischen einer zweckmäßigen Ausbildung des Führernachwuchses und dem Können der mittleren Offiziersschicht besteht, einigermaßen zu überbrücken. Dringend nötig erscheint dies auch im Hinblick auf einen jederzeit möglichen Kriegsausbruch. In welche Gefahren kann die unzulängliche Ausbildung des mittleren Offizierkorps den Staat bringen! Wie rasch „geht es im Kriege mit dem Avancement"! Nicht selten „commandiren Offiziere in niedrigen Graden die Posten, die höheren gehören, weil die krank, verwundet, gefangen oder sonst angestellt sind"[156]. Was hier geschehen muß, ist vorgezeichnet: Es gilt möglichst schnell den völligen Mangel taktischer und operativer Kenntnisse bei den Offizieren der mittleren Chargen zu beseitigen, die kaum die Elementartaktik beherrschen. Es gilt, sie von der rein mechanischen Auffassung ihres Dienstes zu lösen, sie zum Nachdenken zu veranlassen und so die Voraussetzungen für ihre weitere Ausbildung zu schaffen. Die Schwierigkeiten bei der Schulung dieser „bejahrten Offiziere" liegen auf ganz anderem Gebiet. Sie sind in die Jahre gekommen, in denen man nicht mehr gerne lernt, auch keine „ununterbrochene Anstrengung des Geistes (mehr) erwarten kann" und man sich ungern „trockenen theoretischen Arbeiten" unterwirft. Für diese Offiziere ist eigentlich „die Zeit für die Anwendung der schon erlangten Kenntnisse und für die weitere Ausbildung derselben" bereits angebrochen[157]. Anstatt zu ernten, sollen sie nun wieder von vorn anfangen, genau so lernen wie die jungen Oberleutnante und Hauptleute. Dazu halten sie ihr „täglicher Dienst, Schwächlichkeit des Körpers, häusliche und viele andere Hindernisse" ab, die neuen Bahnen zu betreten. Sie irgendwie zu zwingen, hat wenig Sinn. Bei der all=

---

[156] *Scharnhorst*, Um das Studium der Kriegswissenschaft, a. a. O., Bl. 23.

[157] *Scharnhorst*, Ohne Bildung der Offiziere in der Kriegskunst kann der Staat keine gute Führung von seinen Armeen erwarten, a. a. O., § 12.

gemeinen Ablehnung der Bildung und dem Vorurteil gegenüber jeder Art von Bildung würde man sie nur zu einer einheitlichen Opposition veranlassen und damit das Ziel gefährden.
Ihnen gegenüber heißt es deshalb besonders geschickt zu verfahren. Scharnhorst entwickelt daher ein pädagogisches Programm für ihre Behandlung, um sie freiwillig dahin zu bringen, wozu die Macht des bloßen Befehls nicht reichen würde. Scharnhorst geht dabei von der Überzeugung aus, „daß die meisten Menschen nur durch unsichtbare Hebel auf der Sandbank ihrer Vorurtheile flott gemacht werden können" [158] und trägt dem im einzelnen Rechnung. Vor allem darf man die „bejahrten Offiziere" nicht merken lassen, daß man ihnen systematische „Vorlesungen über die Kriegskunst, die Operationen der Armeen und über die Geschichte des Krieges" halten will, obwohl sie deren gerade „am meisten bedürfen", da mancher von ihnen „nichts mehr von dem Feldkriege weiß als jeder gute und erfahrene Unteroffizier" [159].
Sie sind daher einzuladen, um die „Geschichte einiger der instruktivsten Feldzüge" anzuhören. Dabei sollen ihnen

> „die Grundsätze der Krieges=Kunst gelegentlich gleichsam unvermerkt vorgetragen" [160]

werden. Jeder Eindruck der Schulmeisterei ist zu vermeiden. Sie sollen keinesfalls das Gefühl erhalten, wieder zurück auf die Schulbank geführt zu werden, und als alte erfahrene Praktiker, die sowieso jede theoretische Belehrung als unnütz betrachten und sich darüber erhaben dünken, erneut lernen zu müssen. Der Gedanke, eine „eigentliche wissenschaftliche Vorlesung zu besuchen, wäre ihnen (schon) anstößig". Unter keinen Umständen darf daher der Verdacht aufkommen, daß es sich hier um einen „gewöhnlichen Unterricht" handelt. Deshalb ist der Unterricht in die Form einer Vortragsreihe einzukleiden. Darüber hinaus wird er noch mit gewissen anziehenden Mitteln versehen: Alle Vorträge werden als etwas Besonderes dargestellt, an denen teilzunehmen ein Vorzug für höhere Offiziere ist, eine Auszeichnung, die den Offizieren höheren Ranges als Recht zusteht, während andere davon ausgeschlos=

---

158 *Clausewitz*, Ueber das Leben und den Charakter von Scharnhorst a. a. O., S. 204.
159 *Scharnhorst*, Ueber den Nutzen für die Armee, daß den Offizieren ein Unterricht in der Kriegskunst mitgeteilt wurde, a. a. O., Bl. 6.
160 *Scharnhorst*, Ohne Bildung der Offiziere in der Kriegskunst kann der Staat keine gute Anführung von seinen Armeen erwarten, a. a. O., § 12.

sen sind. Dies hat für manche Offiziere „etwas Einladendes und zeigt an, daß hier von keinem gewöhnlichen Unterricht die Rede ist".
Wie aber will man die Regelmäßigkeit der Besuche erzwingen, ohne die diese Vorträge ihren Zweck verfehlen? Das ist, so gesteht Scharnhorst selbst, „allerdings die größte Kunst". Wiederum gilt es hier, in einer auf die Denkart dieser Offiziere genau berechneten Form vorzugehen, insbesondere ihre „Neugier oder Ehrgeiz" zu reizen. Man gibt den Vorträgen einen gewissen offiziellen Charakter durch den gelegentlichen Besuch eines „Generals von hohem Range", dem man auch „die Inspektion über dieselben überträgt". Oder man verleiht den Vorträgen „ein Ansehen von Wichtigkeit", indem man „aus der königlichen Plan-Kammer diejenigen Karten und Pläne" ausleiht, „welche zur Erläuterung der Feldzüge, über welche gelesen wird, dienen könnten"[161]. Dazu legt man eine Besucherliste auf, aus der am Ende ein Verzeichnis derjenigen Zuhörer, die die Vorlesungen unausgesetzt besucht haben, dem König übergeben wird. Die Offiziere selbst sind so zu behandeln, als ob man mit ihnen als Fachleuten der Kunst interessante Fragen erörtern wolle, zu der sie ihr sachverständiges Urteil abzugeben gebeten werden. Tatsächlich kommt es jedoch darauf an, sie so zu unterrichten, daß sie die einfachsten Grundlagen und primitivsten Voraussetzungen der Strategie und Taktik beherrschen lernen. Dazu sind wiederum eine Reihe von wichtigen Dingen zu beachten. Die Vorlesungen „dürfen nie über eine Stunde dauern, nie tiefer ins Detail und in das Innere des Gegenstandes dringen, als es die Fassung der Zuhörer zuläßt". Die Beispiele sollen die entscheidende Rolle spielen. Alle komplizierten Fälle sind zu vermeiden, Einzelheiten sollen vor der Herausarbeitung der wesentlichen taktischen und strategischen Prinzipien zurücktreten, strittige Probleme sind nicht anzuschneiden und nur solche Fragen zu stellen, auf die man eine eindeutige Antwort geben kann. Dem mündlichen Vortrag muß man „durch sinnliche Darstellungen zu Hilfe kommen"[162].

---

161 Ebenda.

162 Hierzu gehören

„1. sehr große und sehr stark gezeichnete Karten von dem Kriegstheater. 2. nach einem großen Maßstabe entworfene Pläne von Schlachten, Belagerungen und Positionen. 3. große Zeichnungen der vorkommenden Evolutionen der Truppen, deutlich und einem gewissen Maßstabe gemäß dargestellt. 4. Ein Auditorium, in dem die Zuhörer die aufgehangenen großen Pläne von ihren Sitzen übersehen und die Situation, die Stellung der Truppen usw. unterscheiden können.

Im ganzen darf die Vorlesung nicht zu viel geistige Anstrengung erfordern, damit die Offiziere nicht durch Übermüdung die Lust an einer weiteren geistigen Arbeit verlieren. Scharnhorsts ganze Sorge gilt dabei dem Lehrer, von dessen „Geschicklichkeit und Beurtheilung, Fleiße und Achtung in der Armee" alles abhängt[163].

Und der Erfolg? Das Maximum, das man mit diesen Vorlesungen erreichen kann, ist „eine allgemeine Verbreitung der höheren Teile der Taktik und des Feldkrieges". Die geistig beweglichen unter den bejahrten Offizieren, vor allem die Stabsoffiziere, die Offiziere des Ingenieurkorps und die Lehrer der Kriegsschulen, werden angeregt und sehen ihr Spezialfach unter neuen Gesichtspunkten und größeren Zusammenhängen. Die neue Art kriegsgeschichtlicher Betrachtung, die diesen Vorlesungen zugrunde liegt, kann einen wirklichen geistigen Aufbruch im Offizierkorps hervorrufen. Ist doch die Methode, kriegswissenschaftliche Erkenntnisse aus den Erfahrungen der letzten Kriege zu ziehen und damit eine „auf Erfahrung gebaute Theorie" zu gewinnen[164], für die damalige Zeit etwas völlig Neuartiges. Sie muß auf jeden aufgeschlossenen Geist faszinierend wirken, ihn aufs tiefste beunruhigen, wird ihn dazu zwingen, Stellung zu nehmen und seine eigene Stellungnahme mit der anderer zu überprüfen. „Freundschaftliche Dispute, wechselseitige Mitteilungen, nähere Überlegungen der aufgestellten Erfahrungssätze, Untersuchung ihrer Widersprüche" werden weiter befruchtend wirken.

Zu den aufgeschlossenen Geistern, die in dieser Form gepackt werden könnten, gehören natürlich, insbesondere bei der Infanterie und Kavallerie — darüber ist sich Scharnhorst klar — nur wenige. Sie werden allerdings für die Mühe, die sie sich gemacht haben, eine „hinlängliche Belohnung erhalten", werden „dereinst zu Offizieren vom Generalstab, zu Kommandeuren, Chefs, Befehlshabern der Detachements und Korps und Armeen kommen und da dem Staat wichtige Dienste leisten".

Aber auch für die große, schwer bewegliche, geistig träge Masse der

---

Je umständlicher, deutlicher und zweckmäßiger diese und andere Zeichnungen gemacht sind, um desto unterrichtender und nützlicher wird auch die Vorlesung seyn."

163 Ebenda, § 4.

164 *Scharnhorst*, Wie man den jungen Offizier überhaupt, insbesondere aber den von der Artillerie und Infanterie durch einen wissenschaftlichen Unterricht und durch Arbeiten auf dem Felde so bilden kann, daß er gleich in Campagne die Dienste eines erfahrenen zu verrichten im Stande ist, Acta, Heeresarchiv Potsdam, Nachlaß Scharnhorst, B 17, Bl. 48.

bejahrten Offiziere wäre ein solcher Unterricht nicht vergeblich. Selbst wenn sie nichts lernten, würden sie doch den Eindruck bekommen, daß „gewisse Regeln und Grundsätze der Krieges=Kunst zur Führung der Armeen, Corps und Detachements unentbehrlich sind und daß sie dieselben nicht kennen. — Dies wird sie entweder zum Nachdenken und zum ernstlichen Studium veranlassen oder doch von der Noth=wendigkeit überzeugen, daß sie, ohne einsichtsvollere Gehülfen zu consultieren, ihre und die Ehre der Truppen compromittiren“ [165]. Und das wäre schon ein ungeheurer Gewinn.

5. *Die Auswirkung der Umschulung auf die hohe Generalität*

a. Die Unmöglichkeit der geistigen Neuausrichtung der Generalität

Man vermag den Führernachwuchs (die Junker und jungen Leutnante) zu schulen, stößt mit dem gleichen Beginnen auf größte Schwierig=keiten bei der mittleren Führerschicht, die nur mit viel Vorsicht und Rücksichtnahme auf ihre Mentalität überwunden werden können, un=möglich erscheint es jedoch Scharnhorst, auch nur den Gedanken in Erwägung zu ziehen, die hohe Generalität und damit die Spitze der Armee geistig umzuformen. Soweit diese Generalität noch, wie in Preußen, durch die Schule Friedrichs des Großen gegangen war, besaß sie einen gewissen Sinn für die Notwendigkeit einer höheren militärischen Ausbildung. Sie war stolz darauf, die ihrige unmittelbar durch den König empfangen zu haben. Die Brauchbarkeit des so vermittelten Wissens war zwar durch die Weiterentwicklung von Strategie und Taktik seit der Französischen Revolution höchst fragwürdig geworden. Doch dünkte sich die hohe Generalität schon auf Grund der Weihe, mit der die persönliche Unter=weisung durch den König verbunden war, erhaben über alles das, was eine moderne Schulung ihr beibringen könnte. In dieser erblickten die Generale nur einen kümmerlichen Ersatz für die Lehren, die Friedrich der Große ihnen erteilt hatte und die sich eindeutig in den Feldzügen des Siebenjährigen Krieges bewährt hätten. Sie glaubten daher, auch weiterhin mit ihren Kenntnissen auf der Höhe der Kriegskunst zu stehen, obwohl sie von den höheren taktischen und strategischen Zu=sammenhängen der modernen Kriegführung tatsächlich nichts wußten.

---

[165] *Scharnhorst*, Ohne Bildung der Offiziere in der Kriegskunst kann der Staat keine gute Anführung von seinen Armeen erwarten, a. a. O., § 4.

Männer wie den Generalfeldmarschall *von Moellendorff*, den *Herzog von Braunschweig* oder den Generalleutnant *von Rüchel* konnte Scharnhorst nicht umschulen. Wie wollte er ihnen beibringen, daß „der erste Unterricht des Königs an seine Generale den Bedürfnissen und dem Zustand der Kriegskunst damahliger Zeiten angemessen gewesen seyn (mochte), jetzt es aber nicht mehr (sei)" [166]. Ebenso vermochte er sie nicht davon zu überzeugen, daß der Große König

> „nach dem 7jährigen Krieg weder Geistes=Ruhe noch Zeit noch Auf=trieb gehabt hätte, sich die Kunst in ihrer (zum Theil durch ihn) veränderten Gestalt wieder von neuem in allen Verhältnissen dar=zustellen und daraus Resultate und Lehren zu ziehen" [167].

Völlig anders steht den Bestrebungen Scharnhorsts ein zweiter Kreis der Generalität gegenüber, der den Typ der reinen Exerzier=meister verkörpert. Sie sind bereits aus der mittleren Führerschicht, die in nichts anderem als in Pedanterie und Drill ausgebildet war, in die Spitzenstellungen eingerückt. Sie verhalten sich eindeutig ablehnend und müssen dies auch tun. Würden sie doch mit der Anerkennung der Notwendigkeit einer grundlegenden militärischen Neuausbildung ihre jetzige eigene Unfähigkeit zugeben und sich selbst den Boden unter=graben, auf dem sie stehen. Sie bringen für die Ablehnung der Bil=dung die alten Argumente, wenn sie erklären, daß

> „die Offiziere, welche sich den Studien widmen, welche vorzüglich Kenntnisse erworben haben, keine guten Soldaten sind, sich nicht der Subordination unterwerfen u.s.w." [168].

Die wahren Gründe für ihr Verhalten hat Scharnhorst in die treffen=den Worte gefaßt:

> „Es ist natürlich, daß die höheren unwissenden Offiziere gegen eine bessere Bildung eingenommen sind, daß sie den Werth des Offiziers nach der Erfahrung beurtheilt haben wollen — nur hierdurch können sie ihrem Stolz nur einigermaßen schmeicheln." [169]

Praktisch kommt es Scharnhorst darauf an, diejenige Gruppe der Generale, die ihre höhere Ausbildung noch von Friedrich dem Großen erhalten hatte, für den Gedanken der Schulung des Offizierkorps über=

---

[166] *Scharnhorst*, Sollte es nicht einer Armee von wesentlichem Nutzen seyn, wenn den Offizieren der obern Klassen ein Unterricht in der Kriegskunst mitgeteilt würde? A. a. O.

[167] Ebenda.

[168] *Scharnhorst*, Ohne Bildung der Offiziere in der Kriegskunst kann der Staat keine gute Anführung von seinen Armeen erwarten, a. a. O., § 12.

[169] Ebenda, § 12.

haupt zu gewinnen, auch wenn sie diese für sich selbst ablehnt. Auf ihre Mentalität geht Scharnhorst ein. Er gesteht ihnen zu, daß die Generale aus Friedrichs des Großen Schule keiner Weiterbildung mehr bedürfen, im übrigen aber richtet er an sie die Gewissensfrage: Was soll werden,

> „wenn die Zöglinge Friedrich des 2ten aus dem 7jährigen Kriege nicht mehr da sind?"

und gibt darauf selbst die Antwort:

> „Wir können diesem Übel nur durch die Bildung unserer Offiziere entgegenarbeiten." [170]

Hätte Scharnhorst den „Schülern des 7jährigen Krieges" klarzumachen versucht, daß sie eigentlich wieder auf die Schulbank gehörten, so wäre dies, abgesehen von der Nutzlosigkeit eines solchen Unternehmens, für sein Vorhaben sehr gefährlich gewesen. Er hätte damit eine Einheitsfront der Generale gegen die Bildung überhaupt herbeigeführt und seine eignen Pläne, auch soweit sie die Schulung des Nachwuchses betrafen, in Frage gestellt. Gelang es ihm dagegen, mit Hilfe eines Teiles der Generalität die Schulung der unteren und mittleren Führerschicht durchzusetzen, dann sah er mit den Jahren die Saat reifen und eine Gruppe von wohlausgebildeten Männern in die höheren Stellen der Stabsoffiziere und Korpskommandeure einrücken, wo sie auf Grund ihrer neuartigen taktischen und operativen Schulung den Ausgleich für das mangelnde Wissen der hohen Generalität herbeiführen konnten. Scharnhorst nimmt die ahnungslosen Generale in der höheren Führung in Kauf, benutzt sie jedoch dazu, um seine Pläne zu fördern. Er kann sie nicht selbst umerziehen, im Ergebnis soll ihnen aber die Schulung des Nachwuchses wie die der bejahrten Offiziere zugute kommen.

b. Die Heranbildung von Generalsgehilfen in einem besonderen Institut

Je klarer sich Scharnhorst darüber ist, daß er den Geist der hohen Generalität nicht zu wandeln vermag, um so mehr macht er sich Gedanken darüber, wie er möglichst rasch eine brauchbare Mittelschicht von Gehilfen heranbilden könne. Er ist im Gegensatz zur herrschenden Ansicht, wie sie in Preußen etwa durch den Major *von Brenkenhoff* verkörpert wird, nicht der Meinung, daß „einige denkende Köpfe" an der Spitze der Armee genügen, im übrigen es ausreicht, daß die

---

170 *Scharnhorst* an den Generalleutnant von Geusau, 16. August 1802, Acta, Heeresarchiv Potsdam, Nachlaß Geusau, Nr. 16.

andern „bloß maschinenmäßig handeln"[171]. Das mag zutreffen, wenn, wie in Preußen, an der Spitze des Staates ein überragender Feldherr und Staatsmann vom Format Friedrichs des Großen steht. Aber selbst bei ihm sieht man deutlich das Bestreben, sich die entsprechenden Gehilfen heranzuziehen. In einer Situation aber, in der ein solcher Feldherr und Staatsmann fehlt, sich also die gesamten politischen Voraussetzungen geändert haben, müssen auch weitgehende militärische Folgerungen daraus gezogen werden. Aus diesen Erwägungen erklärt Scharnhorst:

> „Wenige einzelne Männer können den Staat nicht sichern." Dieser kann sich erst dann eine gute Führung seiner Armee versprechen, „wenn er eine große Menge gebildeter Männer in dieser Klasse hat"[172].

Scharnhorst verweist auf den Kreis fähiger Generale, die die Franzosen hervorgebracht haben: Einen Carnot, Garçon, Berthier, Dumouriez, Pichegru, Moreau und nicht zuletzt einen Bonaparte. In welcher Lage wäre Deutschland heute, so fragt er, wenn das Wiener Kabinett und der hohe Kriegsrat solche Männer aufzuweisen gehabt hätten? Es wäre kein Frieden zu Basel mit den darauf folgenden weiteren Demütigungen zustande gekommen! Um in künftigen Kriegen bestehen zu können, bedarf es eines Reservoirs von Männern, die in militärischen Führungsaufgaben geschult sind, „Männern mit Einsicht", wie sie Scharnhorst nennt, die dann „sich erheben, wenn der Staat in Not ist"[173]. Zu ihnen zählt Scharnhorst insbesondere diejenigen „Offiziere von mittleren Jahren", die den gewaltigen Aufbruch der Zeit in seinen militärischen Konsequenzen begriffen haben und davon auf das tiefste innerlich beunruhigt sind, in sich gehen und den brennenden Wunsch hegen, sich vorzubereiten, sich besonders mit den Aufgaben der höheren Truppenführung zu beschäftigen, um in der Stunde der Gefahr bereit zu sein. Solche Persönlichkeiten zieht Scharnhorst heraus, nimmt sich ihrer mit Vorbedacht an, verwendet seine ganze Liebe und Zeit auf sie, um sie in ihrem Wissen und Charakter zu formen. Sie besitzen durch die bisherige Schulung[174] „schon einige Kenntnisse der Kriegeswissenschaften".

> „ohne die doch immer der Offizier militärisch betrachtet ein Körper ohne Geist ist".

---

[171] *Brenkenhoff*, Paradoxa größtenteils militärischen Inhalts, a. a. O., S. 27.
[172] *Scharnhorst*, Ohne Bildung der Offiziere in der Kriegskunst kann der Staat keine gute Anführung von seinen Armeen erwarten, a. a. O.
[173] Ebenda.
[174] Vgl. S. 124 ff. dieses Buches.

Ihnen soll „in kurzer Zeit ein Unterricht in den höheren Theilen der Taktik (der eigentlichen Kriegs=Kunst oder den Feldoperationen)" erteilt werden. In Verbindung mit eigenem Studium und ständiger angespannter Arbeit hofft Scharnhorst, sie dahin bringen zu können, daß sie binnen kurzem im Stande sind, „im Felde als Offiziere vom Generalstabe, als Rathgeber bei den Befehlshabern der Brigaden und Divisionen u.s.w. mit ihren Kenntnissen und ihrer Geschicklichkeit wichtige Dienste zu leisten"[175].

Die sachliche Ausbildung dieser Offiziere stellt nur einen höheren Grad der Unterweisungen dar, die der Nachwuchs und die älteren Offiziere erhalten. Entscheidend ist, daß diesmal der feste Rahmen eines Instituts mit genauem Lehrbetrieb gewählt wird. Scharnhorst kann das wagen, da die Teilnahme dieser Offiziere auf Freiwilligkeit beruht und er nicht mit den Widerständen, die sonst jedem schulmäßigen Betrieb in diesen Kreisen entgegenstehen, zu rechnen braucht. Mit großer Liebe legt Scharnhorst dar, wie diesen Männern, in die er so große Hoffnungen setzt, der Unterricht erteilt werden muß. Auch ihnen sind nicht nur Vorträge zu halten, sondern viel wesentlicher ist es, sie

> „zum Nachdenken, zum Studium, zu eigenen Untersuchungen zu reizen, (ihre) Beurtheilung zu wecken und zu bilden, worauf doch am Ende alles ankommt"[176].

Auch sie sind, obwohl man ihren guten Willen voraussetzt, psychologisch geschickt zu behandeln. Jede Schulmeisterei ist verpönt, Belehrung mit Zartgefühl und unbegrenztem Wohlwollen verbunden, garantiert allein den Erfolg. Wie der Lehrer vorzugehen hat, legt Scharnhorst im einzelnen genau fest. Diese Anweisungen enthalten, ebenso wie die für die Erziehung des Nachwuchses, pädagogische Grundsätze von weit über den militärischen Bereich hinausreichender Bedeutung:

> „Der Lehrer macht über den Aufsatz, indem er denselben für sich durchgeht, schriftlich ganz kurze Bemerkungen und fügt am Ende eine allgemeine Beurteilung desselben hinzu. Er merkt sich die wesentlichsten Fehler, welche in allen Aufsätzen vorkommen und geht sie in einer Vorlesung umständlich, ohne den zu nennen, der sie gemacht hat, durch. Er berichtet die falschen Gesichtspunkte und entwickelt die Grundsätze und die Anwendung derselben aus der Natur der Sache. Hierauf gibt er eine eigne Ausarbeitung und zergliedert sie, indem er die Gründe seiner Verfahrensart auseinandersetzt. Da er jedoch bei den obigen summarischen Bemerkungen die

---

[175] Ebenda.

[176] Ebenda.

Sache öfter nicht erschöpft, besonders die Forderung in Hinsicht auf das Ganze der zu bearbeitenden Materie nicht anschaulich genug gemacht werden kann, so zensirt er einige der besten Ausarbeitungen öffentlich, ohne zu sagen, von wem sie sind, geht auch hier die Fehler im Ganzen und Einzelnen durch und bemerkt dagegen das Zweckmäßige und Eigentümliche: Alles mit der möglichsten Delikatesse (Zartgefühl), wie sich dies von selbst versteht."

Wesentlich ist es für Scharnhorst, die freiwillige Teilnahme der Offiziere stets zu erhalten und ihnen „Antriebsmittel zum Arbeiten" zu geben. Wiederum wird der König eingeschaltet, „dem ein jährlicher Bericht über die Fortschritte, welche jeder in dem Studium gemacht hat", vorgelegt werden soll. Ihre Leistungen sind mit Noten zu beurteilen, um „ihre Ambition zu reizen". Klein soll der Anfang sein, nur 10 Offiziere sollen einen Sommer lang geschult werden, nach ein bis zwei Jahren 20 bis 30 derartige Männer nachrücken und auch neue Institute gegründet werden. Groß jedoch sind die Erfolge, die sich Scharnhorst von diesem Vorgehen verspricht.

„Sind die erwähnten Institute zu dem Unterricht in der Kriegskunst erst auf einen bleibenden Fuß etabliert, so ist es unmöglich, daß die jetzige Unwissenheit in derselben noch lange fortdauern und auch hernach wieder eintreten kann. Dann ist zu hoffen, daß Männer an die Spitze der Armeen und Corps kommen, welche durch die Feldzüge eines Turenne und Montecuculi, Luxemburg, Graf von Sachsen, Friedrichs des 2ten und Herzogs Ferdinand gebildet, dieselben auf eine Art führen, welche der Nation nicht zur Schande gereicht." [177]

Eine besonders wesentliche Lücke in der Ausbildung glaubt Scharnhorst mit diesem Unterricht noch schließen zu können. Das Heer besitzt zwar ein Exerzier-Reglement, in dem genauestens die „unbedeutendsten Dinge auf eine gleichförmige Art bestimmt sind". Es fehlt ihm jedoch, wie wir bereits sahen[178], an entsprechenden Instruktionen für die höhere Truppenführung. Sobald die Offiziere eigene Entschlüsse fassen und größere Operationen durchführen sollen, „wissen sie nicht, was sie zu thun haben"[179]. Diese Instruktionen, hofft Scharnhorst, werden sich im Laufe des Unterrichts von selbst ergeben. Wenn er auf die Praxis ausgerichtet sein will, muß er diesem dringend notwendigen Erfordernis Rechnung tragen.

---

177 Ebenda, § 12.

178 Vgl. S. 112 f. dieses Buches.

179 *Scharnhorst,* Sollte es nicht einer Armee von wesentlichem Nutzen seyn, wenn den Offizieren der oberen Klassen ein Unterricht in der Kriegskunst mitgeteilt würde, a. a. O., Bl. 5.

6. Scharnhorst als Lehrer vor den künftigen Offizieren des Generalstabs

Der Gedanke eines Instituts zur bewußten Heranbildung überdurchschnittlicher Offiziere unter Zugrundelegung der politischen und militärischen Erkenntnisse und Erfahrungen einer im Umbruch befindlichen Zeit wurde von Scharnhorst nach seinem Übertritt in preußische Dienste endgültig in der „Akademie für junge Offiziere" verwirklicht[180], deren Direktor er wurde. Hier lehrte Scharnhorst, der auf das genaueste die Feldzüge und Schlachten Napoleons sowie die Wandlung, die sich in dessen Heer vollzog, verfolgte, und in ihm den Gegner sah, mit dem man zu fechten gezwungen sein werde[181], selbst „Taktik und Strategie", wie er dies bereits in der Berliner Schule, der Vorgängerin der Akademie, getan hatte. Diese Materie, die er als die wichtigste von allen ansah, behielt er sich selbst vor. Hier sollten den künftigen Offizieren des Generalstabs brauchbare Anschauungen und keine lebensfremden Theorien vermittelt werden, wie sie etwa der sehr angesehene Oberst *Phull* verbreitete, der nach Tempelhoffs System der Maginalverpflegungsradien, innerhalb deren sich die Operationen zu bewegen hätten, bis zum Jahre 1803 ebenfalls Strategie las. Mit der Begründung, daß auf dem Gebiete der angewandten Taktik und Strategie noch sehr voneinander abweichende Ansichten herrschten und keinerlei übereinstimmende Grundsätze zu verzeichnen seien, man es daher als besonders wünschenswert betrachten müsse, dieses Lehrfach immer einem und demselben Lehrer anzuvertrauen[182], erreichte Scharnhorst bei dem Generalquartiermeister von Geusau das Ausscheiden Phulls. Die Bahn für die Begründung der Scharnhorstschen Schule im Generalstab war damit frei.

Die von Scharnhorst ausgearbeitete Verfassung der Akademie, die am 21. Juni 1804 vom König gebilligt wurde, gibt uns ein anschauliches Bild darüber, in welcher Form er sich die Arbeit der Akademie dachte und

---

[180] *Scharnhorst*, „Verfassung und Lehreinrichtung der Akademie für junge Offiziere und des Instituts für die berlinische Inspektion", 1805, abgedruckt bei Klippel, Scharnhorst, 1871, S. 237 ff. Die Akademie ist gemäß § 1 ihrer Verfassung für Offiziere bestimmt, die sich, „nachdem sie die Anfangsgründe der mathematischen und militairischen Wissenschaften studiert haben, noch in den höheren und angewandten Theilen derselben ausbilden wollen".

[181] Vgl. die Denkschrift *Scharnhorsts* an *Hardenberg* vom 2. Dezember 1804 „Ueber unsere jetzigen Verhältnisse mit Frankreich" und die eingehende Würdigung bei *Lehmann*, Scharnhorst, I, S. 340 ff.

[182] *Scharnhorst* an Geusau vom 28. Juli 1804.

ist zugleich äußerst aufschlußreich für das Verständnis seiner Arbeitsmethode: Für alle Lehrgebiete, ob Mathematik, Kriegsgeschichte oder Strategie und Taktik wird ein genauer Plan darüber aufgestellt, was und in welcher Form gelehrt und welches Ziel erreicht werden soll. Um Meinungsverschiedenheiten über den Lehrstoff auszuschalten, werden zunächst die Grundbegriffe geklärt. So wird festgelegt, daß die Strategie

> „die Anordnungen zum Kriege im Großen, den Plan eines Feldzuges, die Pläne der einzelnen Operationen der verschiedenen Korps usw. in sich begreife".

Um den Schüler in die Strategie einzuführen, ist mit der „Entwicklung eines Feldzugs der lehrreichsten Kriege" zu beginnen[181a]. Aus dem Beispiel dieses Feldzugs sind sodann „die allgemeinen Lehren der Strategie" abzuleiten. Als Gegenstück wird hierauf ein Feldzug entwickelt, in dem

> „die Befolgung der Grundsätze, welche man in dem ersten für richtig erkennen mußte, durch die Umstände eine große Abänderung oder Ermäßigung (er)leidet."

Aus der Darstellung der Operationen in den verschiedenen Feldzügen soll sich zwangsläufig „die Zurückführung auf die allgemeinen Grundsätze" ergeben, „welche in dieser oder jener Lage Anwendung finden". Zwecks Anleitung zum Studium der Kriegsgeschichte ist eine eigene Vorlesung vorgesehen, die als Beispiel einen der neuesten Kriege zu wählen hat. Dabei sind

> „die natürliche Beschaffenheit des Theaters derselben und die politischen und militärischen Verhältnisse, unter denen sie geführt wurden",[181b]

zu erklären. Scharnhorsts eigene Untersuchungen boten dafür ein ausgezeichnetes Vorbild[181c].

Um die kritische Einstellung im Offizier zu fördern, sollen „die vorzüglichsten Quellen der Kriegsgeschichte selbst mit Winken über ihren Wert und ihre Brauchbarkeit" angegeben werden.

In der Überzeugung, daß

> „nur eigene Entwürfe und Ausarbeitungen den Geist der Untersuchung wecken, Interesse für nützliche Lektüre anregen, die Ideen berichtigen (und) die Beurteilung bilden",

---

181a Verfassung und Lehreinrichtung der Akademie für junge Offiziere usw., a. a. O., § 21.

181b Ebenda, § 24.

181c Vgl. S. 77 dieses Buches.

ist in der Akademie auf eine solche Art der Beschäftigung der Offiziere „besonderer Wert" zu legen.

Ein echtes Gefühl für die Achtung der Persönlichkeit des Offiziers innerhalb der Gebundenheit der militärischen Ordnung läßt Scharnhorst die Art, wie man „die falschen Ideen berichtigt" als sehr wesentlich betrachten. Er schlägt dafür die Methode vor, die er in seinem Plane zur Heranbildung von Generalsgehilfen in einem besonderen Institut vorgesehen hatte. Sie läßt bei voller Achtung der Persönlichkeit und Vermeidung jeder verletzenden Schärfe sachliche Kritik zu Worte kommen und verträgt sich „mit der Delicatesse und dem Geist der Subjecte, welche die Akademie frequentieren" [181d]. In derselben Weise ist er um die Freiheit in der Entfaltung der Persönlichkeit des Offiziers besorgt. Er betrachtet den Besuch der Anstalt „akademisch", ist ein „Feind jedes Schulzwangs" und macht niemanden einen Vorwurf wegen versäumter Stunden [181e]. In der Frage, ob man dem Offizier die zu belegenden Vorlesungen genau vorschreiben solle, trifft er die kennzeichnende Entscheidung:

> „Es scheint mir ein notwendiger Grundsatz zu sein, den Offizieren zwar zu rathen, aber sie so wenig wie möglich zu beschränken, weil ich es für weniger nachtheilig halte, sie einmal fehlgehen zu lassen, als ihre Eigentümlichkeit zu beschränken, die im ersten Augenblick so schwer richtig zu beurteilen ist." [182]

Von Scharnhorsts eigener Unterrichtsmethode hat uns Clausewitz, sein Lieblingsschüler, späterer Adjutant und Leiter seines Büros, ein anschauliches Bild vermittelt. Im Mittelpunkt seines Vortrags stand die Kriegsgeschichte als die große Lehrmeisterin. Immer wieder griff er auf die Erfahrungen der letzten Feldzüge zurück. „Mühsam trug er für einzelne Begebenheiten die umständlichsten Züge herbei, besonders für solche, die er selbst miterlebt hatte." Dabei suchte er, „den Vorgang sich vor den Augen der Zuhörer gewissermaßen von neuem zutragen zu lassen. Nach Art eines Geschworenengerichts stellte er ein ausführliches Zeugenverhör an und ließ nun den gesunden Menschenverstand die Resultate darin finden, wobei sein geübtes Urteil bloß leitete."

181d Vgl. *Scharnhorst*, Ohne Bildung der Offiziere in der Kriegskunst kann der Staat keine gute Anführung von seinen Armeen erwarten, a. a. O. § 12, (abgedruckt S. 132 dieses Buches) mit § 26 der Verfassung und Lehreinrichtung der Akademie.

181e *Scharnhorst*, Immediatbericht über den Zustand der Kriegsschule zu Berlin am Schlusse des ersten Jahres 1811, a. a. O S. 277 ff., 298.

182 Bericht *von Strantz*, einem Schüler der Akademie, abgedruckt bei Friedländer, a. a. O, S. 216.

Auch soweit er die allgemeinen Grundsätze der Strategie und Taktik vortrug, hütete er sich, mit fertigen Ergebnissen zu arbeiten. Er legte vielmehr seinen Vortrag so an, „daß seine Schüler durch ihre eigene Betrachtung das herausbrachten, womit sie sonst nur ihr Gedächtnis beschweren müßten". Da er „von wirklichen Begebenheiten in einer breiten Basis ausging, schienen sich in ihm und in den Zuhörern zugleich die allgemeinen Grundsätze von selbst zu bilden". Dem Überkommenen, auch soweit er es ablehnte, räumte er seinen geschichtlich bedingten Platz ein. „Kein wegwerfender Blick auf das Alte, sondern ein unbefangenes, ruhiges Auffassen der Eigentümlichkeiten verschiedener Zeiten und Verhältnisse." Scharnhorst erkannte

> „die Unzulänglichkeit der alten Manier, aber er suchte aus dem Alten selbst das Neue hervorgehen zu lassen, um so auf so kurzem Wege mit so wenigem Aufheben wie möglich zu einer naturgemäßen Methode zu gelangen" [183].

a. Die neue Schlachtordnung — Elastische Kampfesweise

Im Mittelpunkt von Scharnhorsts Vorlesungen in den Jahren 1802 bis 1806 [184] stehen die Umgestaltung der Schlachtordnung, die Umgruppierung der militärischen Einheiten, die Veränderung der Fechtweise, das Problem von Angriff und Verteidigung und die Aufgabe des Generalstabs. Alle theoretischen Erörterungen münden in praktische Vorschläge. Dabei bildet der Entwurf der für das Heer so notwendigen und von Scharnhorst dringend geforderten Instruktionen für die höhere Truppenführung [185] eine wesentliche und neuartige Ergänzung des schulmäßigen Wissensstoffes der höheren Offiziere. Die Vorteile der Umgruppierung der Armee in Divisionen, die ebenso wie bei den Franzosen aus den verschiedensten Waffengattungen zusammengesetzt und mit besonderen Generalstäben versehen sein sollen, werden eingehend besprochen [186]. Scharnhorst hält diese Form der Schlachtordnung im

---

183 *Clausewitz,* Ueber das Leben und den Charakter von Scharnhorst, a. a. O., S 199.

184 Vgl. dazu „Vorlesungen des Obersten von Scharnhorst über die Kriegskunst, gelesen im Winter von 1802 und 1803 zu Berlin", sowie „Vorlesungen des Obristen v. Scharnhorst zu Berlin im Winter 1804 bis 1805", Acta, Heeresarchiv Potsdam; ferner *v. d. Goltz,* Militärische Schriften von Scharnhorst, 1881, wo die Vorlesungen Scharnhorsts teilweise abgedruckt sind.

185 Vgl. S. 112, 133 dieses Buches.

186 *Scharnhorst,* „Vorschläge zur speziellen Verbesserung der Armee", insbesondere das Kapitel „Eintheilung der Armee in Divisionen und Armeekorps", Acta, Heeresarchiv Potsdam, Nachlaß Scharnhorst B. Nr. 174.

modernen Krieg für die einzig mögliche, er bezeichnet sie als „die neuere Schlachtordnung" oder als „unsere Schlachtordnung". An einer Reihe von Fällen mit Lösungen wird die Zusammenarbeit der verschiedensten Waffengattungen [187] in Angriff und Verteidigung [188] verdeutlicht. In geschickter Form versteht es Scharnhorst, dabei an die friderizianische Tradition anzuknüpfen [189].

Das Entscheidende an Scharnhorsts Vorträgen liegt darin, daß er seine Hörer lehrt, auf die großen Zusammenhänge in der gesamten Kriegführung zu achten und sich nicht in ihren Teilbereichen zu verlieren. Am Tirailleursystem, das als das eigentliche revolutionäre Element der neuen Kriegführung so stark in den Vordergrund getreten war und die Geister in seinen Bann zog, kann er ihnen dies besonders klar machen. Er warnt davor, es zu überschätzen und in ihm das unfehlbare Rezept für den Sieg zu sehen, er zeigt die Vorteile, aber auch die Grenzen des Tirailleurkampfes auf. Andererseits aber weist er darauf hin, wie sich der hier zum Ausdruck kommende Gedanke einer elastischen Kampfesführung wirklich revolutionär auswirkt, wenn man ihn für die höhere Taktik auswertet und, wie Napoleon, mit aus der Tiefe fechtenden Korps und Divisionen arbeitet. Die Division als selbständig operierende Einheit mit eigenem Generalstab entspricht in ihrer Beweglichkeit der Kette der Tirailleure, die „mit Ordnung und in gegenseitiger Unterstützung zu agiren" ausgebildet war.

Alle Reformmaßnahmen, aus dem Geiste einer neuen Kriegführung geboren, bilden für Scharnhorst eine Einheit und erhalten nur in diesem Zusammenhang ihren Sinn. Die Prinzipien, die auf der untersten Stufe gelten, müssen in verfeinerter Form in der obersten ihren Ausdruck finden. Nur dann kann man von einer wirklichen Umsetzung der neuen Gedankenwelt sprechen.

Bei der Erörterung der verschiedensten Typen des Angriffs, des Parallelangriffs, des schiefen Angriffs jeweils in „zusammenhängender

---

[187] *Scharnhorst,* Schlachtordnung und Stellung mit Beispielen aus der Kriegsgeschichte, Acta, Heeresarchiv Potsdam, Nachlaß Scharnhorst B. Nr. 153.

[188] *Scharnhorst,* Von den Schlachtordnungen der Armee-Divisionen, Acta, Heeresarchiv Potsdam, Nachlaß Scharnhorst B. Nr. 152.

[189] So führte Scharnhorst den Nachweis, daß „die im Revolutionskriege bei den französischen Armeen eingeführte Abteilung einer Armee in Divisionen von allen Waffen schon im siebenjährigen Kriege in der Armee des Herzogs Ferdinand stattgefunden habe". Vgl. *Scharnhorst,* Denkwürdigkeiten der Militärischen Gesellschaft, Bd. 2, S. 91 ff.

Linie" oder „auf mehreren abgesonderten Punkten" geht es Scharnhorst nicht darum, die jungen Offiziere auf die eine oder andere Angriffsart festzulegen. Welche Form jeweils zu wählen ist, und welche „Rücksichten man bei der Wahl zu nehmen hat", müssen die Umstände und der Geist einer elastischen Kriegführung ergeben. Von seiner Urteilskraft soll sich der Offizier leiten lassen und „dem überwiegenden Eindruck, den er erhält, folgen" [190].

> „Die Mannigfaltigkeit möglicher Kombinationen läßt sich nicht erschöpfen. Eine solche Bestimmung im allgemeinen ist auch nicht notwendig, sie würde für Kinder, nicht für Männer sein. Hier tritt die Urtheilskraft in freie Thätigkeit ein; hier ist das Gebiet der eigentlichen Kunst zu kriegen." [191]

In derselben Weise befaßt sich Scharnhorst mit dem napoleonischen Grundsatz, überlegene Massen an entscheidenden Punkten der Schlacht zu konzentrieren. Auch hierin sollen seine Schüler keine Norm, insbesondere keine Errungenschaft Napoleons sehen. Dessen Verdienst bestehe nur darin, diese Wahrheit wieder ins rechte Licht gerückt zu haben. Entscheidend seien jeweils die persönliche Initiative und die Geschicklichkeit des Feldherrn.

Überall jedoch, wo sich Scharnhorst berechtigt fühlt, gewisse Regeln aufzustellen, versucht er gleichzeitig alle Umstände, die auf sie modifizierend und korrigierend zu wirken vermögen, zu berücksichtigen

---

190 *Goltz*, S. 318. Im einzelnen führt Scharnhorst dafür an: „Verhältnis der eigenen Streitkräfte zu den feindlichen, 2) Verhältnis der verschiedenen Waffen untereinander, 3) Eigentümlichkeit der Truppen, 4) Kenntnis der feindlichen Verfahrensart, 5) Kenntnis der feindlichen Stellung und Maßregeln, 6) Das Terrain, 7) Feindliche Stellung, Wert der einzelnen Punkte, 8) Strategisches Verhältnis, 9) Zeit der Ausführung."

191 Man verfolge den Niederschlag dieser Anschauungen in des jungen Clausewitz Manuskript „Strategie" aus dem Jahre 1804, herausgegeben von Eberhard *Kessel*, 3. Aufl. S. 41. Clausewitz hatte drei Jahre die Berliner Kriegsschule bzw. Akademie besucht und war im Jahre 1804 abgegangen. Er stand unter den hier erhaltenen Eindrücken: „Jedermann weiß, daß weder die höhere Taktik noch die Strategie Volumina von Lehrsätzen und Regeln aufzuweisen haben, und wer sie in den dicken Handbüchern sucht, möchte sie nie finden. Aber wo sind sie denn zu finden? — Zuerst muß man fragen, was sind sie? Sehr wenig Wissen und viel Uebung der Urteilskraft, sehr wenig einzelne abstrakte Wahrheiten und viel dem Geiste innig verbundene Ansichten, die er oft nicht mehr von sich selbst zu unterscheiden weiß, kurz, wie die Philosophen sagen würden: wenig Materie, viel Form des Denkens. Und wie gibt man dem Geiste diese Form? In dem steten Umgang mit der Geschichte!"

und seinen Schülern eine möglichst unbefangene und vorurteilslose Betrachtung der Materie zu vermitteln. Bezeichnet er es z. B. als Grundsatz, daß „Truppen, die von mehr als einer Seite angegriffen werden, als überwunden zu betrachten sind", so fügt er sofort hinzu: „Freilich gibt es Fälle, wo es nicht so war." Der glückliche Ausgang des Gefechts kann überhaupt nicht „unmittelbar bestimmt werden", hängt doch das Gefecht selbst noch „von Umständen ab, die wir nicht in unserer Gewalt haben".

> „Alles, was wir tun können, ist, daß wir unsere Einrichtung so treffen, daß wir unter den vortheilhaftesten Umständen fechten." [192]

Während die Kriegskunst der Zeit sich bemüht, den Zufall weitgehend auszuschalten und darin den Ausdruck wahren Feldherrntums sehen will, räumt ihm Scharnhorst den ihm gebührenden Platz ein. Diese wichtige Rolle des Zufalls darf nicht vergessen werden. So wird bei einem Angriff

> „der Ausschlag sich zum besten desjenigen erklären, der die bestimmten Lokal-Umstände am besten zu benutzen weiß, dessen Truppen die tapfersten sind und dem der Zufall am meisten wohl will" [193].

Ein geschultes Auge, die Beobachtung aller wesentlichen Momente scheint Scharnhorst wichtiger als jedes System und alle noch so einleuchtenden Lehrsätze. Er warnt davor, die einzelnen Punkte, die er selbst als wichtig bei der Wahl der Angriffsart herausgestellt hat [194], zu überschätzen, sie im Ernstfall „ängstlich miteinander (zu) vergleichen, einem jeden seinen gebührenden Antheil und Einfluß geben" zu wollen. Eine so angelegte Operation „überzeugt schon, daß daraus nichts Großes entspringen werde" [195]. Man muß vielmehr davon ausgehen, daß

> „jede der angegebenen Richtlinien in einem Fall wichtiger als im anderen ist und (es) in jedem bestimmten Fall immer einige gibt, welche vorzüglich wichtig werden und den Gegenstand fast allein bestimmen" [196].

In solchem Geist will Scharnhorst die künftigen Befehlshaber erzogen wissen. Nur solchen Unterbefehlshabern gegenüber kann man es sich ersparen, eine „ausführlichere Disposition" zu geben, wenn man auf

---

192 *Goltz*, S. 313.
193 Ebenda, S. 326.
194 S. o.
195 Ebenda, S. 318.
196 Ebenda.

verschiedenen Punkten zum Angriff übergeht. Man ist vielmehr in der Lage, diesen eine

> „große Selbständigkeit (zu) lassen, so daß die notwendige Übereinstimmung im gesamten Angriff aus der Überzeugung und Zweckmäßigkeit des Handelns hervorgeht" [197].

Hier wird der neue Typ des denkenden Offiziers innerhalb der höheren Taktik praktisch nutzbar gemacht. Der Unterbefehlshaber wird von der Fessel der starren Befehlsform gelöst und ihm ein weiter Bereich für seine eigene Entscheidung überlassen. Selbständig soll er im Rahmen der ihm gestellten Aufgabe die Mittel und Wege finden, die zum Ziele führen. Die elastische Kampfesweise des Tirailleurs, die im Bereich der höheren Taktik ihr Gegenstück in der Beweglichkeit der als selbständige Einheit fechtenden Division findet, erhält ihre Krönung in der Persönlichkeit von Kommandeuren, die auf Grund ihrer Urteilskraft „nach der Natur der Sache" zu entscheiden vermögen. Erst damit ist in der Tat die durch die Lineartaktik bewirkte allgemeine Starrheit im System der Kampfesführung überwunden.

b. Die Berücksichtigung psychologischer Momente

Auf die Beachtung der wichtigsten psychologischen Momente legt Scharnhorst besonderen Wert. Schon bei der Behandlung der Revolutionskriege hatte er darauf hingewiesen, ein wie „wenig bekanntes Feld" der „psychologische Teil der Kriegführung" und wie nützlich andererseits die „Kenntnis des menschlichen Herzens" sei. Nie dürfe man vergessen, daß man es auf der Gegenseite mit lebendigen Menschen zu tun habe, nicht mit Maschinen. Auf sie habe man sich einzustellen, sie in ihren Möglichkeiten, aber auch in ihren Grenzen zu erfassen.
Unter diesem Gesichtspunkt beschäftigt sich Scharnhorst eingehend mit der Person des feindlichen Generals [198]. Von ihm hängt im Grunde außerordentlich viel ab. Was nützen die beste Schlachtordnung und die schönsten Schlachtentwürfe, wenn an leitender Stelle ein Mann steht, der sie nicht zu brauchen weiß, der selbst nicht vom Sieg überzeugt ist und nicht großzügig nach den Umständen zu handeln vermag? Welche gewaltige Verstärkung aller Machtmittel, wenn eine wirkliche Persönlichkeit führt! Um sich auf die Maßnahmen, die man vom feindlichen General zu gewärtigen hat, einstellen zu können, ist es äußerst

---

197 Ebenda, S. 319.
198 *Scharnhorst*, Neues militärisches Journal, Bd. II, Vorbericht.

wichtig, dessen Charakter zu kennen. Ist er tapfer und standhaft in der Ausführung seiner Entwürfe? Welche Kenntnisse besitzt er? Ist ihm die neue Strategie geläufig? Welcher Verfahrensweise bedient er sich? Ist er methodisch und vorsichtig? Wie muß man seine Schachzüge werten?: Als das Ergebnis genauer Überlegungen und vorsichtiger Einkalkulierung aller seiner Reserven? Oder ist er von den Entschlüssen seines Souverains oder Kabinetts abhängig? Binden ihm also die politischen Verhältnisse die Hände? In der Situation, in der sich Preußen befindet, ist der feindliche General Napoleon, dessen Methodik des Handelns sich auf seine Unterführer überträgt. Die Offiziere müssen sie erkennen, um zu wissen, wie man sich ihr gegenüber zu verhalten habe. Die psychologischen Momente sind bei der Kriegführung selbst zu beachten. „Als einen überaus wichtigen und natürlichen Grundsatz" bezeichnet es Scharnhorst, daß man „dem Feinde seinen Angriff und die Zeit und Art desselben solange wie möglich verhehlen soll." [199] Entscheidend ist aber zu wissen, ob man einen Gegner vor sich hat, den man täuschen kann. Bei einem „mittelmäßigen General" vermag eine solche Methode wirksam, „gegenüber einem Buonaparte unwirksam und daher gefährlich zu sein" [200]. Zur psychologisch richtigen Einschätzung des Gegners gehört es auch, dessen Absichten, insbesondere seinen Gesamtplan zu „enträtseln". Dabei hat man sich vor allem zu hüten, den Gegner zu unterschätzen.

> „In der Regel muß man, wenn man nicht aus anderen Gründen besser unterrichtet ist, die besten Kombinationen, wozu das Terrain Veranlassung gibt, für die seinigen halten und danach die Einrichtungen treffen." [201]

c. Kriegführung unter großen Gesichtspunkten

Seine Hauptaufgabe sieht Scharnhorst darin, in den künftigen Offizieren des Generalstabs den Sinn für eine ins Geniale projizierte Kriegführung in Angriff und Verteidigung wiederzuerwecken, die es seit dem Siebenjährigen Krieg in Europa nicht mehr gab und die für ihn in Napoleons Kriegskunst wieder ihre Auferstehung gefunden hatte. Die jungen Offiziere, die im Geiste der Manöverstrategie erzogen waren und unter Vermeidung der Schlacht in dem Ausmanöv=

---

[199] *Scharnhorst,* Vorlesungen, bei *v. d. Goltz,* Militärische Schriften von Scharnhorst, a. a. O., S. 317.
[200] Ebenda, S. 317.
[201] Ebenda, S. 324.

rieren des Gegners die höchste Form strategischen Könnens zu sehen gelernt hatten, hörten hier Ideen, die ihre gesamte militärische Vorstellungswelt erschüttern mußten.

Es gibt einen „Geist des Angriffs", so lehrt Scharnhorst:

> „Man muß auf einen Punkt seine Hauptkraft richten und diesen zum Hauptpunkt des Ganzen machen. Auf diesen Hauptpunkt muß die Stärke aller Waffen vereint sein. Bricht man in der feindlichen Stellung durch, so versäumt man keinen Augenblick, eine Masse von Truppen, besonders Kavallerie, in die Lücke hineinzuwerfen und damit ohne Aufenthalt die feindlichen Streitkräfte zu zerstören."
>
> „Nichts ist beim Angriff wichtiger, als die erhaltenen Vorteile auch im Großen schnell zu benutzen und dem Feind nicht Zeit zu lassen, sich wieder zu setzen." [202]

Bereits der Entwurf zum Angriff muß dem Verfasser die „Überzeugung zu siegen" geben, gleichgültig, ob man diesen Entwurf in des „Feindes Angesicht" machen muß, oder ihn in der Ruhe des Schreibtisches entwerfen kann.

Es gibt eine bestimmte Taktik, die dem Angriff vorausgehen und ihm die Bahn brechen muß. Es ist die Taktik der Ermüdung. Die Franzosen haben sie „im letzten Kriege gelehrt". In dieser Taktik liegt der Sinn des Tirailleurgefechts. Es kann dem Angriff Stunden vorangehen, aber auch den Feind mehrere Tage beschäftigen. Dann aber muß man „an gewissen Punkten in großen Massen durchdringen".

Es gibt einen Grundsatz der Strategie, der für die Durchführung des Angriffs von großer Bedeutung ist. Er ist in dem Satz zusammenzufassen: „Nie konzentriert stehen, aber sich immer konzentriert schlagen." [203] Dieser Grundsatz ist allerdings „nur für den Geschickteren" eine „allgemeine Regel". Sie besagt, daß man sich „mit Vorsicht verteilen und den Feind zwingen (muß), ebendies zu tun", dann aber muß man „konzentriert über einzelne Teile herfallen". Die Meinung, daß man „seine Kräfte im Kriege zusammenhalten müsse" und es ein „Grundsatz der Kriegskunst sei, sich nicht zu teilen", ist falsch.

Es gibt einen Geist der Verteidigung. Er ist jedoch ein ganz anderer als diejenigen meinen, die sich in der reinen Defensive erschöpfen. Auch er muß auf die Offensive gerichtet sein. Mit der reinen Defensive läßt sich der Zweck der Verteidigung, die „feindlichen Streitkräfte so viel als möglich aufzureiben", nicht erreichen, denn sie „pariert die

---

202 Ebenda, S. 324.

203 *Scharnhorst*, Ueber die Schlacht bei Marengo, a. a. O., abgedruckt auch in Denkwürdigkeiten der Militärischen Gesellschaft, Bd. 1, S. 54 ff.

Stöße des Gegners immer nur, ohne wieder zu stoßen". Eine Armee muß daher

> „mit der Verteidigung schlechterdings den Angriff verbinden oder auch allein offensiv vorgehen; in jedem Falle aber nur von der Offensive ihr Heil erwarten: es gibt keine taktische Defensive".

Es gibt einen Geist der Niederlage. Sieger und Besiegte haben oft gleiche Verluste. Die Aufgabe des Schlachtfeldes braucht „unmittelbar von gar keinen Folgen zu sein, denn was liegt an einer halben Meile Land?" [204] Entscheidend ist die „Mutlosigkeit einer Armee unmittelbar nach der Schlacht", die durch die „Desorganisation" und „den Rückzug" eintritt. Durch den Rückzug

> „wird der Sieg des Gegners zuerst anerkannt, durch ihn die Mutlosigkeit geboren und von den übrigen nachteiligen Umständen genährt".

Das Problem besteht darin, diese Mutlosigkeit nicht aufkommen zu lassen oder ihrer Herr zu werden. Scharnhorst versucht, dem Geist der Niederlage von der moralischen Seite beizukommen. Er stellt sich hier in Gegensatz zu Bülow, der das Problem der verlorenen Schlacht im Massenkrieg mit den Worten abtat: „Man stelle sich vor, man sei nicht geschlagen, um es in Wirklichkeit nicht zu sein." [205] Er wollte dem Zufall der Niederlage mit dem Einsatz neuer Massen und der darinliegenden Wahrscheinlichkeit der Berechnung auf den Sieg begegnen.
Für alle Maßnahmen, die im Geist des Angriffs wie der Verteidigung getroffen werden, gelten besondere Grundsätze. Von künstlichen Kombinationen ist nicht viel zu erwarten. „Mit jeder Maßregel, von der man eine Hauptwirkung erwartet, muß man große Zwecke verbinden. Was helfen alle gewonnenen Schlachten, wenn sie nicht entscheidend sind?"

> „In den Augenblicken, da die großen Absichten verloren gehen und ein kleiner Geist der Künstelei wirksam wird, geschieht nichts Großes mehr." [206]

Bei allen militärischen Anordnungen gilt es daher „über den Hauptzweck", klare Vorstellungen zu besitzen. Befehlshaber „mit kleinen

---

[204] *Scharnhorst,* Vorlesungen, bei *v. d. Goltz,* Militärische Schriften von Scharnhorst, a. a. O., S. 312.

[205] *Bülow,* Geist des neuern Kriegssystems, a. a. O., S. 180. Clausewitz hatte demgegenüber bereits auf die „Moralische Niederlage und ihre Folgen" auf den Soldaten hingewiesen, die bei Bülows abstraktem System außerhalb jeder Berechnung standen. *Clausewitz,* Neue Bellona, Bd. 9, 1805, S. 245.

[206] *Scharnhorst,* Vorlesungen, bei *v. d. Goltz,* Militärische Schriften von Scharnhorst, a. a. O., S. 329.

Zwecken" können sich zum Beispiel nicht entschließen, „ein großes Terrain" preiszugeben. Dabei gehört bei guter Vorbereitung nicht viel dazu, sich wieder in den Besitz des Verlorenen zu setzen[207].

Scharnhorst betrachtet Napoleon als den geschickten Ausbeuter der in der Französischen Revolution freigewordenen Energien, dessen Art, Krieg zu führen, dem Niveau der friderizianischen Kriegskunst entspricht. Soweit es sich um die strategischen Grundlagen überragenden Feldherrntums, die Durchführung großangelegter Pläne, eine überlegene Initiative und die Kunst der Überraschung handelt, ist für ihn Napoleon trotz aller zeitbedingten Verschiedenheit in der Kampfesweise der Mann, der aus demselben Geist handelt und dieselben Züge im Grundsätzlichen aufweist. Allenthalben sucht Scharnhorst dem friderizianischen System der Kriegführung neue, moderne Seiten abzugewinnen und die hier vorhandene Tradition im Sinne des Fortschritts auszunutzen.

Je stärker Scharnhorst die Gemeinsamkeit zwischen Friedrich dem Großen und Napoleon hinsichtlich der obersten Grundsätze ihrer Kriegführung betont, um so mehr kann er das Gewicht auf den Unterschied in den Voraussetzungen ihrer Strategie legen, die sich so weitgehend verändert haben und Napoleon zugute kommen: Die Organisation der Volksmassen im Kriege, der neuartige Aufbau der Heeresformationen, die Benutzung einer zeitgemäßen Fechtweise, ein geschulter Stab höherer Offiziere und nicht zuletzt die Einbeziehung psychologischer und moralischer Elemente, die besonders im Enthusiasmus ihren Ausdruck finden. Alle diese Faktoren wirken mit, um die militärische Überlegenheit Napoleons zur Geltung zu bringen. Möglich ist dies jedoch nur, weil hier ein Mann steht, der sie zu nutzen und einzuordnen vermag, der großangelegte Pläne mit Energie und Konsequenz durchführt, dabei jedoch alle besonderen Umstände berücksichtigt, dem Zufall Spielraum läßt, niemals starr nach einem Schema handelt, sondern in aufgelockerter Form im Rahmen eines großen Zusammenhanges das Notwendige tut.

Eine solche Art genialer Kriegführung muß wieder zum Grundelement der Strategie des preußischen Heeres werden. Hier liegt das große

---

207 Vgl. dazu Scharnhorsts Uebersicht des Feldzuges von 1793 in den Niederlanden, Militärischer Kalender auf das Gemeine Jahr 1805, S. 131, abgedruckt bei *v. d. Goltz*, Militärische Schriften von Scharnhorst, a. a. O., S. 246 f., 258, wo Scharnhorst an Hand der Feldzüge im letzten Jahrzehnt zeigt, daß die „beste Disziplin, die größte Tapferkeit und Geschicklichkeit nichts hilft, wenn man nicht den Krieg im Großen leitet."

Feld für die überdurchschnittlich talentierten Offiziere, die zwar selbst keine Genies sind, aber eine gewisse Anlage zum Genialen besitzen. Darauf müssen sie bewußt hingelenkt werden. In diesem Sinn stellt Scharnhorst die folgenden Grundsätze auf:

„Die Hauptsache muß bei dem Entschluß zur Schlacht und der Ausführung derselben immer oben schweben."

„Diese große und einfache Ansicht des Gegenstandes muß bei der Wahl der Maßregeln leiten, von ihr muß man alles erwarten, nicht von einem kleinen künstlichen Detail.

Muß man dem Zufall einen Spielraum lassen, weil man ihn nie ganz beseitigen kann, sondern, indem man ihn zu beschränken sucht, sein Gebiet vielmehr erweitert. An je mehr besondere Bestimmungen wir das Ganze anknüpfen, um desto schwächer wird es.

Sind wir glücklich in der Hauptsache, so sind wir es auch in Nebendingen." [208]

Im ganzen bietet Scharnhorsts Schulung der künftigen Offiziere des Generalstabs ein imponierendes Bild.

Die alte Kriegführung war in den Revolutionskriegen zusammengebrochen. Die Franzosen hatten sie „mit ihren revolutionären Mitteln wie mit Scheidewasser angegriffen" [208a] Man sah auf der einen Seite nichts als „die Trümmer der alten Kriegskunst", auf der anderen die „unerhörten Erfolge". Obwohl der Krieg selbst gewissermaßen „auf dem Katheder stand und täglich praktischen Unterricht gab", zweifelte man in Preußen noch wenig an „der Unfehlbarkeit der alten Einrichtungen und des alten Kriegssystems, so wie man es sich aus dem Tempelhoff abstrahiert und durch Revuen und Herbstmanöver geliefert bekam" [208b]. In dieser Zeit lehrte Scharnhorst „denjenigen Theil der Kriegskunst, der bis dahin auf den Kathedern und in Büchern noch wenig zur Sprache gekommen war, den eigentlichen Krieg". Durch eine exakte Betrachtung der früheren Kriegführung und der Napoleons gelangte er zu denjenigen Grundsätzen und Regeln, die das Wesen der neuesten Kriegführung ausmachten. Er erlöste von dem Alpdruck, daß man in der napoleonischen Kriegführung einem Phänomen gegenüberstünde, dem nicht zu begegnen sei. Er befreite zugleich von den Anschauungen der Adepten und „Systemmacher", die in einzelnen neuen Prinzipien das Ganze sahen und darauf ihre Spekulationen gründeten. Er zeigte, indem er Feldzug für Feldzug wis-

---

[208] *Scharnhorst*, abgedruckt bei v. d. Goltz, a. a. O., S. 324.

[208a] *Clausewitz*, Über das Leben und den Charakter von Scharnhorst, a. a. O., S. 198.

[208b] Ebenda, S. 177.

senschaftlich nüchtern betrachtete, wie der Krieg nach und nach in Napoleon sich zu den letzten Formen umgebildet hatte und wo das grundsätzlich Neue lag, wie es sich abwandelte und verfeinerte. Er entschleierte damit das Geheimnis der napoleonischen Kriegskunst und verbreitete vom Lehrstuhl aus und im Umgang mit den Offizieren Ideen in der Armee, die in ihrer Verwirklichung revolutionierend wirken mußten. Scharnhorst vollzieht von hier aus ohne jedes Aufsehen, von den entgegengesetzten Kräften kaum bemerkt, ja sogar äußerlich mit ihrer Billigung, den entscheidenden Einbruch in die Führung des Heeres. Scharnhorsts Pläne und Ausarbeitungen zur Reform der Formationen und der Schlachtordnung werden zwar von der Generalität als nicht anwendbar für die preußische Armee verworfen[209], aber indem man die künftigen Generalstabsoffiziere in ihrem Geist schulen läßt, gewinnen sie Gestalt und erobern sich die Menschen, die sie zu ihrer Verwirklichung brauchen. Das Gewicht seiner Ausführungen wird noch dadurch verstärkt, daß in Scharnhorst nach seiner im März 1804 erfolgten Ernennung zum Generalquartiermeisterleutnant der zuständige Generalstabsoffizier für das „westliche Kriegstheater" spricht, dessen Ideen als richtungweisend für die künftige Auseinandersetzung mit Napoleon angesehen werden. „Wenn nur Einige aus dieser Anstalt", so meint Scharnhorst, „als tüchtige Generalstabsoffiziere und Oberbefehlshaber hervorgingen, sei der Zweck der Anstalt erreicht"[209a].

7. Die Rolle der „Militärischen Gesellschaft" im Kampf um den Fortschritt im Heer

a. Die wissenschaftliche Aufgabe der Gesellschaft

Die Errichtung einer „Militärischen Gesellschaft" bildet den Abschluß des großen Erziehungswerkes. In ihrer geistigen Anlage gehört sie zu den genialen Schöpfungen des Scharnhorstschen Geistes. Sie ist keine

---

209 Besonders eindeutig geschieht dies durch den Herzog von Braunschweig, der sich darauf berief, daß der Siebenjährige Krieg eine solche Organisation nicht gekannt habe und sie daher auch nicht auf die preußische Armee angewendet werden könne. Nur die Möglichkeit, nach dem Tirailleursystem zu fechten, gab er zu, ohne jedoch auch hier eine eindeutige Linie zu vertreten.

209a Bericht *von Strantz*, eines Schülers der Akademie, abgedruckt bei Friedländer, a. a. O., S. 216.

Militärakademie, sondern eine Institution zur Auflockerung und Erweiterung des Blickfeldes, ein Markt des freien Geistes mit höchstem Niveau und größter Eindringlichkeit der Sprache, sowie letzter Aufgeschlossenheit. Sie ist nicht an einen bestimmten Lehrplan gebunden, freie Diskussion und Themenwahl kennzeichnen ihre Arbeitsmethode. Nur die allgemeine Richtlinie, sich über „solche Gegenstände der Kriegskunst, welche ein besonderes Interesse in unserer Zeit haben, wechselseitig zu belehren"[210] und keine Versammlung „ohne eine Vorlesung über einen militärischen Gegenstand"[211] vorübergehen zu lassen, muß eingehalten werden.

In der „Militärischen Gesellschaft" soll jeder, der zu den Problemen der Kriegführung etwas Wesentliches zu sagen hat, zu Worte kommen. Er wird dabei nach dem Gewicht seiner Meinung und nicht danach beurteilt, was er einmal war oder welchen militärischen Rang er augenblicklich einnimmt. Die Eintrittsbedingungen sind relativ leicht, es genügt ein wissenschaftliches Referat oder die Einreichung einer entsprechenden Abhandlung[212]. Wer sie erfüllt, kann innerhalb der „Militärischen Gesellschaft" als jüngster Leutnant seine Ansichten über die militärischen Grundprobleme der Zeit vor den höchsten Würdenträgern des preußischen Staates, den Prinzen des königlichen Hauses sowie der hohen Generalität in akademischer Form entwickeln und mit ihnen darüber diskutieren.

Die wissenschaftliche Aufgabe der „Militärischen Gesellschaft" liegt insbesondere darin, mit ihrer Hilfe von einer neuen Seite her den durch die Schulung eingeleiteten allgemeinen geistigen Auflockerungsprozeß im Heer weiter voran zu treiben. Die *jungen Offiziere* sehen, daß sich mit denselben Fragen, um die sich ihre Schulung bewegt, die höchsten Stellen der Armeeführung beschäftigen. Ihnen geht auf diese Weise in eindrucksvoller Form die Überzeugung vom „Nutzen der Krieges-Wissenschaften" ein, den man ihnen im allgemeinen nur schwer klarmachen kann. Die der *mittleren Führerschicht* angehörenden Offiziere, an deren systematische Schulung Scharnhorst auf Grund der in diesem

---

210 *Scharnhorst*, Nachricht von der Entstehung und Einrichtung einer Gesellschaft der Kriegswissenschaften in Berlin, (1802), Acta Heeresarchiv, Potsdam, Nachlaß Scharnhorst, B 27.

211 *Scharnhorst*, Bemerkungen über die Veranlassung und den Zweck der Militärischen Gesellschaft, Denkwürdigkeiten der Militärischen Gesellschaft, Bd. 2, S. 87.

212 Nur für die Prinzen, die Generaladjutanten des Königs, die Chefs der Regimenter und die auswärtigen Stabsoffiziere galt diese Bedingung nicht.

Kreis herrschenden Vorurteile nur sehr vorsichtig heranzugehen wagte, wobei er in besonderer Form auf ihre Mentalität Rücksicht nahm, werden in der Militärischen Gesellschaft fast unvermerkt weitergebildet, dazu in einem Rahmen, der sie ansprechen muß. Die Referate, die sie hier hören, können geradezu als Fortsetzung der Vortragsreihen angesehen werden, die man für ihre Weiterbildung eingerichtet hatte. Die in der Akademie ausgebildeten *künftigen Offiziere des Generalstabs,* die einen systematischen Unterricht in der modernen Strategie und Taktik erhielten und „zu eigenen Untersuchungen" sowie ständigem „Studium" von Scharnhorst angehalten werden [213], vermögen das Gewicht ihrer Erfahrung verbunden mit ihrem Wissen in die Debatte zu werfen und ungemein anregend zu wirken. Von ihrer Tätigkeit verspricht sich Scharnhorst besonders viel. Sie gelten als der Sauerteig in dem heterogen zusammengesetzten Gremium. In ihnen vermag der Geist der neuen Schule zu Wort kommen. Sie nehmen damit zugleich Scharnhorst, dessen Bestreben es war, sich möglichst im Hintergrund zu halten, eine wichtige Aufgabe ab. Die Lehrer an den verschiedensten Schulen, die der Gesellschaft zum Teil angehören, erhalten neue Anregungen für ihren Unterricht [214].

Allenthalben befindet sich die Gesamtschulung im preußischen Offizierkorps noch in den Anfängen, es fehlen die Erfahrungen. Insbesondere ist mit der Umsetzung der neuesten Erkenntnisse zum Nutzen der Armee kaum begonnen. In dieser Situation gilt es, Ventile zu öffnen und Möglichkeiten zu schaffen, um die tüchtigsten Männer, die man mit ihren Altersgenossen auf ganz verschiedenen Stufen schulen muß, auf einem neuen Boden zusammenzuführen, für „wechselseitige Belehrung" zu sorgen, dadurch wieder auf die Kreise, aus denen sie kommen, befruchtend zu wirken und „Theorie und Praxis in das richtige Verhältnis zu setzen". Ein allgemeiner Prozeß gegenseitiger geistiger Durchdringung und Anregung wird hier auf dem besonderen Feld der offenen Aussprache eingeleitet.

Dabei ist es nicht die „Kriegswissenschaft an sich und deren Vervollkommnung", die die Gesellschaft zusammenführt. Ausdrücklich betont Scharnhorst:

> „Unsere Vereinigung steht mit unserer Pflicht, mit unserem dereinstigen Felddienst in der genauesten Verbindung ... Unsere Gesell-

---

213 Vgl. S. 134 dieses Buches.

214 Bei Gründung der Gesellschaft waren vier Mitglieder als Lehrer am Cadettenkorps tätig. (Die Kapitäne v. Aderkas, v. Menn, Moritz v. Reinhold, v. Schöler.)

> schaft unterscheidet sich daher sehr von anderen gelehrten Gesellschaften, welche die Vervollkommnung der Wissenschaften an sich zum Gegenstand haben ..." [215]

b. Die politisch-taktische Aufgabe der Gesellschaft

Die politisch-taktische Aufgabe, die Scharnhorst gleichzeitig mit der „Militärischen Gesellschaft" lösen will, liegt auf einem ganz anderen Gebiet. Im Zuge der größtmöglichen geistigen Auflockerung des Offizierkorps muß Scharnhorst wünschen, daß dieses in seinen talentierten Vertretern regen Anteil an den Debatten über die militärischen Probleme der Zeit nimmt und sich dazu schriftlich wie mündlich äußert. Diese Art der Auseinandersetzung ist jedoch, seitdem Berenhorst und Bülow die enge Verknüpfung der politischen mit der Heeresverfassung aufgezeigt haben, und man weiß, wie weitgehend die „militärische Konstitution mit der politischen" zusammenhängt, anrüchig geworden. Es besteht die Gefahr, daß jeder neue Gedanke von vornherein auf ein falsches Geleise gerät und sich gegen das Offizierkorps als Ganzes auswirkt. Die schreibenden Offiziere kommen in den Verdacht, die Öffentlichkeit zu ihrer Unterstützung anrufen zu wollen. Ihre noch so gut gemeinten Vorschläge werden nur zu leicht von den Gegnern als Opposition gegen den preußischen Staat ausgelegt und als militärisches Jakobinertum politisch diskriminiert. Die besten Offiziere, die Scharnhorst dringend zur Erneuerung des Offizierkorps braucht, geraten auf diese Art und Weise in die Gefahr, sich im preußischen Heer selbst unmöglich zu machen und, indem sie schreiben, trotz ihres guten Willens auf dem politischen Glatteis, auf das sie sich begeben, auf dem sie sich aber nicht zu bewegen verstehen, zu scheitern.

Dem kann Scharnhorst nicht untätig zusehen. Hier hat die Militärische Gesellschaft eine besondere Aufgabe zu erfüllen. Sie gibt die Möglichkeit der Diskussion, ohne der Tendenz einer staatsfeindlichen Opposition verdächtigt werden zu können, da sich die Erörterung in einem Rahmen vollzieht, der vom König anerkannt ist. Sie versucht,

> „die Publizität mit dem Interesse des Staates in eine schickliche Harmonie zu bringen" [216].

---

[215] *Scharnhorst,* Denkwürdigkeiten, II, S. 73 ff.

[216] *Scharnhorst,* Über die Preisschriften und den gegenwärtigen Zustand der Militärischen Gesellschaft, Denkwürdigkeiten der Militärischen Gesellschaft, Bd. V, S. 6.

Sie fördert das Beschreiten neuer Wege und weckt die Kräfte, ohne sie in gefährliche Bahnen abgleiten zu lassen. Ist es doch etwas ganz anderes, ob eine Führerschicht die Probleme einer neuen politischen wie militärischen Orientierung unter sich behandelt, oder ob man solche Fragen in der Öffentlichkeit erörtert, dadurch allenthalben Fronten aufreißt und die breite Masse, die in dieser Zeit mehr denn je zur Mitwirkung drängt, zum Richter über die ihr im Grunde fremden Aufgabenbereiche der militärischen Führung aufruft. Geht man so vor, so muß man gleichzeitig die schwierigen Probleme des allgemeinen Verständnisses halber künstlich nur allzusehr vereinfachen und damit verfälschen. Zugleich muß man schematische Gegenpositionen beziehen, da die große Masse nun einmal nur in einem „Für" oder „Wider" sich entscheiden und mangels jeden Überblicks nicht sehen kann, wo die eigentliche Problematik beginnt. Ob das preußische Herr auf der Höhe der Zeit steht, soll wenigstens damals noch allein im Heer und der politischen Führungsschicht erörtert werden. An einer Institution, die es ermöglicht, talentierten Offizieren die Wege zu öffnen, ohne sich zu exponieren, muß auch der König interessiert sein. Ihm kann nichts daran liegen, daß die aus besten Absichten schreibenden Offiziere dadurch in eine mißliche Lage geraten, daß der preußische Staat ihnen keine wirkungsvolle Plattform innerhalb der Armee bieten kann.

c. Die sachliche Arbeit der Gesellschaft

Die sachliche Arbeit der „Militärischen Gesellschaft" muß sowohl unter dem Gesichtspunkt der wissenschaftlichen als auch der politisch-taktischen Aufgabe gesehen werden. Die große Linie steht für Scharnhorst fest. Auch hier ist die Methode anzuwenden, die im Zuge der Umschulung des preußischen Offizierkorps als richtunggebend vorgeschlagen wurde. Auf Grund einer neuen Geschichtsbetrachtung gilt es, die Wirklichkeit der vergangenen sowie jüngsten Feldzüge miteinander zu vergleichen, das Gemeinsame und die Unterschiede in der Führung des Krieges einst und jetzt scharf zu erkennen und damit die Voraussetzungen zur Beantwortung der Frage zu schaffen, ob die alte Strategie und Taktik noch brauchbar ist oder neuen Formen Platz machen muß. In diesem Sinn, so schreibt Scharnhorst, ist es Aufgabe der Gesellschaft, ihr Augenmerk auf den

> „jetzigen Zustand der Kriegeskunst, auf die scheinbaren Widersprüche der Grundsätze derselben, auf die Verschiedenheit der Grundsätze,

> welche in dem Revolutions= und siebenjährigen Kriege beobachtet wurden"[217],

zu richten. Die Auswahl einer Reihe von Fragen, mit denen man sich in der Militärischen Gesellschaft beschäftigte, liegt eindeutig in dieser Richtung. So ist die Behandlung des Themas:

> „Über das Studium der Kriegesgeschichte und Anwendung der auf=gestellten Grundsätze auf die Schlacht bei Dettingen"[218],

ganz auf die Scharnhorstsche Methode abgestellt, aus kriegsgeschicht=lichen Erfahrungen die Grundsätze für die Strategie und Taktik abzu=leiten und die bisherige militärische Glaubenslehre der Zunft, die ohne Rücksicht auf neue Erfahrungen an ihrem Dogma wie an einem zum Stand gehörigen Vorurteil festhielt, zu überwinden.
Das Thema:

> „Über den Gang, welchen Friedrich der Große bei seinen kriegeri=schen Operationen genommen hat, mit Parallelen auf die des Revo=lutionskrieges"[219],

greift mitten in die Problematik der Zeit ein und behandelt die Frage, inwieweit die friderizianische Kriegskunst noch aktuelle Bedeutung be=sitzt. Die weitere

> „Unterhaltung über die angebliche Veränderung der Grundsätze des Krieges seit dem Revolutionskriege"[220]

stößt in derselben Richtung nach. Wiederum wird der Fortschritt in der Kriegskunst, und zwar diesmal vom Blickpunkt der Theorie her be=handelt. Dadurch, daß Scharnhorst diesen Problemkreis anschneidet, erörtert er auf fast offiziellem Boden vor der Generalität wie den jungen Offizieren den Meinungsstreit über die militärische Leistungs=fähigkeit des preußischen Heeres und ruft hier die streitenden Parteien in die Schranken. Er kann diesen kühnen Schritt nur wagen, weil er mit seiner eigenen neuen Geschichtsbetrachtung und dem Verfahren, aus der „Natur der Sache" eine dem Wesen des Krieges entsprechende Lehre vom praktischen Handeln abzuleiten, die überlegene Position eines Schiedsrichters über den streitenden Parteien einnimmt. Der

---

217 *Scharnhorst*, Nachricht von der Entstehung und Einrichtung einer Ge=sellschaft der Kriegeswissenschaften in Berlin, a. a. O., Bl. 51.

218 *Scharnhorst*, Kurzer Abriß der bisherigen Verhandlungen der Gesell=schaft der Kriegeswissenschaften, (1801), Acta, Heeresarchiv Potsdam, Nach=laß Scharnhorst, B 27, Bl. 53.

219 Ebenda, Bl. 52.

220 Ebenda.

junge *Clausewitz* und seine Altersgenossen *Knesebeck* und *Valentini, Rühle von Lilienstein, Müffling* und *Boyen,* der spätere Kriegsminister und Heeresreformer, sehen, wie hier die Vertreter der großen Gegenpositionen persönlich einander gegenübertreten und erhalten Eindrücke, die ihnen keine noch so tiefgründige bloße Vorlesung vermitteln könnte.

Betrachten wir jedoch die Veröffentlichungen der „Militärischen Gesellschaft" im ganzen, so finden wir, obwohl die große Linie im Sinne Scharnhorsts klarliegt, hier auch Aufsätze von Männern, die ganz anderen geistigen Richtungen im preußischen Heer angehören. So schreibt der Generalleutnant *von Rüchel,* der von sich selbst erklärt, daß „niemandem in der Welt unsere Staats= und Militär=Verfassung heiliger ist als gerade mir" [221]. Unter den Autoren finden wir ferner den Oberst *Phull,* der als Leiter der östlichen Brigade im General=Quartiermeisterstab seine Pläne und Operationen auf ein mathematisches System von „Magazinal=Verpflegungs=Radien" gründete und den Oberst *von Massenbach,* jene schillernde Persönlichkeit, die entscheidenden Wert auf eine vorwiegend geographisch bestimmte Kriegstheorie legte und sich als Fanatiker der Terrainkenntnis in eine Militärtopographie verrannte. Die „Militärische Gesellschaft" mußte jedoch ihrer ganzen Anlage nach den verschiedensten Ansichten Raum gewähren. Schon ihre Gründung hatte große Schwierigkeiten verursacht. Der später als Militärschriftsteller bekanntgewordene damalige Leutnant *von Valentini,* der die Kämpfe hinter den Kulissen kannte, erklärte voller Spott: „Die Konstitution der Gesellschaft hat fast so viel Debatten gekostet, als die Gründung der französischen Konstitution". [222] Scharnhorst ließ die Vertreter des Alten zu Wort kommen, da er sie dringend brauchte, um das Mißtrauen gegen viele seiner Maßnahmen zu zerstreuen. Sie nahmen auch die entscheidenden repräsentativen Posten ein. Überall stellte er sie in den Vordergrund. Sie allein konnten ihm Rücken= und Flankendeckung gewähren. Für die Wirkungsmöglichkeit der „Militärischen Gesellschaft" war es von größter Bedeutung, daß etwa Prinz *Karl von Mecklenburg=Strelitz* oder Prinz *August=Ferdinand von Preußen,* Generalleutnant *von Rüchel,* Oberst

---

221 Des Generalleutnants *Rüchel* „Supplement zu einiger Aufklärung" vom 20. November 1803, Heeresarchiv Potsdam, Acta der Immediat=Militär=Organisations=Kommission, Nr. 46, Bl. 10.

222 *Valentini* an Berenhorst, Acta, Heeresarchiv Potsdam, Nachlaß Valentini, Bd. I, S. 42.

Phull oder *von Lecoq* und Generalfeldmarschall *von Moellendorff* Mitglieder der Gesellschaft waren. Sie ermöglichten es erst, daß die Leutnants *von Clausewitz* oder *von Valentini,* der Oberleutnant *von Boyen* oder Hauptmann *von dem Knesebeck,* der als damaliger Anhänger revolutionärer Ideen im Heer besonders bekannt war, ein *Rühle, Müffling, Reicke, Grolmann,* um nur einige zu nennen, hier ein Wirkungsfeld fanden. Unter diesem Blickpunkt begrüßt es Scharnhorst, daß der Generalleutnant *von Rüchel,* der Generalinspekteur sämtlicher militärischer Erziehungsanstalten, erster Präsident der Gesellschaft wird. Scharnhorst selbst zieht sich auf die Stellung eines ersten Direktors zurück. Als Rüchel seinen Rücktritt von dem Präsidium der Gesellschaft damit begründet, er erachte die Veröffentlichung von Vorträgen in einem für die breite Öffentlichkeit bestimmten „militärischen Journal" für das Ansehen der preußischen Armee nicht dienlich [223], gibt sich Scharnhorst die größte Mühe, ihn zu halten und erklärt:

> „Die Militärische Gesellschaft siehet bei der Beharrung auf diesem Entschluß den Verfall der Gesellschaft und fühlt es schmerzhaft, ein Vertrauen verloren zu haben, welches ihr von so großem Werth war." [224]

Unverständlich sind diese Worte, wenn man sie nicht unter politisch-taktischen Gesichtspunkten bewertet. Mit Rüchel als Präsidenten verlöre die Gesellschaft eine der Säulen, die sie nach außen in trefflicher Form abzustützen vermochte.

Nur unter dem Schutze der Anhänger des Alten, deren größtenteils belanglose Ansprachen und Aufsätze an erster Stelle stehen, kann sich in der „Militärischen Gesellschaft" eine Form verwirklichen, die auch den Vertretern des Neuen die Möglichkeit gibt, zum Zuge zu kommen, vermögen sich die geistigen Kämpfe im Rahmen akademischer Sitten abzuspielen. Nur wenn jeder Bruch vermieden wird, der ihm bei der Verwirklichung seiner Pläne hinderlich sein kann, vermag Scharnhorst die Rollen so zu verteilen, daß auf Umwegen erreicht wird, was er will. Scharnhorst ist dabei allerdings dadurch im Vorteil, daß er die Diskussion auf die streng fachliche Linie zu schieben vermag. Die Offiziere, die hier debattieren, treten als militärische Fachkenner auf, die ihre Ideen austauschen,

---

[223] Die anfallenden Aufsätze, Rezensionen, Aufgaben, wurden unter dem Titel „Denkwürdigkeiten der Militärischen Gesellschaft" gedruckt (im ganzen 5 Bände), aber nicht der Öffentlichkeit zugänglich gemacht.

[224] *Scharnhorst,* Ansichten der Militärischen Gesellschaft über die Grenzen der militärischen Publizität, Acta, Heeresarchiv Potsdam, Nachlaß Scharnhorst, B 24.

um zu gewissen praktischen Ergebnissen zu kommen. Hinter dieser fach=lichen Diskussion aber stehen immer die großen Probleme der Zeit, um deren Lösung es auf militärischem Gebiete geht. Scharnhorst dämpft die Stürmer und Dränger, gewöhnt die in den alten Ideen fest=gefahrene hohe Generalität an die Erörterung neuzeitlicher Probleme der Kriegführung, mildert die starre Frontenstellung und versucht, ins=gesamt alle positiven Kräfte für seine Pläne einzuspannen und gleich=zurichten. Er selbst betont immer wieder, daß die „scheinbaren Wider=sprüche" in der Kriegskunst nur die Dogmatiker und Eiferer hinein=getragen haben, während sich alle Veränderungen in der Art der Kriegführung, wenn man nur die großen geschichtlichen Entwicklungen sieht, auf denen sie beruhen, bei sachgemäßer Betrachtung sofort klären. Sie zeigen insbesondere auf, daß man in der Kriegstheorie kein Dogma, sondern eine Lehre vom praktischen Handeln zu sehen hat, und kann daraus ableiten, was in der Gegenwart zu tun ist.

Die „Militärische Gesellschaft" ragt so weit über den Rahmen einer zufälligen fachlichen Vereinigung von Offizieren, wie es deren so viele im 18. Jahrhundert gab, hinaus. Scharnhorst benutzt die allgemeine Tendenz der Zeit, sich zu vereinigen und untereinander aufklärend zu wirken, und schafft eine Einrichtung, die unmittelbar praktisch=poli=tisch wie wissenschaftlich für den Fortschritt im Heer zu wirken ver=mag. Die Gesellschaft besaß im Jahre 1803 130, im Jahre 1806 fast 200 Mitglieder. Sie hat in der kurzen Zeit ihres Bestehens Großes ge=leistet und die ihr zugedachte Aufgabe voll erfüllt.

VII. Scharnhorst als radikaler Revolutionär

1. Die Wandlung der politisch=militärischen Situation

Scharnhorst hatte alles getan, was geschehen konnte, um das preußi=sche Heer den Erfordernissen einer modernen Kriegführung anzu=passen. Es sollte im Geist des Fortschritts nach den ihm selbst inne=wohnenden Lebensgesetzen die ihm gemäßen Wege einschlagen. Für Scharnhorst war dabei ein zeitgemäß umgewandeltes stehendes Heer immer noch diejenige Organisation, die den militärischen Anforderun=gen der Gegenwart genügen konnte. Preußen scheint ihm auch noch in einer durchaus gesicherten Position. Durch Österreich gedeckt, genügt es, wenn es das Seinige tut, um sein stehendes Heer in Form zu halten. Es wird dann alle Wechselfälle des Schicksals überwinden können.

Diese Situation wandelt sich, je mehr es auf das Jahr 1806 zugeht. Österreich ist vernichtend geschlagen, Preußen isoliert. Sein stehendes Heer müßte nunmehr die Wucht eines napoleonischen Krieges allein durchstehen, der auf die Vernichtung des preußischen Staates zielt. Jetzt ist der Augenblick gekommen, in dem die Tatsachen, auf denen Scharnhorst bisher seine militärischen Vorschläge aufbaute, sich grundlegend geändert haben. In dieser Situation gibt Scharnhorst die Rolle eines im Hintergrund wirkenden Reformators des preußischen Heeres, der seine Reformen langsam und unvermerkt durchsetzen will, als nicht mehr zeitgemäß auf. Er haftet nicht an den von ihm selbst aufgestellten Grundsätzen einer organischen, behutsamen Weiterentwicklung des preußischen Heeres. Er verläßt dazu die bisher verfolgte Linie eines taktisch-klugen, diplomatischen Vorgehens und wird zum radikalen Revolutionär. Vor seinen Augen steht der sichere Untergang des preußischen Staates, wenn er in seiner bisherigen Gestalt dem Existenzkampf ausgesetzt wird. Er wird dieser Kraftprobe seiner ganzen Konstitution nach nicht gewachsen sein. Übrig bleibt daher nur noch ein Weg: Durch eine radikale Umstellung muß sich der preußische Staat die inneren Formen geben, die es ermöglichen, alle diejenigen Kräfte zu mobilisieren, mit denen man einer solchen Auseinandersetzung auf Leben und Tod gewachsen sein kann.

Scharnhorst zieht damit zugleich die Konsequenzen aus seiner eigenen Geschichtsbetrachtung und seiner Auffassung über den Fortschritt im Heer. In dieser neuen Situation bedeutet es Fortschritt, sich dem Gegner dadurch anzupassen, daß man in einer einmaligen Anstrengung alle politischen und militärischen Kräfte mobilisiert, kompromißlos einen völlig neuen Weg geht und alle Institutionen, die dem entgegenstehen, bedenkenlos über Bord wirft. Gegenüber der totalen Gefahr predigt Scharnhorst das totale Risiko. So sehr bisher Vorsicht und Rücksichtnahme die Methode seines Vorgehens bestimmten und der Situation auch angemessen waren, so sind es jetzt Rücksichtslosigkeit und Radikalismus. Sie sollen zu entscheidenden Mitteln im Rahmen einer neuen Heerespolitik werden.

2. Scharnhorsts Forderung nach Proklamierung des Nationalkrieges

Aus dieser Situation ist das Memoire zu verstehen, das Scharnhorst im April 1806 vor dem Feldzug gegen Napoleon verfaßte und dem Generaladjutanten des Königs, von Kleist, sowie dem Herzog von Braunschweig, dem Oberkommandierenden der preußischen Armee, übergab. Scharnhorst schlägt dem König vor, den Aufstand der Massen und in einem Appell an die Armee und die Nationen Europas den Nationalkrieg zu verkünden. Die allgemeine Volksbewaffnung soll in der Form durchgeführt werden, daß neben das stehende Heer, das Scharnhorst schon nicht mehr als eine Armee im Sinne des absoluten Staates, sondern als eine Truppe betrachtet wissen will, die sich für Ideen schlägt, eine „National=Miliz", tritt.

Dies mußte auf die hohe Generalität als Proklamation wildesten militärischen Jakobinertums wirken. Hatte doch erst vor kurzem die „Militär=Organisations=Kommission" unter dem Vorsitz des Feldmarschalls *von Moellendorff* den Gedanken einer National=Miliz, den der Major von dem Knesebeck in der Form einer „Vaterlandsreserve" zur Verstärkung der Schlagkraft der preußischen Armee im Osten vorgeschlagen hatte, entrüstet von sich gewiesen und derartige Pläne als „sehr gefährliche Propositionen" bezeichnet, durch die „eine gänzliche Umwälzung des Militärs und seiner Verhältnisse gegen den Staat" eintreten würde [225]. Sie hatte den „Patriotismus", auf den eine solche Nationalmiliz aufbauen müßte, auf das schärfste abgelehnt und an Stelle dessen den „Pedantismus" als dasjenige Element bezeichnet, von dem der preußische Staat in der Stunde der Gefahr allein etwas zu erwarten habe. Wird doch das „Vertrauen, das ein jedes Individuum auf das Korps setzt, zu welchem es gehört", nach Ansicht der Kommission „gerade durch den Pedantismus zu Wege gebracht und befördert".

Scharnhorst weiß, daß, wenn er den Gedanken der Nationalmiliz aufgreift, der in offizieller Form soeben als staatsgefährlich von einer vom König eingesetzten Kommission abgelehnt wurde, die Führung des preußischen Heeres in unerhörter Form herausgefordert wird. Er versucht aber nicht einmal mehr in seiner üblichen Weise den alten Generalen unter Rücksichtnahme auf ihre Mentalität die Nationalmiliz schmackhaft zu machen und, worauf sie so großen Wert legen, zu versichern,

---

225 Dazu *Höhn*, „Die amtliche Ablehnung des neuen Kriegsbildes durch die Militär=Organisations=Kommission" in Revolution, Heer, Kriegsbild a. a. O., S. 449 ff.

daß nichts „bouleversiert“ werde. Er verweist vielmehr auf den Radikalismus der Französischen Revolution als Vorbild und verlangt gleiche Maßnahmen in der preußischen Monarchie, wenn sie die Stunde der Gefahr überstehen wolle. Nur dadurch,

> „daß man die ganze Masse des Volkes bewaffnet, erhält ein Kleines eine Art von Gleichgewicht der Macht in einem Defensivkrieg gegen ein Größeres, welches einen Unterjochungskrieg führt und angreift“ [226].

Nur so, erklärt er, vermochte sich Frankreich gegen die eindringenden Heere der Verbündeten zu wehren.

Alle Voraussetzungen, um eine solche allgemeine Volksbewaffnung durchzuführen, sind auch in Preußen vorhanden. Besitzt doch Preußen

> „in allen Klassen von Staatsbürgern eine Menge patriotischer Männer, welche die Lage des Staates fühlen und welche das Gefühl für Nationalehre mit dem der militärischen Ehre vereinigen, und welche nicht allein Kenntnis vom Militär haben, sondern auch durch eine höhere Kultur des Geistes sich auszeichnen“.

In dieser Nationalmiliz als Organisationsform der allgemeinen Volksbewaffnung muß „jeder Staatsbürger ohne alle Ausnahme dienen“. Die bisherige Gliederung in Wehrstand, Nährstand und Lehrstand und damit das Grundprinzip der absoluten Monarchie, daß der Bürger nicht merken dürfe, wenn die Armee sich schlägt, wird aufgehoben. Das ganze Volk wird zur Verteidigung des Staates aufgerufen und dabei dem Bürgertum eine besonders aktive Rolle zugewiesen. Auf schnellste Weise sollen Waffen und Munition in den Festungen niedergelegt, muß mit den notwendigen „Übungen in Bataillonen“ begonnen werden.

Wenn Frankreich sieht, daß Preußen bereit ist, seine gesamten Kräfte zu mobilisieren und dabei unter Preisgabe einer diesem Beginnen hinderlichen militärischen Tradition revolutionäre Wege zu gehen, wird es vielleicht zur Überzeugung kommen, „daß es Preußen nicht aufs Höchste treiben“ dürfe. Das ist das außenpolitische Ziel, das zugleich mit dieser Volksbewaffnung angestrebt wird. Zugleich kann Preußen mit einer durch eine allgemeine Volksbewaffnung ergänzten Armee in der Gewißheit, alles getan zu haben, getrost den kommenden Ereignissen ins Auge sehen.

Denen, die einwenden, die Nationalmiliz tauge ja nicht für den Felddienst, antwortet Scharnhorst: Man muß sie nur richtig einsetzen und

---

[226] „Ein dem Generaladjutanten von Kleist und Herzog von Braunschweig übergebenes Memoire“, abgedruckt bei *v. d. Goltz,* Von Roßbach bis Jena und Auerstedt, 1883, S. 543 ff.

geschickt verwenden, dann kann sie das vollbringen, was auch Feldtruppen leisten würden. Nie darf die Nationalmiliz allerdings „für sich allein agiren", sie muß vielmehr immer

> „in Verbindung mit Feldtruppen die durchschnittenen Gegenden besetzen, den Teil der Feldtruppen verstärken, welche zum Figurieren bestimmt sind, welche Angriffe machen, den Feind in Respekt erhalten, gewisse Posten verteidigen sollen".

Ihre besondere Aufgabe ist es, daß sie

> „bei den Hauptkolonnen die Nebenwege gehen, die vorliegenden Gehölze und Gebüsche besetzen, dem Feind in die Flanke fallen usw., überall da agieren, wo es mehr auf die geschickte Benutzung der Umstände und auf das einzelne zerstreute Gefecht, als auf das regelmäßige ankommt".

Die Nationalmiliz hat, mit anderen Worten, den Tirailleurkampf zu führen, der sich für sie ihrem Wesen nach am besten eignet.
Über diese rein technische Frage des zweckmäßigsten Einsatzes der Männer der Volksbewaffnung hinaus vergesse man nicht, welche Bedeutung der Enthusiasmus, der begeisterte Kampf für die Unabhängigkeit und Freiheit der Heimat, für die Nationalmiliz besitze. Scharnhorst hatte einst den Offizieren den Enthusiasmus als Tugend der Entsagung im Sinne des Römertums hingestellt [227]. Jetzt deutet er ihn ganz im Sinne der Revolution als den großen Inspirator, mit dem man die leidenschaftliche Volksmasse geschickt lenken könne, der oft „große Tapferkeit und außerordentliche Aufopferung" bewirke, und dessen man sich bewußt bedienen müsse. Alle Quellen, die zur Erzeugung des Enthusiasmus geeignet scheinen, müssen ausgeschöpft werden.
Als ein Grundgesetz für den Lebenskampf der Völker wird es von Scharnhorst hingestellt, daß

> „religiöse Schwärmerei, oder enthusiastische Verehrung eines ausgezeichneten Anführers, oder Liebe für die Freiheit und Haß gegen den Unterjocher meistens die Quellen der ungewöhnlichen moralischen Stärke, des Muts und der Ausdauer waren, durch welche sich Völker auszeichneten".

Sie gilt es zu benutzen. Da die Erfahrung gelehrt hat, daß man

> „in einer Armee den Mut erhöht, wenn man sie glauben machen kann, sie sei mutig ... hat man besonders im Anfang des Krieges eine jede nur ganz mittelmäßige Tat als eine höchst tapfere der Armee bekannt zu machen und sie gleichsam zu überreden, daß sie sehr tapfer sei".

---

227 Vgl. S. 95 ff. dieses Buches.

Darüber hinaus aber müssen „nach jeder bedeutenden Affäre Belohnungen und Bestrafungen auch in den niederen Graden unausbleiblich folgen", sind sie doch „für die große Masse das einzige Mittel, welches die durchaus erforderliche Spannung erhält, und wodurch die Befehlshaber auf den Geist der Niederen wirken können." Jeder Befehlshaber aber hat sich über folgendes klar zu sein:

> „Zeichnet man den Mutigen nicht bei jeder Gelegenheit aus, belegt man nicht jedes zweideutige Benehmen mit Schande: so wird man keine außerordentlichen Taten in unserem Zeitalter erwarten können und in die Gefahr kommen, Abspannung und Mutlosigkeit zu erzeugen — denn nie befinden die moralischen Eigenschaften sich im Stillstande — sie fallen, sobald sie nicht mehr nach Erhöhung streben."

Hatte Scharnhorst dereinst ein klug gehandhabtes System von Belohnungen und Bestrafungen als Voraussetzung dafür betrachtet, um das Offizierkorps in Form zu halten, so verwendet er es nunmehr für die breite Masse, um den Enthusiasmus in ihnen wach zu halten. Während die alte Schule die Strafe benutzt, um die Widerspenstigkeit der einzelnen im Frieden zu brechen und im Kriege die Furcht vor dem Tode zu übertrumpfen, betrachtet sie Scharnhorst als ein Mittel, um den Geist eines neuen preußischen Kriegertums zu beleben.

Um der Armee das Bewußtsein zu geben, daß sie aktiv am Geschehen teilnimmt, soll eine „Zeitung, welche die Armeenachrichten, Relationen der Affären, Avancements und diejenigen Nachrichten, welche die Armee interessieren könnten", enthält, herausgebracht und kompagnieweise verlesen werden.

3. Scharnhorsts Versuch zur Überwindung der allgemeinen geistigen Lähmung

Eine besonders schwerwiegende, den Geist von Armee und Staat stark belastende Tatsache muß Scharnhorst bei seinen Plänen berücksichtigen. Preußen war bisher in seiner Entwicklung durch eine Reihe überragender Herrscher bestimmt worden. Das Volk war gewohnt, nach oben zu sehen und von hier das Heil zu erwarten. Jetzt steht ein großer Mann auf der Gegenseite, in Preußen fehlt er. Scharnhorst ist sich der dadurch entstehenden schweren psychologischen Belastung bewußt, die zu einer allgemeinen Lähmung führen kann, und versucht sie abzuschütteln. Um den Freiheitskampf gegen den angreifenden Korsen durchzuführen, bedarf es, so versichert er, durchaus keines großen überragenden Feldherrn. Scharf wendet er sich gegen die Meinung, daß

> „nur ein großer Mann eine seltene und außerordentliche Anstrengung der Völker im Kriege bewirken könne",

eine Ansicht, die „höchst traurige Folgen für ein tapferes Volk haben könne". Für einen Eroberungskrieg sei sie „nicht ganz unrichtig", aber

> „in einem Kriege, wo ein jeder einen großen Anteil an dem glücklichen Ausgang desselben hat, wo die Nation für ihre Freiheit oder Unabhängigkeit ficht, wo sie mit der Unterjochung oder Beraubung bedroht wird — da vertritt der allgemeine Wille das, wozu unter anderen Umständen die größte Weisheit erfordert wird".

Scharnhorst hält dabei Preußen wiederum die Franzosen als Beispiel vor Augen und fragt: „Siegten sie nicht unter allen Heerführern, unter Dumouriez, Custine usw.?" Von diesen müßten die meisten, an einem Friedrich und Napoleon gemessen, nur als mittelmäßig bezeichnet werden. Wenn es jedoch um die Wahl zwischen Unterjochung oder Freiheit gehe,

> werde „nichts weiter zu unsterblichen Taten erfordert als der Entschluß des Anführers zu siegen oder zu sterben" [228].

Solche Anführer müsse man allerdings an die Spitze der neuen Armee stellen. Rücksichtslose Ausmerzung derjenigen höheren Führer, die innerlich nicht mit den Prinzipien übereinstimmen, die der neue Kampf erfordert, hatte Scharnhorst schon früher gefordert [229]. Nunmehr betrachtet er dies als ein Gebot der Stunde. Man muß

> „Männer zu Divisionären, Brigadieren und Kommandeuren der Regimenter anstellen, welche durch Talente und Mut sich auszeichnen. Diese Eigenschaften begründen in der Tat dem ersten Ursprunge nach auch nur ein Recht auf jene Stellen. Denn diese können ihrer Natur nach keine Belohnung langer Dienste sein; nicht die geleisteten, sondern die zu leistenden sollten ihre Wahl bestimmen".

Scharf achte man auf die Fähigkeiten der bisherigen Kommandeure, bereits

> „beim Ausmarsch entferne man die anerkannt unfähigen Befehls-, haber; im Laufe des Feldzugs verbinde man die größte Verantwortlichkeit mit diesen Stellen, sowohl in Hinsicht der Disziplin als des Verhaltens in Aktionen".

---

228 *Scharnhorst*, Hat man bis jetzt noch immer Fortschritte in der Kriegskunst gemacht? a. a. O., S. 9.

229 Vgl. S. 90 f. dieses Buches.

Den Grundsatz, daß die Stellen der obersten Befehlshaber höchst ge=fährliche Posten seien und jeder einzelne, der sich um sie bemühe, mit seinem Kopf spiele, hatte Scharnhorst bisher bereits im Kampf um den Fortschritt gegenüber dem Geist der „Invalidität" im Offizierkorps verfochten. Er soll nun zum Leitprinzip erhoben und damit der „Krie=cherei und Konnexion ein Damm entgegengestellt" werden, den sie nicht umzustoßen vermöge. Die Größe der Gefahr gibt auch hier die Möglichkeit, endlich die Maßnahmen zu treffen, die für den preußi=schen Staat von lebenswichtiger Bedeutung sind.

Was aber will Scharnhorst denen sagen, die dem Massenkrieg gegen=über auf die hohe Kunst schwören und von hier das Heil erwarten? Scharnhorst hatte gegen einen Mann wie Berenhorst, der im Verhält=nis zu den enthusiastisch begeisterten Massen die Kunst als neben=sächlich betrachtete, diese verteidigt, jetzt zeigt er die Grenzen der Kunst. Er weist darauf hin, daß es Lagen gebe, in denen die „Kunst des Krieges" gegenüber den „militärischen Tugenden", der „Tapfer=keit, Aufopferung, Standhaftigkeit" zweitrangig sei und diese, nicht die Kunst, zu „Grundpfeilern der Unabhängigkeit eines Volkes" wür=den. In eine solche Situation ist Preußen nunmehr geraten.

> „Wir haben angefangen, die Kunst des Krieges höher als die mili=tärischen Tugenden zu schätzen — dies war der Untergang der Völker in allen Zeiten — Tapferkeit, Aufopferung, Standhaftigkeit sind die Grundpfeiler der Unabhängigkeit eines Volkes — wenn für diese unser Herz nicht mehr schlägt, so sind wir schon verloren auch selbst in dem Laufe der großen Siege."

Damit fordert Scharnhorst die Führung der preußischen Armee auf, zu erkennen, daß im Augenblick die eigentliche Aufgabe darin liegt, die letzten Energiereserven der Nation zu mobilisieren und alle moralischen Kräfte des Volkes einzuspannen, anstatt über Operationsplänen zu grübeln. Er hämmert ihr ein, daß

> „zu allen Zeiten nicht nur die physischen Kräfte entschieden, sondern daß es ebenso sehr auf die moralischen ankam".

Erst wenn man die gesamten Kräfte der Nation eingesetzt und damit das Gleichgewicht gegen den Angreifer soweit wie möglich wiederher=gestellt hat, sind die Voraussetzungen dafür geschaffen, um erneut die Kunst zu ihrem Recht kommen zu lassen, eine Kunst allerdings, die sich nun ihrerseits wieder neuer Mittel bedienen kann, die ihr der in der Zwischenzeit erfolgte politisch=militärische Umbruch an die Hand gibt.

In dieser Situation, in der das Heer Friedrichs des Großen, das im

Siebenjährigen Krieg die Franzosen einst so ruhmreich vermöge der „Kunst", wie man glaubte, geschlagen hatte, wieder zum Waffengang gegen sie antreten muß, beschwört Scharnhorst den Geist des Königs, aber in einer ganz anderen Form, als man es allgemein in jener Zeit tut. Er wendet sich dagegen, daß man den König nur als einen Virtuosen der Kriegskunst betrachtet, der auf Grund einer überlegenen Taktik, verbunden mit einem höchst entwickelten Manövriersystem siegte. Alle seine Siege werden von Scharnhorst vielmehr unter dem Blickpunkt betrachtet, daß hier weniger die Talente eines großen Generals ausschlaggebend waren als sein „Unternehmungsgeist und Stärke des Charakters". Bloß Roßbach und Leuthen haben zur Zeit des Siebenjährigen Krieges als „das Werk des seltenen Genies" zu gelten. Im übrigen aber hätten

> „das Glück und sein fester Entschluß, zu siegen oder zu sterben (das Gift in seiner Tasche) einen größeren Anteil an dem glücklichen Ausgang gehabt als die Talente eines großen Generals".

In dieser Beharrlichkeit solle man ihn nachahmen. Aber auch sein Mut, seine Ausdauer und seine Hingabe erscheinen nicht mehr lediglich als die Eigenschaften einer auf sich selbst gestellten Einzelpersönlichkeit, die man als ein Wunder anstaunen kann, sondern sind eng verbunden mit einem allgemeinen nationalen Widerstandswillen, der in dem Großen König nur seinen Ausdruck fand [230]. Zwar ist der König nicht mehr am Leben, aber die Kräfte, die ihn trugen, sind noch vorhanden. Es braucht sich nur ein Heerführer zu finden, der sie wieder erweckt, der dieselben Charaktereigenschaften wie der König, auch bei minderem Talent entwickelt, dann werden ihm diese Kräfte zuströmen und ihm helfen, den Sieg zu erringen.

Scharnhorst erkennt die innere wie äußere Lage des preußischen Staates und zögert nicht, daraus die notwendigen Folgerungen zu ziehen. Er will den nicht zu vermeidenden Krieg bereits im Frieden durch eine Revolution im Inneren gewinnen helfen. Er weiß genau, daß dieser Krieg ganz anders aussehen wird als die Kriege, die Preußen bisher führte, und schlägt dafür entscheidende Maßnahmen vor, um das Gleichgewicht der Macht durch die Mobilisierung der Massen herzustellen. Den Mangel des Genies, der als äußerst niederdrückend emp-

---

[230] „Der Mut, die Ausdauer und Hingebung beim Oberhaupt aus dem Volke wird nur zu oft als hohe Weisheit verehrt, so wie wir die zufällige Wirkung der allwirkenden Kraft der Natur zu einem einzigen Wesen personifizieren."

funden wird, versucht er durch die Berufung auf das Genie der Nation und die Charakterstärke der Führung auszugleichen. In letzter Stunde sollen „Alter, Schwäche, Untätigkeit und Unwissenheit“ aus der Führung der Armee entfernt und eine charakterlich einwandfreie, mutige, für die neuen Aufgaben passende mittlere Führerschicht an die entscheidenden Stellen gebracht werden. Andererseits aber weist er das preußische Volk auf Friedrich den Großen in einer neuen Sicht als Beispiel hin, an dem es sich in kommenden schweren Stunden aufrichten soll.

In der Denkschrift von 1806 werden alle diejenigen Fragen behandelt, um die es bei dem bevorstehenden Kampf ging: um eine tatkräftige, zielbewußte Führung, entsprechende Unterbefehlshaber, Heranziehung der breiten Massen des Volkes zum Kampf, sowie eine Idee, für die man sich schlagen kann. Es sind dies zum Teil Forderungen, die Scharnhorst bisher geschickt zu umgehen oder immer in sehr gemäßigter Form zu erheben wußte, die aber jetzt angesichts der Notlage des Staates offen ausgesprochen werden. Für die Verwirklichung war es zu spät, es fehlten dazu die Voraussetzungen. Wer sollte vor allem diese innere Revolution durchführen? Im monarchischen Staat kam dafür allein der König in Frage. Er hatte des Freiherrn vom Stein Verlangen nach Sturz der Kabinettsregierung abgelehnt und die Führung der Armee in die Hände derjenigen Männer gelegt, die in ihrer Person gerade das Gegenteil von dem verkörperten, was Scharnhorst verlangte [231].

VIII. Der verlorene Krieg — Die Grenzen von Scharnhorsts Wirken

Wir sind es gewohnt, die Niederlage von 1806 mit der Begründung zu verbinden, auf den Schlachtfeldern von Jena und Auerstedt habe das preußische Heer die Quittung dafür empfangen, daß es sich auf den Lorbeeren Friedrichs des Großen ausgeruht habe. In Wirklichkeit ist das preußische Heer seit den Revolutionskriegen nicht mehr zur Ruhe gekommen. Das bisherige Kriegsbild ist erschüttert. Das gesamte Kriegswesen, von der Kriegskunst und Kriegstheorie bis zur Stellung des Offiziers und Soldaten innerhalb der Heeresverfassung, wird problematisch. Die Grundvorstellungen von Tradition, Gehorsam, Disziplin,

231 Ob dem König die Denkschrift überhaupt vorgelegt wurde, ist fraglich.

Tapferkeit, Mut und Ehre werden auf ihren Gehalt untersucht und nicht mehr als selbstverständlich betrachtet. Der „esprit de corps", kennzeichnend für den Geist des alten Heeressystems, wird durch das neue Phänomen des Enthusiasmus, der auf einem ganz anderen Boden gewachsen ist, in Frage gestellt. Mit einem ungeheuren Aufwand an politischen, geistigen und rein technischen Argumenten wird um die neuen Positionen gerungen. Aber auch überall da, wo scheinbar nur technische Probleme zu lösen sind, wie in der Frage nach der alten oder neuen Kampfesweise, der Gefechtsausbildung der Formationen und der Verbindung der verschiedenen Waffen im Gefecht, geht es um das Grundsätzliche. Es gibt politisch anrüchige Kriegstheorien und Fechtarten. Die gewaltigen Spannungen, die im stehenden Heere auf diese Weise erzeugt werden, spiegeln sich deutlich in den Äußerungen seiner führenden Köpfe wider, mögen sie nun auf der Seite des Neuen stehen oder als Verfechter des Alten auftreten.

Die tiefgreifende Wandlung in den Anschauungen findet insbesondere in dem Ringen um die künftige Stellung des Offiziers ihren Ausdruck. Die Grundlage seiner Substanz, die im Adel ruht, gerät ins Schwanken. An eine Elite, die als Kaste zu erstarren droht, tritt die Frage nach ihrer Lebensberechtigung in allen ihre Existenz berührenden Punkten heran. Ob ihr Kriegertum noch auf der Höhe der Zeit steht, wird ebenso problematisch wie die Zweckmäßigkeit ihrer Auslese. Ein heftiger Kampf vollzieht sich um die Person des Feldherrn, der in die neue Vorstellung vom Krieg einbezogen wird. Um den Typ des neuen Feldherrn ringt die Aufklärung mit dem Sturm und Drang, der absolute Staat mit der französischen Revolution. Das Bild des genialen Feldherrn als schöpferische Urkraft wird neu geformt. Die Auseinandersetzung um Persönlichkeit und Werk Friedrichs des Großen ist im vollen Gange. Des Grafen *Friedrich v. d. Decken* großartig angelegte Verteidigung des absoluten Staates und seines Heeres bringt diese krisenhafte Situation deutlich zum Ausdruck und zeigt die tiefgehenden Spannungen in Staat und Heer.

Betrachten wir rückschauend im Rahmen dieser Auseinandersetzungen das Werk Scharnhorsts: Er ist es, der die praktischen Folgerungen aus dieser geistigen Auseinandersetzung zu ziehen weiß und sie fruchtbar macht, soweit dies überhaupt im Rahmen des absoluten Staates geschehen kann. In den wenigen Jahren seiner Wirksamkeit im preußischen Heere hat er Erstaunliches vollbringen können. Er versucht, dieses Heer konsequent auf seinen großen Gegner Napoleon auszurichten und es aufs neue in Form zu bringen. Statt alter Manöverstrategie wird den künftigen Generalstabsoffizieren in der Kriegsakademie die moderne napoleonische Strategie gelehrt. Auf den verschiedensten Ebenen ist die allgemeine Umformung des Offizierkorps im Gange. Für die Ausbildung des Nachwuchses und die Erziehung zum „denkenden Offizier" wird ein festes Fundament gelegt. In der „Militärischen Gesellschaft" werden in aller Offenheit die entscheidenden militärischen Probleme mit Rücksicht auf den „dereinstigen Felddienst" erörtert. Die in ihrer Bedeutung klar erkannte Einteilung der Armee in Divisionen wird allerdings erst in letzter Minute bei der Feldarmee durchgeführt und damit die organisatorische Basis für die Möglichkeit einer modernen Strategie geschaffen. Das Tirailleursystem, über dessen Bedeutung im modernen Krieg endlose Debatten geführt worden waren, wird, wenn auch nur in bescheidenem Rahmen, in die Führung des Gefechts einbezogen.

Auf dieses Heer, das keinesfalls träge verharrte, sich vielmehr in einem geistigen und organisatorischen Umformungsprozeß befand, stieß Napoleon. So positiv auch alle bisher getroffenen Maßnahmen, insbesondere mit Rücksicht auf die Zukunft zu bewerten sind, so bewunderungswürdig die Art ist, wie sie Scharnhorst durchzusetzen weiß, so zeigen sich andererseits auch deutlich die Schwächen und Mängel des bisher Erreichten.

Scharnhorst hatte das Schwergewicht seiner Erziehungsarbeit darauf verlegt, selbständig „denkende Offiziere" heranzubilden, die „nach den besonderen Umständen" zu handeln und zu „außerordentlichen Hilfsmitteln ihre Zuflucht" zu nehmen verstanden. Sein steter Kampf galt den „mechanischen Köpfen", der „Kleinmeisterei", der „Pedanterie", der falsch verstandenen Disziplin und hemmenden Tradition. Man muß sich gerade unter dem Gesichtspunkt des verlorenen Krieges Scharnhorsts Gedanken über die Umschulung des Offizierkorps vor Augen führen, um zu sehen, wie richtig er die Situation beurteilte [232], wie klar seine Konzeption war, und welche Möglichkeiten sie bot: Keine Einzelverbesserungsvorschläge, vielmehr ein geschlossenes System, das mit der Erziehung der Fähnriche und jungen Leutnante begann und bei den Offizieren des Generalstabs endete.

Damit sich ein solcher Prozeß der Umerziehung jedoch bis zum jüngsten Offizier auswirken konnte, brauchte man ein beispielgebendes höheres Führerkorps. Was nützen alle Postulate, wenn der Komman-

---

232 Vgl. „Scharnhorsts Appell an die jungen Offiziere", S. 122 dieses Buches.

deur starr an den alten Glaubenssätzen festhält, sich gegen den Fortschritt wehrt, jedes selbständige Handeln im Keim erstickt, sich in der Pedanterie erschöpft und in diesem Geist seine Offiziere erzieht? Alle die Mängel im Offizierkorps, die Scharnhorst immer und immer wieder gerügt und bekämpft hatte, traten in der Schlacht in ihren bitteren Konsequenzen hervor: Die Unbeholfenheit der unteren Führer, das Warten auf Befehle, die Ratlosigkeit vor unerwarteten Ereignissen, die Entschlußlosigkeit der höheren Führung und die fehlende Bereitschaft, Verantwortung zu übernehmen. Scharnhorsts Urteil über den Feldzug von 1806 lautete:

> „An militärischem Geist, an Bravour und gutem Willen fehlte es dem preußischen Offizier nicht, aber an Geistesmut, an Zutrauen zu außerordentlichen Hilfsmitteln, an Erfahrung, daran fehlte es."

Um das Offizierkorps umzustellen, insbesondere ein höheres, im anderen Geiste erzogenes Führerkorps in die neuen Aufgaben hineinwachsen zu lassen, gehörte Zeit. In wenigen Jahren war dies trotz aller Bemühungen nicht zu erreichen.

Scharnhorst hatte sich unter dem Motto „Anpassung an den Gegner" in einer im absoluten Staat bis an die Grenzen des Möglichen gehenden Kritik für die Säuberung der Armee von unfähigen Elementen in der höheren Führung eingesetzt. Er wies auf Friedrich den Großen hin, der, um den „inneren Trieb zu großen Taten" wachzuhalten, in jeder Schlacht eine „gewisse Anzahl höherer Offiziere cassiert und verabschiedet" habe [233]. Am Beispiel der Franzosen in den Revolutionskriegen zeigte er, daß es gelte, die Führerauslese nach Entschlossenheit, festem unternehmenden Charakter, Energie und innerer Härte zu richten. Das galt insbesondere für die Festungskommandanten, deren Stellung von Staats wegen als Versorgungsposition gedacht war. Man war sich darüber klar, daß sie im Ernstfall ihrem Posten nicht gewachsen sein würden. In der „Militärischen Gesellschaft" war dieses Problem eingehend besprochen und auch darauf hingewiesen worden, daß der Bürger für die Verteidigung interessiert werden müsse und es auf den Geist ankomme, der die Nation beherrsche [234]. Scharnhorsts Denkschrift vom Jahre 1806 ist ein letzter dringender Appell, „Alter, Schwäche, Unthätigkeit und Unwissenheit" aus der Armee zu entfernen und an

---

233 Vgl. S. 89 dieses Buches.

234 Die „Militärische Gesellschaft" stellte die Preisaufgabe: „Worin liegen die Ursachen des geringsten Widerstands der Festungen in neueren Zeiten?" Der Ingenieurleutnant Reiche löste sie. Vgl. auch die Verhandlungen in der Sitzung der Gesellschaft vom 13. Juni 1804.

Stelle „unfähiger Befehlshaber" dem Gegner gleichwertige von „größter Verantwortlichkeit" getragene Offiziere in die Führung zu bringen.

Hier lagen jedoch die Grenzen von Scharnhorsts Möglichkeiten. Was nützen die schärfste Kritik und die höchste Einsicht, wenn sie sich nicht bei der obersten Führung durchzusetzen vermögen? Scharnhorsts kluges politisch-taktisches Vorgehen war richtig, um den allgemeinen Umformungsprozeß im Heer einzuleiten und Schritt für Schritt Position auf Position zu erobern. Diese Methode hatte ihre Grenze jedoch am Ernstfall. Man kann einen autoritären Staat und dessen Bürokratie auf diese Weise weitgehend unterhöhlen, *im entscheidenden Augenblick muß* aber *der Einfluß auf die Befehlsmaschinerie gesichert sein.* Dies war nicht erreicht worden und konnte auch in der Kürze der verfügbaren Zeit nicht erreicht werden. Aus der Kriegsakademie war eine Reihe fähiger Offiziere hervorgegangen. Nach den Prüfungen des Jahres 1804 erhielten von 22 Schülern 9 Stellen im Generalstab, 5 andere wurden auf wichtige Posten in der Armee berufen. Als das preußische Heer ins Feld zog, gehörten zum Beispiel *Müffling, Valentini* und *Knesebeck* als Quartiermeisterleutnants dem Generalstab an. *Rühle von Lilienstern* tat als Adjoint, *Boyen* als überzähliger Adjoint Dienst, *Clausewitz* war als Adjutant dem Prinzen Heinrich zugeteilt, *Grolmann* Inspektionsadjutant bei Moellendorff, der spätere General *von Reiche* Ingenieuroffizier beim Stab des Oberkommandierenden. Überall talentierte und qualifizierte Offiziere, auf wichtige Posten in der Armee verteilt, aber nicht in entscheidender Stellung. Sie durch außerordentliche Maßnahmen dahin bringen zu wollen, wäre ein zum Scheitern verdammtes Beginnen gewesen. Dem standen der gesamte Aufbau der Hierarchie, Tradition und Anciennität hindernd entgegen. Man konnte den Sohn nicht über den Vater stellen. Dazu hätte es einer von revolutionärem Geist erfüllten obersten Spitze bedurft.

Das Kommando hatten dieselben Generale inne, die schon in den Revolutionskriegen von 1792–1794 geführt und sich der französischen Taktik als unterlegen erwiesen hatten, obwohl diese damals noch in den Anfängen stand. Wie sollten sie Napoleon überlegen sein, der die Kriegsführung im neuen Geist zur höchsten Stufe der Vollendung erhoben hatte und sie in Angriff und Verteidigung, im Rückzug und der Lösung vom Feind meisterhaft beherrschte? Die alten Generale kommandierten im alten Geist nach den Methoden, die sie gelernt hatten. Der General *Rüchel,* ein persönlich ehrenwerter und tapferer Mann, führte seine Truppen wie auf einer Parade unter Einhaltung von Distanz, Tritt, Richtung und Einsatz von Exerziermeistern an den Feind. *Grawert* unter Hohenlohe ließ bei Vierzehnheiligen seine ungedeckt stehenden Linien von den im Gelände agierenden französischen Tirailleuren zusammenschießen. Dasselbe geschah bei Hassenhausen, wo die Franzosen aus sicher gedeckter Stellung die in Linie stehenden Regimenter der Division Oranien, die mit ausgezeichneter Tapferkeit fochten, als lebendige Zielscheiben benutzen konnten und sie so dezimierten, daß sie weichen mußten. Dies alles, obwohl die Taktik der Franzosen seit den Revolutionskriegen bekannt war, an jeder neuen Schlacht, die Napoleon lieferte, genau verfolgt werden konnte, und schon auf Grund der Erfahrungen der Revolutionskriege heftigste Kritik an den „phlegmatischen Deutschen" und ihrer Methode geübt wurde, „sich frei hin(zu)stellen und nichts(zu)tun als was ihnen der Offizier befiehlt" [235]. „Wir haben uns brav genug, aber nicht klug genug geschlagen", schreibt Scharnhorst am Abend des 18. Oktober 1806 an seine Tochter. Es ist müßig zu fragen, ob der Ausgang des Krieges derselbe gewesen wäre, wenn eine im neuen Geist erzogene Führerschicht bereits in die entscheidenden Kommandostellen eingerückt wäre und Gelegenheit gehabt hätte, sich in die moderne Strategie und Taktik im Frieden in derselben Weise einzuspielen, wie dies mit der Manöverstrategie der Fall war.

Es war ein ausgezeichneter Gedanke, den unfähigen, kommandierenden Generalen fähige Gehilfen als Generalstabsoffiziere beigeben und diese so einstellen zu wollen, daß sie im entscheidenden Moment das Gewicht ihres besseren Rates zur Geltung zu bringen und zu überzeugen vermochten. Es war dies, wenn überhaupt, innerhalb des Systems die einzige Möglichkeit, Einfluß auf die Befehlsführung selbst zu bekommen [236]. Um diesen Gedanken auch nur annähernd verwirklichen zu können, hätte es zunächst einer einheitlichen Schule des Generalstabs bedurft. Diese war jedoch nicht vorhanden, auch wenn Scharnhorst an der Kriegsakademie allein Strategie las und damit zweifellos die Voraussetzungen für das Entstehen einer solchen Schule schuf. Neben ihm machten *Massenbach* und *Phull* als Generalquartiermeisterleutnants ebenfalls Schule. Die Scharnhorstsche war zu dieser Zeit noch sehr umstritten. Sie hat sich erst später durch das Gewicht der Ereignisse, die ihr Recht gaben, durchsetzen können. Praktisch gab es drei verschiedene Richtungen im Generalstab [237]. Die verhängnisvollen Beratungen im

---

[235] *Scharnhorst*, Ursachen des Glücks der Franzosen, a. a. O., S. 224.

[236] Vgl. dazu das Kapitel „Scharnhorsts Kampf um den Generalstab", S. 298 ff. dieses Buches.

[237] Ebenda, S. 332 f.

Hauptquartier, insbesondere der Einfluß Massenbachs, zeigten, daß von einer einheitlichen Auffassung des Generalstabs keine Rede sein konnte und der Streit der Schulen hier zum Austrag kam. Da die Stellung des Chefs des Stabes nicht geklärt, insbesondere keine Abtrennung seiner Befugnisse vorgenommen war, kam alles auf das persönliche Einvernehmen zwischen dem kommandierenden General und seinem Stabschef an. Was nützen jedoch die besten Generalstabsoffiziere, wenn sie keinen General finden, der sich beraten und überzeugen läßt, und wenn sie keine Verantwortung übernehmen dürfen? Scharnhorst hatte in seiner eigenen Person selbst die Unzulänglichkeiten dieser Situation nach allen Seiten hin durchkosten müssen. Als Generalquartiermeisterleutnant beim General Rüchel, der völlig in der alten Gedankenwelt lebte – Clausewitz hat ihn als eine „aus lauter Preußentum gezogene konzentrierte Säure" bezeichnet – vermochte Scharnhorst sich durchzusetzen. Bei seinem Abgang erklärte Rüchel, es sei dies für ihn „ein großer unersätzlicher Verlust", Scharnhorst werde ihm fehlen, wenn er „zur Aktion käme", „sein Glück und seine Gaben wiegen eine halbe Armee auf, und wir kennen und verstehen uns so gut." In seiner Eigenschaft als Chef des Stabes der Hauptarmee beim Oberbefehlshaber, dem Herzog von Braunschweig, und damit als erster Generalquartiermeister der gesamten Armee für den Feldzug von 1806, nahm Scharnhorst an und für sich eine außerordentlich bedeutsame Stellung ein, von der aus praktisch die gesamten Operationen hätten einheitlich gelenkt werden können. Aber er war nach Clausewitz' Zeugnis der Armee noch „zu fremd, von allen hohen und geringen Mitgliedern des Hauptquartierkongresses hatte kaum ein einziger ein Vertrauen der Art zu ihm, wie es hier erfordert wurde". Zudem scheiterte er an der Person des Herzogs. Dieser billigte zunächst die Ideen seines Stabschefs, so daß es schien, als könne der ganze Feldzug im neuen Geiste geführt werden, später aber geriet er in Differenzen mit Scharnhorst und schob ihn mit einem Nebenauftrag ab. Anstatt im wichtigsten Augenblick der Schlacht bei Auerstedt nach der tödlichen Verwundung des Herzogs als Chef des Generalstabs zu fungieren, führte Scharnhorst das Kommando über die Division Schmettau, deren Kommandeur ausgefallen war und kämpfte zuletzt mit dem Gewehr in der Hand auf dem Schlachtfeld [238]. Welch eine Umkehrung der Verhältnisse!

Man konnte es als einen bedeutenden Erfolg Scharnhorsts ansehen, die Einteilung der Armee in Divisionen durchgesetzt zu haben. Aber

238 Bericht Scharnhorsts an seine Tochter Julie vom 16. Oktober 1806.

man hätte, um mit ihnen arbeiten zu können, Divisionskommandeure gebraucht, die, vom Geist der neuen Strategie getragen, sie mit Hingabe verfochten. Die beste Organisation ist sinnlos, wenn keine Männer vorhanden sind, die sie zu handhaben verstehen. Außerdem war diese Umorganisation nicht in der Praxis ausprobiert, sie erfolgte während der Mobilisierung. Man konnte keine Erfahrungen darüber sammeln, wie sie sich im Ernstfall, insbesondere in Krisenlagen, bewähren würde. Der Zusammenstoß mit dem Meister der neuen Strategie, bei dem es auf Leben und Tod ging, war zugleich ihre erste, ernsthafte Probe am Feind. Auch die durch Scharnhorsts Schule gegangenen Generalstabs=offiziere wußten nur theoretisch über sie Bescheid. Eine Reihe von Fehlern, die sie zweifellos begingen, ist auf ihre mangelhafte praktische Erfahrung zurückzuführen. Die Generale betrachteten die neue Eintei=lung im übrigen nur als eine überflüssige Konzession an die Fran=zosen. Sie glaubten zum Teil, in ihnen „die alten Roßbacher" vor sich zu haben, die man im Stile friederizianischer Kriegsführung wie ehe=dem besiegen könne. Der Geist der Manöverstrategie lag über den Divisionen, die im Bereiche der höheren Taktik der Ausgangspunkt für die neue elastische Kriegsführung sein sollten. Ihr tieferer Sinn wurde nicht verstanden. Ähnliches erlebte man mit der Tirailleurtaktik. Die alte Generalität führte nach den alten Prinzipien die Armee gegen einen Feind, dessen Strategie Scharnhorst dem eigenen Offizierkorps als vorbildlich hingestellt hatte.

Es war daher nur folgerichtig, daß das Offizierkorps auch in eine Hal=tungskrise geriet. Es hatte den Glauben an das Alte und damit seine in=nere Sicherheit verloren, auch wenn es zu Beginn des Feldzuges eine ge=wisse äußerliche Zuversicht zur Schau trug. Es maß in seinen führenden Köpfen den eigenen Oberbefehlshaber und die unter ihm komman=dierenden Generale an den Qualitäten Napoleons und seiner Unter=führer. Es fühlte sich zu einem Waffengang mit dem europäischen Schlachtengott nicht vorbereitet und unterlegen. Offen kritisierten die jungen Offiziere die Anordnungen der Führung. Der Fürst Hohenlohe mußte seinen Offizieren verbieten, an der gemeinsamen Tafel die Befehle des Oberbefehlshabers zu kritisieren. Es war in einem absoluten Staat ein revolutionärer und für die Gesamtsituation bezeichnender Akt, daß dem General von Kalckreuth gegenüber eine Abordnung von Offizieren auf die Absetzung des Herzogs zu drängen wagte. Besonders kritisch betrachteten die durch Scharnhorsts Schule gegangenen General=stabsoffiziere die Handlungen der eigenen Führung und erkannten deren Hilflosigkeit.

Scharnhorst, der bei der Mobilisierung des Jahres 1805 mit einem gewissen Recht annehmen durfte, daß die preußische Armee von ihren Bundesgenossen, den Österreichern und Russen, abgedeckt und geschickt geführt, Napoleon in Schach halten könne, ist zutiefst bestürzt darüber, wie die politische Führung die Hilfe der Bundesgenossen verspielt und die militärische sich zu keinen entscheidenden Maßnahmen aufraffen kann. Seine Äußerungen sind erschütternde Dokumente über den seelischen Zustand des Mannes, der einerseits alles tut, um den drohenden Gefahren zu begegnen, aber das sichere Gefühl in sich trägt, daß es zu spät ist, und das Schicksal bereits seinen Lauf nimmt [239].
Die Ratlosigkeit im Hauptquartier ist bekannt. Der Oberbefehlshaber

---

[239] Unter dem Eindruck der Erlebnisse der Mobilisierung der Armee im Jahre 1805 rät Scharnhorst seinem Sohne dringend ab, Soldat zu werden und schreibt ihm:

> „Den Franzosen würdest Du nicht dienen, und die übrigen Armeen befinden sich größtentheils in solchen Verhältnissen, daß auch bei ihnen in der Zukunft wenig Ehre zu ernten ist. Alter, Schwäche, Unthätigkeit, Unwissenheit und Unmuth auf der einen Seite, Thätigkeit und Entschlossenheit auf der anderen. — Die preußische Armee wird von dem besten Geiste beseelt, Muth und Geschicklichkeit, nichts fehlt ihr. Aber sie wird nicht, sie soll nicht, sie kann nicht in der Lage, in der sie ist, in die sie kommen wird, etwas Großes und Entscheidendes thun. Das ist mein Bekenntnis."

Am 2. Oktober 1806 teilt er seiner Tochter Julie mit:

> „Die Unbesorgtheit, die andere haben, die Ruhe, die Zuversicht, mit der sie in die Zukunft hineinsehen, ist mir versagt, obgleich ich unsere Lage nichts übler finde, wie ich sie immer mir vorstellte."

Am 7. Oktober, angesichts der der preußischen Armee bereits gegenüberstehenden französischen Posten, schreibt er ihr:

> „Was man thun müßte, weiß ich wohl, was man thun wird, wissen die Götter."

Am 9. Oktober an seinen Bruder Wilhelm:

> „Die Franzosen gehen links uns vorbey; wir mußten ihnen in die Flanke gehen, wir sind aber in allem zu langsam. Ihr müßt Euch auf alles gefaßt machen. Ich bin über meine Lage trauriger, als über die von außen. Was ist aber zu thun? Man muß dem Schicksal folgen und nie alles aufgeben. Nur wenige wissen und ahnden dies."

Am 16. Oktober als Schlußakkord an seine Tochter:

> „Die Truppen haben zum großen Theil brav gefochten. Die Cavallerie hat nicht durchgehends der Erwartung entsprochen.
> Mit der Bravour waren wir den Franzosen überlegen — aber — Ihr werdet Euch erinnern, daß ich in den letzten Briefen den jetzigen Ausgang ahndete."

Die Briefe sind abgedruckt bei *Klippel*, Scharnhorst, 3, S. 124, 147 ff., 160.

war im Inneren nicht auf den Krieg eingestellt, er glaubte seinem König am besten dienen zu können, wenn er ihm den Frieden erhielt. Der Herzog hatte nach *Müfflings* Zeugnis den Oberbefehl in der Hoffnung übernommen, daß es nicht zum Kriege kommen werde. Im übrigen fühlte er sich Napoleon nicht gewachsen. Die Stimmung in Hohenlohes Umgebung war ähnlich. *Goethe* als Gast bei Hohenlohe berichtet: „Niemandem war wohl, alles fühlte sich in Verzweiflung, die keiner umhin konnte, wo nicht durch Worte, doch durch Betragen zu verraten [240]. Der König glaubte selbst nicht an den Sieg. Sein Manifest, das werbend hätte wirken müssen, war so abgefaßt, als ob es sich bei der bevorstehenden Auseinandersetzung um einen Kabinettskrieg alten Stiles handele, um ein Turnier zwischen zwei Königen, die sich vor dem Waffengang ihre Sünden und die einander persönlich zugefügten Beleidigungen vorhalten, während das Volk in der Arena als Zuschauer sitzt, ohne daß es vom Ausgang persönlich betroffen wird [241]. In der gleichzeitig erfolgten Proklamation an die Armee wird allerdings vom Kampf für „Vaterland und Nationalehre", für „Unabhängigkeit, Haus und Herd, für alles, was uns theuer ist" und für die „heilige Sache der Menschheit" gesprochen [242]. Aber wo sind die tatsächlichen Voraussetzungen, die eine solche Sprache rechtfertigen?

Scharnhorst wußte genau, welche Bedeutung es hatte, wenn ein Volk von einer Idee beseelt zu den Waffen griff. Er wußte, auf welcher schmalen geistigen Basis der absolute Staat kämpfte. In seiner berühmten Untersuchung über die „Ursachen des Glücks der Franzosen in den Revolutionskriegen", die jeder gebildete Offizier kannte, hatte er den Regierungen den Spiegel vorgehalten, er hatte gezeigt, was die innere Beteiligung am Kampf, der Einsatz von psychischen und moralischen Faktoren ausmachte und wie die Kampfesführung der absoluten Staaten darunter litt, daß sie keine Bevölkerung hinter sich hatte, die den Kampf als ihre Sache, sondern allenfalls nur als ein für sie vorteilhaftes Geschäft betrachtete. Er kannte die gewaltige Kraft des Enthusiasmus, aber er durfte ihn nicht beschwören. Soweit es um das Heer ging, münzte er ihn in den Geist der Strenge des alten Römertums um und hielt ihn dem Offizierkorps vor Augen [243]. In seinem

---

240 *Weniger, E.*, Goethe und die Generale, 1942, S. 52.

241 Manifest aus dem Hauptquartier zu Erfurt am 9. Oktober 1806, abgedruckt bei *Lettow-Vorbeck*, Der Krieg von 1806 und 1807, Bd. 1, 1891, S. 428 ff.

242 Proklamation, ebenda, S. 440 f.

243 Vgl. S. 96 dieses Buches.

Wirken war Scharnhorst jedoch auf das Heer beschränkt. Es fand sich kein Partner, der im zivilen Bereich den Ruf nach Fortschritt aufgenommen, die Forderung erhoben hätte, daß der Staat, um in Form zu bleiben, seine Institutionen nach denen des Gegners einrichten und eine entsprechende Reform einleiten müsse. Während in der Armee lebendige, revolutionäre Kräfte am Werke waren, die die Situation erkannten und das Mögliche taten, lag hier wirkliche Erstarrung vor. In letzter Stunde tat Scharnhorst selbst den entscheidenden Schritt und verlangte unter Hinweis auf das französische Vorbild die Mobilisierung der Nation.

Auf der anderen Seite wußte Napoleon, der von der Welle der revolutionären Ideen getragen war, die Kräfte der Revolution zu formen und sich nutzbar zu machen, verstand die tragende Schicht des besitzenden und gebildeten Bürgertums im Lager seiner Gegner anzusprechen und stieß auf ihre innere Bereitschaft. Sie betrachteten ihn als den Befreier vom alten Zopf, glaubten seinen Vokabeln und sahen seine Ordnung als die bessere an, gleichgültig, ob dies berechtigt war oder nicht. Hier war die wirkliche Niederlage Preußens zu suchen, hier der wirkliche Sieg Napoleons. Hier lag der Grund für die innere Lähmung, die beim Erscheinen von einigen französischen Detachements die Festungen übergeben ließ. Die Ideen von 1789 hatten die Schlacht der Geister gewonnen, sie triumphierten, bevor man militärisch kapitulierte. Wie anders wäre die Lage gewesen, wenn hinter der geschlagenen Armee ein Volk gestanden hätte, das die Cadres auffüllte, die Festungen verteidigte, die Verfolger aufhielt, der eigenen Armee die Gelegenheit gab, sich zu fangen und im Verein mit den Verbündeten den Krieg weiterzuführen. Daß Scharnhorst auf dem richtigen Wege war, zeigte Blüchers Rückzug auf Lübeck, der sich mit Scharnhorst als Chef des Stabes zusammentat. Hier ward offenbar, welche Möglichkeiten die Verbindung zwischen einem Feldherrn und einem hochqualifizierten Chef des Stabes im Rahmen einer modernen Strategie bot. Die Schlacht bei Preußisch-Eylau, in der Scharnhorst mit seinen Stabsoffizieren dem unfähigen, greisen General *L'Estocq* zwar nur als Gehilfe beigeordnet war, tatsächlich aber kommandierte, Davousts Truppen warf und das Auseinanderbrechen der russischen Linien verhinderte, bewies, was eine mit den neuen Prizipien der Strategie vertraute Führung auch Napoleon gegenüber auszurichten vermochte. Die Bewährung in der Schlacht gab Scharnhorsts Schule recht und die innere Autorität für die Zukunft [244]. Das Beispiel Gneisenaus, in

---

244 *Weniger, E.*, Goethe und die Generale, a. a. O., S. 62.

dem der neue Typ des Festungskommandanten erstand, bezeugte, was eine tatkräftige, militärische Führung mit einer hinter ihm stehenden Bürgerschaft vermochte. Lauter Fanale, die den künftigen Weg wiesen. Die entscheidenden Mängel im preußischen Heer waren sämtlich klar erkannt, es bedurfte nicht erst der Niederlage, damit sie sich offenbarten. Dagegen demonstrierte diese in einer erschütternden Form, was es bedeutete, daß die Armee für sich allein den Krieg führte, hinter ihr kein Volk stand und sie nicht von einer dieses Volk erfassenden Idee getragen war. Was hier notwendig sei, werde „die rächende Zukunft lehren", so hatte Berenhorst, der die Gefahr wie einen „wandelnden Nebel" heranziehen sah, bereits im Jahre 1796 prophezeit, wenn sie

> „die übel zusammengefrorenen Schollen wie Tauwetter im Frühling mit schrecklichem Bruche auflösen wird" [245].

Der verlorene Krieg gab den Weg frei und schuf eine Situation, bei der nicht mehr wie bisher jede Reformmaßnahme nur auf Umwegen und unter ständiger Gegenwirkung des Alten behutsam angefaßt zu werden brauchte.

---

245 *Berenhorst,* Betrachtungen, I, S. 265/66.

C. SCHARNHORSTS REFORM NACH DEM ZUSAMMENBRUCH ALS POLITISCH=MILITÄRISCHES WERK

I. Die militärische und politische Situation

Als der König Scharnhorst unmittelbar nach dem Tilsiter Frieden unter Ernennung zum Generalmajor an die Spitze der „Militär=Reorganisationskommission" berief, war dies die natürliche Auswirkung der bisherigen umfassenden Tätigkeit, die Scharnhorst zur Hebung des preußischen Heeres entfaltet hatte. Alle militärischen Probleme, die jetzt gelöst werden mußten, waren in irgendeiner Form bereits in der Gedankenwerkstatt Scharnhorsts bearbeitet worden. Die Vielfalt der Vorschläge, Anregungen und Pläne, die sich aus dem Kreis der Stürmer und Dränger und der um Scharnhorst stehenden sogenannten „talentierten" Offiziere ergaben, hatte Scharnhorst auf die Möglichkeit ihrer Verwirklichung in der absoluten Monarchie untersucht und bewertet. Seine Stärke lag dabei in seiner unvoreingenommenen kritischen, die Umstände vorsichtig abwägenden Beurteilung, lag in der Art, wie er den Dingen auf den Grund ging, sie erfaßte und analysierte, um da, wo sie sich hart im Raume stießen, die mögliche Lösung zu finden. Er vereinigte in seiner Person, wie wir gesehen haben, eine eigentümliche theoretische Fruchtbarkeit mit einer ebenso starken Wirklichkeitsnähe. Bei der Bearbeitung der Gesamtheit der militärisch=politischen Zeitprobleme war er weit über die Fragestellung seiner Zeitgenossen hinausgegangen und hatte sie schon in ihren Voraussetzungen kritisch zu erfassen versucht. Dabei war es ihm nicht um literarische Auseinandersetzungen, sondern stets darum zu tun gewesen, zu Erkenntnissen zu gelangen, die sich unmittelbar für das Heer nutzbringend auswirkten und immer tiefere Einsichten in das Phänomen des Krieges zu gewinnen. Wenn Scharnhorst nunmehr dazu überging, von der neuen

Plattform aus die Reform des preußischen Heeres, um die er über ein Jahrzehnt gerungen hatte, zu vollziehen, so war er geistig wie kein anderer darauf vorbereitet. Darin liegt die unschätzbare politische Be=deutung der Gesamtarbeit, die von Scharnhorst vor dem Jahre 1806 geleistet worden war.

Scharnhorst konnte aus seiner bisherigen Arbeit gewissermaßen die Summe ziehen: Aus dem ständigen Kampf mit den Vertretern des Alten, aber auch mit den Nur=Ideologen, die den entscheidenden Wert lediglich auf den Durchbruch der neuen Ideen legten, aus der Ausein=andersetzung mit den Ideologen und zugleich Systematikern, die sich ohne Rücksicht auf das Überkommene mit all ihren praktischen Vor=schlägen in der Welt des Künftigen bewegten oder mit den Nur=Fach=leuten, die Ideen überhaupt ablehnten und ihnen hilflos gegenüber=standen. Die Brauchbarkeit aller vorhandenen Vorschläge wird aufs neue an der konkreten Situation, in der sich der preußische Staat be=findet, geprüft. Diese gingen sämtlich von einem intakten Staat aus, innerhalb dessen im Rahmen einer reformierten Verfassung die neuen Heeresprinzipien zur Durchführung gelangen sollten. Statt dessen fand Scharnhorst einen niedergebrochenen Staat mit einem völlig aufgelösten und innerlich zerrütteten Heer vor, von feindlichen Armeen umstellt. Andererseits verlieren die zeitbewegenden Vorstellungen wie die Miliz, der Enthusiasmus, das Tirailleursystem, die in der allgemeinen Aus=einandersetzung zugleich als scharfe politische und militärische Kampf=begriffe aufgetreten waren, die ihnen anhaftende Belastung. Sie wer=den jetzt nur noch unter dem einen Gesichtspunkt bewertet, inwieweit sie in der neuen politischen und militärischen Situation etwas Wesent=liches zu geben vermögen. Damit verlieren sie ihre Starrheit und er=halten eine Prägung, die durch die jetzigen Erfordernisse des Staates bestimmt wird.

Allerdings ist die Gesamtlage auf der militärischen Seite ganz anders geworden. Die Autorität des militärischen Positivismus ist erschüttert. Scharnhorst hatte es vermocht, in entscheidenden Punkten den König zu gewinnen. In seinen Richtlinien für die Organisation der Armee be=kennt der König sich zu Scharnhorsts Ansichten, so daß dieser in ge=schickter Ausnutzung der Lage lediglich als Vollstrecker des königlichen Willens aufzutreten vermag. Auch die überzeugten Vertreter des alten Systems müssen im übrigen zugeben, daß das preußische Heer im Kern schadhaft gewesen sein mußte. Sie können sich nicht mehr, wie nach den Schlappen der Revolutionskriege, darauf berufen, daß die Niederlagen Zufälligkeiten zu verdanken gewesen seien, mit denen jedes noch so gute Heer zu rechnen habe. Insbesondere spielten das Verhalten nach der Schlacht von Jena und Auerstedt und die schmachvollen Kapitulationen Scharnhorst alle Trümpfe in die Hand. Die Vertreter der alten Welt sind über die Bestellung Scharnhorsts zum Vorsitzenden der Reorganisationskommission entsetzt. Der General *von Kalckreuth* war nach Scharnhorsts Bericht „halb rasend", viele andere waren untröstlich, daß „ein so dem Innern der Armee Unkundiger da gebraucht werden sollte, wo es auf langjährige Erfahrung" ankomme" [1]. Sie leisten inneren Widerstand und treten als Gegner der neuen Einrichtungen für das Alte ein, wenn „sie gleich sich nicht trauen, dies gerade heraus zu sagen" [2]. Zum Teil erklären sie sich, wie in der Reorganisationskommission *Borstell, Bronikowsky* und *Lottum* auch offen gegen die geplanten Reformmaßnahmen. Heftige Kämpfe mußten ausgefochten werden, auf Grund deren Scharnhorsts Pläne erst dann durchgesetzt werden konnten, nachdem an Stelle Borstells der Graf Götzen, der Reformator Schlesiens, ein den neuen Ideen enthusiastisch anhängender, tapferer und tatkräftiger Mann, an Bronikowskys Stelle Boyen trat und Scharnhorst auf des Freiherrn vom Stein Vorstoß zum Generaladjutanten des Königs ernannt wurde, damit Lottum ablöste und unmittelbares Vortragsrecht erhielt. Aber die Herrlichkeit und Weihe des alten Systems sind dahin. Der Glaube an die Sieghaftigkeit des Pedantismus die militärische Weisheit des Exerziermeisters, die sich in der Manövrierkunst und der Lineartaktik erschöpft, an die moralische Wirkung des Stocks in der Schlacht, an die Berechtigung des Anciennitätsprinzips, mit einem Wort: Der Respekt vor der Einzigartigkeit der preußischen Staats- und Militärverfassung, jenem „ehrwürdigen Original" [3], das in seinem „völligen Glanze verbleiben muß" [4], ist verschwunden. Bei Jena und Auerstedt hatten, so schreibt *Valentini,*

---

[1] Schreiben an Clausewitz vom 27. November 1807, *Linnebach,* Scharnhorsts Briefe, a. a. O., S. 334.

[2] *Scharnhorst,* Vergleichung der ehemaligen Geschäftsführung der militärischen Oberbehörden mit der jetzigen, Acta, Heeresarchiv Potsdam, Nachlaß Scharnhorst, B 64.

[3] Des Generalleutnants *Rüchel* „Suplement zu einiger Aufklärung" vom 20. November 1803. Heeresarchiv Potsdam, Acta der Immediat-Militär-Organisations-Kommission, Nr. 46, Bl. 9.

[4] *Courbière,* zitiert im Bericht der Immediat-Kommission vom 15. August 1803 an des Königs Majestät, a. a. O., Bl. 9, Rüchels und des General von Courbières Bericht sind lediglich in den „Berichten an des Königs Majestät" angeführt, ohne daß sie aktenmäßig zu finden wären.

> „die Offiziere es wahrhaftig an Prügeln nicht fehlen lassen, den Plebs ins Feuer zu führen“ [5].

Trotzdem ging die Schlacht verloren.

Das Schwergewicht liegt jetzt auf der politischen Ebene. Hier müssen die Voraussetzungen dafür geschaffen werden, daß eine militärische Reform überhaupt wirksam werden und der künftige Freiheitskampf geführt zu werden vermag. Nach der überkommenen Auffassung vom Krieg hätte der absolute Staat vor dieser Aufgabe kapitulieren müssen. Sein stehendes Heer ist geschlagen, finanzielle Mittel stehen ihm nicht mehr zur Verfügung, um eine neue wirksame stehende Armee aufzustellen. Der Kriegsschatz ist aufgebraucht, die Steuerkraft der Einwohner weitgehend gebrochen. Auf ihnen lasten hohe Kontributionen. Die Magazine, die für die Verpflegung und Ausrüstung eines stehenden Heeres notwendig waren, sind vom Feinde genommen oder in ihrem Bestande erschöpft. Allenthalben werden Ersparnisse erwogen und durch teilweise Entlassung der noch vorhandenen Truppen herbeigeführt. Selbst wenn jedoch noch eine Möglichkeit bestünde, ein stehendes Heer in der bisherigen Form erneut zu errichten, so würde diese Armee, die ja in einem gewissen Verhältnis zum verbliebenen Reststaat stehen müßte, viel zu gering sein, um ihre Aufgabe erfüllen zu können. Sie würde kaum als bündnisfähiger Faktor gegenüber anderen Staaten, die an dem Werk der Befreiung mitzuhelfen bereit wären, in Erscheinung treten können.

Damit ist zugleich die entscheidende Frage gestellt, die dringendst der Lösung bedarf. Auf welche Weise ist der preußische Staat in der Lage, diejenigen Kräfte zu mobilisieren, die ihm in der Zukunft einen Widerstand ermöglichen, wenn er den Frieden von Tilsit, der auf seine Vernichtung abgestellt war und die völlige Einordnung in das französische Staatensystem bedeutete, nicht anerkennen wollte? Diese Kräfte lagen allein im Volk, dessen Repräsentant damals das besitzende und gebildete Bürgertum war. Nur wenn man das Bürgertum mobilisierte, konnte man überhaupt daran denken, mit Napoleon die Klingen wieder zu kreuzen. Scharnhorst hatte vor der Niederlage von 1806 den Volkskrieg in der Gestalt einer neben das stehende Heer tretenden Nationalmiliz als letztes Rettungsmittel empfohlen. Er hatte in seiner Denkschrift vom April 1806 zwar den Einsatz der moralischen Kräfte gefordert. Die tatsächlichen Voraussetzungen dafür waren jedoch nicht gegeben. Scharnhorst mußte sich damit begnügen, darauf hinzuweisen, daß es auch in Preußen patriotische Män=

---

[5] *Valentini* an Berenhorst vom 28. März 1808, Acta, Heeresarchiv Potsdam, Nachlaß Valentini, Nr. 2, S. 118.

ner gäbe, die sich für den Staat schlagen würden. Nunmehr müssen nach dem Zusammenbruch des preußischen Staates die Möglichkeiten dafür geschaffen werden, daß unter den schwierigsten Umständen in einer verzweifelten Lage ein Patriotismus wirklich entstehen kann.

Die absolute Monarchie vermochte ihrer Struktur nach diesen Volkskrieg nicht zu führen. Seine Prinzipien standen im schärfsten Gegensatz zu denen des Absolutismus. Revolutionären Umsturz auf allen Gebieten bedeutet es hiernach, wenn man den Bürger bewaffnet. Andererseits setzte der Volkskrieg voraus, daß das Bürgertum innerlich am Kriege beteiligt war. Die Kraftquellen, die sich dem absoluten Staat im Bürgertum boten, vermochte dieser sich nun nicht in der Form nutzbar zu machen, daß er das Bürgertum ohne weiteres in das alte Heer einbezog und damit seinen Radius erweiterte. Scharnhorst konnte dem König nicht lediglich vorschlagen, Jahrgänge einzuziehen: Dem stand, abgesehen davon, daß die Franzosen dies nicht erlaubt hätten und der preußische Staat nicht die Mittel dazu besaß, diese Jahrgänge zu bewaffnen und auszurüsten, die große geistige Wandlung entgegen, die sich seit der Französischen Revolution in den führenden Köpfen des Bürgertums vollzogen hatte. Das Bürgertum hatte sich geistig wie wirtschaftlich weitgehend emanzipiert, es wollte auch politisch am Gesamtgeschehen teilnehmen und war aus seiner bloß passiven Stellung als Untertan herausgewachsen. Die Französische Revolution hatte einen Weg dazu gezeigt. Er führte über die Vernichtung der absoluten Monarchie zur demokratischen Republik. Diese Revoution hatte die ungeheuren Kraftquellen physischer und psychischer Art erschlossen, auf Grund derer Frankreich seit 15 Jahren Krieg führte, und die in Napoleon ihre letzte Steigerung fanden. Der preußische Staat, der weiterhin das monarchische Prinzip beibehielt, mußte zu seinem Wesen entsprechenden Lösungen kommen und dabei dem Bürgertum zeigen, warum es im Gegensatz zu bisher gegen den Feind des absoluten Staates mitfechten solle, warum dieser auch sein Feind sei. Ohne Reform des Staates war der Neuaufbau der Armee nicht denkbar.

Das war die politische Situation, die Scharnhorst zu meistern hatte, wenn er seine militärischen Ziele erreichen wollte.

II. Das politische Bündnis zwischen Regierung und Nation als Voraussetzung für die militärischen Reformen

1. Das Wesen des Bündnisses zwischen Regierung und Nation

Dieser Situation versuchte Scharnhorst und sein Kreis mit einer bestimmten politischen Konzeption Herr zu werden, die in der immer wiederkehrenden Wendung von dem „Bündnis zwischen Regierung und Nation" ihren Ausdruck fand [6].

Scharnhorst faßte die neue Konzeption in die folgenden grundlegenden Sätze zusammen:

> „Es scheint bei der jetzigen Lage der Dinge darauf anzukommen, daß die Nation mit der Regierung aufs Innigste vereinigt werde, daß die Regierung gleichsam mit der Nation ein Bündnis schließt, welches Zutrauen und Liebe zur Verfassung erzeugt und ihr eine unabhängige Lage wert macht." [7]

Die Formel vom Bündnis zwischen Regierung und Nation muß als ein politischer Begriff allerersten Ranges gewertet werden. Sie ist von grundlegender Bedeutung für das Verständnis des Gesamtwollens der Reformer und darüber hinaus für jede verfassungsrechtliche Betrachtung der Zeit. Sie ist kein Schlagwort, keine hohle politische Phrase, sondern der treffendste Ausdruck für die Gesamtsituation. Von ihrem geistigen Gehalt ist die gesamte militärische Reform bestimmt. Scharnhorsts ganzes Bestreben läuft darauf hinaus, ihr auf militärischem Gebiet gerecht zu werden, seine Reformen mit dem Geist dieses Bündnisses zu erfüllen und ihnen damit innere Kraft und Tragfähigkeit zu geben, nachdem das Wertsystem des absoluten Staates seine Gültigkeit verloren hat. Das Bündnis gibt die politische Basis für die militärische Reform.

---

[6] Nicht „Staat und Nation" wie man dies in der historischen Literatur findet. Damit wird die Prägnanz und Schärfe der konkreten Situation verwischt.

[7] Vgl. *Scharnhorst*, Vorläufiger Entwurf zur Verfassung der Provinzialtruppen vom 15. März 1808, Publikationen aus den Preußischen Staatsarchiven, Bd. 94, 1938, S. 323. Der Freiherr vom Stein hatte in der Nassauer Denkschrift vom Juni 1807 folgende politisch weniger scharfe und klare Formulierung für das Ziel der Reform gefunden:

> „Belebung des Gemeingeistes und des Bürgersinns, die Benutzung der schlafenden oder falsch geleiteten Kräfte und der zerstreut liegenden Kenntnisse, der Einklang zwischen dem Geist der Nation, ihren Ansichten und Bedürfnissen und denen der Staatsbehörden, die Wiederbelebung der Gefühle für Vaterland, Selbständigkeit und Nationalehre". Der „Einklang" ist etwas anderes als das „Bündnis".

Die Notwendigkeit des politischen Bündnisses zwischen Regierung und Nation gilt es zunächst beiden Partnern, dem Bürgertum, vor allem aber dem weitgehenden Neuerungen mißtrauisch gegenüberstehenden König in ihrer Bedeutung vorsichtig klarzumachen. Dies geschieht zunächst in der von Scharnhorst dem König gegenüber angewandten eigenen nüchternen Form einer rein die Interessen der beiden Partner abwägenden Betrachtung [8]. Scharnhorst legt dem König, dessen stehendes Heer vernichtet ist und der keine finanziellen Mittel besitzt, um ein neues aufzustellen, dar, daß ihm gar nichts anderes übrig bleibe, als im künftigen „Volkskrieg" mit einem Volksheer zu operieren. Nur auf solche Weise sei es möglich, daß Preußen als „mittlerer Staat" gegenüber den größeren Staaten und ihren stehenden Heeren unter gewissen Umständen wenigstens für eine kurze Zeit eine Art militärisches Gleichgewicht schaffen könne. Zu diesem Zweck aber sei es notwendig, den Bürger in eine Sphäre einrücken zu lassen, die bisher das alleinige Reservat des Fürsten gewesen sei. Gegenüber dieser Notwendigkeit habe auch die Furcht vor Revolution und Umsturz, die bisher als direkte Folge jeder Bewaffnung der Nation vom absoluten Staat angenommen wurde, zurückzutreten. Auf der anderen Seite kommt Scharnhorst den Interessen des Bürgertums nach Beteiligung am politischen Geschehen entgegen, verbindet sie aber mit dem bestehenden Staat. Er erklärt dem Bürgertum, daß seine Beteiligung am politischen Leben auch innerhalb dieses Staates möglich sei, und verspricht ihm eine seinen Wünschen entgegenkommende Lebensordnung, die in dem Begriff einer künftigen Verfassung ihren Ausdruck findet. Er hofft, daß der Bürger für einen solchen Staat mit Enthusiasmus kämpfend eintreten werde und die Entfaltung aller im Bürgertum schlummernden Kräfte, deren Niederhaltung der Staat bisher anstrebte, diesem jetzt zugute kommen würden.

Das politische Bündnis zwischen Regierung und Nation wird zunächst als eine Art Vernunftehe betrachtet. Der Staat braucht dringend den völligen Einsatz des Bürgers, seine Hingabe für den künftigen Befreiungskampf, seinen Enthusiasmus. Das politische Ziel des Bürgertums ist, der Zeit entsprechend, Teilnahme am politischen Geschehen. Man gewährt dies und erhofft sich, wie das ganz nüchtern ausgesprochen wird, dadurch die innere Bereitschaft des Bürgers, für den Staat zu fechten. Scharnhorst ist davon überzeugt, daß aus dieser Vernunftehe die Liebe als ein starkes irrationales Bindemittel entstehen werde.

Das große, die Köpfe des Militärs seit der Französischen Revolution

---

[8] Publikationen, a. a O., S. 321 ff.

bewegende Problem der Zeit, wie es möglich sei, im absoluten Staat Begeisterung für den Kampf im einzelnen Soldaten zu erwecken, wird in der konkreten Situation Preußens auf solche Weise vom politischen Boden aus gelöst. Mühsam und tastend werden die ersten Schritte getan. Bald jedoch zeigt sich, wie wirklichkeitsnahe dieser Gedanke vom politischen Bündnis zwischen Regierung und Nation war, wie positiv er von der tragenden Schicht des Bürgertums aufgenommen wurde, und welche gestaltenden Kräfte er in sich barg.

2. Der Kampf für das „Vaterland" als Ausdruck des Bündnisses zwischen Regierung und Nation

Das politische „Bündnis zwischen Regierung und Nation" findet darin, daß der künftige Kampf nicht mehr allein für den König, sondern für ein Vaterland geführt werde, seinen Ausdruck und seine konkrete Umsetzung. Die Vorstellung von einem Kampf für das Vaterland gehört ebenso wie das „Bündnis zwischen Regierung und Nation" zu den Grundvoraussetzungen für die richtige Erfassung des hier entstehenden neuen Staats- wie Kriegsbildes, besitzt daher eine tiefgreifende politisch-militärische Bedeutung, wird aber ebensowenig wie das „Bündnis zwischen Regierung und Nation" für das Verständnis des politischen und militärischen Wollens der Reformer richtig gewürdigt. Um hier klar zu sehen, müssen wir von Folgendem ausgehen

Der Soldat des absoluten Staates hat kein Vaterland. Er kämpft, wie immer wieder betont wird, lediglich für seinen König [9]. Wie kann der durch Zwang zum Dienst gebrachte und durch Zwang im Dienst gehaltene Haufen auch Bindungen an ein Vaterland besitzen? Durch die Französische Revolution wurde der „Kampf für das Vaterland" zu einer revolutionären Vorstellung erhoben. Kampf für das Vaterland heißt: Nicht mehr Kampf für den König und seine Privilegien, sondern für die Ideenwelt der Französischen Revolution und ihren politischen wie sozialen Fortschritt. Die Kinder des Vaterlandes, die in der Marseillaise mit den Worten: „Allons, enfants de la patrie" aufgerufen werden, sind diejenigen, die die Ideen von 1789 vertreten. Für sie sollen sie mit ihrem Leben einstehen. Dementsprechend wird der Begriff Vaterland von der absoluten Monarchie entschieden abgelehnt. Soweit in der geistigen

---

[9] *Höhn, R.*, Der Soldat und das Vaterland während und nach dem Siebenjährigen Kriege, in „Festschrift für Ernst Heymann", 1940, S. 250 ff.

Auseinandersetzung im preußischen Heer vor 1806 Männer wie Heinrich *von Berenhorst* oder aktive Offiziere wie der spätere Generalfeldmarschall *von dem Knesebeck* ein vaterländisches Heer verlangen, von Vaterlandsverteidigern sprechen und den Kampf für das Vaterland als das höchste Ideal einer neuen Wehrverfassung, in der „jeder Bürger geborener Soldat ist" [10], hinstellen, wird dies als eine revolutionäre geistige Haltung empfunden, gegen die die Armeeführung schärfstens Front macht. Das Vaterland ist ein ketzerischer Begriff für Staat und Heer.

Wenn Scharnhorst und seine Mitarbeiter nunmehr den Gedanken des Vaterlandes aufgreifen und ihn mit dem absoluten Staat verbinden, treten sie damit auf der einen Seite den Franzosen entgegen, die in der gesamten zivilisierten Welt verkündeten, ein Vaterland könne es nur da geben, wo republikanische Freiheit herrsche, eine Verfassung bestehe und die Ideen von 1789 Anerkennung gefunden hätten; auf der anderen Seite versuchen sie auf solche Weise die Kräfte, die der Vaterlandsgedanke entfacht hatte, für den eigenen Staat nutzbar zu machen. Man sieht gerade darin eine starke Quelle der für den Freiheitskampf so dringend benötigten inneren Begeisterung der Bürger, des Enthusiasmus, wie es in der Sprache der Zeit heißt. Es ist daher „staatsklug", daß man dem Bürger ein Vaterland gibt und auf diese Weise Widerstandskräfte, die die Regierung nicht ausausgenutzt hat, wachruft. Es ist aber zugleich auch „billig", d. h. es entspricht der Zeit und ihren Forderungen [11].

Das Vaterland, das der Bürger erhalten soll, ist ebensowenig wie in Frankreich Ausdruck einer abstrakten Idee, nicht das von den Philologen schwärmerisch verehrte antike Ideal des „Süß und ehrenvoll ist es, für das Vaterland zu sterben", nicht eine Summe von Gemütswerten ohne klar erfaßbare Gehalte. Das Vaterland bezeichnet vielmehr die neue, der Bedeutung des aufstrebenden Bürgertums für den Staat entsprechende Lebensordnung, die man jetzt schaffen will. Die Stein-Hardenbergschen Reformen wiesen auf den Inhalt dieser Lebensordnung im einzelnen hin. Die ständische Bindung des Berufslebens hört auf. Der Bürger braucht nicht mehr lediglich bürgerliche Berufe auszuüben, der Bauer muß nicht stets Bauer bleiben. „Jeder Bürger oder Bauer ist berechtigt, aus dem Bauern- in den Bürger- und aus dem Bürger- in den Bauernstand zu treten." [12] Voraussetzung für einen Beruf soll in Zukunft lediglich die Er-

---

[10] *Knesebeck*, Warum ist der Soldat im ganzen von dem Bürger gehaßt, ja verachtet? Acta, Heeresarchiv Potsdam, Nachlaß Knesebeck, 15, Bl. 99.
[11] *Gneisenau*, Denkschrift vom August 1808, Publikationen, a. a. O., S. 549.
[12] „Edikt, den erleichterten Besitz und den freien Gebrauch des Grund-Eigenthums, so wie die persönlichen Verhältnisse der Land-Bewohner be-

füllung der allgemeinen, für jeden Staatsbürger vorgeschriebenen Bedingungen sein. Dazu fallen alle Beschränkungen für Gewerbe, Handwerk und Handel, die bisher nur von den Mitgliedern einer Zunft, Innung oder Gilde ausgeübt werden konnten, fort. Die entsprechenden Zunftverbände werden aufgelöst[13]. Das Bürgertum erhält die Freiheit wirtschaftlicher Betätigung, es vermag „nicht bloß bürgerliche, bäuerliche und andere unadeliche, sondern auch adeliche Grundstücke" zu erwerben[14]. Es kann politisch in der Stadt auf dem Wege über die sogenannte Selbstverwaltung Einfluß auf die Verwaltung in den Lebensbereichen nehmen, an denen es naturgemäß am meisten interessiert ist. Es soll hier den Anfang eines Weges sehen, der es über eine „Nationalrepräsentation" am gesamtpolitischen Geschehen beteiligt. Es soll wissen, daß es einen ihm angemessenen Platz im Staat künftig erhalten wird, für den es sich lohnt, zu fechten und zu sterben.

Die Gefolgschaft der Bauern erhofft sich der Staat dadurch, daß der Bauer aus seiner Erbuntertänigkeit entlassen wird[15], über seinen Grund und Boden frei verfügen und ihn im Rahmen des allgemein geltenden Erbrechts vererben kann. Die vom Bauern zu leistenden Hand- und Spanndienste werden abgelöst und seine Kinder nicht mehr zwangsweise für den Gutsherrn herangezogen, sie dürfen Niederlassung und ein bürgerliches Gewerbe ohne herrschaftliche Genehmigung frei wählen, sich ihr Unterkommen im Lande suchen, wo sie wollen[16].

Das Bauerntum, das bisher vornehmlich die Schicht der aus Einheimischen bestehenden Soldaten stellte, soll dies nicht mehr lediglich als eine ihm aufgebürdete „Last" betrachten, sondern ebenso wie die Bürger die Waffen gern führen, im Bewußtsein, daß es damit eine bessere Lebensordnung, die ihm der Staat garantiert, aufrechterhält. Insgesamt aber ist das

---

treffend" vom 9. Oktober 1807, Preuß. Gesetzsammlung 1806—1810, Nr. 16, S. 172 ff.

13 Vgl. beispielsweise das Edikt, die Auflösung des Zunftverbandes der Müller in Ostpreußen und Lithauen samt dem Ermelande und Marienwerderschen Kreise betreffend vom 29. März 1809, Preußische Gesetzsammlung 1806—1810, Nr. 769, S. 555 f.

14 Edikt vom 9. Oktober 1807, a. a. O., § 1.

15 „Mit dem Martini-Tage EintausendAchthundertundZehn (1810) hört alle Guts-Unterthänigkeit in Unseren sämtlichen Staaten auf. Nach dem Martini-Tage 1810 giebt es nur freie Leute." § 12 des Edikts vom 9. Oktober 1807.

16 Vgl. dazu das instruktive „Publikandum wegen der durch das Edikt vom 9. Oktober 1807 erfolgten Auflösung der persönlichen Erbunterthänigkeit in den Provinzen Schlesien und in der Grafschaft Glatz vom 8. April 1809", Preuß. Gesetzsammlung 1806—1810, Nr. A 7.

Vaterland der reformierte absolute Staat. Er ist diejenige Ordnung, die werbend wirkt durch „eine freie Verfassung", eine „einfach geordnete Verwaltung", eine „nach altdeutscher Art gemodelte Municipalverfassung", wie es Gneisenau ausdrückt, die „den Bürgern das Wahlrecht ihrer Obrigkeiten und Rechenschaftsmöglichkeit von selbigen sichert". Es ist diejenige Ordnung, die die

> „deutsche Nation zu frohen Hoffnungen einer wohlthätigen Staatsreform durch Proklamationen und Tat berechtigt" [17].

In diesem Vaterland soll ein Staatsbürgertum entstehen, das in einer neuen Form oder, wie man im Anschluß an Frankreich sagt, in einer „Nation" seiner selbst bewußt wird und sein politisches Schicksal mitgestaltet. Die aktiven Elemente erhalten den Rahmen, innerhalb dessen sie wirken können.

> „Gibt man dem Staat überhaupt eine freiere Gestalt, so befriedigt man die denkenden Köpfe (und) reißt die Enthusiasten mit sich fort" [18] (Gneisenau).

Sie treten dem König nicht mehr mit Umsturzgedanken revolutionierend entgegen, sondern sind Partner im Haus der Monarchie geworden. Sie werden dann — so folgert man — wohl auch bereit und gewillt sein, ihre Kräfte, die sie bis jetzt gegen den absoluten Staat richteten, für diesen Staat einzusetzen. Sie werden, nachdem sie nunmehr ein Vaterland erhalten haben, dieses Vaterland kräftig verteidigen.

> „Durch eine gute Staatsverfassung wird dem Staatsbürger ein Vaterland gegeben, das er liebt und gern verteidigt" [19],

verkündet Gneisenau. Und Scharnhorst rechnet dem König vor, daß den „mittleren Staaten", sobald sie eine „gute Verfassung, ein Gouvernement, welches sich Liebe und Achtung zu verschaffen und ihren Wert dem Volk fühlbar zu machen weiß", besitzen, ein Mittel zu Gebote steht, welches den größeren, nicht mit Vernichtung bedrohten, fehlt.

> „Dies ist die freiwillige Aufopferung für die Erhaltung des Staats, des Eigentums und der Rechte der Bewohner desselben. Kein unabhängiges Volk unterwirft sich dem Joch eines andern, ohne seine letzten Kräfte aufzubieten, wenn es gut regiert und geleitet wird". [20]

---

[17] Ebenda, S. 550.
[18] Denkschrift *Gneisenaus* vom August 1808, Publikationen, a. a. O., S. 550.
[19] Bemerkung *Gneisenaus* zu den Aufzeichnungen des Geheimen Oberfinanzrates von Schön, Publikationen, a. a. O., S. 201.
[20] „Vorläufiger Entwurf zur Verfassung der Provinzialtruppen", Publikationen, a. a. O., S. 321.

Aber auch den passiven Elementen im Staat, die man braucht, soll das Vaterland etwas geben. Sie können nur durch ein „kräftiges Wollen der Regierung auf die Stufe des Gemeinsinns gehoben werden"[21]. Sie sollen im reformierten absoluten Staat langsam und allmählich aus ihrer Untätigkeit herausgeführt, sich ihrer selbst bewußt und zu neuem Wachstum angeregt werden. Auf sie spielt Scharnhorst an, wenn er erklärt, man müsse

> „der Nation das Gefühl der Selbständigkeit einflößen",

man müsse ihr

> „Gelegenheit geben, daß sie mit sich selbst bekannt wird, daß sie sich ihrer selbst annimmt."

Erst dann wird sie sich

> „selbst achten und von anderen Achtung zu erzwingen wissen"[22].

In dieser Richtung geht die Arbeit der Reformer. Scharnhorst faßt sie in den politisch ergreifenden Sätzen zusammen:

> „Die alten Formen zerstören, die Bande des Vorurtheils lösen, die Wiedergeburt leiten, pflegen und sie in ihrem freien Wachstum nicht hemmen, weiter reicht unser hoher Wirkungskreis nicht. Darauf hin zu arbeiten, dies ist alles, was wir können."[23]

Von der Größe dieser Aufgabe ist Scharnhorst voll und ganz durchdrungen, sie bestimmt sein Denken, Fühlen und Handeln. „Wäre es möglich", so schreibt er an Clausewitz,

> „nach einer Reihe von Drangsalen, nach Leiden ohne Grenzen, aus den Ruinen sich wieder zu erheben, wer würde nicht gern alles daransetzen, um den Samen einer neuen Frucht zu pflanzen? Und wer würde nicht gern sterben, wenn er hoffen könnte, daß sie mit neuer Kraft und neuem Leben hervorginge?"[24]

Scharnhorst und seine Mitarbeiter brachten es fertig, insbesondere dem Bürgertum als der die revolutionäre Bewegung der Zeit tragenden Schicht klarzumachen, daß die kommende militärische Auseinandersetzung kein Kabinettskrieg alter Zeit sei, sondern als ein wirklicher „Freiheitskrieg" betrachtet werden müsse. Sie verstanden es zu zeigen, worum der Kampf ging. Der Bürger focht für die Freiheit des Königs und des Staates, aber auch für seine eigene Freiheit und eine neue Lebensordnung, deren

---

21 Ebenda, S. 549.

22 *Scharnhorst* an Clausewitz vom 27. November 1807, Publikationen, a. a. O., S. 174.

23 Ebenda.

24 Ebenda.

Grundlagen bereits jetzt gelegt waren, die aber ihre endgültige Verwirklichung nach dem gewonnenen Kriege finden sollte. Der Freiheitskampf besaß so eine doppelte Bedeutung. In der Aufschrift „Mit Gott für König und Vaterland", die auf dem Tschako der Landwehr stand, kommt dies klar zum Ausdruck. Sie stellt keine farblose Formel dar, sondern ist der Ausdruck der politischen Gedankenwelt der Zeit, das Glaubensbekenntnis Scharnhorsts und seines Kreises. Die Bezeichnung „Befreiungskriege", die später vor allem von der Reaktion verwandt wurde, wenn sie den politischen Gehalt dieses Kampfes sich zu leugnen bemühte und ihn lediglich als Ausdruck des dem König schuldigen Gehorsams betrachtet wissen wollte, täuscht [25].

3. Verfassungsrechtliche Würdigung des Bündnisses zwischen Regierung und Nation

Zum Verständnis der Situation und des Gesamtgeschehens der Reform muß noch auf folgendes hingewiesen werden: Nicht von einem Volk in Gemeinschaft, in das der einzelne eingegliedert werden soll, geht man aus, sondern vom einzelnen Bürger, der bisher lediglich Untertan war und der Staatsgewalt gehorchend gegenüberstand. In ihm will man eine andere Gesinnung, einen anderen Geist erwecken und ihm den Staat, der ihn braucht und um Teilnahme bei ihm wirbt, nahebringen. Energien, die bisher im einzelnen schlummerten, sollen erweckt und für den Staat dienstbar gemacht werden [26]. Es ist daher irreführend, wenn man in dem Appell an das Volk die Schaffung einer Volksgemeinschaft als Ziel der Reformer ansieht und dieses im Freiheitskampf verwirklicht findet; so weit war man noch nicht. Schon die Heranziehung des einzelnen an den Staat galt als eine revolutionäre Tat und war es auch gegenüber der bisherigen Erscheinungsform des absoluten Staates, bei der sich die Stellung des einzelnen im Gehorsam erschöpfte und alle Bürger dem König lediglich als Untertanen gegenübertraten. Durch gleichklingende Vokabeln

---

25 Vgl. dazu *Höhn, R.*, Der Kampf der Frontsoldaten von 1813 um das politische Vermächtnis der Freiheitskriege, in „Reich — Volksordnung — Lebensraum", Bd. 5, S. 943, S. 189 ff.

26 Kennzeichnend *Scharnhorst* an Clausewitz vom 17. Dezember 1807: „Kann man durch innere Einrichtung den Geist der Nation heben, den Samen zu Früchten legen, welche dereinst unter glücklichen Umständen reifen können, so tut man alles, was der jetzige schwache, kranke Zustand erlaubt", *Linnebach*, Scharnhorsts Briefe, I, S. 338.

darf man sich nicht täuschen lassen. Nach wie vor wird das Fürst-Untertanen-Verhältnis aufrechterhalten, nach wie vor hat der zur Person erhobene Untertan zu gehorchen, aber seine Stellung erschöpft sich nicht mehr im Gehorsam. Neben seine Stellung als Untertan ist seine Anerkennung und Achtung als Person getreten. An sie anknüpfend wird es erst möglich, den absoluten Staat dadurch zu modifizieren, daß der einzelne nun auch mit seinen Kräften und Energien zur Stützung des Staates herangezogen wird. Mit Recht heißen die Männer, die an dieses Werk gehen, die Reformer. Sie lassen das Grundprinzip des absoluten Staates, das Fürst-Untertan-Verhältnis bestehen, sie geben ihm aber neue Grundlagen, auf denen es in Zukunft ruhen soll, sie reformieren es. Immer ist es der König, der für die Durchführung bestimmter Reformmaßnahmen erst gewonnen werden muß, wenn er auch unter dem Druck der Verhältnisse oft zum Nachgeben gezwungen wird. An dem Prinzip, daß sich in ihm die Staatsgewalt konzentriert und von seinem Willen jede Maßnahme abhängig ist, wird nicht gerüttelt, und wo es geschieht, nur recht ungern. Wie rasch wendet sich etwa Ernst Moritz *Arndt*, der so harte Worte gegen den zaudernden Fürsten gefunden und bei dem der Groll über den König zur Abneigung gegen die Institution der Monarchie geführt hatte, in dem Augenblick, als der König sich für den Kampf gegen Napoleon entschieden hat!

Die Gewinnung des einzelnen für den reformierten Staat und damit die Entzündung der Vaterlandsliebe wird von Scharnhorst und seinem Kreis durch Einbeziehung einer Reihe von Tatsachen bewußt zu fördern versucht. Das bei Jena und Auerstedt erlittene Schlachtenunglück wird jetzt unter dem Gesichtspunkt des Bündnisses zwischen Regierung und Nation nicht mehr als eine Niederlage der Armee, die das Volk nichts angeht, sondern als ein nationales Unglück betrachtet. Dasselbe gilt von der schmachvollen Kapitulation von Prenzlau, wo ein preußisches Korps von 10 000 Mann unter dem Fürsten Hohenlohe auf freiem Felde die Waffen streckte, obwohl der Feind nur in ihrer Einbildung vorhanden war [27], oder von der Kapitulation von Spandau, das mit 20 000 Mann dem Feinde ohne Widerstand übergeben wurde. Der heldenmütige Kampf Blüchers, der erst kapituliert hatte, nachdem er kein Brot und keine Munition mehr besaß, der für die preußischen Waffen ehrenvolle Ausgang der Schlacht bei Preußisch-Eylau, die ruhmvolle Verteidigung von Graudenz und Kolberg werden als nationale Taten systematisch gepriesen. Mit Freude wird

---

27 Vgl. dazu die Briefe des Präsidenten *von Grolmann* an seinen Sohn, abgedruckt bei F. v. Conrady, Carl von Grolmann, 1894, Bd. 1, S. 126 ff.

jeder Übergriff der Franzosen registriert [28], der Haß gegen das Fremde geschürt und demgegenüber die Vaterlandsidee mit dem reformierten Staat und dem königlichen Paar als „Bindepunkt" [29] hingestellt.

4. *Koalitionskrieg und politische Idee*

Daß Preußen, auf sich allein gestellt, den Freiheitskampf nicht führen könne, war Scharnhorst und seinem Kreis klar. Daß es sich hierbei neben den Großmächten der Hilfe der übrigen deutschen Staaten versichern müßte, der künftige Krieg notwendigerweise ein Koalitionskrieg sein werde, davon ging Scharnhorst bei allen seinen Überlegungen aus. In aller Schärfe hatte er in seiner grundlegenden Untersuchung über die Ursachen des Kriegsglücks der Franzosen im Feldzug von 1794 herausgestellt, welche Mängel die Koalition im Zusammenstoß mit der Revolution besaß [30]. Es fehlte ihr das den Krieg tragende Volk, das innerlich bereit ist, mit ganzer Kraft sich für den Kampf einzusetzen, das mit „Enthusiasmus" kämpft. Mit der Idee des Vaterlandes war diese Basis für Preußen gegeben. Daß auch bei den Koalitionspartnern geistige wie militärische Kräfte nur dann mobilisiert werden könnten, wenn der künftige Krieg von einer großen Idee getragen würde, für die es sich zu fechten lohnte, davon war Scharnhorst überzeugt.

Hier hielt man, soweit es sich um die übrigen deutschen Staaten als künftige Partner im Koalitionskrieg handelte, wiederum die Vaterlandsidee für besonders fruchtbar, die in der Form des „Gesamtvaterlandes" auftritt und den inneren Impuls für den künftigen Kampf geben soll. Dieses „Gesamtvaterland" verknüpft sich mit einer politisch neuen deutschen Gesamtordnung, innerhalb deren die Substanz der politischen Volks- und Kulturwerte, die von einem gesamtdeutschen Bürgertum repräsentiert wird, ihren Ausdruck finden soll. Wer über Preußen hinaus vaterlandsliebend ist, lehnt die alte absolutistische Ordnung ab, aber auch die fran-

---

[28] Vgl. dazu die Denkschrift *Steins* zum Finanzplan Hardenbergs vom Sommer 1810, wo es heißt: „Die Unglücksfälle, die den Staat getroffen haben ... erhalten unter den Bewohnern eine fortdauernde Gährung, die derjenige, der den Staat versteht, sorgfältig beobachten muß, um ihr eine zweckmäßige Richtung geben zu können" in Freiherr v. Stein Briefwechsel, Denkschriften und Aufzeichnungen, Bd. 3, S. 329

[29] *Boyen*, Denkwürdigkeiten und Erinnerungen, 1771—1813, 3. Aufl., Bd. 1, S. 289/290.

[30] Vgl. dazu S. 80 ff. dieses Buches.

zösische Demokratie als dem deutschen Wesen fremd und bekennt sich zu einer neuen politischen Kultur= und Lebensordnung, die ein Gesamt=vaterland nach dem gewonnenen Kriege allen Deutschen geben wird. Zwar besitzt die Gesamtnation keinen reichseinheitlichen Gegenspieler und Bündnispartner in einem Kaiser wie die preußische Nation im preu=ßischen König, mit dem sie ein Bündnis hätte eingehen können, trotzdem sehen Scharnhorst und Gneisenau nur in einem über die staatlichen Gren=zen hinausgehenden nationalen Willen die Möglichkeit, die notwendigen Kräfte zu entwickeln, um den Koalitionskrieg gegen Napoleon zu führen.

Auf die politischen und militärischen Reformen hinweisend, verlangt Gneisenau auch für dieses Gesamtvaterland die Einführung einer freien politischen Verfassung, die als besonders notwendig empfunden wird,

> „wegen derjenigen Völkerschaften deutscher Zunge, die ehedem nicht unter preußischem Szepter lebten, sich aber an uns zur Befreiung des gemeinsamen deutschen Vaterlandes anschließen möchten" [31].

Bei der Forderung nach einer solchen Verfassung kommt es weniger dar=auf an, daß im Augenblick durch diese Verfassung in den außerdeutschen Staaten wirklich die inneren politischen Gegensätze zwischen Monarchie und Bürgertum ausgeglichen werden. Die Verkündung dieser Verfassung soll vielmehr als ein außenpolitisches Lock= und Reizmittel gelten, das Bürgertum in jenen Staaten zur Lösung der großen Aufgabe, die der preußische Staat übernommen hatte, die Befreiung vom Fremdjoch, zu mobilisieren. In diesem Sinne erklärt Gneisenau:

> „Eine freie Verfassung und eine einfacher geordnete Verwaltung wer=den es ihm wünschenswerter machen, mit uns unter gemeinschaftlichen Gesetzen zu leben. Vorzüglich gute Wirkung wird eine nach altdeut=scher Art gemodelte Munizipalverfassung tun, die den Bürgern das Wahlrecht ihrer Obigkeiten und Rechenschaftsforderung von sel=bigen sichert. Die volkreichen Städte des westlichen und nordwest=lichen Deutschlands würden dann eher geneigt sein, unserem Bunde beizutreten." [32]

Hat man auf solche Weise

> „die deutsche Nation zu frohen Hoffnungen einer wohltätigen Staats=reform durch Proklamationen und Tat berechtigt, so ist keinem Zwei=fel unterworfen, daß nicht ein großer Teil derselben für unsere Sache gegen unsere Dränger den Schild erhebe" [33].

---

[31] Denkschrift vom August 1808, Publikationen, a. a. O., S. 549.

[32] Ebenda S. 549, 550.

[33] Ebenda.

Das politisch und militärisch Neue an den Freiheitskriegen ist, daß sie nicht als Koalitionskriege alter Form und ebenfalls nicht von dem deutschen Kleinstaat absolutistischer Prägung geführt werden können. Der Kabinettskrieg gibt nicht mehr die Kräfte her, die für den Kampf notwendig sind. An seine Stelle tritt der nationale Krieg mit dem Bündnis zwischen Regierung und Nation als geistiger Basis. Über den kleinstaatlichen Rahmen hinaus wird die Vorstellung von einer höheren Einheit lebendig. In dem Begriff „Gesamtvaterland" aller Deutschen kommt dies klar zum Ausdruck. Dieses Vaterland wird mit einer neuen politischen Gesamtordnung verknüpft, in der die Substanz der Volks- und Kulturwerte, die von einem gesamtdeutschen Bürgertum repräsentiert werden, ihren Ausdruck finden soll. Das „Ubi bene, ibi patria", dem das aufgeklärte Bürgertum bisher huldigte, soll aufgehoben werden, der Bürger nach dem gewonnenen Krieg ein arteigenes Vaterland und damit eine Lebensform erhalten, die das deutsche Wesen politisch und kulturell repräsentiert. Auf diese höhere Ebene wird der Freiheitskrieg gestellt, aus diesen Wurzeln zieht er seine Kraft.
Eine politische wie militärische Kraftanstrengung läßt sich, das ist die feste Überzeugung Scharnhorsts wie Gneisenaus, nicht mehr ermöglichen, ohne daß ihr die Vorstellung vom Kampf um eine neue Lebensform die notwendigen inneren Impulse gibt.

III. Der Aufbau der Wehrverfassung im Geist einer neuen politischen Ordnung

Von der neuen politischen Grundkonzeption des Bündnisses zwischen Regierung und Nation nimmt Scharnhorst systematisch und bewußt den Aufbau der neuen Wehrverfassung in Angriff. Scharnhorst und seine Mitarbeiter waren sich darüber klar, daß das preußische Heer nicht länger als in sich geschlossene Anstalt, als Staat im Staat, bestehen könne. Es mußte vielmehr in seinen grundlegenden Einrichtungen so umgestaltet werden, daß es die politischen Kräfte der neuen, in den Staat einströmenden Schicht aufzunehmen und sich selbst nutzbar zu machen vermochte. Als Aufgabe der Armee betrachtet Scharnhorst es daher, sich innerlich bereit zu machen, um das Bündnis zwischen Regierung und Nation, die große politische Aufgabe der Zeit, in den eigenen Reihen in die Wirklichkeit umzusetzen. In diesem Sinne erklärt Scharnhorst in einem Brief an Clausewitz bereits im November 1807:

> „Das neue Militär wird, so klein und unbedeutend es auch sein mag, in einem anderen Geist sich seiner Bestimmung nähern und mit den Bürgern des Staats in ein näheres und innigeres Bündnis treten." [34]

Die Armee darf daher in Zukunft keine Prinzipien mehr in sich tragen, die die Nutzbarmachung der im Bürgertum schlummernden Kräfte vereiteln könnte. Man muß deshalb

> „der Nation den Soldatenstand angenehm machen und das Verhaßte aus ihm entfernen. Alle Anordnungen müssen zu diesem großen allgemeinen Zweck sich die Hand bieten und den soldatischen Geist von neuem beleben" [35].

Kompromißlos bricht Scharnhorst überall mit den Überlieferungen, die der Verwirklichung der neuen politischen Ordnung auf militärischem Gebiet im Wege stehen, ohne Rücksicht darauf, welches Ansehen sie bisher besaßen.

Scharnhorst hat selbst für die richtige Erfassung seiner Reformen in ihrem System, der Konsequenz ihrer Anlage und ihrer gesamtpolitischen staats= und verfassungstheoretischen prinzipiellen Bedeutung den Schlüssel geliefert, wenn er in seiner Denkschrift an den König vom Juli 1809 die Sätze prägte:

> „Man darf bei der neuen Einrichtung die einzelnen Gegenstände nicht ohne das Ganze betrachten, den Geist der Armee zu erheben und zu beleben, die Armee und Nation inniger zu vereinigen und ihr die Richtung zu ihrer wesentlichen und großen Bestimmung zu geben. Dies ist das System, welches bei den neuen Einrichtungen zum Grunde liegt – und dieses mögen diejenigen erst studieren, welche sie beurtheilen wollen." [36]

1. *Die Anerkennung des gemeinen Soldaten als Persönlichkeit und Mann von Ehre*

An der Spitze der Heeresreform steht die Anerkennung des gemeinen Soldaten als Persönlichkeit und Mann von Ehre. Sie ist die grundlegende Voraussetzung für die Gesamtänderung der Wehrverfassung und eine politische Entscheidung ersten Ranges. Ihr Ziel ist, die standesgebundene Ehre des adligen Offizierkorps als Ausdruck der Besonderheit der Kaste

---

[34] Publikationen, a. a. O., S. 175.

[35] *Scharnhorst* an den Freiherrn vom Stein, 3. Juli 1808, Publikationen, a. a. O., S. 500.

[36] Abgedruckt bei *Pertz*, Gneisenau, I, 539.

zu beseitigen. An ihre Stelle soll eine neue Ehrvorstellung treten, die alle Angehörigen der Monarchie in gleicher Weise erfaßt und sie in ihrem Handeln bestimmt. Um die Bedeutung dieses Vorgangs richtig einzuschätzen, muß man von Folgendem ausgehen:
Innerhalb der politischen Ordnung der absoluten Monarchie wird der einzelne lediglich als Objekt gewertet, dessen Stellung gegenüber Fürst und Staat sich im Gehorsam erschöpft. Im Rahmen der Heeresanstalt spiegelt sich dies besonders deutlich wider. Hier ist er Nummer in der Heeresmaschinerie, dem Zwang zum Dienst und im Dienst unterworfen, also ebenfalls Objekt, nicht Persönlichkeit und nicht Mann von Ehre. Der Kriegerstand wird zwar allgemein als „Stand der Ehre" bezeichnet, dies bedeutet aber nicht, daß der einfache Soldat als Angehöriger dieses Standes eine persönliche Ehre besitzt. Vermag man ihn durch Prügelstrafen dahin zu bringen, daß er mutig und tapfer kämpft, so daß sein Regiment in Ehren zu bestehen vermag, so gereicht das dem Regiment zur Ehre, ganz gleichgütig, ob damit der gemeine Mann als ehrloser „Cujon" behandelt wird [37]. Nicht persönliches Ehrgefühl, sondern nur Zwang und die Tatsache, daß sie „die Officiere mehr fürchten als alle Gefahren, denen sie ausgesetzt werden", vermögen, so versichert uns Friedrich der Große im Testament von 1768, den Soldaten dahin zu bringen, diese Gefahren zu bestehen.

> „Sonst wird niemand imstande sein, sie gegen dreihundert Geschütze, die ihnen entgegendonnern, zum Angriff zu führen. Guter Wille wird den gemeinen Mann nie solchen Gefahren Trotz bieten lassen. So muß es denn die Furcht tun." [38]

Über dieser breiten Masse von größtenteils mit Zwang zum Heeresdienst gebrachten und wie in einer „Strafanstalt" durch Zwang darin erhaltenen Soldaten, die sich neben leibeigenen Bauern vielfach nur aus zusammengelaufenem Gesindel zusammensetzen [39], steht eine adlige Führerschicht,

---

[37] Vgl. dazu die Ausführungen über das Fehlen der Ehre beim einfachen Soldaten und die Bedeutung dessen im Rahmen des absolutistischen Heeressystems bei *Höhn*, Revolution, Heer, Kriegsbild, a. a. O., S. 83 ff.

[38] *Friedrich der Große*, Die politischen und militärischen Testamente Friedrichs des Großen. Herausgegeben von G. B. Volz, Berlin 1920.

[39] Vgl. dazu den Bericht des General-Auditeurs *von Koenen* an die Militär-Reorganisationskommission vom 13. April 1808, Publikationen, a. a. O., S. 370 ff.: „Bedauern werden es manche Eltern, ihre gut erzogenen Söhne einem Stande anvertrauen zu müssen, den die Gesetze zugleich als eine Strafanstalt ansehen und mit ...... Sehnsucht wird man dem Zeitpunkte entgegensehen, da es erlaubt ist, aus einem Stande herauszutreten, in welchem man mit Sträflingen in Gemeinschaft war."

die nicht aus Furcht vor Strafe ihren Dienst verrichtet, sondern aus einer angeborenen Berufung, ihrer Zugehörigkeit zum Adel. Als der sie bewegende Motor wird die Ehre betrachtet. Nach dem Dienstreglement Friedrich Wilhelm I. von 1726 verdient (meritiert)

> „derjenige Officier, welcher sein Devoir nicht aus eigener Ambition thut, sondern zu seinem Dienst angehalten werden muß, nicht, Officier zu sein".

Damit ist der Offizier eindeutig vom gemeinen Mann abgehoben. Auch Friedrich der Große unterscheidet scharf zwischen Soldat und Offizier. Der Offizier will „durch Ehrgeiz geleitet werden", heißt es in demselben Testament, in dem der König erklärt hatte, daß die Furcht vor dem Offizier allein den Mann in die Schlacht treiben müsse. In den älteren sächsischen Dienstreglements wird ausgeführt, daß für Offiziere die Ehre und Subordination, für Unteroffiziere und Gemeine aber nur die Treue, der Gehorsam und die Disziplin bestimmend seien. Daß der Mann desertiert, wird ohne weiteres angenommen. Wird er aufgegriffen und ist körperlich gut im Stand, um weiterdienen zu können, so wird er nach entsprechender Bestrafung vielfach von neuem vereidigt und wieder eingereiht. Vom Offizier nimmt man Desertion prinzipiell nicht an. Desertiert er, so hat er sich um seine Ehre gebracht. Er wird geächtet.

Seine Ehrauffassung bringt der eingesessene Adel als Standesprinzip mit. Der König selbst gehört als Adliger zu diesem Stand. Er tritt seinen Offizieren nicht nur als Souverän, sondern auch als Standesgenosse gegenüber und ist mit ihnen im Offizierkorps durch die gleiche Lebensform verbunden. In der Tatsache, daß der Offizier Ehre besitzt, kommt seine besondere soziale Stellung im Staat zum Ausdruck. Er ist als Adliger Träger des Staates. Ihm sind neben den Offiziersstellen in erster Linie die politischen Ämter im Staat vorbehalten. Nach der Stamm- und Rangliste der Infanterie von 1786 findet sich unter den vier Generalen, den 16 Generalleutnants, den 32 Generalmajoren und den 59 Obersten kein einziger Angehöriger des bürgerlichen Standes. Lediglich die 23 Oberstleutnante haben einen und die 185 Majore zwei bürgerliche Offiziere aufzuweisen. Unter den 156 Generalen und Stabsoffizieren der Kavallerie ist kein einziger bürgerlich, von den 689 Generalen und Stabsoffizieren der gesamten preußischen Armee gehören nur 22 dem bürgerlichen Stande an, davon ein Oberst, drei Oberstleutnante und 18 Majore. Von diesen bürgerlichen Offizieren taten neun in Garnisonregimentern Dienst [40].

---

[40] Vgl. dazu die bei *Lehmann,* Scharnhorst, 2. Teil, 1887, abgedruckten Ranglisten, S. 644 ff.

Die Tatsache, daß nur der Offizier Ehre hat, ist der politische Ausdruck dafür, daß eine ganze Schicht von der Führung im Heer ausgeschlossen ist. Bürger wurden in das Heer in der Regel nur aufgenommen, wenn im Kriege zuviel Offiziersstellen vakant waren oder man im Frieden sie als Spezialisten etwa bei der Artillerie oder im Festungsbau dringend benötigte. Sie erhielten dann entweder bei passender Gelegenheit wieder ihren Abschied, vielfach aber wurden sie geadelt und damit in die Kaste aufgenommen. Im übrigen versuchten sie von selbst, schon um sich zu halten, sich den herrschenden Prinzipien weitgehendst anzupassen. Kennzeichnend dafür ist, daß auch Scharnhorst, als er in das preußische Heer eintrat, insbesondere mit Rücksicht auf seine Söhne, um die Verleihung des Adels bat.

Als Mann ohne Ehre im Heer konnte der Bürger nie Partner des Staates werden. Die Anerkennung des gemeinen Soldaten als Persönlichkeit und Mann von Ehre ist daher der Auftakt zu einer Revolutionierung der Armee im Sinne des Bündnisses zwischen Regierung und Nation. Um diese durchzuführen, das Einströmen des Bürgertums in das Heer und in der weiteren Folge in die militärische Führung zu ermöglichen, muß die Schranke verschwinden, die dem bisher hindernd im Weg stand. In dem Augenblick, in dem das Heer diesen entscheidenden Schritt tut, einen Grundstein aus dem Gefüge der absolutistischen Heeresverfassung herausbricht und damit eine jahrhundertealte Überlieferung aufgibt, sieht auch der Bürger, daß es mit der Reform ernst gemeint ist. Die Zuerkennung der Ehre ist zugleich der erste Schritt, um gegen die Geschlossenheit der adligen Offizierskaste anzugehen.

Die Ehre, die man dem gemeinen Mann zuspricht, deckt sich nicht mit der ritterlich-ständischen Ehre des alten Offizierkorps und kann es auch nicht. Dafür fehlen alle Voraussetzungen. Wunsch Scharnhorsts und seiner Mitarbeiter ist es jedoch nicht, zwei nebeneinander stehende Ehrauffassungen im Heer zu besitzen. Sie wollen vielmehr, daß sich die alte, ständische, im Offizierkorps vorhandene Ehrauffassung in ihren positiven Gehalten mit der neuen des in das Heer eintretenden Bürgertums vermählt und beide im Sinne des Bündnisses zwischen Regierung und Nation zusammenwachsen. Die höhere dritte Ehrauffassung, die aus diesem Bündnis entstehen soll, ist die Nationalehre, deren Träger künftig Mann wie Offizier sind.

Es handelt sich also nicht darum, wie vielfach irrtümlich angenommen wird, daß das adlige Offizierkorps seine Ehrvorstellung auf den in das Heer eintretenden jungen Bürger überträgt, ihn an seinen Privilegien teilnehmen läßt, auf diese Weise einschmilzt und durch ihn neue Blutzufuhr bekommt. Es geht vielmehr um die Schaffung eines neuen Wertmaßstabes, der sich in der Folge auf die Leistungs- und Auslegungsgrundsätze im Heer entscheidend auswirken muß. Die Heraushebung des Offiziers gegenüber dem Mann beruht nicht mehr auf der Tatsache, daß der Offizier einer adligen Führerschicht entstammt, zu deren Standesehre es gehört, Offizier zu sein, sondern darin, daß er im Dienste der Nation mehr leistet. Der Bürger, der bisher mit Verachtung auf den Soldaten und seine unwürdige Lage blickte, „wenn er den Soldaten auf öffentlichem Platz mit dem Stock mißhandelt" sah[41], der andererseits mit einem gewissen Neid die bevorzugte Stellung des Offiziers betrachtete, da er selbst „wenig Hoffnung hatte, Offizier zu werden" [42], kommt in einer neuen, diese Kluft mit seiner Anerkennung als Mann von Ehre überbrückenden Heresauffassung im Heer zur Geltung und zur Befriedigung seines Ehrgeizes. Andererseits vermag mit der Anerkennung des Soldatenstandes als Stand der Ehre schlechthin das Heer den ständischen und sozialen Ausgleich zwischen Adel, Bürger- und Bauerntum vorzunehmen und zu einer neuen Homogenität und Stabilität zu kommen.

Der alte *Berenhorst*, der von ferne die Arbeit Scharnhorsts in der Reorganisationskommission grollend betrachtete, glaubte zwar, an dem „Reformwerk" einige „Pfuscher von Zimmerleuten" beschäftigt zu sehen, die im dritten Stock „Türme und Fenster wieder einrichten und einige Stuben und Kämmerlein neu täfeln, während in den beiden unteren Stockwerken alle Säulen und Pfosten hängen und schief stehen und kein Balken und keine Strebe mehr fugt" [43]. Er irrte sich jedoch. Die Schaffung einer gemeinsamen Nationalehre, die Offizier wie Mann erfaßt, war das Fundament, auf dem der künftige Bau Schritt für Schritt errichtet wurde.

2. *Die konstruktive politische Idee in der Neugestaltung des Strafwesens*

a. Strafsystem und politische Ordnung

Ein charakteristisches Spiegelbild jeder Heeresverfassung ist ihr Strafwesen. Stets wenden sich daher in revolutionären Epochen die führenden Geister gegen das überkommene Strafensystem, in dem sie in beson-

---

[41] *Gneisenau*, Freiheit der Rücken, abgedr. bei *Pertz*, Gneisenau, I, S. 385.

[42] Denkschrift des Oberstleutnants *von Oppen*, „Gedanken zur Reorganisation der Kavallerie", Publikationen, a. a. O., S. 94.

[43] *Berenhorst* an Valentini vom 18. Februar 1808, Acta, Heeresarchiv Potsdam, Nachlaß Valentini, Nr. 2, S. 65.

derem Maße den Ausdruck der alten Ordnung erblicken. Aus demselben Bewußtsein klammern sich die Vertreter des Alten an dieses System und betrachten es als die letzte, positiv-rechtlich fundierte Stütze ihrer bereits ins Wanken geratenen Welt.

Die von Scharnhorst erstrebte neue Ordnung des Strafwesens geht von der politischen Tatsache aus, daß von jetzt ab nicht mehr neben leibeigenen Bauern, Ackerbürgern und Handwerkern

> „Ausländer, Vagabunden, Trunkenbolde, Diebe, Taugenichtse und andere Verbrecher aus ganz Deutschland“ [44]

die breite Masse des Heeres bilden, die nur mühsam mit Hilfe des Stockes zur Erfüllung ihrer Pflichten im Heer angehalten werden kann, sondern daß die Jugend des besitzenden und gebildeten Bürgertums in die Armee einströmt. Sie wird

> „von guter Erziehung und Form den militärischen Dienst als vaterländische Pflicht gutwillig erfüllen, den Vorschriften der Vorgesetzten mit Verständnis und Einsicht folgen und damit von selbst als Vorbild für die weniger gebildeten Stände im Heer dienen“.

Will man in Zukunft, wie dies Gneisenau in seinem berühmten Aufsatz über die „Freiheit der Rücken“ zum Ausdruck bringt, die „Beweggründe“ für das „Wohlverhalten“ dieser neuen Soldaten nicht „fernerhin im Holze aufsuchen“, sondern sie „im Ehrgefühl“ finden, so muß man auch diese

> „wohlerzogenen jungen Männer vor der Möglichkeit schützen, von übelwollenden Vorgesetzten mißhandelt zu werden“ [45].

Dem „Immediatbericht der Militär-Reorganisationskommission“ vom 8. Juni 1808 über die „Verordnung wegen der militärischen Strafen“ ist der kennzeichnende Satz vorausgeschickt:

> „Da die allgemeine Militärkonskription in der Folge junge Leute von guter Erziehung und feinem Ehrgefühl als gemeine Soldaten unter die Fahnen stellen wird, so ist mit Zuversicht zu erwarten, daß diese nicht nur selbst ihren Vorgesetzten willig folgen, und durch gute Applikation den Militärdienst leicht erlernen, sondern auch eben hierdurch ihren Kameraden aus den weniger gebildeten Ständen ein Beispiel vernünftigen Gehorsams und wirksamer Anwendung ihrer Kräfte und Fähigkeiten geben und zu ihrer Ausbildung mitwirken werden und daß daher mit einer gelinden Behandlung Ordnung und Disciplin in der Armee wird erhalten werden können.“ [46]

---

[44] *Scharnhorst*, Vergleichung der ehemaligen Geschäftsführung der militärischen Oberbehörden mit den jetzigen, a. a. O.

[45] *Gneisenau*, Freiheit der Rücken, a. a. O.

[46] Publikationen, a. a. O., S. 463.

Die grundsätzliche Wandlung, die sich hier vollzieht, zeigt sich am deutlichsten, wenn man die neuen Kriegsartikel denjenigen gegenüberstellt, die im Jahre 1797, also schon zu einer Zeit formuliert wurden, als die großen Kämpfe um den Durchbruch neuer Ideen im preußischen Staat voll im Gange waren. In diesen Kriegsartikeln kam zwar den humanitären Aufklärungsideen über die bessere Behandlung des Soldaten entsprechend eine gewisse Milderung des Strafmaßes für die militärischen Vergehen zum Ausdruck. Sie hielten jedoch im Rahmen eines Heeres, das sich zum großen Teil aus dem Stand der gemeinen Leute, Abenteurern und asozialen Elementen zusammensetzte, weiterhin an dem Grundsatz fest, daß der Soldat nur aus Furcht vor Strafe zu Gehorsam und Disziplin angehalten werden könne [47]. Sie setzten die prinzipielle Widerspenstigkeit des Soldaten voraus und versuchten, sie mit Strafandrohungen zu bekämpfen. Der positive Teil der Kriegsartikel berief sich auf die christliche Sittenlehre und die die Gesamtsituation kennzeichnende Bestimmung im Artikel 1 traf:

> „Ein jeder Soldat muß ein christliches und tugendhaftes Leben führen, die ihm nach seiner Religion obwaltenden Pflichten sorgfältig erfüllen und aller solcher Handlungen, wodurch seine Religion entehret wird, sich gänzlich enthalten. Wenn er sich hierunter Mißbräuche schuldig macht, so hat er die Bestrafung mit Arrest oder auch nach der Größe seiner Bosheit mit Spießruthen zu erwarten." [48]

Die Vergehen gegen die Disziplin galten zugleich als Verstöße gegen das christliche Sittengesetz.

Weiterhin arbeitete das Zwangssystem, das in diesen Kriegsartikeln aufrechterhalten wurde, nach dem überkommenen Gesichtspunkt, daß es am besten sei, wenn der Soldat, um ihn nicht durch Arreststrafen dem Dienste zu entziehen und auf diese Weise ganze Kompagnien in ständigem Arrest zu halten, geprügelt werde. Im übrigen galten Prügel nicht als Strafe und wurden als solche auch nicht aufgeführt. Zwanzig Stockschläge durften nach dem Gesetz verhängt werden, ohne daß der Offizier bzw. Unteroffizier darüber Rechenschaft abzulegen brauchten, auch gegen eine Wiederholung am selben Tage bestanden keine Bedenken. Die erste wirkliche Strafe ist nach diesen Kriegsartikeln immer noch das Spießrutenlaufen. So werden gemäß Artikel 6

---

47 Vgl. dazu des Geheimen Kriegsraths *Cavan*, Erläuterungen der Kriegsartikel für die Königliche Preußische Unterofficirs und gemeine Soldaten, de dato Berlin, den 20. März 1797, Berlin, 1799.

48 Abgedruckt bei *Cavan*, Erläuterungen der Kriegsartikel, a. a. O.

> „Schlägereien und unnötige Händel oder Duelle mit 8—, 10—20maligem Gassenlaufen bestraft und hat der Anfänger jederzeit eine Erhöhung der Strafe nach den Umständen für sich zu erwarten."

„Trunkenheit im Dienst soll mit 6—8—10maligem Gassenlaufen nach Beschaffenheit der Umstände" geahndet werden. (Art. 10.) Wer sich ohne Vorwissen oder Bewilligung

> „des bey der Kompagnie kommandirenden Ober-Offiziers einer Weibsperson ehelich verlobt", wird „mit 12 maligem Gassenlaufen bestraft" (Art. 19).
>
> „Wörtliche Widersetzung gegen Dienst-Befehle eines Vorgesetzten wird mit Gassenlaufen bestraft, welches zu 8, 10 und 20, auch wohl 30 mal nach dem Stande des Beleidigten und den übrigen Umständen zu bestimmen ist" (Art. 4).

Dieses Gassenlaufen war bei einem Höchstmaß von 30mal jeweils ein „Gassenlaufen auf Leben und Tod". „Kein Soldat ist", so urteilt Scharnhorst, „so erbärmlich gepeitscht worden als der preußische." [49]
Die neuen Kriegsartikel werden bewußt im Gegensatz zu den alten formuliert und sprechen zunächst den positiven Gehalt des Soldatentums aus. Nicht mehr das allgemeine farblose christliche Tugendideal, das jeder Anstaltsordnung, auch einer Strafanstalt vorangestellt werden kann, ist für sie bestimmend. Statt dessen tritt überall der Gedanke in den Vordergrund, daß in Zukunft junge Männer gutwillig, zum größten Teile aus innerer Überzeugung, in das Heer eintreten, um sich hier die nötige technische Ausbildung für den Kampf anzueignen. Für sie wird daher der gesamte Zwangs- und Sicherungsapparat, den die Armee zur Brechung des widerstrebenden Willens gepreßter Soldaten oder asozialer Elemente und zur Verhütung der Desertion aufgebaut hatte, überflüssig. Insbesondere würde die Beibehaltung des bisherigen Strafensystems den Geist der Gutwilligkeit und inneren Bereitschaft systematisch ausmerzen müssen, schon um die eigene Daseinsberechtigung nachzuweisen.

> „Wenn die Nation sich als Vertheidiger des Vaterlandes ansehen darf, so darf in dieser neuen Qualität sie nicht mit den entehrendsten Strafen bedrohet werden",

schreibt *Scharnhorst* in seiner berühmten Rechtfertigung über die von ihm getroffenen Maßnahmen dem König im Juli des Jahres 1809. „Will man aber", so fährt er fort,

> „die Ausländer, die Vagabunden, Trunkenbolde, Diebe, Taugenichtse und andere Verbrecher aus ganz Deutschland wieder haben, welche

---

[49] *Scharnhorst* an Stein vom 3. Juli 1808 (Königsberg), Publikationen, a. a. O. S. 500.

> die Nation verderben, die Armee den Bürgern verhaßt und verächtlich machen — und sobald sie marschierten, weglaufen — dann wird man freilich nicht ohne die ehemaligen Strafen fertig werden" [50].

Mit der Abschaffung der Prügelstrafen ehrt sich, wie dies Gneisenau zum Ausdruck bringt, „zugleich die Nation selbst, indem sie es ablehnt, Einrichtungen zu dulden, die sie in den Augen anderer herabsetzt" [51]. Folgerichtig muß „die Proclamation der Freiheit der Rücken der Verallgemeinerung der Waffenpflichtigkeit vorangehen" [52]. *Scharnhorst* erklärt: Nur zu

> „entehrten Menschen gehören entehrende Strafen" [53].

Wenn aber das Prügelsystem tatsächlich so staatspolitisch wertvoll ist, wie seine Anhänger in der Militär- und Beamtenschaft behaupten, dann soll es, so spottet *Gneisenau*, als revolutionäre Neuerung zur Regeneration des Staates auf alle Stände übertragen werden:

> „Indessen will ich nicht leugnen, daß bei einer Regeneration des Staates oder in gefahrvollen Krisen der Stock Wunder tun könnte, nur müßte er auch in den übrigen Ständen eingeführt werden." [54]

Das große Problem der Zeit, zu erreichen, daß „eine Armee nicht mehr nötig hat, sich selbst zu bewachen" [55] und trotzdem funktioniert, wird im Geiste des Bündnisses zwischen Regierung und Nation gelöst. Jede Züchtigung des Soldaten durch Stockschläge ist nunmehr prinzipiell verboten. An ihre Stelle tritt ein System von Arreststrafen (einfacher, mittlerer und strenger Arrest). Nur bei schweren und entehrenden Verbrechen und bei hartnäckigem Rückfall kann eine körperliche Züchtigung stattfinden. Zu diesem Zwecke muß derjenige, an dem die Exekution vollzogen werden soll, erst in die zweite Klasse des Soldatenstandes versetzt, also vom eigentlichen neuen Soldatentypus ausgesondert werden [56]. Aber auch

---

[50] *Scharnhorst*, Vergleichung der ehemaligen Geschäftsführung der militärischen Oberbehörden mit den jetzigen, a. a. O.

[51] Vgl. die Ausführungen *Gneisenaus* zu den Bemerkungen des Freiherrn vom Stein über den Entwurf der Kriegsartikel des Generalauditeurs von Koenen, Publikationen, a. a. O., S. 474.

[52] *Gneisenau*, Artikel Freiheit der Rücken, a. a. O.

[53] *Scharnhorst*, Vergleichung der ehemaligen Geschäftsführung der militärischen Oberbehörden mit den jetzigen, a. a. O.

[54] *Gneisenau*, Publikationen, a. a. O., S. 474.

[55] Denkschrift des Oberstleutnants *von Borstell* vom 20. September 1807, Publikationen a. a. O., S. 88.

[56] Sie haben „bei ihrer dereinstigen Invalidität" keine „Ansprüche auf Invalidenwohltaten", erhalten „keine Anstellung bei Invalidenkompagnien", sondern müssen sich „mit dem Gnadenthaler begnügen". Kabinettsorder vom 10. Oktober 1810. Preuß. Gesetzsammlung 1806—1819, S. 732.

dann „darf diese Strafe niemals öffentlich und vor den Augen des Publikums vollzogen werden". Ebenso sind die berüchtigten „Stubenexekutionen auf das ernstlichste untersagt". Das Gassenlaufen fällt als Strafe jetzt völlig weg. Darüber hinaus sind die höheren Befehlshaber sowie die Kompagnie- wie Eskadronchefs dafür verantwortlich, „daß ihre Untergebenen weder den Soldaten auf eine rohe Art behandeln noch sich fernerhin das hie und da übliche Schimpfen derselben erlauben" [57].

b. Die Kriegsartikel als programmatische Erklärung über den Geist des neuen Heeres

Die Abschaffung des Prügelsystems, die mit den Kriegsartikeln vom 3. August 1808 in Verbindung mit der am selben Tag erschienenen „Verordnung wegen der Militärstrafen" verkündet wird, ist zwar schon von den sogenannten „aufgeklärten Offizieren" vielfach noch während der Lebenszeit Friedrichs des Großen gefordert worden. Damals geschah dies jedoch unter dem Gesichtspunkt humanitärer Ideen. Damit sollte das Werk der „Menschenfreunde" im Heer gewissermaßen seine Krönung finden [58]. Diesen Aufklärern fehlt jedoch im Grunde jede konstruktive politische Idee. Sie vermögen den Soldaten immer nur als ein im Prinzip willenloses Werkzeug zu betrachten, das nach wie vor in die Heeresmaschinerie gepreßt wird und dem man nur den Ideen der Zeit entsprechend mit weniger grausamen Strafen menschlicher begegnet.
Typisch zeigt sich der fundamentale Gegensatz zwischen den Reformideen Scharnhorsts und der Welt der Aufklärung im Heer in dem Gutachten des Generalmajors *von Diericke,* den der König über Scharnhorst zu einem „Entwurf über die Dienstpflichten des gemeinen Mannes und des Unteroffiziers" hatte auffordern lassen [59]. Diericke war als einer der glühendsten Verfechter der Aufklärung im Heer bekannt [60]. Er hatte im Jahr 1792 das „Archiv für Aufklärung über das Soldatenwesen" mitbegründet und seine ersten Fragmente „Über die Veredlung des Soldaten" dort zum Abdruck gebracht. Alle seine Publikationen standen unter der Devise der Verbreitung des Lichtes der Aufklärung. Diericke war

---

[57] „Verordnung wegen der Militärstrafen" vom 3. August 1808, Publikationen, a. a. O., S. 464.
[58] Vgl. dazu im einzelnen *Höhn,* Revolution, Heer, Kriegsbild, a. a. O., S. 71, 75 ff.
[59] *Diericke* an den König vom 31. August 1808, Acta, Heeresarchiv, Potsdam, Altes Kriegsarchiv, Kap. 48, Nr. 2.
[60] Über ihn *Höhn,* Revolution, Heer, Kriegsbild, a. a. O., S. 374 ff.

bei der Umorganisation zum Inspekteur des Militärerziehungs= und Bil= dungswesens im Kriegsministerium ernannt worden und mußte bei einem so entscheidenden Punkt, wie der Umgestaltung des Strafwesens, gehört werden. Er übernimmt in seinem Gutachten zwar die Vokabeln der neuen Welt, zeigt jedoch, daß er im Grunde gar nicht begriffen hat, was Scharn= horst und sein Kreis will.

Dierícke geht nicht wie Scharnhorst von einer neuen politischen Grund= konzeption aus, versucht vielmehr den Gegensatz zwischen Soldat und Bürger dadurch zu überwinden, daß er erklärt:

> „Der Soldat hat sich als ein Bürger des Staates, in welchem er lebt, zu betrachten. — Diesem hat er unzählig viel Gutes zu verdanken und eben deshalb liegt ihm die Erfüllung großer und wichtiger Pflichten ob." [61]

Wenn Diericke im einzelnen fordert, der Soldat müsse sich „eines gottes= fürchtigen und rechtschaffenen Lebenswandels befleißigen", „seinen König als seinen rechtschaffenen Monarchen und Herrn lieben und ehren, sowie die Gesetze genau befolgen", „seinem König wie seinem Vater= land mit Geist und Herz ergeben" sein, so tritt uns hier die alte Ge= dankenwelt entgegen. Nur erfährt der Soldat dadurch, daß man ihn als Bürger des Staats „betrachtet", eine gewisse Veredelung, sowie dies einst= mals auf dem Wege über die humane Behandlung und die Bildung ge= schehen sollte [62]. Unter demselben Gesichtspunkt sieht Diericke auch die Behandlung des Soldaten durch seine Vorgesetzten. Nicht weil der Soldat als ein Angehöriger der Nation mit der Regierung im Bündnis steht, muß er anders als bisher angefaßt werden, sondern weil ein aufgeklärter und vernünftiger Vorgesetzter weiß, daß er mit der anderen Behandlungs= methode weiterkommt und jemand, der Menschen liebt, auch die hei= ligsten Pflichten des Menschen nicht verletzen darf [63]. Diericke schweben als Idealbild Vorgesetzte vor Augen, die

> „sich edel betragen, selbst mäßig und tugendhaft leben, und alles selbst vermeiden und unterlassen, was mit der Würde ihres Berufes und den Befehlen, die sie ertheilen, im Widerspruch steht" [64].

Auf der anderen Seite sieht er Soldaten, die durch diese Art von Vor= gesetzten

---

61 *Diericke*, Dienst=Vorschrift, Acta, Heeresarchiv Potsdam, Altes Kriegs= archiv, Kap. 48, Nr. 2, S. 1.

62 *Höhn*, Revolution, Heer, Kriegsbild, a. a O., S. 71 ff.

63 *Diericke*, Dienst=Vorschrift, a. a. O., S. 29 ff.; 40 ff.; 50 ff.

64 Ebenda, S. 59.

„immer in gehöriger Disziplin und Ordnung und zur Führung eines gesitteten Lebenswandels angehalten" werden [65].

Seine sich in diesem Geiste über 60 Seiten hinziehenden Ausführungen schließt Diericke mit den bezeichnenden Sätzen:

„Eine Armee, die von diesem schönen Geist beherrscht wird und sich von ihm beseelt fühlt, wird der Welt ehrwürdig und dem Feinde furchtbar werden. Auf eine solche Armee kann der Staat und das Vaterland ein Vertrauen setzen. Durch sie wird der Flor des Staates erhalten, das Glück der Bürger geschützt und das Wohl aller gesichert werden." [66]

Was uns hier entgegentritt, ist die alte Armee des absoluten Staates, die allerdings auf die höchstmögliche Stufe der Aufklärung gehoben wird, in der das Wort „Stockschläge" keinen Platz mehr hat und alle im Sinne der Humanität möglichen Forderungen ihre Erfüllung finden. In ihr treten sich menschlich edle Vorgesetzte und tugendhafte Soldaten einander gegenüber, heißen die Soldaten „Bürger des Staates" und taucht auch der Begriff „Vaterland" auf. Zugleich offenbart sich hier die ganze Hilflosigkeit gegenüber der neuen Situation und der Ideenwelt, wie sie Scharnhorst verficht. Wo die Aufklärung von der Veredlungsideologie ausgehend abstrakte Forderungen nach einer menschenwürdigen Behandlung des Soldaten durch den „edlen" Vorgesetzten stellen muß, da geht Scharnhorst von dem konkreten Typ eines neuen Soldaten aus, der als Angehöriger der Nation mit der Regierung im Bündnis stehend, ein Vaterland besitzt, gutwillig und aus innerer Überzeugung dient und daher auch entsprechend behandelt werden muß. Wo die Aufklärung den Soldaten so betrachtet, als ob er Bürger wäre, schaffen die Reformer die Grundlagen dafür, daß er es sein kann. Sie brauchen nicht mehr zu predigen, daß der Soldat als Mensch angesehen werden soll. Im Rahmen seiner neuen politischen Stellung ist dies selbstverständlich.

Während die Aufklärung Grundsätze verficht, die in ihrer Abstraktheit ebensogut auf den Soldaten des absoluten Staates wie auf den jeder anderen Staatsform Anwendung finden könnten, handelt es sich für Scharnhorst um die Meisterung einer bestimmten politischen Situation. Auf sie sind seine Lösungsversuche abgestimmt, daher sind sie lebens- und wirklichkeitsnah. Scharnhorst besitzt die konstruktive politische Idee, die den Aufklärern fehlt. Von ihr allein ist die Neugestaltung des Strafwesens zu betrachten und zu bewerten. Die Kriegsartikel haben daher eine weit über

---

[65] Ebenda, S. 59/60.

[66] Ebenda.

das Juristisch-Normative hinausgehende Bedeutung. Sie sind eine programmatische Äußerung der absoluten Monarchie über ihren Gestaltwandel auf militärischem Gebiet und den politischen Gehalt der neuen Heeresverfassung. Sie sind auch so abgefaßt, daß sie werbend zu wirken vermögen, indem sie sich zur politischen Mündigkeit der Nation, der das Heer Rechnung trägt, bekennen. Sie sind daher nach einem Vorschlag der Militär-Reorganisationskommission mit „Feierlichkeit zu proklamieren". Die Abschaffung des unmenschlichen bisherigen Strafensystems im Heer vollzog sich trotz Revolution, Aufklärung und Niederlage keinesfalls reibungslos. Im Gegenteil, der „widerstrebende Geist des größten Theils der höheren Offiziere", der aus dem Widerwillen gegen die neuen Einrichtungen entsprang[67], machte Scharnhorst schwer zu schaffen. Insbesondere ist diesen Verfechtern der alten Armeeverfassung „die Abschaffung der Stockschläge ein Gräul". Sie hegen Zweifel daran, ob nunmehr die „Disciplin", ohne die ja nun einmal ein Heer nicht bestehen könne, in richtiger Weise aufrecht erhalten zu werden vermöchte. Sie sind zum Teil „bestürzt" über die milden Strafen, mit denen man keine „Ordnung erhalten", sondern nur „die militärische Strenge in philantropische Schwindelei verwandeln" könne. Dies würde zu einer „gänzlichen Zerrüttung" des gesamten Heeres beitragen und im Ergebnis „zur Staatsumwälzung" führen[68]. Auf diese Angriffe erklärt Scharnhorst dem König:

> „Wenn viele sonst geachtete Männer meinen, man könne die Disziplin nicht recht erhalten, wenn nicht jeder 16jährige Fähnrich und jeder Unteroffizier jedem alten Soldaten bei dem Exercier- und Paradewesen über einen unbedeutenden Exercier- oder Putzfehler halb zu Tode prügeln dürfe, so darf man dieses nicht anders als wie ein Vorurtheil betrachten." [69]

„Das Lächerliche dieser Behauptung" brauche man gar „nicht weiter zu untersuchen". Im übrigen habe man die Stockschläge als solche nicht abgeschafft — sie galten für besonders ehrlose Handlungen unter bestimmten Bedingungen weiter (s. o.) — man habe nur „eine solche Ein-

---

67 *Gneisenau*, Vergleichung der ehemaligen preußischen Armeeverfassung und Schilderung der Schwierigkeiten, womit letztere zu kämpfen hat, vom 5 Juni 1809, Acta, Heeresarchiv Potsdam, Altes Kriegsarchiv Kap. 48 N. 2.

68 Vgl. etwa das Schreiben des *Herzogs von Braunschweig-Öls* an den Grafen *Götzen* vom 30. November 1808, Acta, Heeresarchiv Potsdam, Altes Kriegsarchiv, Kap. 45, Nr. 81.

69 *Scharnhorst*, Vergleichung der ehemaligen Geschäftsführung der militärischen Oberbehörden mit den jetzigen, vom Juli 1809, a. a. O.

richtung getroffen, wodurch dieselben bei denjenigen, bei welchen die Ambition, Aufmerksamkeit und Sittlichkeit sie überflüssig und schädlich mache, nicht mehr Statt finden dürfen". „Wenn der Soldat", so fährt Scharnhorst fort,

> „jetzt nicht mehr mit niedern und in den Augen des gemeinen Mannes ihn entehrenden Strafen belegt wird, wenn die Spießruthen aufgehoben, wenn kein unter den Festungsbaugefangenen gewesenes Individuum in den Soldatenstand zurücktreten kann, wenn also der Soldatenstand zu dem erhoben wird, was in Hinsicht der Ehre bei unserer gemeinsten Handwerkerzunft stattfindet, so hat man doch wohl nicht für diesen Stand zu viel gethan?" [70]

In aller Schärfe wehrt *Gneisenau* den Angriff derer ab, die behaupten, daß die neuen Kriegsartikel die Disziplin im Heer mit untergraben hülfen. Es sei dies nur ein „Beweis dafür, wie wenig sie in den Geist der neuen Verfassung eingedrungen seien, wie ihnen auch der Inhalt und Sinn „ächter Disciplin" noch immer „unbekannt" sei. Sie verstünden unter Disziplin „nur die Handhabung des Stockes", während „ächte Disciplin" in der „Belebung des kriegerischen Geistes" ihren Ausdruck finde. Eine solche Disziplin fördere gerade die neue Heeresverfassung. Alle Kräfte, die bisher auf die Aufrechterhaltung eines im Grunde nutzlosen Bewachungssystems und die Pedanterie des kleinen Garnisondienstes verschwendet wurden, könnten nunmehr auf die Entfaltung dieser echten Disziplin sich richten.

c. Auszeichnungen und Belohnungen im neuen Heer

Neben der Strafe pflegte Scharnhorst, wenn er sich vor dem Zusammenbruch mit dem Geiste des Heeres beschäftigte, stets auf die Notwendigkeit von „Belohnungen" hinzuweisen. Die Belohnung gehört zu den psychischen und moralischen Faktoren, die es zu berücksichtigen gilt, wenn man das Letzte aus dem Soldaten herausholen und so die Armee auf die Höchststufe des Fortschritts heben will. Die Französische Revolution lieferte ihm dafür wichtige Beispiele und zeigte an ihren Erfolgen, wie notwendig es war, sich dieses Mittels zu bedienen. Bonaparte, der „vor der Front im Augenblick der Aktion Generale kassierte und andere auf der Stelle avancierte", stellte er dem Heer seiner Zeit als nachahmenswertes Beispiel vor Augen.
Nach dem Zusammenbruch des preußischen Staates erhält die Belohnung

---

70 Ebenda.

einen ausgesprochen politischen Charakter und ist ebenso wie die Strafe von einer konstruktiven politischen Idee getragen.

Im Juli 1807, kurz nach dem beendeten Kriege, in dem das preußische Heer in den Augen breitester Kreise seine Ehre verloren hatte und es von großer politischer Bedeutung war, mit Rücksicht auf die Reorganisation der Armee und die Heranziehung des Bürgers zum Heeresdienst das Ansehen der Armee zu heben, schlägt Scharnhorst vor, „ein äußeres ehrenvolles Unterscheidungszeichen" zu schaffen, das

> „denjenigen Regimentern und Bataillons, welche sich durch Treue, Bravour und Ausdauer besonders ausgezeichnet haben" [71]

zu verleihen ist. Während die bisher ruhmbedeckten Regimenter wie Saldern und Wied, Winterfeldt und Itzenplitz, Seydlitz und Prinz-Heinrich-Cürassiere, Ziethen-Husaren und Finkenstein-Dragoner zur Strafe dafür, daß sie an den Kapitulationen des Jahres 1806 beteiligt waren, aufgelöst wurden und aus dem preußischen Heer verschwanden, sollen die Garnisonen von Kolberg und Danzig und ein Teil des L'Estocqschen Korps, weil sie ehrenvoll fochten, dieses „Unterscheidungszeichen" erhalten. Es soll als Motto die Worte „Treu und standhaft" tragen [72].

Um den Soldatenstand, der dem Bürger verachtet war, als Ganzes zu heben und anziehend zu machen, beschäftigt sich die Reorganisationskommission auf Betreiben Scharnhorsts mit dem Gedanken, ein ganzes System von Belohnungen einzuführen. In einer Zeit, in der der Zunftzwang noch nicht aufgehoben ist, wird vorgeschlagen, daß jeder, der „in der stehenden Armee" und der Bürger, der in der „Reservearmee" dient, „alle bürgerlichen Gewerbe und Handwerke frei und ungehindert treiben kann" [73]. Zugunsten des künftigen Soldaten soll ein weitgehender Eingriff in das geltende Beerbungssystem für Grundstücke erfolgen:

> „Bei der Beerbung alles Grundeigentums hat derjenige den Vorzug, der im Militär gedient hat." [74]

---

[71] Kabinettsorder an die Militär-Reorganisationskommission vom 30. Juli 1807, Publikationen, a. a. O., S. 19.

[72] Immediatbericht der Militär-Reorganisationskommission vom 1. August 1807, Publikationen, a. a. O., S. 26.

[73] Niederschriften des Majors von *Grolmann* über Beratungen der Militär-Reorganisationskommission, Publikationen, a. a. O., S. 67.

[74] Ebenda. Die Reihenfolge soll folgende sein:

> „Zuerst die sich im Kriege vorzüglich ausgezeichnet, dann die mehrere Kampagnen mitgemacht, die eine Kampagne mitgemacht, die in der stehenden Armee gedient, die in der Reservearmee gedient haben."

Der Staat übernimmt die Sorge für die Kinder der Gefallenen „bis diese erwachsen sind". Die Witwe erhält die Hälfte der gesetzlichen Pension[75]. Weiterhin wird

> „in der Kirche jedes Namen, der vor dem Feinde geblieben oder an seinen Wunden gestorben ist, mit goldenen Buchstaben aufgezeichnet ... Die Frauen dieser Gebliebenen erhalten den ersten Platz in der Kirche"[76].

Da der Soldat nur schlecht besoldet werden kann, soll das Militär als Ausgleich „alle Belohnungen genießen, die nur der Staat zu geben imstande ist". Dabei ist insbesondere an eine weitgehende Schaffung von „Zivilversorgungsposten bei gehöriger Qualifikation" gedacht:

> „Sämtliche Zivilposten im Staate müssen untersucht und genau bestimmt werden, welche sich zur Besetzung mit Militärpersonen eignen."[77]

Ebenfalls von politischen Gesichtspunkten, nur mit gänzlich anderer Zielsetzung, sind die Belohnungen getragen, die den Mannschaften und Unteroffizieren in den Kriegsartikeln vom 3. August 1808 verheißen wurden[78]. Im Artikel 2 verspricht der König, für die Unteroffiziere und Soldaten,

> „die sich keiner Verbrechen schuldig machen, vielmehr sich eines rechtschaffenen Wandels befleißigen, die ihnen obliegenden Pflichten in und außer dem Dienst in ihrem ganzen Umfange nach ihren Kräften erfüllen und dadurch den Beifall und das Lob ihrer Vorgesetzten erlangen",

nicht nur auf jede Art „vorzüglich zu sorgen", sondern sie auch „nach Maßgabe ihrer Fähigkeiten und Kenntnisse, ohne Rücksicht auf ihre Geburt, zu Offizieren bis zum höchsten Grade zu befördern".

Warum dieses außerordentlich weitgehende Versprechen für ein Verhalten, das man als selbstverständlich, als eine gewöhnliche Erfüllung der soldatischen Pflichten betrachten muß? Bei dieser Belohnung ist nicht an das besitzende und gebildete Bürgertum gedacht, das künftig Soldat wird. Von ihm nimmt man nicht an, daß es sich Verbrechen schuldig machen und sich keines rechtschaffenen Lebenswandels befleißigen wird. Es sollte nach dem Reglement über die Ergänzung des Offizierkorps sowieso im Wettstreit mit dem Adel die künftigen Offiziere stellen. Ge-

---

[75] Niederschriften des Majors *von Grolmann* über die Beratungen der Militär-Reorganisationskommission, 1807, Publikationen, a. a. O., S. 67/70.

[76] Ebenda, S. 70.

[77] Ebenda.

[78] „Kriegsartikel für die Unterofficiere und gemeinen Soldaten" vom 3. August 1808, Preußische Gesetzsammlung 1806—1810, S. 253 ff.

meint sind vielmehr die alten Unteroffiziere und Soldaten des stehenden Heeres, die man bisher mit dem System der Prügelstrafen und einer Verfassung, „nach welcher der Soldatenstand zugleich als eine Strafanstalt angesehen wurde“ [79], in Zucht hielt. Dies in der Zukunft dadurch fertig zu bringen, daß man an ihr Ehrgefühl appelliert und sie unter Kriegsartikel stellt, die auf einen Mann von Ehre ausgerichtet sind, gilt in den Augen der Zeit als ein Wagnis, als ein Versuch, der mit einem hohen Grade von Wahrscheinlichkeit zum Scheitern verurteilt ist. Unteroffiziere und Soldaten, die ein solches Ehrgefühl haben, besitzen die charakterliche Qualifikation zum Offizier. Sie brauchen nur noch die notwendigen Kenntnisse nachzuweisen. Der König, der im Innern diesem Versuch skeptisch gegenüberstand, war unter dem Gesichtspunkt der sich hier außerordentlich bewährenden Charaktereigenschaften leicht dazu zu bewegen, so weitgehende Versprechungen zu machen. Scharnhorst gelingt es auf der anderen Seite, gerade unter Hervorhebung dieses Moments, den Gedanken, fähige Köpfe auch aus der Reihe der alten Soldaten in das Offizierkorps emporsteigen zu lassen, zu fördern.

Neben diesen mit der Erreichung bestimmter politischer Ziele verknüpften Belohnungen stehen auch weiterhin diejenigen, die lediglich dazu beitragen sollen, die Armee auf der Höchststufe des Fortschritts zu halten, indem sie den einzelnen zu erhöhten Leistungen anspornen. So wird den Beurlaubten, die bei der Umschulung auf ein exaktes Scheibenschießen — eine Angelegenheit, die Scharnhorst für besonders notwendig hielt — am besten geschossen haben, „eine Prämie von einem hiesigen Gulden“ als Belohnung gewährt.

Die Festungskommandanten erhalten das Recht, „für außerordentliche Thaten“, welche ein Offizier, Unteroffizier oder Gemeiner vollbringt, durch Verleihung von „Orden oder Medaillen“ oder „durch Avancement zum nächstfolgenden Grade“ belohnen zu dürfen. Der König will diese Belohnung so ansehen, als wäre sie von ihm selbst „genehmiget oder ausgetheilet“. Die Festungsgarnison, die „sich durch eine gute Vertheidigung auszeichnet“, soll auf des Königs „Gnade einen größeren Anspruch als irgendeine andere Kriegs-That haben“, die einzelnen Soldaten wie der Kommandant werden „sich der höchsten Auszeichnung oder Belohnung im Militair erfreuen können“ [81].

---

[79] Generalauditeur *von Koenen* an die Militär-Reorganisationskommission vom 13. April 1808, Publikationen, a. a. O., S. 371.

[81] „Instruktion für die Kommandanten der Festungen vom 31. Oktober 1809, § 17, abgedruckt in „Das preußische Heer im Jahre 1812“, herausgegeben vom Großen Generalstab, 1912, S. 515 ff.

Die Verordnung über die Dienstmedaillen vom 30. September 1806 wird dahingehend zu erweitern vorgeschlagen, daß die Tafeln mit den Namen der Inhaber der Medaillen nicht nur in den Kirchen der Garnisonen der Truppenteile, sondern „ebenfalls in der Kirche ihrer Aufenthaltsörter" aufgehängt werden[82]. Soll das „tapfere Benehmen irgendeiner Militär=abteilung" als Ganzes durch Verleihung einer Anzahl von Medaillen ge=ehrt werden, so geschieht, um jede Begünstigung zu vermeiden und im Soldaten das Gefühl hervorzurufen, daß der Würdige wirklich bedacht wird,

> „die Verteilung derselben durch Wahl der Unteroffiziere". Es „haben die Vorgesetzten dabei keinen anderen Einfluß, als (daß) sie die Form der Wahl nach vorgeschriebener Norm leiten, und wenn selbige auf ein unwürdiges Mitglied fallen sollte, eine negative Stimme aus=üben" [83].

Ein im übrigen ausgezeichneter Gedanke, mit dem man in der Tat jeden „Nepotismus", der gerade bei der Verteilung von Orden eine Rolle zu spielen pflegt, vermeiden konnte.
Insgesamt eine Summierung von Einzelvorschriften, die jedoch ebenfalls von einem großen Leitgedanken getragen sind. Gibt man das bisherige starre Zwangssystem auf, mit dem der Soldat zur Pflichterfüllung an=gehalten wird, und appelliert man an den einzelnen, an seine Initiative, seinen guten Willen und seine Leistungskraft, dann muß man auch die Mittel anwenden, die auf seine Psyche und die Entfaltung seiner Indivi=dualität zu wirken geeignet sind. Dabei spielt die Belohnung eine wich=tige Rolle.

3. Die Aufhebung der Militärgerichtsbarkeit als politisches Problem

Jedes Regiment besaß bis zum Jahre 1806 eine eigene Militärgerichts=barkeit, der Offiziere und Mannschaften samt den dazugehörigen Frauen und Kindern, Knechten und Mägden in bürgerlich=rechtlicher, strafrecht=licher und disziplinärer Hinsicht unterstanden. Die Offiziersmagd, die ihre Niederkunft verheimlichte, mußte sich vor dem Kriegsgericht verant=worten, der Bürger, der eine Forderung gegen einen Offizier eintreiben wollte, die Militärgerichtsbarkeit bemühen. Nur in dinglichen Rechts=streitigkeiten entschieden mit wenigen Ausnahmen die Zivilgerichte. Mit der Militärgerichtsbarkeit war eindeutig dokumentiert, wie weitgehend

---

82 „Immediatbericht der Militär=Reorganisationskommission vom 3. Mai 1808", Publikationen, a. a. O., S. 389.
83 Ebenda.

die gesamte Existenz des Soldaten der Heeresanstalt unterworfen war. Gleichzeitig trat hier die Absonderung des Soldatenstandes vom Bürger und seine Stellung als besonderer Stand, als „Staat im Staate", sinnfällig in Erscheinung.

In den Augen des Bürgers galt die Militärgerichtsbarkeit als eine Institution, die von ihm mit Mißtrauen und zum Teil mit offener Ablehnung betrachtet wurde. Der Bürger glaubte, „wenn auch ohne Grund, daß er gegen den Soldaten beim Militärgericht nicht aufkommen werde" [84], und daß dieses eingerichtet sei, um dem Soldaten gegen den Bürger zu helfen. Warum soll sonst ein Militärrichter über seine Forderungen gegen einen Offizier entscheiden, wenn er ebenso wie der Zivilrichter sich an die allgemeinen Normen über bürgerliche Rechtsstreitigkeiten halten muß? Kann der Militärrichter etwa „erleuchteter entscheiden"? Warum ein Militärgericht wegen eines von einem Soldaten begangenen gemeinen Verbrechens, wenn dieses wie der bürgerliche Kriminalrichter mit Festungsarrest, Festungsarbeit und mit dem Tode bestraft? Auch liegt für den Bürger der Verdacht, mag er auch noch so unbegründet sein, nahe, daß Verbrechen, die der Soldat begangen hatte, von der Militärgerichtsbarkeit mit anderen Augen angesehen werden und diese dem Soldaten unverdienten Schutz gewähre.

Eine wirkliche „Scheidewand zwischen dem Militär und dem Zivilstande" begründete, wie dies auch der Generalauditeur des preußischen Heeres, *von Koenen*, zugab, der besondere Ehrenschutz des Offiziers. Auf Grund des Edikts vom 17. Juli 1788 wurde jede Beleidigung des Offiziers durch einen Zivilisten „doppelt so hoch als die Beleidigung anderer Menschen" [85] angesehen. Beleidigungen des Bürgers durch den Offizier wur-

---

84 Schreiben des Kanzlers Freiherrn *von Schroetter* an den Generalauditeur *von Koenen*, vom 15. Mai 1808, Publikationen, a. a. O., S. 396.

85 *Schroetter* an *Koenen*, vom 15. Mai 1808, Publikationen, a. a. O., S. 400. Die durch jenes Edikt hervorgerufene Situation zwischen Bürger und Offizier schilderte Schroetter folgendermaßen:

> „Jedes ungleiche gegen eine Militärperson rasch ausgesprochene Wort ist als Antastung eines Heiligtums ausgezeichnet und (dem Offizier) die Gewalt, über das Schicksal seines Beleidigers zu gebieten implizite eingeräumt, indem er nur die Anwendung des gedachten ... im Landrecht wieder aufgenommenen Gesetzes aufzurufen (braucht), um seinen Beleidiger auf die Festung zu bringen.

Indem das Gesetz durch „harte Strafen das Militär vor aller Beleidigung des Civilstandes rücksichtslos zu schützen suchte", gab es diesem einen „mächtigen Anreiz, dem Civilisten rücksichtslos zu begegnen". Dieser fühlte sich dabei stets in der schwächeren Position, da er „aus Besorgnis, seine ganze Zukunft

den relativ gering bestraft, außerdem erschien der Offizier noch durch die Militärgerichtsbarkeit begünstigt. Den Gesamtzustand schilderte der interimistische Justizminister, Kanzler *von Schroetter*, folgendermaßen:

> „Die Beleidigung einer Zivilperson zieht nur unbedeutende Ahndung für den Offizier nach sich, unterdessen der oft schwer gereizte Zivilist in der Festung schmachtet und häufig vor dem Erlaß einer diesfälligen Kabinettsorder sogar nach § 339, Tit. 20, Teil II des Landrechts sein Amt verlor, wenn er ein Amt bekleidete.“ [86]

Wenn auch der Generalauditeur erklärte, daß er bei einer ihm zu leicht scheinenden Bestrafung des Offiziers jeweils Vorstellungen beim König erhoben habe, so war dies doch im ganzen ein mißlicher Zustand: Gesetze, die an die Ehre des Offiziers und des Bürgers verschiedene Maßstäbe anlegten, dazu eine Militärgerichtsbarkeit, die vom Bürger als parteilich angesehen wurde. Als geradezu grotesk aber wurde es empfunden, daß immer noch „die Ehre der Soldatenweiber“, welche sich, wie der Kanzler ausführte,

> „täglich mit anderen Marktweibern oder Nachbarinnen aus der ganz ungebildeten Volksklasse erzürnen und wieder vertragen, schimpfen und geschimpft werden, mit der Ehre ihrer Männer gleichgestellt ist, so daß alle den Weibern widerfahrene Beleidigung ebenso hart bestraft werden soll, als ob sie ihren Männern widerfahren wäre“ [87].

Scharnhorsts Bestreben war es, alle diejenigen Hemmnisse, die Staat und Heer dem Bürger entfremdeten, auch wenn sie nur „eingebildet“ waren, zu beseitigen. Daß die Militärgerichtsbarkeit sich tatsächlich zu einem solchen Hemmnis entwickelt hatte, war nicht zu bestreiten. Die Militär-Reorganisationskommission traf die Feststellung, die Militärgerichtsbar-

---

zu verwirken, mit angespannter Aufmerksamkeit auf jedes seiner Worte“ peinlich achtgeben und stets darauf bedacht sein mußte, keinen Ausdruck zu gebrauchen, der vom Offizier als Beleidigung angesehen und den Bürger um seine Existenz bringen könnte. Jede Provinzstadt besaß darüber „ihre Chronik“. Publikationen, a. a. O., S. 400.
Die bürgerlichen Kriminalgerichte, vor denen die Beleidigung des Offiziers zur Aburteilung gelangte, versuchten, da sie bei Bejahung des Beleidigungstatbestandes an die damit verknüpften strengen Strafnormen gebunden waren, dem Bürger damit zu helfen, daß sie, wo nur irgend möglich, den Beleidigungstatbestand verneinten; sie suchten nach dem Bericht des Generalauditeurs „geflissentlich und selbst nicht ohne Parteilichkeit ... alle nur denkbaren Gründe hervor, von der Strenge der Gesetze abzugehen“ (Koenen an Schroetter, a. a. O., S. 615).

86 *Schroetter* an *Koenen*, a. a. O., S. 400.

87 *Schroetter* an *Koenen*, a. a. O., 401.

keit sei eine Einrichtung, die „die bisherigen so häufigen Spaltungen" zwischen dem Militär und den übrigen Ständen befördert habe [88].
Unter dem Gesichtspunkt der Aufrechterhaltung der Ruhe und des Friedens unter den Ständen hätte ein um das Wohl seines Staates besorgter Fürst auch vor dem Zusammenbruch die Reform der Militärgerichtsbarkeit durchführen können [89]. Er hätte dabei daran, daß das Militär sich als eigener Stand in einer vom Bürger streng abgesonderten Sphäre bewegte, der Bürger nicht ins Heer eintreten wollte und auch nicht sollte, nichts zu ändern brauchen. Das Bündnis zwischen Regierung und Nation schafft jedoch eine gänzlich neue politische Situation und damit neue Aspekte. Es bringt das neue Heer, das nicht mehr Kaste und Staat im Staate, sondern Ausdruck der Wehrkraft der Gesamtnation sein soll. Es muß daher zweifelhaft werden, ob die Gesamtlebensverhältnisse des Heeres einer völlig eigenen Beurteilung und Bewertung, wie dies bisher in der Militärgerichtsbarkeit geschah, weiterhin unterworfen bleiben sollen und seine selbständig existierende Lebensordnung neben der Lebensordnung der Gesamtnation zu bestehen vermag. Nunmehr wird die Frage nach der prinzipiellen Berechtigung der Militärgerichtsbarkeit aufgeworfen.
Da das Bündnis zwischen Regierung und Nation davon ausgeht, daß der Bürger in Zukunft, wenn auch im Rahmen einer besonders für ihn geschaffenen Heeresformation, Soldat wird und damit automatisch der Militärgerichtsbarkeit untersteht, wird die Lösung des Problems akut. Darauf weist die Reorganisationskommission hin, wenn sie die Notwendigkeit der Neuregelung der Militärgerichtsbarkeit besonders „in Hinsicht der Reservearmee und deren individuellen Verhältnisse" betont [90].
Innerhalb der Militär-Reorganisationskommission kommen die hier sich ergebenden Positionen in der Auseinandersetzung zwischen dem Kanzler von Schroetter und dem Generalauditeur von Koenen klar zum Ausdruck. Schroetter sieht keinen Grund mehr, der es rechtfertigen könnte, daß „der dem Staat als Soldat dienende Bürger"

> „einen anderen Richter über Mein und Dein und über seine etwaigen Verletzungen allgemeiner Poenalgesetze haben soll, als den, welchen er ohne Beziehung auf seinen Dienst hatte" [91].

---

88 Immediatbericht der Militär-Reorganisationskommission vom 18. Dezember 1807, Publikationen, a. a. O., S. 220.
89 Wie weitgehend dies möglich war, zeigen die Zugeständnisse des Generalauditeurs.
90 Ebenda.
91 *Schroetter* an *Koenen*, a. a. O., S. 395.

Er plädiert deshalb für Aufhebung der bisherigen Form der Militärgerichtsbarkeit und will sie, wie im Königreich Westfalen, auf reine Dienstvergehen beschränkt wissen. Für ihn hat die Militärgerichtsbarkeit als Spezialjustiz gegenüber der allgemeinen Nationaljustiz ihren Sinn verloren. Kriminal= wie Ziviljustiz müssen „für jeden im Staate ganz gleich sein". Diese Gleichheit kann jedoch „nicht anders erreicht werden, als wenn nur eine Gerichtsbarkeit existiert" [92]. Damit ist die prinzipielle Frage eindeutig entschieden, das akute politische Problem, alle Hindernisse zu beseitigen, die dem Bürger den Dienst im Heer verleiden, ist gleichzeitig mitgelöst. Schroetter erklärt dazu:

> „Die so sehr wünschenswerte Annäherung, ich möchte sagen Verschmelzung des Militärs mit dem Civil ist der große Zweck, den man bei Erwägung der aufgestellten Frage im Auge behalten muß, und daß durch die Aufhebung der Militärgerichtsbarkeit ein sehr wesentlicher Schritt zu diesem Ziele geschieht, wird man schwerlich bestreiten können." [93]

Wenn man vor die Frage gestellt würde, ob man beim Aufbau eines Heeres nach den neuen Ideen eine bisher nicht existierende Militärgerichtsbarkeit einführen wolle, so würde man dies ablehnen müssen, da sie „unverkennbar eine Scheidewand zwischen dem Bürger und dem Soldaten aufrichtet". Diese tatsächliche Scheidewand muß „niedergerissen" werden, wenn der Soldat, der

> „schon darum isoliert ist, weil er seinen eigenen Richter hat, die Überzeugung erhalten soll, daß vor dem Gesetz alles gleich sei, eine Überzeugung, die unserem Militär fehlt und notwendig fehlen muß" [94].

Da die ganze Armee als „aufgelöst" anzusehen ist und man „freie Hand hat, sie zu organisieren" [95], so soll man mutig entsprechend verfahren, ohne sich durch die Tradition der bisherigen Militärgerichtsbarkeit beeinflussen zu lassen.

Gegenüber diesen Argumenten vermag der Generalauditeur keine grundsätzlichen Einwände zu erheben. Er muß einerseits zugeben, daß durch die Unterstellung des Soldaten im künftigen Heer unter die bürgerliche Gerichtsbarkeit

> „eine mehrere Annäherung und auf gegenseitige Achtung gegründete Harmonie des Militär= und Zivilstandes, welche für das Ganze sehr zu wünschen ist, erreicht werden wird" [96].

---

[92] *Schroetter* an *Koenen*, Publikationen, a. a. O., S. 798.
[93] Ebenda, S. 397/98.
[94] Immediatbericht von *Schroetter* und von *Koenen*, a. a. O., S. 798.
[95] *Schroetter* an *Koenen*, a. a. O., S. 397.
[96] *Koenen*, Vorläufiges Gutachten über die in Ansehung der Militärgerichts=

Anderseits kann er dies wiederum „nicht unbedingt einräumen". [97] Er führt dagegen vor allem eine Reihe praktischer, aus der Natur des soldatischen Dienstes sich ergebende Erwägungen an, die die Beibehaltung der Militärgerichtsbarkeit notwendig erscheinen lassen, etwa, daß die Kriminaljustizpflege zu langsam arbeite, dies dem „gemeinen Soldaten", der „an pünktliche Bestrafung gewohnt war", das Desertieren erleichtere, „der militärische Dienst durch Verhandlungen vor den bürgerlichen Gerichten gestört werde" u. a. m. [98]

Die Reorganisationskommission hatte auf Betreiben Scharnhorsts vorgeschlagen, daß die Militärgerichtsbarkeit in allen bürgerlichen Angelegenheiten aufgehoben, dagegen in kriminellen und Disziplinarangelegenheiten erhalten bleiben solle. Sie hatte sich damit in Gegensatz zu Hardenberg entschieden, der in seiner Denkschrift vom 2. September 1807 „zur Abschaffung des schädlichen Zunftgeistes" die Militärgerichtsbarkeit auf „Dienst- und Disciplinarsachen" beschränkt wissen wollte. Sie hatte ihre Ansicht mit den interessanten Sätzen begründet:

> „In allen Rechtsfällen, wo der Soldat ganz in derselben Lage mit jedem Staatsbürger steht, kann er auch unter der Jurisdiktion der allgemeinen Landeskollegien stehen ... bei allen Sachen, wo nur allein die besondere Verfassung und Lage des Militärs in Betracht gezogen werden kann, behielte das Militär seine eigene Jurisdiktion. Hier könnte nie ein Ziviljurist nötig sein" [99].

Dieser Standpunkt wurde auch auf Grund der in der Auseinandersetzung zwischen Schroetter und Koenen vorgebrachten Argumente nicht aufgegeben. Das Militär soll im Geiste der Annäherung zwischen Regierung und Nation da Zugeständnisse machen, wo in besonders schroffer Form die scharfe Scheidung zwischen Zivil und Militär beanstandet wird. Es muß unter diesem Gesichtspunkt die bürgerliche Gerichtsbarkeit aufgeben. Wie will man dem Bürger, der nur auf kurze Zeit Dienst leistet und „dem besonders bei der Reservearmee Zeit zu bürgerlichen Geschäften gelassen wird" [100] verständlich machen, daß seine bürgerlichen Rechtsverhältnisse vom Augenblick der Dienstleistung an von Militärgerichten beurteilt werden? Dies würde überdies zu einer schweren Belastung der

---

barkeit zu treffenden Abänderungen vom 27. Februar 1808, Publikationen, a. a. O., S. 287/88.

[97] Gemeinschaftlicher Immediatbericht vom 19. Dezember 1808, Publikationen, a. a. O., S. 794.

[98] Ebenda, S. 795.

[99] Immediatbericht vom 18. Dezember 1807, a. a. O., S. 223.

[100] *Koenen*, Vorläufiges Gutachten, Publikationen, a. a. O., S. 287.

gesamten Militärgerichtspflege und zu einem ständigen Wechsel des Gerichtsstandes führen. Wie will man es ferner vor dem Bürger, der in den unteren und mittleren Kommandostellen Vertreter seines Standes als Offiziere finden soll, rechtfertigen, daß gleichzeitig über seine bürgerlichen Rechtsstreitigkeiten kein Bürger, sondern die alten Auditeure des stehenden Heeres zu Gericht sitzen?

Weiter aber geht Scharnhorst nicht. Er erkennt auch fernerhin das Militär als eigenen Stand an und hält damit prinzipiell an der Militärgerichtsbarkeit fest. Dies entspricht der politischen Situation. Das Bündnis zwischen Regierung und Nation geht nicht auf eine „Verschmelzung des Militärs mit dem Zivil", auf die Schroetter hinaus will, sondern auf eine „Annäherung". Das Heer soll „der Nation den Soldatenstand angenehm machen und das Verhaßte aus ihm entfernen" [101], aber sich nicht selbst als Stand aufgeben. Für Scharnhorst gibt es noch eine „besondere Verfassung und Lage des Militärs", der nur eine eigene Gerichtsbarkeit gerecht werden kann und zu der neben der Disziplinar-, insbesondere die Strafgerichtsbarkeit gehört. Scharnhorst unterscheidet dabei auch nicht zwischen Verbrechen, die im Dienst und solchen, die außerhalb des Dienstes begangen werden, obwohl Schroetter darauf hinwies, daß gemeine Verbrechen, wie Diebstähle, Raub, Mord etc.

> „mit dem Soldaten als Soldaten nichts gemein (haben) und daher nicht abzusehen ist, aus welchem Grunde man einen solchen Verbrecher, der Soldat ist, vor einen anderen Richter stellen will, als vor das gehörige Kriminalgericht, dem alle Verbrecher unterworfen sind" [102].

Mit der Abgabe der Strafgerichtsbarkeit an die bürgerlichen Kriminalgerichte wäre die alleinige Befehlsgewalt des Militärs über den Soldaten unterbrochen worden. Man hätte überdies bürgerlichen Gerichten die Zuständigkeit eingeräumt, Urteile zu fällen, die zugleich die Ehre des Standes berührten. Dazu hätte sich der König niemals entschlossen, der in seiner endgültigen Entscheidung über die Militärgerichtsbarkeit auch die „Injuriensachen" hinsichtlich „aller im Staat befindlichen Offiziere, Unteroffiziere und Soldaten der Militärgerichtsbarkeit vorbehielt" [103], obwohl der Generalauditeur bereit war, um das gegenseitige Mißtrauen zu beseitigen, einem „aus bewährten Männern beider Stände zusammengesetzten Gericht" zuzustimmen. Zu tief waren die Anschauungen über die Be-

---

[101] *Scharnhorst* an *Stein* vom 3. Juli 1808, Publikationen, a. a. O., S. 500.
[102] Immediatbericht, a. a. O., S. 798/99.
[103] Allerhöchste Kabinettsorder vom 19. Juli 1809 wegen Aufhebung der Militär-Jurisdiktion, Preuß. Gesetzsammlung 1806–1810, Nr. 86.

sonderheit des Militärstandes und über die Wahrung seiner Ehre, insbesondere der Ehre des Offiziers, verankert, wenn auch diese sich nunmehr in einer Nationalehre mit der Ehre des Bürgertums auf einer höheren Ebene treffen sollte. Auf der anderen Seite war mit dem Übergang der Zuständigkeit in allen bürgerlichen Rechtsstreitigkeiten der Militärpersonen sowie in allen „Kriminal= und Injurienprozessen" der Ehefrauen, Familien, des Gesindes und der Angehörigen der Offiziere und Soldaten auf die bürgerlichen Gerichte das politisch Notwendige erreicht [104]. Die Hauptargumente, die auf seiten des Bürgers gegen die Militärgerichtsbarkeit erhoben wurden, waren beseitigt. Darin hatte der Generalauditeur nicht ganz unrecht, wenn er erklärte, ob Kriminalverbrechen der Soldaten, also Mord, Diebstahl, Meineid etc. von den Militär- oder den Zivilgerichten untersucht und entschieden würden, könne dem einzelnen Bürger gleichgültig sein [105]. Der Streitgegenstand bei den Beleidigungstatbeständen, die ungleiche Bestrafung von Offizier und Bürger, ließ sich, worauf ebenfalls der Generalauditeur hinwies, durch eine Änderung der entsprechenden Gesetze beseitigen.

Insgesamt ist die Neuregelung der Militärgerichtsbarkeit eine politische Entscheidung, die viel Takt und Fingerspitzengefühl verrät. Das politisch unbedingt Erforderliche geschieht, die Frage nach einer weiteren Beschränkung der Militärgerichtsbarkeit wird jedoch der künftigen Entwicklung vorbehalten.

4. Die neuen Ausleseprinzipien im Offizierkorps

a. Die politische Bedeutung der Selbstreinigung des Offizierkorps

Der Soldatenstand als Ganzes war, als Scharnhorst mit seiner Reform begann, verachtet, weil der Soldat geprügelt wurde und daher keine Ehre besaß. Er mußte, damit das Bürgertum als neue Schicht in das Heer einbezogen werden konnte, gehoben werden. Das einst allgemein in hohem Ansehen stehende Offizierkorps hatte infolge der Geschehnisse des Jahres 1806 sein Prestige verloren. Es mußte von all den Elementen, die es diskreditiert hatten, grundlegend gesäubert werden. Hebung des

104 „Instruktion für die Militairgerichte wegen künftiger Einrichtung der Militair=Gerichtsbarkeit vom 15. September 1809", Preuß. Gesetzsammlung Nr. 88, S. 581.

105 Immediatbericht, a. a. O., Publikationen, a. a. O., S. 794.

Soldatenstandes als Ganzes und Reinigung des Offizierkorps sind die Voraussetzungen für das Einströmen der politisch maßgebenden Kräfte der Nation in das Heer und das Offizierkorps.
Dieser allgemeine politische Gedanke war es, der Scharnhorst bewog, so starkes Gewicht auf die Einsetzung einer Untersuchungskommission zu legen, rücksichtsloses Durchgreifen zu verlangen und nach und nach Männer seiner Gedankenwelt, wie *Gneisenau* und den unerbittlichen *Grolmann,* in diese Kommission zu senden, von dem Scharnhorst erklärte, er habe keinen „biedereren, geradereren, unparteiischeren Charakter" unter allen Offizieren kennengelernt. Unter diesem politischen Gesichtspunkt verlangt Scharnhorst auch die Publikation der Ergebnisse der Untersuchung, ohne daß dies jedoch geschah. Um den „esprit de corps" und damit die innere Geschlossenheit des Standes wiederherzustellen und „Pflichtvergessenheiten" für die Zukunft vorzubeugen, worauf es dem König entscheidend ankam, hätte es nicht des Aufwandes einer besonderen Kommission und der Regimentstribunale bedurft. Auf stille und schlichte Weise wäre derselbe Erfolg erzielt worden. Rein demonstrativen Charakter hatte z. B. ein Urteil gegen den verstorbenen ehemaligen Gouverneur von Magdeburg, den General der Infanterie Franz Kasimir *von Kleist.* Es lautete, daß Kleist

> „wegen der im November 1806 sich schuldig gemachten sehr übereilten, ganz eigenmächtigen und durchaus pflichtwidrigen Übergabe der wichtigen Festung Magdeburg an die Kayserlich französischen Truppen, wenn er noch am Leben wäre, zu arquebusiren seyn würde" [106].

Über diesen großen politischen Zweck hinaus bietet sich für Scharnhorst mit der genauen Untersuchung der Gründe für den Zusammenbruch eine einzigartige Gelegenheit, den König darüber aufzuklären, wie es „eigentlich zugegangen, daß er um Land und Leute gekommen" sei [107], daß es sich dabei nicht bloß um einzelne Verfehlungen, wie die Anhänger des alten Systems behaupteten, sondern um das Versagen der gesamten bisherigen Armeeverfassung gehandelt habe. Nur wenn das anerkannt wurde, besaß Scharnhorst die breite Basis, um das System als Ganzes in seinem Geist erfolgreich bekämpfen und diejenigen höheren Offiziere, die die ausgesprochenen Träger dieses Geistes waren, aus der Armee entfernen zu können. Die Immediat-Untersuchungskommission schlug dem König u. a. vor,

---

[106] 1806, Das preußische Offizierkorps und die Untersuchung der Kriegsereignisse, 1906, S. 299.
[107] Instruktiv *Valentini* an Berenhorst, 2. Juni 1806, a. a. O., Bd. II, S. 150.

„1. daß alle kommandierenden Generale, Gouverneure und Kommandanten, auch alle anderen Offiziere, welche eine Kapitulation geschlossen haben, die Rechtfertigung ihres Betragens der Kommission einschicken,

2. daß die kommandierenden Generale, die Befehlshaber abgesonderter Teile und die Regimentschefs und Kommandeurs diejenigen Offiziere, sowohl höheren als niedern Ranges, der Kommission anzeigen, welche sich die Fehler zuschulden kommen lassen, die in dem Publikandum vom 1. Dezember (1806) bereits mit einer bestimmten Ahndung belegt worden,

3. daß alle Offiziere, welche gefangen worden sind, der Kommission den Ort, den Tag und die Stunde ihrer Gefangenschaft nebst den Umständen, unter denen sie gefangen worden sind, anzeigen,

4. daß die Offiziere, welche nicht gefangen, aber aus Sachsen nach Preußen gekommen sind, der Kommission umständlich anzeigen, auf welche Art sie der Gefangenschaft entgangen, unter welchem Befehlshaber sie gestanden und wer bei ihnen von ihren Kameraden gewesen ist."

Darüber hinaus sind

5. „der Kommission alle diejenigen Offiziere und Unteroffiziere und Gemeinen, auch alle übrigen anzuzeigen, welche sich vorzüglich ausgezeichnet haben und verwundet sind, worunter diejenigen, welche auf dem Schlachtfelde zurückblieben, eine vorzügliche Erwähnung verdienen."

Der König akzeptierte die große Linie, die die Kommission ihm vorgeschlagen hatte. Der von ihm erteilten Instruktion für die Immediat-Untersuchungskommission vom 27. November 1807 ist der folgende Satz vorangestellt:

> „Um die Ursachen zu erforschen, welche die unglücklichen Ereignisse des letzten Krieges herbeigeführt haben, und einerseits diejenigen Offiziere auszumitteln, welche durch Verletzung ihrer Dienstpflichten mit dazu gewirkt, auf der andern Seite aber auch diejenigen kennenzulernen, welche ohnerachtet der die Armee betroffenen Unfälle sich persönlich ausgezeichnet haben, haben S. K. M. von Preußen p. nötig erachtet, zu diesem Zweck unter dem Vorsitze Höchstdero Herren Brüder, der Prinzen Heinrich und Wilhelm Liebden, eine Kommission von ausgezeichneten Offizieren Dero Armee zu ernennen."

Das Verfahren vollzog sich in der Weise, daß vor den besonders eingerichteten „Regimentstribunalen" jeder Offizier, der an dem Feldzug teilgenommen hatte, sein Betragen zu rechtfertigen hatte. Diese Regimentstribunale erhielten den Auftrag,

„ohne Rücksicht oder Schonung jeden, auch den geringsten Umstand, der auf den einen oder andern Offizier ... ein nachtheiliges Licht wer= fen könnte, auf das sorgfältigste zu recherchiren ..."

Die Offiziere der Infanterie= und Kavallerieregimenter hatten folgende Erklärungen abzugeben:

1. „ob sie gegen den einen oder gegen den andern der erwählten Mit= glieder des Tribunals etwas einzuwenden haben,
2. von ihrer eignen Gefangennehmung sowie auch von ihrem ganzen Dienstbetragen während des Krieges, insbesondere
3. ob jeder Offizier nach den unglücklichen Affairen bemüht gewesen ist, sich wieder an seine Fahnen anzuschließen oder aus welchen Gründen er dies unterlassen hat, und
4. ob es ihm nicht möglich gewesen ist, der Gefangenschaft zu ent= gehen und zur Armee in Preußen zu kommen,
5. auf sein Ehrenwort zu versichern, ob er von irgend einem Offizier des Regiments etwas Nachteiliges zu sagen wisse."

Die Offiziere der Artillerieregimenter mußten dazu Auskunft geben,

„ob auch jeder Offizier nach den unglücklichen Affairen bemüht gewesen ist, seine Batterie oder Kolonne zu retten und sich irgendwo anzuschlie= ßen, aus welchen Gründen solches etwa nicht hat geschehen können ..."

Dem Aufgabenkreis entsprechend wurden die Auskünfte, die von den Offizieren der Festungsartillerie, der Ingenieur= und Mineurkorps, sowie den Train= und Lazarettoffizieren verlangt wurden, abgewandelt.

Die Einsetzung sowie die Arbeit der Untersuchungskommission ist etwas Einmaliges in der preußischen Heeresgeschichte. Ihre Einrichtung wie ihr Verfahren erregten in der ganzen Welt größtes Aufsehen. Überall, wo sich in der Zukunft ein schmachvolles Verhalten von Offizieren zeigte, wurde auf die „Preußische Methode", das Heer zu reinigen, hingewiesen, dabei diese Reinigung fälschlich nur unter dem Gesichtspunkt der Wieder= herstellung der Ehre des Korps betrachtet. Die politischen Momente, die dabei eine so starke Rolle spielten, wurden außer acht gelassen.

Zunächst ist die Verfahrensart, die von der Untersuchungskommission eingeschlagen wird, außergewöhnlich. Die gegenseitige Anzeige wird zum Prinzip erhoben. Sie macht weder halt vor der Kameradschaft, noch vor Familien= und Sippenbanden, durch die das preußische Offizierkorps eng unter sich verbunden war. Theoretisch mußten nicht nur der Kame= rad gegen den Kameraden, der Freund gegen den Freund, sondern auch Brüder und Vettern, Väter und Söhne gegeneinander auftreten. Weiter= hin werden die gesamten Autoritäts= und Subordinationsverhältnisse in= nerhalb der Armee in Frage gestellt. Darüber, ob ihr Kommandeur Be=

fehle, die er erhalten, richtig ausgeführt habe oder, was er noch besser hätte tun können, werden seine ihm untergebenen Offiziere zum Urteil aufgefordert. Selbst die Mannschaft darf dazu herangezogen werden, Zeugnisse über das Verhalten des Regimentskommandeurs abzulegen [109]. Demütigend war das der Verurteilung vorausgehende Verfahren. Der Belastete erhielt Hausarrest, eine Schildwache stand vor seiner Tür, da wo Militär fehlte, erfolgte die Bewachung durch die Zivilbehörden. So wurde der Generalleutnant *Graf Wartensleben* in Brieg von dem Boten des Oberamtsgerichts bewacht, der Generalmajor *von Lindener* erhielt eine aus einem Unteroffizier und drei Mann der Breslauer Bürgermiliz bestehende Wache. Der Unteroffizier hatte in der Stube des Generalmajors ständig zu bleiben.

Hart waren die von den Kriegsgerichten verhängten Urteile. Sieben Offiziere – die Obersten *von Hagen* und *von Poser* wegen Übergabe von Pasewalk, der Oberstleutnant *von Hacke* wegen seines Verhaltens bei Schweidnitz, der Generalmajor *von Lindener* wegen Übergabe von Breslau, der Oberst *von Ingersleben* wegen Übergabe von Küstrin, der General-Leutnant *von Romberg* wegen Übergabe von Stettin – wurden zum Tode verurteilt.

Ohne Gnade die von ihr gefällten Urteile durchzuführen, verlangte die Kommission. „Wir sind", so erklärte sie hinsichtlich der an der Kapitulation von Magdeburg beteiligten Offiziere,

> „alleruntertänigst der Meynung, daß es strenge bey den ergangenen Erkenntnissen sein Bewenden haben müsse, und daß Keiner der verurteilten Offiziere zu begnadigen oder ihnen ein Abschied oder ein Gnadengehalt zu ertheilen sey ... Heben E. K. M. die erkannte Strafe auf, wird diese nur gemildert, so laufen E. K. M. Gefahr, in jedem Kriege diese Auftritte zu sehen" [110].

Zu Gericht über die Verfehlungen des alten Systems und seiner Vertreter sitzen im Grunde die Verfechter einer neuen Anschauungswelt, die von

---

109 So verwenden sich Unteroffiziere und Mannschaften für den Kommandeur des Regiments Irwing-Dragoner und bezeugen, „daß er sich als braver, unerschrockener Mann gezeigt durch Wort und Beyspiel und vor der Eskadron attakiert habe". 1806, Das Preußische Offizierkorps und die Untersuchung der Kriegsereignisse, a. a. O., S. 83.

110 Ebenda, S. 302, 303. Der König bestätigte nur das Todesurteil gegen Ingersleben. Die größte Not der aus dem Heere Ausgeschlossenen milderte der König dadurch, daß er ihnen eine jährliche Unterstützung zukommen ließ, die aber nur ganz im geheimen ausgezahlt werden durfte. So bewilligte er den Generalen von Schack, von Alvensleben, von Tschepe und von Schimonsky jährlich 350 Taler.

den Anhängern des alten Systems bisher verächtlich als die „Jakobiner" bezeichnet worden waren. Die Untersuchungskommission selbst ist ein Anhängsel der Reorganisations-Kommission. Je stärker deren Stellung wird, je mehr es Scharnhorst gelingt, die reaktionären Kräfte zu beseitigen, ein um so eindeutigeres Gesicht erhält auch die Kommission. Reine Pflichtvergessenheiten hätten auch nach dem alten System bestraft werden können. Hier aber wird das Gesamtverhalten der in der Welt des Alten großgewordenen Offiziere nach den Maßstäben des neuen Kriegsbildes beurteilt. So dient insbesondere die erfolgreiche Abwehr der Belagerung Kolbergs durch *Gneisenau* und *Nettelbeck* unter Umständen, die nach der überkommenen Anschauung jederzeit eine Kapitulation hätten gerechtfertigt erscheinen lassen, für die Aburteilung der Festungskommandeure stets irgendwie als Maßstab. Auf die politische Bedeutung dieser Tatsache kann nicht scharf genug hingewiesen werden. Hier liegt einer der Gründe, weshalb der Kampf um die Besetzung der Richterstellen in der Untersuchungskommission so erbittert geführt wurde. Die Anhänger des alten Systems waren bereit, Verbrechen und Vergehen mitsühnen zu helfen, sie wollten sich aber nicht von den „Reformatoren" und ihrer Anschauungswelt Handlungen als Fehler aufbürden lassen, die nach der bisherigen Auffassung und dem ihr zugrunde liegenden Kriegsbild nicht als solche galten. Und dies war zweifellos der Fall.
Kennzeichnend ist die Begründung, die die Kommission für die Verurteilung des Verhaltens der an der Kapitulation von Magdeburg beteiligten Offiziere gibt. Hier heißt es:

> „Es leidet kein Bedenken, daß in einer jeden Festung alle Offiziere vom Kommandeur und Kommandanten bis zum jüngsten Lieutenant die heilige Pflicht auf sich haben, zur Verteidigung des Platzes alles anzuwenden, was in ihren Kräften steht. Der militärische Rang und das Dienstalter gebieten dem untergebenen Offizier nur solange blinden Gehorsam und ehrerbietiges Stillschweigen, wie er nicht überzeugt ist, daß Verrätherei, Feigheit oder Ungeschicklichkeit den Platz in Gefahr bringen... Der jüngste Offizier würde den Dank E. M. und seines Vaterlandes verdienen, wenn er in einem der genannten Fälle vorträte und seine Waffenbrüder aufriefe, sich an ihn anzuschließen, um E. K. M. die Festung zu retten."

Hier werden die bisherigen Grundsätze der Subordination umgekehrt. Zur Begründung wird lediglich angeführt: „Dies sagt jedem der gesunde Menschenverstand" [111], d. h. die neue Auffassung über die Pflichten des Offiziers bei der Verteidigung der Festungen [112].

---

111 Ebenda, S. 301.
112 Vgl. dazu S. 241 dieses Buches.

Noch weiter gehen die folgenden Forderungen, die an die beschuldigten Offiziere gestellt werden:

> „Sie mußten handeln, sie mußten sich thätlich widersetzen, d. h. den Stabsoffizieren vorstellen, daß Alter, Schwäche, Feigheit oder falsche Ansicht den Gouverneur oder Kommandanten zur Leitung der Vertheidigung unfähig machten; daß mithin der älteste unter ihnen den Oberbefehl übernehmen müsse, bis daß E. K. M. benachrichtigt werden könnten; sie mußten nötigenfalls Offiziere und Soldaten laut auffordern, sich an sie anzuschließen, um den Platz zu verteidigen.“ [113]

Solche Forderungen hätten niemals im Rahmen der bisherigen Anschauung vom Gehorsam gegenüber dem Vorgesetzten, der blinden Unterwerfung unter seinen Befehl, der Heiligkeit der Hierarchie und der Betrachtung des Soldaten als Objekt der Befehlsgewalt erhoben werden können. Die geistigen Voraussetzungen, die das gesamte Verfahren rechtfertigen, lagen in der Welt des Neuen. Die formal-juristischen Grundlagen dagegen wurden aus der Welt der Tradition und des überkommenen Kriegsbildes übernommen. So mußte man, um die Festungskommandanten fassen zu können, dem Rat Koenens, des General-Auditeurs der Armee, folgend auf einen Artikelsbrief des Großen Kurfürsten aus dem Jahre 1656 zurückgreifen, der bestimmte, daß „wenn eine Festung dem Feind außer hoher Not aufgegeben wurde, die Gouvernatoren am Leben gestraft werden“ sollen.

b. Kenntnisse und Bildung als künftige Auslesegrundsätze

Die Selbstreinigung des Offizierskorps stellte eine Auslese seines noch verwendungsfähigen Teiles dar. Nunmehr galt es, diejenigen Prinzipien festzulegen, auf Grund deren die künftige Auslese des Offizierkorps sich vollziehen sollte. Hierfür hatte Scharnhorst bereits vor dem Zusammenbruch den Grundstein gelegt. In seinem großen Umschulungsprogramm waren Kenntnisse und Bildung als die neuen Auslesegrundsätze bestimmt worden, die sowohl für die Aufnahme als für die Beförderung des Offiziers gelten sollten [114]. Sie änderten an der Zusammensetzung dieses Offizierkorps aus Angehörigen des adligen Standes jedoch nichts. Der Adlige sollte in Zukunft nicht mehr wahllos lediglich deshalb, weil er Mitglied des Standes war, Offizier werden und im Offizierkorps avancieren können, sondern weil er als Adliger Kenntnisse und Bildung besaß. Ein neuer Adelstyp sollte den Offiziersstand repräsentieren, der in

---

114 Vgl. dazu das Kapitel „Die Umschulung des Offizierkorps“ auf S. 105 ff. dieses Buches.

seinen Leistungen und seinem Können von den bürgerlichen Grundsätzen des Wissens und der Bildung bestimmt, das bürgerliche Bildungsideal im militärischen Bereich im Rahmen der hier gegebenen Möglichkeiten verwirklichte. Das wird gewöhnlich übersehen. Kenntnisse und Bildung als die neuen Ausleseprinzipien werden im Prinzip nur innerhalb des adligen Standes wirksam. Ohne den Zusammenbruch hätte sich die bisherige Scharnhorstsche Reform so ausgewirkt, daß das gebildete Bürgertum zwar mit seinen Lebensprinzipien das Offizierkorps erneuerte, selbst aber grundsätzlich weiter außerhalb des Offizierstandes verbleiben mußte. Mehr war im Rahmen des alten Staates nicht möglich, auch das war schon ein höchst bedeutsamer Schritt.

Diese Situation ändert sich jetzt. Kenntnis und Bildung als Ausleseprinzipien erhalten nunmehr eine neue Note. Sie werden auf Grund des Bündnisses zwischen Regierung und Nation zu Kampfprinzipien gegenüber dem Vorrecht des Adels, die Offiziersstellen im Heer besetzen zu dürfen. Nicht mehr um die Frontenstellung gebildetes gegen nichtgebildetes Offizierkorps geht es jetzt, sondern darum, daß ein in sich geschlossenes, wenn auch gebildetes adliges Offizierkorps, den in der Nation schlummernden Talenten den Zugang zur Führung im Heer versperrt. Kenntnisse und Bildung sollen den Kreis und die Zusammensetzung eines neuen Offizierkorps bestimmen, dessen Basis die Nation und nicht mehr der adlige Stand sein soll [115]. Kennzeichnend heißt es in dem Immediatbericht der Militär-Reorganisationskommission vom 25. September 1807:

> „Indem man bisher einem einzigen Stande diese Vorrechte gab, gingen alle Talente und Kenntnisse des übrigen Teils der Nation für die Armee verloren, und dieser Stand sah sich gar nicht in die Notwendigkeit versetzt, sich die militärischen Talente zu erwerben, da seine Geburt und eine lange Lebensdauer ihn zu den höchsten militärischen Posten hinaufbringen mußten.“ [116]

Gneisenau hat dazu in einem Artikel im „Volksfreund“ vom 2. Juli 1808 den notwendigen, für die Öffentlichkeit bestimmten politischen Kommentar gegeben. Hier finden sich die berühmt gewordenen Worte:

> „Die Geburt gibt kein Monopol für Verdienste; räumt man dieser zu viel Rechte ein, so schlafen im Schoße einer Nation eine Menge Kräfte

---

[115] Dabei werden all die Anklagen verwandt, die Scharnhorst dem Offizierkorps, wenn er seine Bildungsfeindlichkeit bekämpfte, vorhielt, vielfach schwarz-weiß gemalt, und naturgemäß wird das, was bisher erreicht war, demzuliebe, was man erreichen wollte, unterdrückt.

[116] Publikationen, a. a. O., S. 101.

> unentwickelt und unbenutzt, und der aufstrebende Flügel des Genies wird durch drückende Verhältnisse gelähmt ... Man schließe ebenfalls dem Bürgerlichen die Triumphpforte auf, durch die das Vorurteil nur den Adligen einziehen lassen will. Die neue Zeit braucht mehr als alte Titel und Pergamente, sie braucht frische Tat und Kraft; dies hat der Monarch erwogen, indem er die Talente aller Stände zu gleichen Ansprüchen an Militärbeförderungen berechtigte und ein Verfahren aufhob, dem nur das Herkommen und der Nepotismus, keineswegs aber irgendein Gesetz das Wort redeten." [117]

Wenn das Heer kein „Staat im Staat", sondern ein Sammelbecken der ganzen Nation, die „Vereinigung aller moralischen und psychischen Kräfte" aller Staatsbürger [118] in Zukunft sein, wenn in ihm das Bündnis zwischen Regierung und Nation seine Verwirklichung finden soll, so muß auch das Offizierkorps als Elite „aus der ganzen Nation" kommen und alle Staatsbürger müssen „auf die höchsten militärischen Ehrenstellen Anspruch machen können" [119].

Am 6. August 1808 erkennt der König im „Reglement über die Besetzung der Stellen der Portepéefähnriche und über die Wahl zum Offizier bei der Infanterie, Artillerie und Kavallerie" endgültig die grundlegenden neuen Ausleseprinzipien für das Offizierkorps der Armee an. An der Spitze des Reglements stehen die denkwürdigen Sätze, um die so hart gerungen worden war und die den Beginn einer neuen Epoche bezeichnen:

> „Einen Anspruch auf Offiziersstellen sollen von nun an in Friedenszeiten nur Kenntnisse und Bildung gewähren, in Kriegszeiten ausgezeichnete Tapferkeit und Überblick. Aus der ganzen Nation können daher alle Individuen, die diese Eigenschaften besitzen, auf die höchsten Ehrenstellen im Militär Anspruch machen. Aller bisher stattgehabte Vorzug des Standes hört beim Militär ganz auf und jeder hat gleiche Pflichten und gleiche Rechte" [120].

Die Gesamtstellung des Offiziers wird im Ergebnis auf die Inhaberschaft eines „Amtes" im Dienste der ganzen Nation („für König und Vaterland") zugeschnitten. Mit „Kenntnissen und Bildung" als Vorbedingung für dieses Amt wird die endgültige staatsrechtliche Konkretisierung der Beseitigung der Vorrechte des Adels zum Ausdruck gebracht. Für das Offiziersamt ist jetzt nur noch wesentlich, daß sein Inhaber dessen An=

---

117 Ebenda, S. 490.

118 Immediatbericht der Militär=Reorganisationskommission vom 25. September 1807, Publikationen, a. a. O., S. 101.

119 Ebenda.

120 Publikationen, a. a. O., S. 533/534. Vgl. dazu auch den Immediatbericht der Militär=Reorganisationskommission vom 25. September 1807, Publikationen, a. a. O., S. 98 ff., insbesondere S. 101, Art. 5.

forderungen genügt. Der Offizier kann adlig sein, braucht es aber nicht. Die ethische Substanz des Offizierstums wird vom Adel ins Amt verlegt. Auf der Basis von Kenntnis und Bildung vermag das Bürgertum nunmehr mit dem Adel in Wettbewerb um die Offizierstellen im Heer zu treten. Andererseits ist der Adel gezwungen, das ihm verhaßte, bei mangelndem Wissen bloßstellende und daher in seiner Ehre und Würde kränkende Examen als Voraussetzung für diesen ihm aufgezwungenen Wettbewerb anzuerkennen. Dabei ist es nicht entscheidend, daß die Anforderungen, die an den Fähnrich wie an den Offizier gestellt werden, relativ gering sind und größtenteils auch erfüllt werden können, sondern daß überhaupt ein Examen offiziell eingeführt wird. Scharnhorst ging bei allen neuen Einrichtungen von dem Grundsatz aus, „anfangs nicht auf eine zu große Vollkommenheit zu sehen", da „man sonst mit nichts zu Stande kommt". Es gilt zunächst einen „Versuch" zu machen, dann zu „bessern, bis man das Werk der Vollkommenheit, soweit als Umstände und Vorurteil es erlauben, näher bringt" [121].

Ausdrücklich wird in diesem Geiste angeordnet:

> „Bei den Examen muß unter den gegenwärtigen Umständen auf die besondere Lage der jungen Männer Rücksicht genommen und von den zu examinierenden Subjekten nicht mehr gefordert werden, als was sie in ihren Verhältnissen mit Fleiß und Applikation erlernen können; in der Folge soll das Examen nach dem Verhältnis der besseren Gelegenheit zur Erlangung mehrerer Kenntnisse auch strenger angeordnet werden." [122]

Scharnhorst lag es nicht daran, mit überspannten Forderungen die Gelehrsamkeit zum Ideal zu erheben. Er wollte nur die allgemeinen Richtlinien für die Auslese festlegen und „unter den gegenwärtigen Zeiten verhindern, daß ganz unwissende und ungebildete Subjekte zu Offizieren in Vorschlag kommen". Der späteren Entwicklung mußte überlassen werden, wie weit die Schraube angezogen werden konnte. Zu starke Anforderungen hätten zudem das ganze Unternehmen gefährdet.

Der Weg zum Offizier geht im Frieden über den Portepeefähnrich und damit über zwei Prüfungen. Portepeefähnrich kann in Zukunft jeder junge Mann, der das 17. Jahr vollendet hat und drei Monate als Gemeiner gedient hat, werden, wenn er

---

121 *Scharnhorst* an Professor Stützer vom 4. Dezember 1809, bei Linnebach, Scharnhorsts Briefe, a. a. O., S. 383.

122 „Instruktion für die Examinationskommission der Subjekte, welche zu Portepéefähnrichen und Offizieren bestimmt sind", vom 13. August 1808, Publikationen, a. a. O., S. 547.

„die gehörigen Kenntnisse besitzt, die von einer in der Hauptstadt des Armeekorps dazu niedergesetzten Kommission geprüft worden und sobald seine Aufführung bis dahin gut gewesen, auch solches durch glaubhafte Atteste dargetan ist“ [123].

Auch jeder Unteroffizier und Gemeine, der bereits länger gedient hat, kann zum Portepéefähnrich ernannt werden,

„sobald er durch ein Examen geprüft, die erforderlichen Kenntnisse dartut und seine Aufführung, gut, gesittet und tadellos gewesen ist, worüber der Kapitän und die Offiziere der Kompanie ein schriftliches Attest ausstellen sollen.“

Die Offizierskandidaten werden von einer Kommission in Berlin auf ihre Kenntnisse geprüft [124].

Die organisatorischen Voraussetzungen zur Verwirklichung dieser Forderungen werden durch Kabinettsorder vom 3. Mai 1810 mit drei zur Vorbereitung auf das Offiziersexamen bestimmten „Kriegsschulen für die Portepéefähnriche“ in Königsberg, Breslau und Berlin geschaffen. An Stelle der Akademie tritt die „Kriegsschule für Offiziere“ mit dem Sitz in Berlin. Die bisherigen Bildungsanstalten, die im allgemeinen nur für die Ausbildung des Offiziers in *einer* Waffengattung bestimmt waren, und deren fast jede einen besonderen Direktor gehabt hatte, werden aufgehoben. Nunmehr sollen „einige Lehranstalten für alle Gattungen von Truppen“ eingerichtet werden [124a]. Durch diese organisatorischen Maßnahmen ließen sich zugleich die unbrauchbaren Inspektoren und Lehrer auf eine bequeme Art abschieben [125]. Die sämtlichen Institute

---

123 Zum Portepéefähnrich sind nach dem Reglement vom 6. August 1808 folgende Kenntnisse genügend: 1. Erträglich Schreiben in Hinsicht der Kalligraphie und Orthographie; 2. Arithmetik inklusive Proportionen und Brüchen; 3. Ebene Geometrie, die ersten Anfangsgründe; 4. Planzeichnen, verständlich, aber nicht schön; 5. Elementargeographie; 6. Allgemeine Weltgeschichte, vaterländische Geschichte.

124 In Friedenszeiten sind nach dem Reglement vom 6. August 1808 folgende Kenntnisse für den Offizier erforderlich: 1. Fertigkeit und Präzision in schriftlichen Aufsätzen über militärische Gegenstände; 2. französische Sprache soviel, daß er aus dem Französischen ins Deutsche übersetzen kann; 3. reine Mathemathik bis zu den Gleichungen vom 2. Grade, ebene Geometrie und ebene Trigonometrie; 4. Anfangsgründe der Feldfortifikation und permanenten Fortifikation; 5. Zeichnen der Situationskarten und Pläne, richtig und verständlich, ohne große Schönheit; Ausstecken einer Verschanzung und Aufnahme eines kleinen Bezirks, einer Gegend, eines Postens; 6. erweiterte Geographie und Statistik; 7. Weltgeschichte und vaterländische Geschichte.

124a Schreiben des Königs an den Generalmajor *von Lützow* vom 8. Sept. 1809, abgedr. bei *Friedländer*, a. a. O., S. 226.

125 Vgl. auch Scharnhorsts Denkschriften aus dem Jahre 1807, „Militärische Bildung als vorläufige Gedanken aufgesetzt“, Publikationen, a. a. O., S. 187 ff.

werden durch eine Zentralstelle geleitet, an deren Spitze auf Scharnhorsts Vorschlag der Generalleutnant *von Diericke* stand, ein den allgemeinen humanitären Ideen ergebener Mann, der das eigentlich umstürzend Neue, was Scharnhorst verfocht, nicht verstand [126], aber sich gut leiten ließ. Daß Scharnhorst die Zentralstelle nicht selbst übernahm, ist nicht, wie die Literatur vielfach annimmt, „eine Probe seiner Selbstverleugnung" [127], sondern liegt daran, daß er zu überlastet war und schließlich nicht alles übernehmen konnte. Der König hatte ihm bereits den Vorwurf gemacht, daß er zu viel Ämter in seiner Hand vereinige [127a]. Scharnhorst behielt sich jedoch den maßgeblichen Einfluß auf die Schulen durch seine Ernennung zum „Kurator und allgemeinen Direktor der Kriegsschulen" vor.

Die allgemeinen Grundsätze für die Erziehung des Offiziersnachwuchses, die bereits vor dem Zusammenbruch von 1806 von Scharnhorst niedergelegt worden waren, gelten als grundlegende Richtlinien für die durch Kabinettsorder vom 8. Sept. 1809 eingesetzte Kommission zur Ausarbeitung eines Organisationsplans für die militärischen Lehrinstitute. Es sind dies vor allem die „Anleitung zum Selbstdenken", die systematische Entwicklung des eignen Urteils, die Abkehr von „bloßen Begriffen" und abstrakten Klugheitsregeln sowie die Entwicklung der Regel am Beispiel, so daß sie sich für den Schüler von selbst ergibt. Besonders soll achtgegeben werden, daß „die Bildung des Verstandes nicht dem Form- und bloßen Gedächtniswesen unterliege" und die „eigene Entwicklung durch zu viele vorgeschriebene Arbeiten gehindert werde" [128]. Auf Grund der inzwischen gesammelten Erfahrungen weist Scharnhorst darauf hin, wie notwendig es sei, auch die Geschichte nach neuen Gesichtspunkten zu lehren und sie dem jungen Offizier als eine „Erfahrungslehre der Handlungen des Menschen" nahezubringen. Sie soll ihm insbesondere nicht als eine bloße „Anhäufung von Tatsachen" mit dem „ganzen Wust unerheblicher, ewig in einem Kreise wiederkehrender Begebenheiten vermittelt werden [129]. Dem jungen Offizier soll man im

---

126 Über ihn vgl. S. 202 ff. dieses Buches.

127 *Lehmann*, Scharnhorst, Bd. 2, S. 216.

127a Schreiben des Königs an Scharnhorst vom 5. Dez. 1808, Publikationen, a. a. O., S. 760.

128 *Scharnhorst*, Entwurf zur Errichtung einer allgemeinen Militair-Academie, bei *Friedländer*, a. a. O., S. 228 ff., 37.

129 *Scharnhorst* an Professor Stützer vom 4. Dezember 1809, Linnebach, Scharnhorsts Briefe, a. a. O., S. 384. — Stützer war Mitglied der Kommission zur Ausarbeitung des „Regulativs zur Organisation der militärischen Lehr-

übrigen bei seiner wissenschaftlichen Arbeit „Mut einflößen, daß er durch Anstrengung überall in das wahre Verhältnis der Dinge" einzudringen vermag. Um dies zu ermöglichen, muß man sich in der „Quantität der vorgetragenen Gegenstände" beschränken, da sie nur dazu dient, ihn mutlos zu machen. Ist dies der Fall, dann ist

> „die ganze wissenschaftliche Bildung dem Soldaten nachteilig, alsdann leistet der fast rohe Mensch in seiner Kraft mehr als jener in dem geschwächten, mutlosen Zustande".

c. Bildung und Charakter

Examen und Prüfungen sind die Mittel, mit denen „Kenntnisse und Bildung" festgestellt werden, auch wenn sich diese Prüfungen weitgehend im militärischen Bereich bewegen. Scharnhorsts Gegner haben daher das Bild vom künftigen Offizierkorps als einer „Gelehrtenrepublik", die wohl zum Debattieren, nicht aber zum Fechten tauge, lächerlich zu machen versucht. Zu Unrecht. Zunächst ist die Bildung für Scharnhorst nie eine reine Wissenssache, es kommt ihm mehr auf den Geist, der aus dem Wissen gezogen werden kann [130], und das Können an.

> „Bei der Beurteilung des Menschen (hatte) er mehr das Können als das Wissen im Auge, weil das erste eine gründliche Vorbereitung des letzteren in sich schloß. Ein Mann, der so gelehrt war wie Scharnhorst, durfte dieses große Wort aussprechen."[131]

Ein bestimmtes Wissen ist zunächst nur Voraussetzung, um in das Heer überhaupt eintreten zu können. Kenntnisse und Bildung als Wertmaßstab für das Avancement der Offiziere werden blut- und lebensvoll erst dann, wenn man sie mit den Zwecken verknüpft, die Scharnhorsts Gesamtschulung des Offiziers verfolgt. Der „Ausbildung des Geistes" muß die „Erhöhung des Ehrgefühls", in dem die Zeit den Inbegriff aller Charakterwerte sah, konform gehen. Beide sollen in ihrem Zusammenwirken den Offizier zu einer „höheren Stufe der Brauchbarkeit" führen. Daß das Schwergewicht auf die Bildung verlegt wurde, lag an den Anforderungen der Zeit. Das Offizierkorps war im großen und ganzen charakterlich einwandfrei, es war insbesondere dem König treu ergeben,

---

institute", das am 2. Mai 1810 in Kraft trat. Vgl. dieses und Scharnhorsts „Entwurf zur Errichtung einer allgemeinen Militärakademie", vom Mai 1809, a. a. O.

130 *Clausewitz*, Über das Leben usw., a. a. O., S. 195.

131 *Müffling*, Aus meinem Leben, 1851, S. 6.

aber es war ungebildet und daher unfähig, den Anforderungen des modernen Krieges zu genügen.
Die Gefahren, die in einer Überschätzung des bloßen Wissens lagen, hat Scharnhorst klar erkannt und immer wieder betont, daß er die Bildung nicht als eine reine Wissenssache betrachte, sein Erziehungsideal vielmehr auf die Formung der Gesamtpersönlichkeit ausgerichtet sei. Dies wird im „Reglement über die Besetzung der Stellen der Portepeefähnriche und über die Wahl zum Offizier" vom 6. August 1808 ausdrücklich festgelegt. Hier heißt es:

> „Nicht bloß Kenntnisse und Wissenschaften sind die Erfordernisse, die einen brauchbaren Offizier bezeichnen, sondern auch Geistesgegenwart, schneller Überblick, Pünktlichkeit und Ordnung im Dienst und anständiges Betragen sind Haupteigenschaften, die jeder Offizier besitzen muß." [132]

Der gebildete junge Mann, der ins Heer eintritt, um Offizier zu werden, soll sich nicht auf seine Bildung etwas zugute tun. Ihm gibt Scharnhorst vielmehr den Rat, als erstes „Folgsamkeit und Duldsamkeit" zu lernen, „allen Befehlen, auch allen Winken, allen Gebräuchen, so widersprechend und nachteilig einem auch die Sache scheinen mag, Folge zu leisten", selbst „Ungerechtigkeiten aller Art zu ertragen, auch in den Punkten, in denen die Gesetze das Gegenteil buchstäblich bestimmen". Seinen Vorgesetzten aber soll er als seinen „gesetzmäßigen Obern" betrachten, ohne auf dessen „persönliche Eigenschaften" zu sehen [133]. Gerade an dieser Unterordnung soll der gebildete junge Mann seinen Charakter stärken, die Fehler im Militär sehen und daran lernen, wie er sich als künftiger Offizier nicht verhalten darf.
Die Prüfung und Bildung des Charakters der Portepeefähnriche und jungen Offiziere wird ihren älteren Kameraden besonders anvertraut und vorausgesetzt,

> „daß die Offiziere sich künftig mehr um ihre Untergebenen bekümmern und die ausgezeichneten nicht allein kennen lernen, sondern auch durch zutraulichen Umgang immer mehr ausbilden werden." Besonders sollen die Offiziere für die Portepéefähnriche alles tun, um sie „ ‚ihrem künftigen Posten würdig zu machen' " [134].

In der „Verordnung wegen der Militärstrafen" wird das Wesen des Offiziers, der von seinen Untergebenen wegen seines „inneren Wertes" an=

---

132 Publikationen, a. a. O., S. 535.
133 *Scharnhorst* an seinen Sohn Wilhelm, Sept. 1809, Linnebach, I, S. 374.
134 Publikationen, S. 536.

erkannt wird und sein „Ansehen fest und bleibend" gründen kann, folgendermaßen beschrieben:

„Wenn der Offizier seine Würde nur in Ausbildung seiner Fähigkeiten, Vermehrung seiner Kenntnisse und wirklichen inneren Wert setzt, wenn er überall auf seine Handlungen strenge Aufmerksamkeit richtet und unparteiisch und gerecht gegen seine Untergebenen ist, so kann es ihm nicht fehlen, daß er sich nicht die Liebe, das Vertrauen und den achtungsvollen Gehorsam derselben in hohem Grade erwerben und sein Ansehen fest und bleibend gründen wird." [135]

Ausbildung der Fähigkeiten, Vermehrung der Kenntnisse und des wirklichen inneren Wertes sowie strenge Selbstüberprüfung bilden hiernach die Persönlichkeit des Offiziers.

Niedere Charaktere sollen am Aufstieg verhindert werden, Ehrengerichte über den guten Ruf des Offiziers wachen. Zu diesem Zweck werden folgende Bestimmungen getroffen: Jeder Offizier, gleichgültig, ob höherer oder niederer, der auf irgendeine Weise

„eine niedere Denkungsart verrät, muß, solange er nicht Beweise seines gebesserten Lebenswandels gibt, des Avancements für unfähig erklärt werden". Hierüber entscheidet die „auf drei Vierteile der Stimmen steigende Mehrheit der Offiziere eines Regiments. Jedem Offizier steht das Recht zu, den Antrag zu einem solchen Ehrengericht zu machen" [136].

Die sittliche und moralische Integrität des Offiziers wird zur Norm erhoben [137]. Die Offiziere eines Regiments sollen sich „wechselseitig untereinander sorgsam bewachen", die älteren Offiziere ihre jüngeren Kameraden beizeiten warnen und

„der gute Ruf des ganzen Offizierskorps als der Anteil eines jedes einzelnen angesehen (werden), dessen Schmälerung nicht zu gestatten der Ehrgeiz eines jeden Mitgliedes des Offizierskorps sein muß" [138].

---

[135] Publikationen, a. a. O., S. 464.

[136] Publikationen, a. a. O., S. 472.

[137] Der entsprechende Passus lautet in seiner Gesamtheit: „Ein Offizier, der sich dem Trunk ergibt oder mit liederlichen und gemeinen Weibspersonen unanständige Verbindungen eingeht oder mit Leuten von schlechtem Ruf Gesellschaft hat oder gemeine Örter besucht oder aus dem Spiel ein Gewerbe macht oder die Subordinationsverhältnisse in der den Offizieren höhern Ranges schuldigen Achtung nicht zu ehren versteht oder auf andere Art eine niedere Denkungsart verrät, muß, solange er nicht Beweise seines gebesserten Lebenswandels gibt, des Avancements für unfähig erklärt werden." „Verordnung wegen Bestrafung der Offiziere" vom 3. August 1808, Publikationen, a. a. O., S. 472.

[138] Ebenda.

Die Persönlichkeit soll der Uniform ihren Wert und ihren Glanz geben. „Die Montierung wird durch den Geist des Korps ausgezeichnet, aber nicht der Offizier durch die Montierung.“ Gern hätte der Ingenieur-Major *Pullet*, ein persönlich tapferer Mann und Mitverteidiger von Kolberg, dem Scharnhorst diese Worte schreibt, für sein Ingenieurkorps eine wirkungsvollere Uniform gesehen, am liebsten die schwarze der Husaren. Scharnhorst verweist ihn auf den Geist dieser Uniformträger und erklärt:

> „Ein jeder machte sich eine Ehre daraus, die Montierung der schwarzen Husaren zu tragen, aber nicht wegen des Glanzes, sondern wegen der Menschen, die sie trugen.“ [139]

In der Auseinandersetzung mit Pullet legt Scharnhorst das Bild von der Persönlichkeit eines Kommandeurs, wie es ihm vorschwebt, folgendermaßen fest: Derjenige Kommandeur ist für ihn der beste,

> „welcher den Vorurteilen entgegenarbeitet, den Geist des Korps in einer zweckmäßigen Richtung erhält und den Handwerksgeist, der so leicht... die höheren Ansichten verdrängt, unterdrückt, die Besetzung der Stellen ohne Konnexion und fremdartige Einwirkung, also rein unparteiisch leitet, gründliche Kenntnisse zu befördern sieht, das Verdienst, soweit es die Verhältnisse mit sich bringen, hervorzieht und die Fehler bestraft“ [140].

Im Kampfeinsatz aber sollen alle Eigenschaften des Offiziers, insbesondere des Kommandeurs, ihre Krönung finden, sein Wissen sich zur letzten Stufe des Könnens entfalten, seine Charaktereigenschaften ihn befähigen, mit Mut, Tatkraft und Umsicht den höchsten Erfolg zu erzielen. Nichts geht Scharnhorst über die persönliche Tapferkeit im Kriege, die er selbst in hohem Maße bewiesen hatte.

Am Bild des Festungskommandanten hat uns Scharnhorst die Persönlichkeit eines Offiziers, der sich im Kampf in exponierter Stellung befindet, genau umschrieben [141]. Nicht derjenige ist der richtige Kommandant, der sämtliche „systematische Werke über die Belagerung und Verteidigung“ gelesen hat, der also das Wissen und die Kenntnisse darüber besitzt, wie man „große Garnisonen mit vollständigen Dotierungen“ und vollkommenen Festungswerken verteidigt; nicht derjenige, der glaubt, „ohne Casematten oder ohne volle Portionen oder ohne eine zahlreiche Garnison“ nichts ausrichten zu können. Ein solcher Offizier hat „weder Muth noch

---

139 *Scharnhorst* an *Pullet*, vom 22 August 1811.

140 Ebenda.

141 *Scharnhorst*, Anhang zu der Instruktion für die Festungs-Commandanten, abgedruckt in „Das preußische Heer im Jahre 1812“. Herausgegeben vom Großen Generalstab, 1912, S. 522 ff.

Hilfsmittel in sich und wird selbst bei den größten Mitteln wenig leisten". Er legt „mehr Wert auf die Form als auf Muth und Geist". Allein tauglich ist vielmehr derjenige Kommandant, für den auch „der schlechteste Ort eines großen Widerstandes fähig ist", der

> „entschlossen ist, alle Hindernisse wegzuräumen und mit Mut dieses Geschäft anfängt ...", die fehlenden Hilfsmittel sich zu verschaffen sucht, der weiß, „wie man die Menschen zum Entbehren bringt, wie man sich bei dem Mangel einer Sache mit einer anderen hilft".

In seinen Fähigkeiten wird der Kommandant, dem die Mittel, seine „großen Zwecke zu erreichen", überlassen bleiben, daran gemessen, ob er „alles versucht", zu Beginn vorsichtig verfährt, jeden Vorteil ausnutzt, seine Leute ans Feuer gewöhnt und ihnen „Mut einflößt", „geschickte, ehrgeizige junge Offiziere, ohne nach der Diensttour zu fragen, zu Spezialunternehmungen" aussucht, durch seine Tätigkeit und „ein würdevolles Betragen sich in gleichem Grade die Achtung und das Vertrauen der Garnison und der Bürgerschaft" verschafft, der Mittelpunkt ist, um Bürgerschaft wie Garnison in der „nötigen Stimmung" zu erhalten[142]. Im äußersten Falle aber hat er „seine Zuflucht nur allein zur Bravour zu nehmen". Er muß den Durchbruch wagen, den der „systematische Krieger für ein tollkühnes Unternehmen hält" und nicht kapitulieren. Für diese letzte Maßnahme des Kommandanten findet Scharnhorst die folgenden Worte:

> „Wenn der Staat und der König mit dem Kriege untergehen, so ist die Sprache der Erhaltung nur eine pflichtlose, unverzeihliche Entschuldigung."

Hier spricht der gleiche Scharnhorst, der die Notwendigkeit von Kenntnis und Bildung im Offizierskorps immer wieder betont, und den deshalb „selbst Männer von Geist für einen trockenen gelehrten Pedanten, die Militärs für einen unentschlossenen, unpraktischen, unsoldatischen Bücherschreiber hielten" [142a].

d. Offizierswahl und Bündnisgedanke

Die Ergänzung des Offizierkorps vollzieht sich durch Wahl innerhalb des Korps. Hardenberg hatte vorgeschlagen, daß die Unteroffiziere durch die gemeinen Soldaten, die Subalternoffiziere durch die Unteroffiziere ge-

---

142 Vgl. die von *Scharnhorst* entworfene „Instruktion für die Kommandanten der Festungen" vom 31. Oktober 1809, § 16, abgedruckt ebenda.

142a *Clausewitz*, Über das Leben und den Charakter von Scharnhorst, a. a. O., S. 195.

wählt werden sollten. Diesen Vorschlag machte sich Scharnhorst nicht zu eigen. Muß eine vakante Offiziersstelle besetzt werden, so wählen

> „die Leutnants aus allen Portepéefähnrichen die drei vorzüglichsten aus, die sie am würdigsten halten, ins Offizierskorps einzutreten“[143].

Diese werden von einer Kommission in der Landeshauptstadt „in Hinsicht ihrer Kenntnisse geprüft“. Werden diese für „gut befunden“, so wählen

> „aus ihnen die sämtlichen Kapitains und Staabs=Kapitains den vorzüglichsten heraus, der nun von dem Kommandeur und sämtlichen Staabs=Offizieren seiner Majestät in Vorschlag gebracht wird, wobei ein verneinendes Gutachten mit Gründen begleitet in nötigen Fällen stattfinden kann.“

Die Leutnante und Oberleutnante, denen die jungen Portepeefähnriche in erster Linie anvertraut sind, die sie kennen und die mit ihnen täglich umgehen müssen, haben das Erstvorschlagsrecht, während nach bestandener Prüfung der Kommandeur, die Kapitäne und Stabsoffiziere ihren Einfluß geltend machen. Der König ernennt. Im Kriege gelten andere Maßstäbe. Hier erstreckt sich

> „die Wahl auch über alle Unteroffiziere und Gemeine, und ein jedes Individuum kann durch eine ausgezeichnete, (tapfere) That zum Offizier erwählt werden, ohne vorher Portepéefähnrich gewesen zu seyn, wenn er dabei von guter Aufführung und die tapfere That mehr als eine gewöhnliche ist“.

Die fähigen Elemente sollen aus der ganzen Nation ins Offizierkorps einströmen und dieses vor kastenmäßiger Erstarrung und Isolierung bewahren. Die Geschlossenheit und geistige Homogenität des Korps bleibt jedoch erhalten; das Offizierkorps entscheidet selbst darüber, wer von ihm für würdig gehalten wird, in das Korps einzutreten und unterbreitet diese Entscheidung dem König.

Zweifellos ist dies ein außerordentlich fruchtbarer Gedanke, der der Verbindung von Revolution und Tradition eine organisatorische Form zu geben weiß. Unrichtig ist es jedoch, daraus abzuleiten, Scharnhorst habe die Wahl des Offiziers nach demokratischen Grundsätzen abgelehnt, wie dies häufig in der Literatur zum Ausdruck kommt. In dem „Vorläufigen Entwurf zur Verfassung der Provinzialtruppen“ vom 15. März 1808, die

---

143 „Reglement über die Besetzung der Stellen der Portepeefähnrichs und die Wahl zum Offizier bei der Infanterie, Kavallerie und Artillerie“, vom 6. Aug. 1808, Publikationen, a. a. O., S. 533, Sammlung der für die Königlich Preußischen Staaten erschienenen Gesetze und Verordnungen von 1806—1810, Nr. 45.

als Sonderformation für das besitzende und gebildete Bürgertum gedacht sind, ist folgendes bestimmt:

„Die Offiziers der Provinzialtruppen werden anfangs bis inclusive der Kapitains von den sämtlichen Individuen eines Regiments oder Bataillons gewählt. Nachher wählen die Kameraden eines jeden Ranges ein ihnen fehlendes Mitglied aus der nächst unter ihnen stehenden Klasse ... Die Stabsoffiziere werden von S. M. dem König aus den übrigen Offizieren ohne Rücksicht auf Rang ernannt." [144]

In dem Abschnitt über „Die Errichtung der Provinzialtruppen" heißt es:

„... Hiernach wählen die Bataillone und Eskadronen die Individuen, welche sie zu Kompanieoffizieren in Vorschlag bringen wollen, und diese Offiziere wieder diejenigen, welche sie zu höheren Offizieren zu haben wünschen ... Die Wahl der Offiziere gehet auf alle Individuen ohne Unterschied, sie mögen in der stehenden Armee sich befinden, oder halben Sold haben oder verabschiedet sein oder nie gedient haben." [145]

Vorbedingung ist nur, daß die Offiziere die nötige Bildung haben.
Die freiwilligen Jägerdetachements, in denen der Gedanke der Sonderformation im Jahre 1813 verwirklicht wird, bestimmen ebenfalls ihre Offiziere und Unteroffiziere „nach ihrer eignen Wahl" [145a]. Derselbe Gedanke wird für die Landwehr übernommen. Der Landwehroffizier wird

„von dem Ausschuß der Kreise bis ausschließlich den Kompanie- und Schwadronschefs ohne Rücksicht auf das Alter aus der ganzen Volksmenge gewählt" [146].

Warum diese völlig verschiedenen Prinzipien? In dem Reglement über die Offizierswahl handelt es sich um die Ergänzung des Offizierkorps im stehenden Heer. Es wird von Scharnhorst noch als Instrument in der Hand des Königs betrachtet, über das er weitgehend verfügen, das er insbesondere auch für seine Zwecke benutzen darf [147]. Hier ist nicht die demokratische Wahl, sondern die Wahl innerhalb der Korporation des Offizierkorps am Platz. Das Wahlrecht der Offiziere ist im übrigen juristisch nur als Vorschlagsrecht konstruiert; dies wird am Schluß des Reglements ausdrücklich festgestellt. Dem König wird außerdem noch ein be-

---

144 Publikationen, a. a. O., S. 327.

145 Ebenda, S. 331.

145a Kabinettsorder vom 3. Januar 1813.

146 „Vollständige Verordnung über die Organisation der Landwehr" vom 17. März 1813, § 8.

147 Kennzeichnend der Satz: „Es ist billig, daß Untertanen, welche der Staat bewaffnet, übt und diszipliniert auch zu den auswärtigen Kriegen, welche die äußern Verhältnisse des Staates durchaus erfordern, gebraucht werden ..." Ebenda, S. 322.

sonderes, außerhalb dieser Vorschriften bestehendes Offiziersernennungsrecht vorbehalten. Der entsprechende Passus lautet:

> „Übrigens behalten sich Se. Majestät vor, den Regimentern von Zeit zu Zeit fähige Subjekte entweder als Portepéefähnriche oder als Offiziere zu senden und bestimmt vorstehende Ordnung nur die Form, unter welcher die Regimenter Allerhöchstdemselben die Vorschläge für die vakanten Stellen zu machen haben."

Tatsächlich kamen in der Folgezeit kaum Fälle vor, in denen der König sich dem Urteil der Regimentskommandeure nicht anschloß, so daß die Auswahl der Offiziere praktisch bei den Regimentern lag.

Der junge gebildete Bürgersohn soll zwar auf dem Wege über den Portepeefähnrich, in Konkurrenz mit dem Adel, Offizier im stehenden Heer werden können, das besitzende Bürgertum aber als solches nicht im stehenden Heer dienen [148]. Dafür sind die Sonderformationen der Provinzialtruppen, im Ergebnis die Jägerdetachements, vorgesehen. Hier und in der Landwehr [149] wird die demokratische Wahl der Offiziere garantiert, von der Wahl der Anführer beim Landsturm ganz zu schweigen.

Die Jägerdetachements und die Landwehr im ursprünglichen Sinn verschwanden nach den Freiheitskriegen wieder, erhalten blieb das stehende Heer mit seiner Offizierswahl, die nunmehr idealisiert in der Literatur als diejenige Form betrachtet wird, in der Scharnhorst seine Gedanken über die Ergänzung des Offizierkorps aus dem Volk verwirklicht habe. Scharnhorst kam es jedoch keinesfalls darauf an, sich für die eine oder andere Wahlform zu entscheiden und sie für die Zukunft als maßgeblich festzulegen. Er bediente sich vielmehr derjenigen Möglichkeiten, die ihm im Augenblick für die Verwirklichung seiner Zwecke dienlich erschienen. Im stehenden Heer hielt er das Vorschlags- und Ernennungsrecht mit weitgehenden Vorrechten des Königs für angemessen. Die Herausstellung der Person des Königs war dazu auf dessen Mentalität abgestellt. Er sollte in dem Bewußtsein gestärkt werden, daß das reformierte Heer noch sein Heer sei, was ihm den Entschluß zu wesentlichen Zugeständnissen an die Reform erleichterte. Mit dem demokratischen Wahlrecht garantierte Scharnhorst dem Bürgertum, daß es Vertretern seines Standes in den unteren und mittleren Kommandostellen, da, wo die unmittelbare Berührung zwischen Bürger und Offizier stattfand, begegnete. Dies sollte das Bürgertum, das den Gedanken, Militärdienst zu leisten, bisher ablehnte,

---

148 Vgl. das Kapitel „Die politische Notwendigkeit einer militärischen Sonderformation auf S. 261 ff. dieses Buches.

149 Vgl. S. 278 ff. dieses Buches.

innerlich geneigter machen, Soldat zu werden. Innerhalb der höheren Führung konnte dagegen, ohne daß man auf Widerspruch stieß, wieder= um die Ernennung durch den König stattfinden.
Scharnhorst ist kein Dogmatiker, dem es um die Durchsetzung eines be= stimmten Prinzips geht, sondern er handelt auch hier nach den Um= ständen und betrachtet alle Formen unter dem Gesichtspunkt, ob sie den großen, ihm vorschwebenden Zweck zu fördern vermögen.

e. Avancement und Anciennität — Der Kampf um die Durchsetzung des Leistungsprinzips in der höheren Führung

Die Prüfung auf „Kenntnisse und Bildung" bildet die Voraussetzung für den Eintritt in den Offizierstand. Die Bewertung der Persönlichkeit in ihrem Charakter, Können und ihrer tatsächlichen Leistung soll künftig zum Maßstab für das Avancement werden. Gerade unter dem Gesichts= punkt der Anforderungen, die das Amt des Offiziers im Dienst der Nation an seinen Inhaber stellt, vermag sich Scharnhorst in überzeugender Weise gegen die bisherige Beförderung nach dem Dienstalter auszusprechen [150]. Es widerspricht dem Amt des Offiziers, daß das Avancement „bei jun= gen Männern nicht nach Kenntnissen und bei alten nicht mehr nach Ver= diensten gehen soll", oder „daß das hohe Alter bis zu höheren Stellen führt", denn

> „dann werden thätige, lebhafte, ambitieuse Männer, deren Geist den Körper bald verzehrt, zurückgesetzt — und faule, phlegmatische Dumm= köpfe, mit nicht viel Ausnahmen, an der Spitze stehen" [151].

Es ist nicht mit dem Amt des Offiziers im Dienste der Nation vereinbar, daß

> „irgendein alter Mann als Chef durch die mit dem Alter verbundene Unthätigkeit und Charakterschwäche dem Commandeur paralisire, seine Anverwandten und Freunde beim Regiment protegire und den kriege= rischen Geist in den friedlichen umwandle". Auf diese Weise werde man „noch mehrere Schlachten von Auerstedt erleben" [152].

Es ist nicht Aufgabe der Armee,

> „alte Männer zu versorgen, die Armee (ist) nicht der Individuen, son= dern diese (sind) der Armee wegen da'".

---

150 *Scharnhorst*, Denkschrift für den Generalleutnant Tauentzien über „Das Avancement in der Armee", Acta, Heeresarchiv Potsdam, Nachlaß Scharn= horst B. Nr. 69, abgedruckt in Hist. Zeitschrift Bd. 58 (1887)

151 *Scharnhorst*, Vergleichung der ehemaligen Geschäftsführung der mili= tärischen Oberbehörden mit den jetzigen, a. a. O.

152 Ebenda.

Scharnhorst hatte bei jeder nur möglichen Gelegenheit bereits vor dem Zusammenbruch von 1806 gegen die Anciennität als Ausleseprinzip opponiert[153]. Am Beispiel der Franzosen hatte er gezeigt, daß es notwendig sei, im Geiste des Fortschritts ebenso wie diese, junge, fähige, entschlossene und unternehmende Kommandeure an die entscheidenden Stellen zu setzen[154]. Er hatte in seiner Denkschrift von 1806 den König beschworen, die „anerkannt unfähigen Befehlshaber" zu entfernen und „Männer zu Divisionären, Brigadieren und Kommandeuren der Regimenter anzustellen, welche durch Talente und Mut sich auszeichnen" [155]. Jetzt versucht er nicht wie damals lediglich die Folgen des schädlichen Prinzips auszumerzen, sondern dieses selbst zu beseitigen. Die Frage des Königs, ob man „bei Wiederherstellung der Armee" die

> „invaliden Generale, Stabs- und andern Offiziere, die teils physisch, teils moralisch oder an beidem zugleich invalide sind, wieder nach ihrem ehemaligen Rang und Würden einsetzen"

solle, oder wenn man dies nicht wolle, wie dann „künftig das Avancement in der Armee einzurichten wäre, um nicht in den gleichen Fehler zu verfallen" [156], bot dazu den willkommenen Anlaß. Mit überzeugenden Gründen versucht Scharnhorst dem König klar zu machen, mit welchen Mitteln man „das Verdienst schneller in die Höhe bringen" [157], sowie die Invalidität in der Führung verhindern könne und ihn zu bewegen, die bisherigen „Grundsätze des Avancements nach dem Dienstalter" aufzugeben. Scharnhorst weist darauf hin, daß diese Art zu avancieren „zwei wesentliche Fehler" mit sich bringe:

> 1. „den, daß dadurch alle Emulation, sich geschickt und brauchbar zu machen, erkaltet, und
> 2. daß gerade diejenigen der Regel nach zum Kommando kommen, welche am längsten leben, und daß also alle Befehlshaber alte Männer sind".

Dies widerspreche den Grundgesetzen der Natur und der „anerkannten Wahrheit",

---

[153] Vgl. auch des *Prinzen August von Preußen* Memoire vom 13. Juni 1807, „Vorschläge zur Verbesserung der preußischen Militair-Verfassung", Kap. III „Über die Beförderung im Militair", abgedr. bei Klippel, Scharnhorst III, S. 764 ff., wo man über Clausewitz die Gedankengänge Scharnhorsts weitergeführt findet.

[154] Vgl. S. 105 dieses Buches.

[155] Vgl. S. 157 ff. dieses Buches.

[156] „Richtlinien für die Reorganisation der Armee" vom Juli 1807, Publikationen, a. a. O., S. 9.

[157] Niederschrift über die Sitzung der Reorganisationskommission vom 22. August 1807. Publikationen, a. a O., S. 63.

„daß der Mensch zwischen dem dreißigsten und fünfzigsten Jahre weit mehr leistet als zwischen dem fünfzigsten und siebenzigsten ... zumal im Kriege, wo schlaflose Nächte, die Fatiguen des Körpers, die überhäuften Arbeiten und Anstrengungen des Geistes zu den Unruhen des Gemütes kommen, so daß der im Frieden und ruhigen Zeiten noch äußerst rüstige Mann von ältern Jahren im Kriege der Gebrechlichkeit des Körpers sehr bald unterliegt, und in dem Gefühl der Schwäche weder Entschlossenheit noch Mut bei seinen Unternehmungen zeigt"[158].

Scharnhorst führt das Beispiel Friedrichs des Großen an, der sich vorbehielt, unbeschränkt über die höheren Stellen zu verfügen und die fähigsten Offiziere ohne Rücksicht auf Anciennität an die entscheidenden Posten zu bringen[159]. Es soll dem König seinen Entschluß erleichtern, ein Privileg aufzuheben, das das Offizierkorps zwar als unantastbares Standesvorrecht auf das engste mit seiner Ehre verbunden ansah, das aber tatsächlich erst nach dem Tode des großen Königs von seinem Nachfolger anerkannt worden war. Im einzelnen schlägt Scharnhorst vor:

„1. Bei dem Avancement von Stabsoffizieren zum Kommandeur und General wird auf keine Anciennität Rücksicht genommen. S. M. avancieren nach Ihrer Allerhöchsten Intention den jüngsten Stabsoffizier zum Kommandeur oder Generalmajor, ohne im geringsten auf ihre Anciennität zu sehen. Doch wird hierbei eine Versetzung in den Brigaden oder Divisionen stattfinden.
2. S. M. avancieren vom Generalmajor zum Generalleutnant ohne alle Rücksicht auf Anciennität.
3. Unter den Generalmajors findet keine Anciennität statt, sowie auch unter den Generalleutnants. S. M. geben, wenn es Allerhöchst dieselben für den Dienst notwendig finden, dem jüngsten den Befehl über alle übrigen.
4. Die Generale bekommen keine Regimenter und werden ohne Rücksicht auf ihr Dienstalter sowohl in Friedenszeiten als im Kriege angestellt. Ihre Anstellung wird als ein Auftrag betrachtet; sie haben daher keinen Grund, diese fordern zu können."

---

158 „Immediatbericht der Militair-Reorganisationkommission" vom 25. September 1807, Publikationen, a. a. O., S. 99.

159 Vgl. etwa den Kabinettsbefehl an den Obersten *Bardeleben* vom 6. März 1759, wo es heißt: „Euch ist aber zu genau bekannt wie ein vor alle Mal Ich die Verfassung gemachet habe, daß das Avancement bei der Armee nach der Ancienneté und Rang nicht weiter als bis an die Obristen gehen soll und daß ich mir das weitere Avancement nach Gefallen zu ernennen vorbehalten habe, wovon Ich auch aus keiner Konsideration abgehen werde."

Im Frieden werden nur wenige Generale ernannt. Dabei soll man sich den „einfachen Grundsatz" vor Augen halten, daß der Friede „gar keine Gelegenheit geben" kann, sich „diese Stellen zu erwerben". In Zukunft darf nur

> „das kluge und auszeichnende Benehmen bei einem abgesonderten Kommando oder eine Auszeichnung in der Schlacht zum Charakter vom General" führen.

Es werden daher

> „im Anfang des Krieges die Brigaden zum Teil durch Stabsoffiziere geführt und nur im Laufe des Krieges werden S. M. diejenigen, welche sich am vorzüglichsten zeigen, zu Generalen anstellen".

Um die wirklich brauchbaren Befehlshaber kennen zu lernen, ihre Fähigkeit und ihre Eignung zur höheren Truppenführung prüfen sowie richtig einschätzen und demgemäß sachgerechte Entscheidungen bei der Beförderung treffen zu können, soll man

> „im Kriege die abgesonderten Detachements, die leichten Truppenabteilungen, Avant- und Arrièregarden von Stabsoffizieren kommandieren und hierbei öftere Abwechslung stattfinden lassen. Bei solchen Unternehmungen muß ein jeder selbst handeln und aus seinem Benehmen, seinen Berichten und Vorschlägen lernt der kommandierende General ihn bald besser kennen, als es auf andere Art geschehen kann" [160].

Mit der Verwirklichung dieser Vorschläge wäre das Leistungsprinzip restlos zum obersten Grundsatz der Führung der Armee erhoben, wäre das Werk, das auf der untersten Stufe mit der Prüfung auf Kenntnisse und Bildung begonnen, konsequent in der Spitze vollendet worden. Die höhere Führung hätte sich durch den Beweis ihres Könnens stets neu qualifizieren müssen.

Zu solchen revolutionierenden Maßnahmen konnte sich der König jedoch nicht entschließen. Durch zähes Festhalten an den Grundprinzipien vermochte Scharnhorst aber wenigstens einen Teil des Geforderten zu erreichen. Durch Kabinettsorder vom 30. November 1808 wird unter Hinweis auf „die zum Teil schon während der Zeit des Siebenjährigen Krieges ... stattgefundene Einrichtung, nach welcher bereits jüngere Generale ältere im Rang unter sich gehabt haben", bestimmt, daß der König „in der Folge bei den Generalleutnants und den Generalmajors in der Übertragung zum Kommando bei gleichem Grade keine Anciennität stattfinden lassen" will. Den Generalen wird auseinandergesetzt, daß infolge dieser Bestimmung

---

160 Publikationen, a. a. O., S. 100.

> „der jüngste Generalleutnant der Befehlshaber bei einer Truppenabteilung sein (könne), bei der ältere Generalleutnants sich befinden, ohne daß diese irgendein Recht haben sollen, sich hierüber zu beschweren"[161].

Entsprechendes gilt für die Generalmajore. Es kann daher

> „ein jüngerer Generalmajor ältere Generalmajors kommandieren, wenn S. M. ihn zum Befehlshaber einer Truppenabteilung ernennen, bei der sich diese befinden".

Einige Monate später erreicht Scharnhorst, daß bei der Auswahl der Regimentskommandeure die in Frage kommenden Stellen ebenfalls ohne Rücksicht auf das Dienstalter besetzt werden, wenn dies „für das Beste des Dienstes notwendig" erachtet würde[162]. Diese Maßnahme war um so entscheidender, als zur damaligen Zeit infolge der mangelnden Geldmittel vielfach Majore die Regimenter führten und unter diesen daher die Auswahl bei der Besetzung der Stellen der Regimentskommandeure stattfinden konnte.

Eine Durchführung des Leistungsprinzips bis zur letzten Konsequenz enthält die von Scharnhorst in Zusammenarbeit mit Gneisenau, der im Mai 1808 zum Inspekteur der Festungen ernannt worden war, verfaßte „Instruktion für die Kommandanten der Festungen". Sie traf folgende einschneidenden Bestimmungen:

1. Ein Offizier, dem die Kommandantur einer Festung übertragen wird und der glaubt, nicht „Einsicht und Kraft genug zur nachdrücklichsten Führung derselben und hartnäckigsten Verteidigung zu haben", muß dies selbst anzeigen. Diese Selbstprüfung hat er mit größter Sorgfalt vorzunehmen. Jeder Kommandant, der sich der großen, mit der Verteidigung einer Festung verbundenen Anstrengung nicht für fähig hält, wird zum „Verräther des Staates", wenn er seine Stelle nicht vorher niederlegt[163].
2. Ist der Kommandant einer belagerten und abgeschnittenen Festung „durch plötzliche Krankheit, körperliche Schwäche oder Unvermögen" außerstande, „die Pflichten seines Postens mit der hier vorgeschriebenen Kraft und Thätigkeit zu erfüllen", oder verliert er während

---

161 Kabinettsorder an das Oberkriegskollegium vom 30. November 1808, Publikationen, a. a. O., S. 747/48.

162 Kabinettsbefehl vom 10. März 1809.

163 „Instruktion für die Kommandanten der Festungen" vom 30. September 1809, a. a. O., S. 12. Dazu *Scharnhorsts* „Anhang zu der Instruktion für die Festungs-Commandanten", Ebenda, S. 522 und *Gneisenaus* Entwurf zu einer Instruktion für die Festungskommandanten vom 25. November 1808, Publikationen, a. a. O., S. 733.

der Belagerung „das nöthige Zutrauen zu sich selbst", so ist für die Besetzung des Kommandantenpostens folgender Prozeß vorgeschrieben:
Der Kommandant überträgt seinen Posten im versammelten Kriegsrat an den ihm im Rang folgenden Stabsoffizier der Garnison. Fühlt sich auch dieser nicht dazu fähig, dann tritt der zunächst folgende Offizier an die Stelle des Kommandanten. Dies geht „nach der Tour so weit fort", bis

> „ein Offizier der Garnison sich freiwillig, öffentlich und feyerlich zur Übernahme der Kommandantur und mit dieser zur nachdrücklichsten Verteidigung der Festung erklähret" [164].

Diesem, und mag es der jüngste Leutnant sein, ist sodann die Stelle des Kommandanten „im Beyseyn der Garnison öffentlich zu übergeben". Er tritt damit in die Rechte eines vom König selbst eingesetzten Kommandanten ein und übernimmt „mit der dieser Würde verliehenen Gewalt zugleich die damit verbundene ganze Verantwortlichkeit".

3. Im Falle einer unvermeidlichen Kapitulation — die Gründe, aus denen allein kapituliert werden darf, sind genauestens vorgeschrieben [165] — hat der Kommandant wiederum sämtliche Offiziere der Garnison zusammenzurufen und „ihnen die Lage der Festung und die Gründe zur Kapitulation mitzuteilen". Sodann muß er an sämtliche Offiziere die Frage richten, „ob jemand unter ihnen die weitere Fortsetzung der Verteidigung zu übernehmen sich getraue". In diesem Falle tritt der Offizier, der die Aufgabe übernehmen will, „sogleich an die Stelle des Kommandanten". Es kann wiederum der jüngste Leutnant sein. Davon geht die Bestimmung auch aus, wenn sie festlegt, daß Widersetzlichkeit gegen einen solchen Kommandanten „wie gegen einen von Seiner Majestät dem König eingesetzten Kommandanten ohne Rücksicht auf seinen Rang in der Armee bestraft werden" soll.
4. Der Platzingenieur der Festung, der wegen seines technischen Könnens einen sehr wichtigen Posten innehat, rangiert ohne Rücksicht auf seinen Rang im Ingenieurkorps unmittelbar hinter dem Kommandanten und allen Stabsoffizieren.

Verhältnismäßig leicht war es, den König zu diesen weitgehenden, die gesamte Befehlshierarchie umstürzenden Anordnungen mit dem Hinweis

---

[164] § 13 der Instruktion.
[165] § 8.

zu gewinnen, daß bei Vorhandensein solcher Vorschriften die schmähliche Übergabe der Festungen nicht erfolgt wäre.

Insgesamt war mit allen diesen Maßnahmen der entscheidende Einbruch in die Hierarchie erfolgt. Man konnte die Generale und Regimentskommandeure bei der Beförderung schlecht einer formellen Prüfung auf ihr Wissen und ihre Kenntnisse unterwerfen, zumal darüber hinaus bei ihnen eine Reihe anderer Faktoren mitsprachen, die ihre Eignung zur höheren Führung betrafen und die sich nicht auf solche Weise erfassen ließen. Aber, indem man das Anciennitätsprinzip so grundlegend durchbrach, wurde indirekt auch eine Prüfung auf Eignung für die höheren Dienstgrade eingeführt, vor der die Beförderung nach dem Dienstalter gerade Schutz gewährt hatte.

Freilich war es kein vollendeter Sieg. Für alle nicht ausdrücklich genannten Offiziere galt das Anciennitätsprinzip weiter, so für die Kapitäne, insbesondere aber „für die nicht zu Befehlshabern ernannten Generale". Der Vorrang eines jüngeren Befehlshabers sollte auch nur so lange dauern, wie das Kommando währte. „Sowie dies aufhört, tritt er in die Verhältnisse, in welchen er vorher war, zurück" [166]. Danach erscheinen die getroffenen Anordnungen als eine Ausnahme. Immerhin sind die damit gegebenen Möglichkeiten, die ja nicht auf den Kriegsfall beschränkt sind, so bedeutsam, daß bei geschickter Handhabung die gesamte höhere Führung allmählich auf das Leistungsprinzip umgestellt werden konnte, zumal auf dem Wege über die Heranbildung von Generalstabsoffizieren [167] ständig neue Kräfte heranwuchsen, die ihr militärisches Wissen und Können in die Waagschale werfen und mit der bisherigen Führung in Konkurrenz treten konnten.

Da Scharnhorst gleichzeitig beim König den Grundsatz durchgesetzt hatte, daß diejenigen bevorzugt befördert würden, die bis zuletzt im vergangenen Kriege „gefochten oder sich besonders ausgezeichnet hatten" [167a], gelang es ihm, bei sorgfältiger Auswahl eine Reihe von Männern an die Führung zu bringen, die später zu den ausgezeichnetsten Offizieren des preußischen Heeres zählten. Namen wie Yorck und Gneisenau, Grolmann, Bülow und Boyen gehören hierher. „Es ist noch kein Mittel bekannt", so hatte Scharnhorst erklärt, als er sich theoretisch mit dem Problem der Führerauslese beschäftigte,

---

166 Publikationen, a. a. O., S. 748.

167 Vgl. S. 348 ff. dieses Buches .

167a Vgl. *Scharnhorsts* Bericht an den König vom 15. Juli 1811, abgedruckt bei Friedländer, a. a. O., S. 309.

„große Männer in niederen Graden mit Gewißheit zu erkennen und sie ohne Zerrüttung aller Verhältnisse an die Spitze der Armee zu bringen"[167b].

Als er sich mit dieser Frage in der Praxis auseinandersetzen mußte, gab er nicht nur differenzierte Teillösungen, sondern stellte darüber hinaus eine Reihe von Richtlinien auf, die grundlegende Bedeutung besitzen.

f. Die staatspolitische Aufgabe des Offiziers

Das Wesen der politischen Aufgabe des Offiziers

Innerhalb der neuen Wehrverfassung erhält der Offizier eine klar umschriebene Aufgabe, die ihm in aller Deutlichkeit zum Bewußtsein gebracht wird. Seine Qualifikation soll von der Fähigkeit, diese Aufgabe zu lösen, mit abhängig gemacht werden. Sie kann folgendermaßen zusammengefaßt werden:

> Der Offizier hat sich des Bürgertums anzunehmen, das sich zunächst fremd in der Armee fühlt, durch seine Haltung den Prozeß der Annäherung zwischen Heer und Bürgertum zu fördern und so das Bündnis zwischen Regierung und Nation im Heer zu verwirklichen.

Es ist deshalb irrtümlich, wenn man in dem Verlangen nach humaner Behandlung des Soldaten durch den Offizier lediglich eine Fortsetzung früherer humanitärer Bestrebungen und damit den Ausdruck einer Zeitmode sieht. Die humane Behandlung des Soldaten erfolgt nicht aus dem abstrakten Anspruch auf die Verwirklichung der Menschenwürde im Soldaten, wie es der Zeitgeist verlangt, sondern steht im Zeichen des Bündnisses zwischen Regierung und Nation. Der Bürger ist in seiner gesamten Lebensart human und gebildet. Er bringt ein ganzes Kapital von Intelligenz, Gutwilligkeit, persönlicher Verantwortungsfreudigkeit, Initiative, Geschicklichkeit und Sinn für den Fortschritt mit ins Heer, lauter Eigenschaften, die man hier notwendig braucht. Soll der Offizier künftig auf den Bürger als Soldaten im Heer wirken, so muß er ihm in einem neuen Geist entgegentreten. Er darf nicht mehr Drillmeister, sondern muß „Erzieher und Anführer" sein, soll dieses Kapital an Tugenden und Fähigkeiten, die in die Armee einströmen, für Staat und Heer nutzbringend verwertet und nicht sinn- und geistlos im Getriebe der

---

[167b] *Scharnhorst*, Entwicklung der allgemeinen Ursachen des Glücks der Franzosen usw., a. a. O., Kap. X.

Routine der alten Zwangsanstalt verschleudert werden. Es ist eben etwas anderes, ob der Offizier mit „Ausländern, Vagabunden oder Taugenichtsen", um mit Scharnhorst zu sprechen, zu tun hat, die er je nachdem drakonisch oder human behandelt, oder mit sozial vollwertigen, den Staat tragenden Männern.

Damit ändert sich der gesamte Sinn der militärischen Erziehung und Ausbildung von Grund auf. Es gilt nicht mehr, dem künftigen Soldaten zunächst moralisch das Rückgrat zu brechen, um ihn für die militärische Ausbildung überhaupt verwendbar zu machen, sondern vielmehr, ihm auf der Basis seiner Gutwilligkeit eine militärisch-handwerkliche, kriegsnahe Ausbildung zu geben.

Die Ausbildung ist im übrigen darauf auszurichten, daß der Offizier nicht lediglich gehorsame Soldaten aus den bisherigen Untertanen macht, sondern sie durch sein Verhalten im Dienst und außerhalb des Dienstes in ihrer Begeisterung für Staat und Heer bestärkt. Der Satz, daß die Offiziere sich immer

> „ihre ehrenvolle Bestimmung, die Erzieher und Anführer eines achtbaren Teils der Nation zu sein, vergegenwärtigen" [168]

sollen, ist ein Fundamentalsatz, der die neue Aufgabe des Offiziers als eine ausgesprochen staatspolitische kennzeichnet. Einem Offizier, der der alten Anschauung weiterhin huldigt und etwa glaubt, daß es unmöglich scheine, Rekruten ohne Schläge im Exerzieren zu unterrichten, wird bescheinigt, daß er „die für seinen Posten unentbehrliche Ausbildung" nicht besitzt. Aufgabe des Bataillonsführers muß es sein, ihn

> „vorher erst selbst für seinen Stand auszubilden" [169].

Einem solchen Offizier ist daher

> „der Unterricht im Exerzieren so lange abzunehmen, bis er sich die durchaus nötige Fertigkeit, den Soldaten in seinen Dienstpflichten auf eine faßliche Art auszubilden, erworben hat. Er muß dahingegen bis zu diesem Zeitpunkte jedem Rekrutenexerzieren beiwohnen und die ihm fehlende Diensteigenschaft wird in der Konduitenliste bemerkt" [170].

Da dieser neue politische Einsatz des Offiziers Grundlage für das Gelingen der Reform ist, wird kompromißlos gegen alle diejenigen ver-

---

168 „Verordnung wegen der Militärstrafen", Immediatbericht der Militär-Reorganisationskommission vom 8. Juni 1808, Publikationen, a. a. O., S. 464.

169 „Immediatbericht der Militär-Reorganisationskommission" vom 3. Mai 1808, Publikationen, a. a. O., S. 388.

170 „Verordnung wegen der Militärstrafen", a. a. O., S. 464.

fahren, die nicht in diesem Geist handeln. Der König verhehlt sich zwar nicht die großen Schwierigkeiten,

> „die sich beim Übertritt von einem langgewohnten Verfahren einer neuen Behandlungsart ergeben",

verlangt aber, daß alle „höhern und niedern Militärbefehlshaber und Behörden" diese neuen Bestimmungen

> „nicht nur auf das genaueste zu befolgen, sondern auch im Geiste derselben zu verfahren"

haben und sie „ohne alle Rücksicht der bisherigen Verhältnisse" in Anwendung bringen[171]. Offiziere, die sich dem Geist der neuen Vorschriften zuwider verhalten, sollen streng bestraft werden. Es wird ihnen, wenn sie die ihnen angegebenen Mittel zur Aufrechterhaltung der Disziplin nicht „mit vernünftiger Umsicht, Überlegung und ohne persönliche Leidenschaftlichkeit" anwenden, „Kassation, Festungsarrest bis auf mehrere Jahre und nach Befinden noch härtere Strafe" angedroht[172]. Diese Bestimmungen werden rigoros durchgeführt. So wird ein Kapitän vom 4. ostpreußischen Infanterieregiment, der im Jahre 1809 durch „unerhörte Mißhandlung der Leute seiner Kompagnie, durch Stoßen, Schlagen und Verwunden" einen Aufruhr hervorgerufen hatte, mit Kassation und dreijähriger Festungshaft bestraft[173]. Jede vorschriftswidrige Behandlung des Soldaten, auch wörtliche Beleidigungen, werden geahndet.

Die Offiziere werden nicht deshalb so hart bestraft, weil sie die Forderungen nach humaner Behandlung des Soldaten im Sinn der Aufklärung nicht befolgt haben, sondern weil sie in einer Angelegenheit, die nach Scharnhorst zu einer „Nationalsache" geworden ist[174], sich vergangen haben, weil sie zu Saboteuren am Bündnis zwischen Regierung und Nation geworden sind und das Werk gefährden, um dessen Durchsetzung es Scharnhorst geht. Unter diesem Gesichtspunkt wird, was besonders für die Übergangszeit wichtig ist, in der Verordnung wegen der Militärstrafen „den höheren Militärbefehlshabern" zur Pflicht gemacht, darüber zu wachen,

> „daß ihre Untergebenen sich keine Verletzung der Bescheidenheit und Achtung gegen Personen vom Zivilstande zuschulden kommen lassen".

---

171 Publikationen, a. a. O., S. 463.
172 Ebenda, S. 464.
173 Angeführt in „Das Preußische Heer im Jahre 1812", a. a. O., S. 368.
174 Schreiben *Scharnhorsts* an den Freiherrn vom Stein vom 3. Juli 1808, Publikationen, a. a. O., S. 500.

Die Vorgesetzten werden aufgefordert, „durch Beispiel und Lehre (zu) überzeugen", daß „ein entgegengesetztes Benehmen ... Erbitterung herbeiführt und die Harmonie und Eintracht stört"[175].

Die Ausbildung der Urlauber als besondere militärisch-politische Aufgabe

In besonderer Weise wird die militärisch-politische Aufgabe des Offiziers bei der Umschulung der Beurlaubten auf die neuen Grundsätze der niederen Taktik herausgestellt. Daß sie dringend notwendig war, stand außer Zweifel. Man hätte sonst auf die Gleichrichtung eines wichtigen Kontingents militärisch bereits ausgebildeter Truppen verzichtet. Die finanziellen Mittel, um die Beurlaubten einzuziehen, fehlten jedoch. Scharnhorst griff zu dem sehr naheliegenden Ausweg, eine Anzahl von Ausbildungsoffizieren und Unteroffizieren pro Regiment in ihre jeweiligen Kantone zu schicken und die Beurlaubten an Sonn- und Festtagen „unbeschadet des Gottesdienstes" einzuexerzieren[176]. Daß man mit dem Soldaten außerhalb der Garnison exerziere, der Staat gewissermaßen zum Soldaten kam, war für die bisherige Zeit eine unvollziehbare Vorstellung. Die Kaserne gehörte ebenso zur „Dressur" des Soldaten wie der Stock. Diese Maßnahme kam zunächst in idealer Form Scharnhorsts Auffassung von der Ausbildung und der Behandlung des Soldaten entgegen. Das Schwergewicht der Ausbildung mußte, wenn man den Beurlaubten nur an Sonn- und Festtagen zum Exerzieren bekam und diese in der Kürze der zur Verfügung stehenden Zeit (jeweils „nicht über drei Stunden") überhaupt Sinn haben sollte, auf das nach den neuen Methoden der Kriegführung Notwendige und Zweckmäßige

---

175 Publikationen, a. a. O., S. 472. Die ursprünglich von der Militär-Reorganisationskommission vorgeschlagene Fassung lautete:
"Überhaupt haben die höheren Vorgesetzten sowie die älteren Offiziere die Verpflichtung und das Recht, die Unbedachtsamkeit der jüngeren oder ungebildeten Mitglieder des gesamten Offizierstandes in Führung unschicklicher Reden und Aussprechung ungeziemender Urteile über öffentliche Angelegenheiten oder Staatsverhältnisse in die Schranken der Behutsamkeit zurückzuführen sowie das vorsichtige Betragen derselben bei jeder Gelegenheit in sorgsame Obhut zu nehmen." Ebenda.

176 „Verordnung für die Infanterieregimenter in betreff des Exerzierens der Beurlaubten in den Kantons vom 25. Juli 1808". Publikationen, a.a.O., S. 525 ff. in Verbindung mit der „Instruktion für die in den Regimentskantons zum Exerzieren der Beurlaubten zu sendenden Offiziere vom 12. August 1808", Publikationen, a. a. O., S. 544 ff.

beschränkt werden. Ausdrücklich wird daher die bisherige Form des Exerzierens abgelehnt und bestimmt:

> „Es ist nicht die Absicht, daß die Offiziere, welche in dem Mittelpunkt ihrer Bezirke die daselbst befindlichen Beurlaubten ihres Regiments an Sonn- und Feiertagen exerzieren sollen, in der seitherigen Exerzierart verfahren, sondern es ist S. K. M. Wille, daß sie ihre Bemühungen nur auf einen militärischen Anstand, auf einige Übungen im Marschieren, auf die Chargierung und das Scheibenschießen verwenden." [177]

Der Hauptwert in der Ausbildung wird auf einen exakt durchgeführten Schießunterricht [178] gelegt.

Der Soldat selbst wird als Persönlichkeit betrachtet, sein Ehrgeiz soll durch Belohnungen angeregt werden. So erhalten „diejenigen Leute, die am besten geschossen haben, eine Prämie von einem Gulden". Auch für den Fall, daß die Offiziere „ganz rohe Rekruten" in ihren Bezirken ausbilden müssen, haben sie nach der obigen Vorschrift „und überhaupt mit Weglassung alles dessen, was nicht auf den Krieg anwendbar ist", zu verfahren.

Neben der veränderten Ausbildung muß das Verhältnis des Offiziers zu einem Soldaten, den man bloß einige Stunden unter der Gewalt hat und dann wieder in seine Wohnung entlassen muß, ganz anders werden, als wenn er ständig unter dem Zwang der Kaserne steht. Das Scharnhorstsche Ideal, das im Offizier den „Erzieher und Anführer" sieht und den Exerzier- und Drillmeister ausmerzen will, findet in den bei der Ausbildung der Beurlaubten gegebenen besonderen Verhältnissen einen außerordentlich günstigen Boden zu seiner Verwirklichung. Alles wird getan, um hier nachzuhelfen. Ausdrücklich wird, da die „Verordnung wegen der Militärstrafen" dem König zwar vorgelegt, aber noch nicht erschienen ist, bestimmt, daß

> „kein Offizier sich erlauben darf, die ihm untergebenen Leute mit dem Stock zu bestrafen. Er hat darüber zu wachen, daß auch kein Unteroffizier gegen einen Gemeinen sich dies erlaube" [179].

Muß ein beurlaubter Soldat bestraft werden, so darf dies nur durch Arrest geschehen. Die im Dorf vorhandenen „Verhaftungsanstalten" sollen hierzu benutzt werden [180].

Zugleich bietet das Exerzieren der Beurlaubten eine einzigartige Gelegen-

---

177 Instruktion, a. a. O., § 1.

178 „Mit 10 Schuß von jedem Mann auf 100 und ebensoviel auf 150 Schritt nach einer 6 Fuß hohen und 4 Fuß breiten Scheibe" (§ 8).

179 § 11 der Instruktion.

180 § 12.

heit, der breiten Masse auf dem Lande klar zu machen, wie sich der Soldatendienst tatsächlich gewandelt hat. Unter den Augen der gesamten Landbevölkerung vollzieht sich die militärische Ausbildung. Sie kann selbst darüber urteilen, ob die Maßnahmen zur Hebung des Soldatenstandes nur auf dem Papier stehen oder ob danach gehandelt wird. Die Beurlaubten, vor allem aber auch die auf dem Lande lebenden alten, ausgedienten Soldaten, sind in der Lage, mit kritischen Augen die neue Ausbildung zu verfolgen und Vergleiche zu ihrer früheren Dienstzeit anzustellen. Sie werden zu Kronzeugen für die Maßnahmen der Regierung.

Den Ausbildern, insbesondere aber den Offizieren, wird damit neben ihrer militärischen bewußt eine wichtige politische Aufgabe anvertraut. Sie sind es, die durch ihre Haltung dem Bauern das Heer im Geiste des Bündnisses zwischen Regierung und Nation nahebringen können. Sie müssen daher besonders beispielgebend wirken und bedenken, daß jede ihrer Handlungen, jedes unbedachte Wort sich politisch auswirkt und die Grundlage für die Wirksamkeit des Bündnisses, das Vertrauen, untergräbt. Sie haben insbesondere dafür zu sorgen, daß man den Beurlaubten als einen Mann von Ehre betrachtet. Es wird daher angeordnet, daß

> „selbst nicht das Schimpfen, weder der Offizier noch der Unteroffizier, sich zu schulden kommen lassen darf".

Zur Begründung werden keine humanitären, sondern rein politische Momente angeführt, daß nämlich

> „eine rauhe Behandlung, (die) den Soldaten in seiner Heimat vor den Augen seiner Verwandten herabsetzt, ihm um so empfindlicher wird und den Soldatenstand dem Landmanne verhaßt macht" [181].

Bei ihrem Auftreten auf dem Lande soll im Ganzen „eine gewisse Klugheit des Betragens" das Benehmen von Offizieren und Unteroffizieren leiten.

Mit einer so einfachen Maßnahme, die scheinbar nur einem rein technischen Zweck, der Auffrischung der militärischen Kenntnisse, dient, weiß Scharnhorst seine gesamten Reformwünsche zu verbinden. Militärisch werden ohne größere Kosten die im bisherigen Drillsystem erzogenen Soldaten umgeschult und durch ihre besondere Schießausbildung zu ebenbürtigen Gegnern der Tirailleure heranzubilden versucht. Politisch kann die Realität des Bündnisses zwischen Regierung und

---

181 § 11.

Nation und die Wandlung des Soldatenstandes, in dem der einzelne als Persönlichkeit und als Mann von Ehre angesehen und behandelt wird, in aller Offenheit demonstriert werden. Die Offiziere erhalten die Möglichkeit, sich in besonderen, ihnen entgegenkommenden Umständen an ihrer neuen Aufgabe zu bewähren.

Darüber hinaus erreicht Scharnhorst mit dem Exerzieren der Beurlaubten einen nicht von vornherein beabsichtigten Zweck. Er gewinnt die Jugend auf dem platten Lande. Das Soldatenspielen wird zu einem der beliebtesten Spiele der Zeit. Die bisherige Grundeinstellung, die den Soldaten als etwas Verächtliches erscheinen ließ, wird bei den künftigen Kämpfern auf solch einfache Weise ins Positive verwandelt. Die Lösung des Problems, wie man bereits der Jugend militärischen Geist einpflanze, indem die Schulen im Anschluß an das französische Beispiel „zugleich eine militärische Richtung erhielten", mit dem sich die Reorganisationskommission beschäftigte[182], wird hier nicht auf Befehl von oben, sondern durch Beispiel und Nachahmung stärkstens gefördert.

Offizier und Enthusiasmus

Die Forderung nach einem politischen Einsatz des Offiziers war schon vor der Reform aufgetaucht[183]. In der weltanschaulichen Krise der absoluten Monarchie versuchte diese, sich des Offiziers zu bedienen und ihn in die politische Verteidigung des absoluten Staates einzuspannen. Er sollte den gemeinen Mann, dessen der Staat trotz der Verschärfung des Zwangssystems nicht mehr sicher war, durch persönliche gute Behandlung für sich begeistern, an sich ketten und damit erneut an den Staat binden. Weil die politischen Gehalte des absoluten Staates keine Wirksamkeit mehr auszuüben vermochten, mußte man das Schwergewicht auf die persönliche Anziehungskraft des Offiziers legen[184]. Man stellte den Offizier damit jedoch vor eine unlösbare Aufgabe. Er war auf der einen Seite Vertreter eines Systems, das politisch zweifelhaft geworden war. Auf der anderen sollte er sich aber wieder so weit von ihm distanzieren, daß er als Persönlichkeit vom gemeinen Mann geschätzt wurde und dieser ihm zu folgen bereit war. Die im Offizier liegenden gemein=

---

[182] Vgl. dazu den Entwurf der Reorganisationskommission über „Militärische Organisation der Schulen" vom November 1807, Publikationen, a. a. O., S. 184 ff.

[183] Vgl. S. 38 ff. dieses Buches.

[184] Vgl. dazu S. 42 dieses Buches.

schaftsbildenden Kräfte wurden lediglich benutzt, um die von ihm geschaffene persönliche Gefolgschaft in den Dienst des Systems zu stellen. Eine andere Richtung verlangte, wie wir sahen, vom Offizier, daß er zum Künder und Propagandisten des absoluten Staates würde, ihn als eigenständige und daher bessere Herrschaftsform aus der arteigenen patriarchalischen Lebenswelt, der traditionellen Verbundenheit eines angestammten Königshauses mit den Untertanen gegenüber der französischen Revolution verteidigte. Im Grunde sollte der Offizier da eingreifen, wo eine neue politische Ordnung, die im französischen Revolutionsheer die Grundlage für den begeisterten Kampf des Soldaten abgegeben hatte, fehlte. Er sollte einen künstlichen Enthusiasmus schaffen, weil die Voraussetzungen für die Entstehung eines natürlichen Enthusiasmus nicht gegeben waren.

Nunmehr ist die Lage anders geworden. Zur Lösung seiner jetzigen politischen Aufgabe hat der Offizier Boden unter den Füßen. Sein Weg ist ihm durch das Bündnis zwischen Regierung und Nation eindeutig vorgeschrieben. Es trägt ihn in seiner politischen Stellung und bestimmt seine Haltung.

Es ist daher bezeichnend, daß bei der Festlegung der politischen Aufgabe des Offiziers die früher so wichtige und viel diskutierte Forderung, daß der Offizier Wegbereiter des Enthusiasmus im Heer sein solle, überhaupt nicht erwähnt wird. Die Basis für die Entstehung des Enthusiasmus liegt jetzt nicht mehr in den menschlichen Qualitäten des Offiziers, der gerade vor der Front steht, oder in den fragwürdig gewordenen absolutistisch=ständisch=patriarchalischen Idealen einer vergangenen Welt, die der Offizier wieder beleben soll, sondern im Bündnis zwischen Regierung und Nation. Die Erzeugung des Enthusiasmus ist keine abstrakte Forderung mehr, deren Verwirklichung man ziemlich hilflos gegenüberstand, indem man im einzelnen darüber diskutierte, welche Mittel man einspannen und welche Wege man gehen könne und dabei stets des Offiziers als Anknüpfungspunkt oder als Mittler bedurfte. Der Enthusiasmus wächst auf einem natürlichen Boden, man braucht ihn weder als Treibhausgewächs zu züchten, noch mit künstlichen Maßnahmen zu pflegen. Er ist in der neuen Position des Bürgers und Soldaten verankert. Er wird zum Ausdruck des Kampfes für eine neue Lebensordnung, die man im Falle der Gefahr mit dem Einsatz aller körperlichen und geistigen Kräfte zu verteidigen gewillt ist.

Die Reformer vermögen die neue Lebensordnung, an deren Verteidigung sich der Enthusiasmus entzünden soll, sowohl dem auf den Ideen der Revolution basierenden französischen Staatsideal als auch dem alten ab=

soluten Staat in einer klaren politischen Kampfposition gegenüber zu stellen. Der bloße Hinweis auf die traditionelle Verbundenheit der Monarchie mit den Untertanen in der bisherigen Form hatte — das wird jetzt völlig klar — wenig zu bewirken vermocht, weil dieser traditionellen Verbundenheit nicht ein zeitgemäßer, programmatischer, tatsächlicher politischer Ausdruck verliehen werden konnte. Ohne die politische neue Tat mußte man sich in Deklamationen und klugen Einzelbetrachtungen verlieren, die im Pädagogisch-Psychologischen oder im rein Militärischen stecken blieben und sich in immer neuen dialektischen Auslegungen erschöpften. Niemals kam man jedoch über den guten Willen, den Staat auf eine andere Weise zu stützen als es bisher geschehen war, hinaus. Nie wurde man das peinliche Gefühl los, daß hier nur diskutiert wurde. Insofern hatten diejenigen gar nicht so unrecht, die diese Wege als zwecklos ansahen, sich wieder auf den „Esprit de Corps" zurückzogen, bei dem man nur auf die Tradition, die adlige Herkunft und die aus solcher Basis erwachsende Persönlichkeit des Offiziers Wert legte und sich einen Offizierstyp wünschte, für den der Krieg Beruf ist und der zugleich die Menschenführung in der überkommenen patriarchalischen Weise nach der Art eines Großgrundbesitzers im Verkehr mit seinen Hintersassen unter Einschluß des Prügelsystems handhabt. Hier hatte man wenigstens festen Boden unter sich.

Über all diese Schwierigkeiten und Probleme ist man jetzt hinweg. Die gesamtpolitische Aufgabe, die hier gelöst werden mußte, um sich einen echten Enthusiasmus für den künftigen Kampf zu sichern, ist durch die Reform bewältigt worden. Man bedarf daher des Offiziers als Anknüpfungspunkt für eine künstliche Erzeugung von Enthusiasmus im Soldaten nicht mehr. Damit der Enthusiasmus zur vollen Entfaltung gelangen kann, ist nur notwendig, daß der Offizier sich ihm auf der einen Seite nicht hemmend entgegenstellt, indem er in der alten Anschauungswelt des Exerzier- und Drillmeisters verharrt. Andererseits wird es als selbstverständlich vorausgesetzt, daß auch der Offizier Träger des Enthusiasmus im Heer ist. Er kann sich nicht wie bisher auf den Standpunkt stellen, der gemeine Mann möge aus Enthusiasmus kämpfen, er selbst benötige den Enthusiasmus nicht, genau so wenig wie er der christlichen Religion als Seelenstärkung bedürfe, um die Todesfurcht zu überwinden, anständig zu fechten und zu sterben[185]. Er besitze Ehre, ihm sei der Kampf Lebenselement, er fechte aus Ambition

---

185 Vgl. dazu das Kapitel „Die Bedeutungslosigkeit der Religion als Triebfeder für den Offizier" bei *Höhn*, Revolution, Heer Kriegsbild, a. a. O., S. 400 ff.

und sei auf Grund seiner Zugehörigkeit zum Adel seine Pflichten gegenüber seinem König zu erfüllen gewohnt, auch ohne das Stimulan enthusiastischer Begeisterung. Solche „Hilfsmittel" widersprächen im Grunde seiner Ehrauffassung.

Dieser gewaltige, zutiefst in das Gefüge des Heeres einwirkende Gegensatz wird gerade durch die Reform aufgehoben. Der Offizier, der aus der Nation hervorgeht und ein Amt im Dienste der Nation ausübt, hat dieselbe Ehre wie der Mann, beide fechten für dieselben Ziele: Nicht für ein nebelhaftes Vaterland, sondern für das Vaterland als Inbegriff der neuen politischen und sozialen Ordnung, wie sie die Reform herausstellte. Beide kämpfen aber auch für den König, der ihnen zugleich als Hüter dieser Ordnung erscheint. Es ist nur folgerichtig, daß der Offizier ebenso wie der Mann von dem Geiste dieser Ordnung getragen ist und für sie denselben, wenn nicht einen seiner Führerstellung entsprechenden größeren Enthusiasmus im Kampf für diese Ordnung aufbringen muß. Im Heer soll es jetzt nicht mehr zwei im Grunde divergierende Kräfte, den Offizier und den Mann geben, sondern vielmehr eine einheitliche Haltung vorhanden sein, von der alle seine Glieder getragen sind. Der Offizier kann insbesondere seine Führungsaufgabe nur erfüllen, wenn er nicht außerhalb dieser Einheit steht. Im aus den „freiwilligen Jägerdetachements" ins stehende Heer aufrückenden Offizier[186], aber auch im „für König und Vaterland" kämpfenden Landwehroffizier[187], sowie im neuen Typ des Festungskommandanten, für dessen umfassende militärische Wirksamkeit „im gleichen Grade die Achtung und das Vertrauen der Garnison und Bürgerschaft ein nothwendiges Erfordernis ist"[188], treten uns die auf dem neuen Boden wachsenden Offizierstypen entgegen.

Zusammenfassend aber läßt sich folgendes feststellen:

Von den verschiedensten Seiten nimmt Scharnhorst die Reform des Offiziersstandes in Angriff. Er ändert die Zusammensetzung des Offizierkorps mit dem Ziel, durch Einströmen der Kräfte der ganzen Nation in den bisher dem Adel vorbehaltenen Stand die Versöhnung zwischen Adel und Bürgertum herbeizuführen und an Stelle des Geburtsadels die Voraussetzungen für die Entstehung eines Leistungsadels zu schaffen. Ein neues Ausleseprinzip soll die ganze Armee durchdringen,

---

186 Vgl. S. 275 dieses Buches.

187 Vgl. S. 278 dieses Buches.

188 „Instruction für die Kommandanten der Festungen vom 31. Oktober 1809", § 16.

insbesondere im Avancement volle Geltung besitzen, hier das Anciennitätsprinzip beseitigen und als Leistungsprinzip die Könnerschaft einer neuen militärischen Führung gewährleisten.
Als Spitzentyp gilt dabei der militärisch-wissenschaftlich gebildete talentierte Generalstabsoffizier Scharnhorstscher Prägung[189], der ein überragendes Vorbild für die Ausrichtung des Offiziers in seinem Wissen, Können und seiner Haltung abzugeben vermag. Politisch soll der Offizier nicht mehr neutral außerhalb des Gesamtgeschehens stehen, sondern das politische Bündnis zwischen Regierung und Nation in der Armee verwirklichen. Diese drei Punkte: Neue Zusammensetzung des Offizierkorps auf Grund eines neuen Ausleseprinzips, Erzielung einer neuen militärischen Leistungsfähigkeit auf Grund hochqualifizierten fachlichen Könnens und Einfügung des Offiziers in einen klar umrissenen politischen Aufgabenbereich innerhalb des Heeres, bestimmten die Umformung des Offizierkorps und den Offizierstyp Scharnhorstscher Prägung.

g. Die revolutionäre Umbesetzung des Offizierkorps

Alle diese Forderungen standen nicht lediglich auf dem Papier, sondern werden sofort im Rahmen des Möglichen umzusetzen versucht. Offiziere, die den neuen Anforderungen nicht genügten oder ihnen hindernd im Wege standen, werden, wenn irgend angängig, ausgeschieden. Die durch den Gegner befohlene Herabsetzung der Armee auf 42 000 Mann kam den Bestrebungen Scharnhorsts entgegen. Wenn man sich ein Bild von der inneren Wandlung des Offizierkorps machen will, so muß man die folgenden Zahlen sich vergegenwärtigen[190]:

Von den
142 Generalen, die dem preußischen Heer im Jahre 1806 angehörten, mußten
17 infolge von Bestrafungen ausscheiden, d. h. 12 Prozent der Generale wurden kassiert.

Von
885 Stabsoffizieren wurden 50, d. h. 6 Prozent, kassiert.

Von den

---

[189] Über ihn S. 359 ff. dieses Buches.
[190] Die Zahlen sind den statistischen Nachrichten über das Offizierkorps von 1806 entnommen, in „Das preußische Offizierkorps und die Untersuchung der Kriegsereignisse“, a. a. O., S 103 ff.

142 Generalen, die das preußische Offizierkorps zu Beginn des Krieges von 1806 zählte, schieden außer den 17 kassierten
85 Generale freiwillig ehrenvoll aus.
Nach Beendigung der Reorganisation im September 1808 zählte die Armee nur noch
22 Generale, die ihr schon bei Beginn des Krieges von 1806 angehört hatten. Mithin verschwanden 85 Prozent der alten Generalität aus dem neuen Heer.

Von den
885 Stabsoffizieren, die im preußischen Offizierkorps zu Beginn des Krieges von 1806 dienten, erhielten außer den 50 kassierten
584 ihren ehrenvollen Abschied. Mithin schieden 66 Prozent der Stabsoffiziere aus. Mit Beendigung der Reorganisation im September 1808 zählten noch
185 Stabsoffiziere zur Armee, die ihr bei Beginn des Krieges von 1806 angehört hatten.

Von den
6069 Subalternoffizieren, die bei Beginn des Krieges von 1806 der Armee angehört hatten, schieden außer den 141 kassierten
3924 freiwillig aus. Nach Beendigung der Reorganisation von 1808 zählten zur Armee noch
1584 Subalternoffiziere, die ihr schon bei Beginn des Krieges von 1806 angehört hatten.

Das Bild wird noch aufschlußreicher, wenn man die Zahl der Offiziere, die an dem Feldzug von 1806 teilgenommen hatten, mit der vergleicht, die späterhin die Freiheitskriege mitgemacht haben. Dabei muß man berücksichtigen, daß eine große Anzahl derjenigen Offiziere, die infolge der Verkleinerung der Armee zunächst den ehrenvollen Abschied erhalten hatten, wieder eingestellt wurde.

Von den
6069 Subalternoffizieren der alten Armee machen
3664 die Freiheitskriege mit. Es werden also über
2000 Subalternoffiziere der alten Armee wieder eingestellt.

Von den
885 Stabsoffizieren der alten Armee nehmen
213 an den Freiheitskriegen teil. Es werden also aus der alten Armee nur
38 wieder eingestellt.

Dagegen wird kein General aus der alten Armee, der nicht schon nach Beendigung der Reorganisation im Jahre 1808 bei der Armee bleiben konnte, wieder eingestellt [191]. Nur 2 von diesen, *Blücher* und *Tauentzien*, führten in den Freiheitskriegen ein Kommando.

Dazu muß man bedenken, daß in dieses neue Offizierkorps von den verschiedensten Seiten her der Nachwuchs aus der ganzen Nation einströmen kann. „Der junge Mann von Erziehung und Bildung" vermag mit 17 Jahren, wenn er die verlangten Kenntnisse und das erforderliche Vermögen besitzt, „als Portepeefähnrich in das Regiment einzutreten". Eine besondere „Pflanzschule" für die Offiziere des stehenden Heeres wie der Landwehr, bilden auf Grund ausdrücklicher Bestimmung die Jäger-Detachements. Aus ihren Reihen sollen die aktivsten Elemente des gehobenen Bürgertums, das den revolutionären Geist im Heer verkörpern soll, Offiziere werden [192]. Der alte Scharnhorstsche Gedanke, daß man ein Heer nur über sein Offizierkorps reformieren kann, findet hier seine endgültige Verwirklichung.

Der gesamte Umwandlungsprozeß vollzog sich innerhalb von sechs Jahren. Er war für das Offizierkorps viel mehr als eine Reform, er war eine grundlegende, es zutiefst in seiner Substanz berührende Umwälzung.

5. *Die Durchführung der allgemeinen Wehrpflicht als politisches Problem*

a. Allgemeine Wehrpflicht statt Kantonpflicht

Ein Heer, das den preußischen Staat aus Liebe verteidigt, kann nur aus Landeskindern bestehen. Deshalb ist die Abschaffung der Ausländerwerbung eine Folgerung, die sich aus dem politischen Bündnis zwischen Regierung und Nation naturgemäß ergibt. Man ist sich dessen bewußt, daß die Ausländerwerbung zwar die „Armee dem Namen nach vergrößert, dagegen in ihrer Kraft vermindert".[193] Von nun an sollen in der Armee nur noch Landeskinder dienen, die Armee soll „die Nation selber sein". Das gesamte Werbesystem wird aufgehoben [194], jedoch werden diejenigen Ausländer, die bisher brav gedient haben, behalten [195]. Rein

---

[191] Dabei muß man freilich bedenken, daß 51 inzwischen infolge hohen Alters gestorben waren.

[192] Vgl. dazu die Darstellung über die Bedeutung der Jäger auf S. 271 ff. dieses Buches.

[193] *Grawert*, Denkschrift vom 27. August 1807, Publikationen, a. a. O., S. 115.

[194] Kabinettsorder vom 20. November 1807, Publikationen, a. a. O., S. 162.

[195] Ebenda. Als Folge der Tatsache, daß die Armee „bei der jetzigen Militairverfassung aus lauter sichern Leuten" besteht, wird durch Kabinettsorder „die bisher gesetzlich stattgehabte Beschränkung der Disposition der Unteroffi-

organisatorisch betrachtet mußte, sowie die Werbung der Ausländer auf=hörte, das Heer auf andere Weise ergänzt werden. Der König dachte sich dies ursprünglich so, daß die Exemptionen einige Abänderungen erfah=ren sollten, im übrigen aber die Grundlagen des bisherigen Heeres=systems aufrecht erhalten werden konnten und sprach sich in diesem Sinn in den Richtlinien für die Reorganisation vom Juli 1807 aus. Demgegenüber geht Scharnhorst in seinem dem König am 31. August 1807 von der Militär=Reorganisationskommission überreichten „Vor=läufigen Entwurf für die Verfassung der Reservearmee" von einer ganz anderen Auffassung aus. Er schafft jede Befreiung vom Wehrdienst ab und verlangt allgemeine Wehrpflicht. „Alle Bewohner des Staats sind geborene Verteidiger desselben", so heißt es im § 1 des vorläufigen Ent=wurfs[196]. Es ist einer jener „ganz einfachen, jedem einleuchtenden Sätze", die „jeder neuen Einrichtung zugrunde liegen müssen, wenn sie zu großen Resultaten führen sollen". Er ist bereits früher von *Knesebeck* wie auch von *Berenhorst* verfochten worden und wird von Scharnhorst jetzt in die Tat umzusetzen versucht. Auf diesen Entwurf wird in allen späteren Entwürfen Bezug genommen. Scharnhorst bringt den Gedanken der allgemeinen Wehrpflicht dem König mit der Begründung nahe, daß ja rechtlich der Untertan in Preußen sowieso schon zum Heeresdienst verpflichtet sei:

> „Ohne das einfache Gesetz der preußischen Militärverfassung, daß ein jeder Bewohner des Staates ein geborner Verteidiger desselben sei, hätte der Staat nicht zu der Größe in so kurzer Zeit heranwachsen können." [197]

Im Kampf gegen die Widersacher der allgemeinen Wehrpflicht wird dieser Gedanke später von der Reorganisationskommission erneut auf=

---

ziere und Gemeinen und deren Ehefrauen über ihr Vermögen und Zinsen" als unnötig betrachtet und aufgehoben. Wie hätte man die „Beschränkung des Soldaten im Gebrauch seines Eigenthums" gegenüber dem demnächst Dienst leistenden besitzenden und gebildeten Bürgertum rechtfertigen wollen? Vgl. Kabinettsorder vom 25. September 1809, Sammlung der für die Preußi=schen Staaten erschienenen Gesetze und Verordnungen von 1806 bis 21. Ok=tober 1810, S. 584, sowie Königl. Verordnung betreffend die Freiheit der Unteroffiziere und gemeinen Soldaten, über ihr Vermögen zu verfügen, vom 18. Mai 1811. Der Kommandeur soll danach die Genehmigung zur Veräuße=rung eines Grundstücks nur verweigern, „wenn der Soldat sich schon einmal des Verbrechens oder der Desertion schuldig gemacht hat oder der Entweichung verdächtig ist", § 2, Preuß. Gesetzessammlung 1812, S. 5.

196 „Vorläufiger Entwurf zur Verfassung der Provinzialtruppen" vom 15. März 1808, Publikationen, a. a. O., S. 321.

197 Ebenda, S. 321.

genommen. Sie stellt dabei dem König anheim, ob er für die allgemeine Wehrpflicht die schon „so lange übliche Benennung Kantonpflicht beibehalten" wolle und „alle erforderlichen Änderungen nur als eine nothwendige Erweiterung der schon bestehenden Verfassung" angesehen werden sollen,

> „um auf eine den gegenwärtigen Begriffen über Staatsverfassung angemessene Art jene uralte preußische Verfassung in ihrer ersten Reinheit wieder herzustellen, die so kräftig zum Emporkommen E. K. M. Staaten beitrug und deren unverkennbare Vortheile sich die mehrsten Staaten durch die eigentlich dem alten preußischen Kantonsystem nachgebildete Konskription anzueignen suchen" [198].

Hier handelt es sich jedoch um eine rein zweckbestimmte und auch zweckdienliche Argumentation, die Scharnhorst mit Rücksicht auf die Mentalität des Königs aus politisch-taktischen Gründen verwendet. Scharnhorst geht es keinesfalis darum, alte Grundsätze nunmehr in vollendeter Form durchzuführen. Die vielfach vertretene Ansicht, daß die Einführung der allgemeinen Wehrpflicht nur die Vervollständigung des Kantonreglements von 1792 sowie älterer Vorschriften bedeutet, ist irrig. Die allgemeine Wehrpflicht hat für die Reformer nicht lediglich die Beseitigung der Befreiung vom Wehrdienst und die Gewinnung der physischen Kräfte der Untertanen zum Ziel. Sie darf keinesfalls allein unter dem Blickpunkt der Ausweitung der Heeresanstalt betrachtet werden. Die allgemeine Wehrpflicht setzt eine positive Einstellung zum Staat voraus, wie sie das Kantonreglement von 1792 nicht kannte. Während dieses von dem einzelnen ausgeht, den es als Nummer in die Heeresanstalt einzufügen gilt, wobei es nur darauf ankommt, daß das Regiment komplett bleibt, hat die allgemeine Wehrpflicht der Reformer den Soldaten als Vaterlandsverteidiger, als Persönlichkeit und Mann von Ehre zur Voraussetzung. Daß er dient und auf diese Art und Weise sich für den Staat einsetzt, mit ihm verbunden und an ihn herangezogen wird, ist entscheidend. Die allgemeine Wehrpflicht ist der Ausdruck des neuen Kriegsbildes, das von dem totalen Einsatz der Volkskräfte im Volkskriege ausgeht. Die Grundvoraussetzung des absolutistischen Kriegsbildes, daß die Wehrfunktion nur einem Stand überlassen ist und Lehrstand und Nährstand eine vom Wehrstand scharf geschiedene Funktion haben, ist damit aufgegeben.

Diese Maßnahme wird denn auch mit Recht von den Anhängern des alten Staats- und Kriegsbildes als revolutionär, die Gesamtposition

---

198 „Immediatbericht der Reorganisationskommission" vom 5. Februar 1810, abgedr. Hist. Ztschr., Bd. 69, 1892, S. 433.

von Heer und Staat zutiefst berührend betrachtet. Ihre Argumente hat der Kammerpräsident *von Vincke* in einem Schreiben an den Freiherrn vom Stein in klassischer Form aufgeführt. Für ihn ist die allgemeine Wehrpflicht die Verkündung eines „Schrecknisses, besonders unter den gebildeten Ständen", das „Grab aller Kultur, der Wissenschaften und Gewerbe, der bürgerlichen Freiheit und aller menschlichen Glückseligkeit", die Rückkehr „in die Barbarei". Durch die allgemeine Wehrpflicht wird die Jugend physisch und moralisch verdorben, „bloß der eigentliche Bettler freuet sich dessen und findet sich geehrt", wenn er in die Armee eintreten darf. Niebuhr, der große Historiker, betrachtet die allgemeine Wehrpflicht als eine „culturfeindliche bei rohen Hauptleuten ausgebrütete Idee"[199]. Es sind die Argumente, die bereits über ein Jahrhundert gegen das stehende Heer von dem besitzenden und gebildeten Bürgertum geltend gemacht wurden, denen im übrigen auch der König sehr zugänglich war. Sie zeigen, wie wenig die Vertreter dieser Gedankengänge begriffen haben, daß es sich für Scharnhorst nicht mehr um das alte stehende Heer handelt, gegen das man solche Vorwürfe erheben mochte, sondern daß ihm die allgemeine Wehrpflicht Ausdruck der Teilnahme der Gesamtnation an ihrem Schicksal bedeutet. Vincke schließt mit einem Bekenntnis, das uns besonders eindeutig vor Augen führt, als welch eine Umwälzung die Proklamation der allgemeinen Wehrpflicht in der damaligen Zeit empfunden wurde. Er erklärt sich bei der Durchführung der „allgemeinen Konskription genötigt", dem „öffentlichen Dienst zu entsagen", weil

> „die Konskription nach meiner innigsten Überzeugung das Grab aller nützlichen Wirksamkeit sein, dem Wiederaufblühen des Staats das unübersteiglichste Hindernis werden, denselben des wichtigsten Vorzugs vor den Staaten neuerer Formation berauben wird"[200].

b. Das Krümpersystem im Rahmen der neuen Wehrverfassung

Der erste praktische Schritt, um die allgemeine Wehrpflicht durchzuführen, ist das Krümpersystem. Die Kabinettsorder vom 6. August 1808 an das Oberkriegskollegium über die „Ausbildung einer Kriegsreserve" sagt in einfacher und schlichter Form:

---

[199] *Niebuhr* an Altenstein vom 30. August 1808 (Amsterdam).

[200] Publikationen, a. a. O., S. 601. Vgl. dazu noch des Obersten *Bogulawski* ebenfalls kennzeichnende „Unterthänigste Bemerkungen über die Einführung der Konskription" vom 20. Juli 1809, abgedr. in Hist. Ztschr., Bd. 61, S. 104 ff., sowie die Denkschrift des Ministers *Altenstein* vom 12. Februar 1810, abgedr. Hist. Ztschr., Bd. 69, S. 473 ff.

„Um die preußischen Regimenter in den Stand zu setzen, die zu ihrer dereinstigen Komplettierung erforderlichen vielen Rekruten allmählich ausarbeiten zu können, tragen S. M. dem O. K. K. hierdurch auf, zu verfügen, daß die Infanterieregimenter und die Fußartillerie noch nach Maßgabe ihres Bedarfs an Rekruten per Kompagnie drei bis fünf oder mehrere Mann auf Urlaub entlassen und dagegen ebenso viel Kantonisten einziehen, solche einen Monat hindurch existieren, nach Verlauf dieses Termins sie wieder in die Heimat entlassen, in ihre Stelle aber eine gleiche Anzahl anderer Kantonisten zur Ausarbeitung auf einen Monat einberufen und in dieser Art monatlich fortfahren, bis sie so viele Leute exerziert haben, als sie zu ihrer Ergänzung nötigenfalls bedürfen werden" [201].

Das Krümpersystem ist als ein militärischer Täuschungstrick mit dem Namen Scharnhorsts verbunden in die internationale Heeresliteratur eingegangen und wird überall da angeführt, wo entgegen den bestehenden Verträgen oder sonstigen Bestimmungen Truppen schwarz ausgebildet werden. Doch steckt hinter ihm viel mehr. Die Eigenart des Krümpersystems besteht zunächst darin, sein letztes Ziel, einen möglichst großen Teil der männlichen Bevölkerung militärisch auszubilden, zu verschleiern. Das politische Prinzip des totalen Einsatzes der Nation im Kriege wird hier durch eine scheinbar rein militärisch-organisatorische Zweckmäßigkeitsmaßnahme verdeckt. Dazu eignet sich der Ausdruck „Krümper" als Tarnungsbegriff besonders gut, da er mit der Vorstellungswelt des stehenden Heeres eng verbunden ist, innerhalb dessen der Krümper als eine stille Reserve erschien, die man für jeden Fall über die etatmäßige Anzahl von sogenannten „Urlaubern" pro Regiment in den Kantonen bereit hielt, um die Regimenter bei unvorhergesehenen Fällen komplett halten zu können [202]. Man blieb scheinbar im Rahmen des Herkömmlichen, indem man solche Reserven bereitstellte, tatsächlich aber gebrauchte man das Krümpersystem zu ganz anderen Zwecken. Es kam dabei den mit ihm verfolgten Bestrebungen besonders entgegen, ließ sich elastisch handhaben und konnte in den verschiedensten Abwandlungen verwirklicht werden. Man vermochte statt wie zu Beginn 3–5, in jedem Regiment 10–15 Mann und mehr einzuziehen und entsprechend viele wieder zu entlassen. Man vermochte die Ausbildungszeit von einem Monat auf eine längere Zeit auszudehnen und sie im gegebenen Augenblick zu einer allgemeinen Dienstpflicht aller Staatsbürger zu erweitern, je nach Bedarf und nach den politischen und mili-

201 Publikationen, a. a. O., S. 542.

202 Über die Entstehung des Wortes „Krümper", vgl. „Urkundliche Beiträge und Forschungen zur Geschichte des preußischen Heeres", Bd. 1, S. 490.

tärischen Umständen, ohne daß die Formationen der Heeresanstalt vergrößert zu werden brauchten.

Seine militärische Bedeutung erhält dieses einfache Schema aber erst unter dem Gesichtspunkt der Wandlung des Kriegsbildes. Für das stehende Heer des absoluten Staates und sein Bild vom Kriege wäre ein solcher beschleunigter Ausbildungs= und Entlassungsmodus eine falsche Spekulation gewesen. Von solch beschleunigt ausgebildeten, für die Ansprüche des stehenden Heeres noch weitgehend undisziplinierten Menschenmassen konnte man in der Schlacht nichts erwarten. In ihrer kurzen Ausbildungszeit war ihnen das gesamte Zwangs= und Drillsystem noch nicht so in Fleisch und Blut übergegangen, daß sie mit Erfolg in der Heeresmaschinerie verwandt werden konnten. Sie wären nur ein Hindernis für die gut ausgebildeten Truppen im Gefecht gewesen, hätten in deren starren Linien Verwirrung gestiftet und mehr Schaden als Nutzen angerichtet. Erst die auf Grund der Wandlung des Kriegsbildes eingeführte Kampfesweise des Tirailleursystems mit seiner lockeren elastischen Fechtart, deren Regeln in der Praxis des Gefechts leichter und eindrucksvoller zu lernen sind als in jahrelanger pedantischer Ausbildung, ließ das Krümpersystem zu einer militärischen Realität werden und von ihm praktische Erfolge erhoffen. Die Krümper sind die geborenen leichten Truppen.

Mit dem Krümpersystem gelingt es, der Armee „solche Keime schnellen Wachstums einzuimpfen", daß sie, „wenn der Druck von außen nachlassen sollte, schnell emporschießen konnte"[202a].

c. Die politische Notwendigkeit einer militärischen Sonderformation

Der politische Zweck der Sonderformation

Theoretisch wäre es ohne weiteres denkbar gewesen, daß das Bürgertum in dem reformierten stehenden Heer, in dem der Soldat als Mann von Ehre anerkannt und das Prügelsystem abgeschafft war, der allgemeinen Wehrpflicht genügte und den Freiheitskampf focht. Dieser Weg wird wohl erwogen, aber von Scharnhorst bewußt nicht eingeschlagen[203]. Das

---

[202a] *Clausewitz*, Über das Leben und den Charakter von Scharnhorst, a. a. O., S. 180.

[203] „Es ist die Frage entstanden, ob es besser sei, die zu den Provincialtruppen bestimmte Mannschaft durch die stehende Armee gehen zu lassen oder sie ohne diese Vorbereitung zu formieren. Die Reorganisationskommission hat den letztern Weg gewählt." Publikationen, a. a. O., S. 322.

hat zum Teil rechnerische Gründe. Ein solches Heer käme dem Staat viel zu teuer, zum Teil sprechen auch außenpolitische Erwägungen mit. Vor allem aber kommt es Scharnhorst darauf an, Formen zu finden, die dem Bürgertum, das den Hauptteil der bisher vom Heeresdienst Befreiten ausmacht, entgegenkommen. Dazu erscheint das stehende Heer nicht geeignet. Zu stark war die Erinnerung an die Werbemethoden und das System der Prügelstrafen, durch die der Soldat ehedem als willenloses Werkzeug in die Kriegsmaschinerie gepreßt wurde, beim Bürgertum noch wach. Schwer lastete dieses Odium auch auf dem reformierten stehenden Heer, das weiterhin als die Institution galt, in der der Zwang des Staates herrschte. Man konnte deshalb nach Scharnhorsts Ansicht die bisher vom Heeresdienst befreiten Bürger nicht in das stehende Heer einbeziehen, ohne ihnen zugleich die Begeisterung für den Heeresdienst zu nehmen. Demgegenüber erscheint in den Augen des Bürgertums eine milizartige Organisation, die auf dem Geist der Freiwilligkeit beruht, als eine besonders erstrebenswerte und den Ideen der Zeit entsprechende Heeresformation. In einer solchen besonderen Heeresform, einer „Nationalmiliz", soll das Bürgertum dienen, hier soll der Geist des Bündnisses zwischen Regierung und Nation seine militärische Umsetzung finden. Ohne im einzelnen zu untersuchen, ob die Vorwürfe gegen das reformierte stehende Heer noch berechtigt sind, wendet sich Scharnhorst dagegen, die zu dieser Nationalmiliz „bestimmte Mannschaft durch die stehende Armee gehen zu lassen". Niemals wird sie „in jenem Geist auftreten" können, der als die revolutionäre Basis im Heer dringend für den künftigen Freiheitskampf benötigt wird,

> „wenn sie vorher durch die stehende Armee gehen muß, wenn ihre Selbständigkeit durch einen eingebildeten Druck gelähmt wird" [204].

Die aus einem auch nur „eingebildeten Druck" entstehenden seelischen Imponderabilien genügen Scharnhorst bereits, um das politische Ziel zu gefährden. Scharnhorst schlägt daher, um sein Ziel zu erreichen, vor, zweigleisig zu verfahren: Neben dem stehenden Heer soll die allgemeine Wehrpflicht in einer Sonderformation (Nationalmiliz, Provinzialtruppen, Reservearmee) durchgeführt werden.

Die Unterscheidung von stehendem Heer und Nationalmiliz vollzieht sich auf der Grundlage des Besitzes. „Die Stärke der stehenden Armee in Friedenszeiten" hängt neben den politischen Verhältnissen des Staates „von dem Verhältnis der ärmern und reichern Bewohner desselben

---

[204] „Immediatbericht der Militär=Reorganisationskommission" vom 15. März 1808, Publikationen, a. a. O., S. 323.

ab". Die „ärmere Klasse der streitbaren Männer des Staats" dient im stehenden Heer. Die Bürger,

a) die „100 Thaler in die Kasse der Provinzialtruppen deponieren können",
b) die „sich kleiden, armieren und bei der Kavallerie remontieren können",
c) die „sich anfangs jährlich 2 Monate und nachher 1 Monat den Übungen widmen und während dieser Zeit frei erhalten können",

bilden die Nationalmiliz. Diese Unterscheidung stimmt mit den Grundanschauungen des Freiherrn *vom Stein* überein, der ja auch nur den besitzenden Bürger an der Verwaltung der Stadt beteiligen will. Dies entspricht zugleich der Gesamttendenz der Zeit, der es in erster Linie darauf ankommt, die Wohlhabenden und Besitzenden, die dem Staat bisher fremd gegenüberstanden, zu gewinnen.

Die Errichtung einer besonderen Heeresformation für das Bürgertum kann nur politisch, und zwar vom Gesichtspunkt des Bündnisses zwischen Regierung und Nation richtig gewertet werden. In aller Deutlichkeit wird der Gedanke, daß die allgemeine Wehrpflicht nicht lediglich Aufgabe der Exemptionen und Gewinnung der physischen Kräfte der Nation bedeutet, ausgesprochen. Scharnhorst kommt es darauf an, daß der einzelne Bürger durch eine besondere Heeresformation in die Lage versetzt wird, mit innerer Anteilnahme zu dienen. Die Freiheit, sich selbst auszurüsten, die zunächst aus Kostenersparnisgründen erfolgt, wird mit in den Kreis der Mittel, mit denen man dem Bürger Staat und Heer nahebringen will, einbezogen. Man betrachtet die Tatsache, daß das Bürgertum sich selbst bewaffnen und kleiden soll, nicht als eine Belastung, sondern gerade als eine Bevorzugung, als eine dem Bürgertum gewährte Freiheit und daher als eine vom Staat ausgesprochene Anerkennung seiner Selbständigkeit. Der die Einstellung des Bürgertums zum Heer bisher kennzeichnende Gedanke, daß das Heer „eine Staatslast" sei und höchstens als notwendiges Übel gerechtfertigt werden könne, soll damit überwunden werden. Scharnhorst meint, man könne eine Vereinigung zwischen Regierung und Nation nicht herbeiführen und den Geist der Nation nicht mit „Zutrauen und Liebe zur Verfassung" erfüllen,

> „ohne einige Freiheit in der Herbeischaffung und Zubereitung der Mittel zur Erhaltung der Selbständigkeit zu gewähren. Wer diese Gefühle nicht genießt, kann auf sie keinen Wert legen und sich nicht für sie aufopfern".

Das gleiche gilt von einem anderen, dem Bürgertum gewährten Privileg, der Wahl seiner eigenen Offiziere und der Ausbildung durch diese Offiziere innerhalb der bürgerlichen Heeresformation [205]. Ganz läßt sich allerdings der Einfluß des stehenden Heeres bei der Ausbildung nicht ausschalten. Die Offiziere des stehenden Heeres gelten jedoch nur als vorläufige Instrukteure. Nach zweimonatiger Tätigkeit gehen sie in das stehende Heer zurück. Ausdrücklich wird, um das Bürgertum nicht kopfscheu zu machen, bestimmt:

> „Und nun erhalten die einmal geübten Offiziere, Unteroffiziere und Leute der Provinzialtruppen keine weitere Anweisung von den Offizieren der stehenden Armee." [207]

So versucht Scharnhorst die große politische Aufgabe der Zeit, Bürgertum und Heer im Sinne des Bündnisses zwischen Regierung und Nation zueinanderzuführen, mit Hilfe einer eigens auf das Bürgertum und seine Mentalität abgestellten militärischen Sonderformation zu lösen. Was für den Freiherrn *vom Stein* die Beteiligung des Bürgers an der Verwaltung der Stadt ist, ist für Scharnhorst die Aktivierung des Bürgertums in der Nationalmiliz. Scharnhorst weist zwar in seinen Vorschlägen darauf hin, daß diese Aktivierung des Bürgertums in der Nationalmiliz nicht nur ein Mittel sei, um der Not des Augenblicks zu begegnen, er sie vielmehr für geeignet halte,

> „auch in Zukunft sowohl für den Souverän als die Nation große Resultate herbeiführen zu können" [208].

Dies darf uns jedoch nicht darüber hinwegtäuschen, daß die Trennung zwischen stehendem Heer und Nationalmiliz nur aus der besonderen Lage des preußischen Staates zu verstehen ist, in der es gilt, das Bürgertum als die neue Schicht vermittels einer eigenen, ihm gewährten Heeresformation für den Dienst im Heer zu gewinnen.

Darüber hinaus aber erhält die zu bildende Sonderformation noch eine besondere Mission gegenüber dem stehenden Heer. Scharnhorst weiß, daß man nicht mit einem Erlaß den Geist der Armee ändern kann, daß alle Reformmaßnahmen sich totlaufen, wenn sie nicht beispielgebende Träger des neuen Gedankengutes im Heer selbst finden. Er weiß andererseits auch, daß diese Aufgabe nicht von dem einzelnen in das stehende Heer eintretenden Bürger gelöst werden kann; er würde

---

205 Vgl. dazu das Kapitel „Offizierswahl und Bündnisgedanke", S. 233 ff. dieses Buches.

207 Ebenda, S. 332.

208 Ebenda, S. 324.

hier aufgesogen werden. Dazu bedarf es einer eigenen Formation revolutionären Charakters, die praktisch im täglichen militärischen Leben vorexerziert, daß es auch anders geht, die den Nachweis führt, daß ein freier Geist und höchste militärische Schlagkraft sich nicht ausschließen, und die befruchtend auf das Heer im ganzen einwirkt.

Die Einbeziehung des Bürgers in das stehende Heer als Notbehelf

Zwischen den ersten programmatischen Ausführungen Scharnhorsts darüber, daß für den Bürger die allgemeine Wehrpflicht nicht im stehenden Heer, sondern in einer militärischen Sonderformation durchgeführt werden solle, und der Verwirklichung dieser Idee liegt eine Periode, in der Scharnhorst diesen Gedanken aufgibt und die Einbeziehung des Bürgers in das stehende Heer fordert. Sie ist für die Grundeinstellung Scharnhorsts zu der ihn tief bewegenden Frage nach der Möglichkeit der tatsächlichen Verwirklichung des Bündnisses zwischen Regierung und Nation im Heer von der größten Bedeutung, wird gewöhnlich unrichtig gedeutet und in ihrem Schwergewicht nicht gewürdigt [209].
In dem Vertrage zwischen Napoleon und Friedrich Wilhelm III. war Preußen die Aufstellung einer Miliz untersagt worden. Wollte Scharnhorst die notwendige Heeresergänzung trotzdem erreichen, so mußte er das Steuer völlig herumwerfen. Unter dem Druck dieser Verhältnisse verlangt Scharnhorst, um alle Wehrpflichtigen im Waffendienst unterweisen lassen zu können, allgemeine Wehrpflicht im stehenden Heer mit möglichst kurzer Dienstpflicht [210]. Besitz und Bildung werden dabei in das stehende Heer mit eingegliedert, erhalten aber hier eine gewisse Ausnahmestellung, insbesondere durch Beschränkung der „Dienstzeit des jungen, gebildeten oder begüterten Mannes auf wenige Monate“ [211].
Nunmehr kommt es darauf an, daß Scharnhorst dem Bürger, der im stehenden Heer dienen soll, dies schmackhaft macht. Im „Vorläufigen Entwurf zur Verfassung der Provinzialtruppen“ vom 25. März 1808 hatte Scharnhorst auch das reformierte Heer noch als die mit dem Odium der vergangenen Zeit behaftete Heeresanstalt betrachtet. Jetzt ist keine Rede

---

209 Vgl. dazu *Höhn, R.*, Revolution, Heer, Kriegsbild, a. a. O., S. 602 ff., 610, Anm. 1 und 2.
210 Immediatbericht der Militär-Reorganisationskommission vom 20. Dezember 1808, a. a. O., S. 820.
211 Immediatbericht der Konskriptionskommission vom 5. Februar 1810, Hist. Zeitschrift, Bd. 69, S. 435.

mehr davon, daß der Dienst im stehenden Heer den Geist des Bürgers verderben könne. Denen gegenüber, die mit dem Zurückgreifen auf das stehende Heer weiterhin Exemptionen für das Bürgertum und der Möglichkeit einer Stellvertretung das Wort reden [212], legt Scharnhorst die neue Auffassung vom stehenden Heer und die Stellung, die der Bürger in diesem Heere einzunehmen habe, dar [213]. Auf das schärfste wendet er sich dagegen, daß es jetzt noch für den „gebildeten jungen Mann von höheren Ständen und höherer Bildung" eine „Herabwürdigung" sei,

> „neben dem gemeinen Mann ein paar Monate in Reih und Glied als Gemeiner dienen und die Kommißmontierung tragen zu müssen" [214].

Er erklärt demgegenüber:

> „Wenn in einem Staate, in einem Volke es nach der allgemeinen Meinung eine Schande ist, Soldat zu sein, so fehlt die richtige Ansicht des Soldatenstandes." [215]

Die frühere Einstellung des Bürgertums, auf Grund deren der Bürger es als unter seiner Würde und für seinen Zivilberuf als schädigend betrachtete, im stehenden Heer zu dienen, scheint jetzt nicht mehr als gerechtfertigt. Das „Drückende der Selbsteinstellung ins Militär" ist für die gebildeten Stände in Preußen

> „theils durch die Zeit und Art der Einstellung, theils durch die innere Verfassung des Militärs, welche den gebildeten Kantonisten auf einen seiner Bildung angemessenen Posten stellt (wenn er im Kriege herbeigezogen werden müßte) behoben" [216].

Der junge Bürger kann in Friedenszeiten durchaus trotz seiner Dienstpflicht seinen wissenschaftlichen Studien nachgehen. Er „dient nur einige Monate und folgt nachher seinem Lebensplan". Daß der gebildete junge Mann in den Krieg ziehen muß, mag er zwar als eine Härte empfinden. Dies ist aber in einer Zeit, die den Soldatenstand nicht mehr als eine Angelegenheit des Fürsten betrachtet, in der die Kriege nur der „Erhal-

---

212 Dazu die Denkschrift des Ministers *Altenstein* vom 12. Februar und des Ministers *Dohna* vom 14. Februar 1810, abgedr. in Hist. Ztschr., Bd. 69, (1892), S. 437, 440, ferner des Obersten *Bogulawski* „Unterthänigste Bemerkungen über die Einführung der Conskription", vom 20. Juli 1809, abgedr. Hist. Ztschr., Bd. 61 (1889), S. 104 ff.

213 Vgl. dazu die Denkschrift *Scharnhorsts* über die „Unzulässigkeit der Stellvertreter" vom Nov. 1810, abgedr. Hist. Ztschr., Bd. 58 (1887), S. 102 ff. in Verbindung mit dem „Immediatbericht der Konskriptionskommission" vom 3. Februar 1810, a. a. O., S. 432 ff.

214 Hist. Ztschr., Bd. 58, S. 103.

215 Ebenda.

216 Ebenda.

tung des Staates, der Regentenfamilie, Unabhängigkeit der Nation" dienen und nicht zur „Eroberung" geführt werden, in der es also keine Kabinettskriege, sondern nur noch Volkskriege gibt, etwas Selbstverständliches. Dazu hat der Bürger im stehenden Heer eine Möglichkeit, die ihm bisher verschlossen war. Er kann die Offizierslaufbahn ergreifen. Die Stufe des gemeinen Soldaten ist gewissermaßen nur die Vorbewährung. Er tritt nach dreimonatiger Dienstzeit, „wenn es seine Bildung gestattet, in die Klasse der Portepeefähnriche" ein. Seine Bildung wird ihm im stehenden Heer zum Vorteil. Er ist dem Adel gleichgestellt.

Auf solche Weise rechtfertigt Scharnhorst das neue stehende Heer, hebt es scharf vom alten ab und sieht in einer reformierten stehenden Armee die Heeresformation, in der jeder, auch der gebildete Bürger, freudig dienen kann. Für dieses reformierte Heer ist eine Stellvertretung, die das Bürgertum bisher als üblich und notwendig betrachtet, eine Zumutung und eine Ungerechtigkeit. Eine Zumutung, weil der Soldat jetzt ein Mann von Ehre ist und es als herabwürdigend ansehen muß, wenn der Bürger sich weigert, in einem Stand der Ehre zu dienen und für den Dienst im Heer ein bezahltes Subjekt stellt. Eine Ungerechtigkeit gegenüber den ärmeren Familien der Adligen, der Offiziere und „höheren Zivildienerschaft", die nicht die Mittel haben, einen Stellvertreter zu bezahlen und nun sehen müssen,

> „daß der reichere ungebildete Bauer, Wirth, Pächter, Bäcker, Brauer, Krämer, Wucherer usw. einen Stellvertreter von der schlechtesten Herkunft, neben ihrem Mitglied, neben ihren Söhnen und Geschwistern stellt" [217].

Dazu würden alle diejenigen, die

> „durch das unerlaubte Benutzen drückender Zeitverhältnisse reich wurden, ihre Söhne vermittels eines Stellvertreters loskaufen und mit Hohnlächeln auf den Gebildeten, aber Unbemittelten blicken" [218].

Zugleich würde damit das ganze bisher Erreichte gefährdet werden. Aufs neue würde das Heer zum Sammelbecken für die niedrigsten Volksschichten und asozialen Elemente werden. Desertion und Diebstahl würden einreißen, Menschen, die nichts zu verlieren hätten, würden wieder beim Militär dienen, das Militär würde noch mehr verachtet sein, „als es schon durch die Herkunft seiner Bestandtheile war". Denn

---

217 *Scharnhorst*, Über die Unzulässigkeit der Stellvertreter, a. a. O., S. 104.
218 „Immediatbericht der Konskriptionskommission" vom 5. Februar 1810, a. a. O., S. 435.

„wie kann ein Stand geehrt sein, in den der Reichere, der Gebildetere sich zu treten schämt, in den er den ärmsten Knecht, den Bettler für sich einstellt?“ [219]

Der Bürger bedarf also keiner Sonderformation mehr. Er ist im reformierten Heer gut aufgehoben. Im Gegenteil, er soll seinerseits dazu beitragen, dieses zu verbessern. Insbesondere soll das Prinzip der Ehre durch das lebendige Beispiel der im Heer dienenden gebildeten und besitzenden Schichten dem einfachen Soldaten nahegebracht und das Heer so auf eine neue Stufe gehoben werden. Kennzeichnend heißt es:

„Die Konskription soll durch ihre Allgemeinheit nicht bloß dem Staat eine größere Masse zur Disposition stellen, sondern sie soll auch die richtigen Begriffe der gebildeten Stände, vor allem das Princip der Ehre, in den Reihen der Krieger verbreiten und so der Armee ein intelligentes Übergewicht geben.“ [220]

Hier werden diejenigen Gedanken weitergeführt, die schon in der „Verordnung wegen der Militärstrafen vom 3. August 1808“ zum Ausdruck kamen, in der ebenfalls dem besitzenden und gebildeten Bürgertum die Aufgabe zuteil wurde, beispielhaft im Heer zu wirken. Erneut wird es auf diese Aufgabe verwiesen, dieses Heer mit seinem Geist zu durchdringen, ihm durch seine Tätigkeit den bisher anhaftenden Makel zu nehmen und es durch Eindringen bürgerlicher Bildung und Gesittung in seinem Gesamtniveau zu heben. Insgesamt eine imponierende und durchschlagende Begründung, wenn man davon ausgeht, daß Scharnhorst das stehende Heer wirklich als die für den Heeresdienst des Bürgers geeignete Organisation betrachtet, in der sich politisch das Bündnis zwischen Regierung und Bürgertum verwirklichen ließ. Kein Wunder, daß sich Historiker wie Heereswissenschaftler, die nur ihren Blick auf die allgemeine Wehrpflicht und nicht auf den von Scharnhorst gleichzeitig damit verfolgten politischen Zweck richteten, durch diese Ausführungen täuschen ließen und nicht sahen, daß Scharnhorst hier nur „nach den Umständen agirte“. In welcher Form er das meisterhaft, insbesondere seinem König gegenüber, verstand, zeigt ein anderer Vorgang, der in derselben Linie liegt: Scharnhorst macht von der Einbeziehung des Bürgertums in das stehende Heer und der Erfüllung der ihm hier zugewiesenen Aufgaben den künftigen Sieg abhängig, zieht die französischen Revolutionskriege zum Beweis heran und erklärt:

---

[219] Ebenda, S. 104.

[220] *Scharnhorst, Hake, Rauch* und *Boyen* an die Minister *Goltz, Altenstein, Dohna* und *Beyme* vom 5. April 1810, abgedr. Hist. Ztschr., Bd. 69, S. 443.

„Nicht die größten Talente der französischen Generale führten den Sieg herbei. In Holland, in Deutschland, in Italien, in Spanien, in der Vendée, überall siegte der Geist des Militärs und die große Menge der gebildeteren Anführer, die Vereinigung aller Stände, aller Stufen der Bildung in den Armeen.“ [221]

Wir erinnern uns, andere Begründungen für den Sieg bereits gehört zu haben. In der Denkschrift vom Jahre 1806 kurz vor dem Feldzug gegen Napoleon hatte sich Scharnhorst ebenfalls mit den Gründen befaßt, die die Franzosen „unter allen Heerführern“ zum Siege führten, obwohl „die meisten nur mittelmäßig genannt werden“ könnten [222]. Er hatte als Ursache dafür den „Entschluß des Anführers, zu siegen oder zu sterben“, der allein „zwischen Unterjochung und Freiheit entscheidet“, angenommen. Damals kam es Scharnhorst darauf an, in einer Situation, in der nach der Niederlage Österreichs Preußen allein die Wucht des Napoleonischen Angriffs aushalten mußte, das Kräfteäquivalent irgendwie herzustellen. Zu diesem Zweck mußte man das stehende Heer mit einer Nationalmiliz auffüllen und diese mit dem Gedanken vertraut machen, daß sie auch ohne Beherrschung der Regeln der Kunst und ohne überragende Generale, wenn sie nur wolle und sich entsprechend einsetze, siegen werde. Dementsprechend wurden die Beispiele aus der Französischen Revolution bewertet. Jetzt geht es darum, dem Bürgertum den Dienst im stehenden Heer nahezubringen. Demgemäß verlegt Scharnhorst den Akzent in seinen Beispielen. Jetzt bildet die Vereinigung aller Stufen von Bildung im Heer die Grundlage für den Sieg. Scharnhorsts Beispiele sind dazu bestimmt, in der jeweiligen politischen Lage, vor allem in den für den König bestimmten Immediatberichten, die notwendige Wirkung auszuüben. Sie werden von ihm benutzt, um sein „nach den Umständen agiren“ zu unterstreichen, es kommt ihm dabei weniger auf die historische Exaktheit an.

Die Durchführung der Idee der Sonderformation in den Jägerdetachements

Die veränderte politische Situation

Die Situation, auf Grund deren man sich entschließen mußte, den Gedanken einer besonderen Heeresformation für das besitzende und gebildete Bürgertum aufzugeben, änderte sich grundlegend, als Napoleon in Rußland geschlagen worden war. Jetzt war die Kräfteverteilung fol-

---

221 *Scharnhorst*, Über die Unzulässigkeit der Stellvertreter, a. a. O., S. 105.
222 Vgl. die Behandlung dieser Denkschrift auf S. 155 ff. dieses Buches.

gendermaßen: Preußen besaß ein an Zahl äußerst geringes reformiertes stehendes Heer, dessen Basis der Gedanke einer nationalen allgemeinen Wehrpflicht war. Praktisch aber war diese allgemeine Wehrpflicht nicht durchgeführt. Nach wie vor war das gebildete Bürgertum vom Heeresdienst befreit. Die allgemeine Wehrpflicht war weitgehend eine programmatische Erklärung für die künftige heerespolitische Linie des preußischen Staates geblieben. Aus innen= wie außenpolitischen Gründen hatte der König gezögert, sie zu verwirklichen. Gegenüber dem außenpolitischen Druck und den innerpolitischen Widerständen stellte das Krümpersystem einen geschickten Ausweg dar. Mit seiner Hilfe war es immerhin gelungen, in drei Jahren gegen 40 000 als Krümper ausexerzierte Männer in Reserve zu haben. Dieses Krümpersystem aber war nur ein Notbehelf, es löste die Frage eines ausreichenden Heeresersatzes für den Ernstfall nicht. Nunmehr fallen die außenpolitischen Hemmungen weg. Napoleon kann Preußen nicht mehr daran hindern, die allgemeine Wehrpflicht durchzuführen. Jetzt aber zeigt sich, daß Scharnhorst, so theoretisch vollendet und bestechend seine Ausführungen über die Einbeziehung des Bürgers in das reformierte stehende Heer auch gewesen waren, nicht auf sie zurückgreift, sondern vielmehr die alte Idee wieder aufnimmt, auf Grund deren das Bürgertum in einer besonderen Heeresformation dienen soll. Er macht dem König die entsprechenden Vorschläge für die Bildung dieser Sonderformationen, betrachtet also selbst seine Ausführungen über die Notwendigkeit der Einbeziehung des Bürgers in das stehende Heer als aus einer Zwangssituation geboren. Die Zeit für eine restlose Einbeziehung des Bürgers in das stehende Heer sieht Scharnhorst politisch noch nicht als gekommen und wählt daher auch nicht die glatte, militärische elegante Lösung, die sich zudem ideologisch mit schlagenden Argumenten vertreten läßt, sondern die viel schwierigere, die ihm neue Kämpfe einbringen muß, die ihm aber als die politisch richtigere erscheint.

Zugleich zeigt diese Wendung, welche Möglichkeiten Scharnhorst auf Grund der schöpferischen Kraft seiner Grundkonzeption besitzt. Er kann nach allen Seiten operieren, militärische Sonderformationen für das besitzende und gebildete Bürgertum verlangen und den Gedanken wieder fallen lassen. Er vermag das Bürgertum in das stehende Heer einzubeziehen und seine hier zu lösende Aufgabe in überzeugender Weise zu entwickeln, aber darauf wieder zu verzichten, um nunmehr den Gedanken der Sonderformation wieder aufzunehmen und einleuchtend zu beweisen, wie ungeeignet im Grunde das stehende Heer dazu sei, den Bürgern den Kriegsdienst nahezubringen und seine Initiative wachzu=

rufen. Er kann die allgemeine Wehrpflicht aufgeben, sie aber bei sich ergebenden neuen politischen Möglichkeiten wieder fordern und durchführen. Niemals machte er sich einer Inkonsequenz schuldig. Alle scheinbaren Widersprüche lösen sich, wenn man davon ausgeht, daß für Scharnhorst auf der politischen Ebene genau so wie auf der militärischen die Form nichts, der Geist alles ist.

Der politisch-militärische Charakter der Sonderformation

Der Gedanke einer besonderen Heeresformation für das besitzende und gebildete Bürgertum wird in den „Freiwilligen Jäger-Detachements" verwirklicht. Sie sind eine Schöpfung Scharnhorsts, die in besonderem Maße den Stempel seiner Persönlichkeit trägt. Die Jäger stellen eigene, den Bataillonen und Kavallerie-Regimentern nur lose angegliederte Truppeneinheiten dar und werden zu dem Zweck gebildet,

> „um besonders diejenige Klasse der Staatsbewohner, welche nach den bisherigen Cantongesetzen vom Dienste befreit und wohlhabend genug sind, um sich selbst bekleiden und beritten machen zu können, in einer ihrer Erziehung und übrigen Verhältnissen angemessenen Form zum Militärdienst aufzufordern und dadurch vorzüglich jungen Männern Gelegenheit zu geben, die durch ihre Bildung und Verstand sogleich ohne vorherige Dressur gute Dienste leisten und demnächst geschickte Offiziere oder Unteroffiziere abgeben können" [223].

In dieser Sonderformation dienen die Söhne der besitzenden und gebildeten Klasse, der Kaufleute und Industriellen, der höheren und mittleren Beamten, der Guts- und Grundbesitzer bürgerlichen oder adligen Standes, soweit letztere nicht von sich aus dem Heere als Offiziere angehören. Sogar bereits im stehenden Heer dienende Soldaten aus diesen Kreisen können zu den Jägern übergehen.

Die Jäger-Detachements haben einen ausgesprochen politischen Charakter. In ihnen tritt aktivistische bürgerliche Jugend, die Repräsentanten des Bündnisses zwischen Regierung und Nation, als Träger eines neuen Soldatentums in Erscheinung. Schon ihr Name bringt dies zum Ausdruck. Jäger heißen diese Verbände. Damit soll gesagt sein, daß hier der freie Geist der neuen, in das Heer einströmenden Schicht herrscht und militärisch nutzbar gemacht werden soll. „Ich habe, so erklärt Scharnhorst,

---

223 Dazu im einzelnen die Belege und Quellen, abgedr. bei *Fransecky*, Die Formation der freiwilligen Jäger-Detachements bei der preußischen Armee im Jahre 1813, Beiheft zum Militär-Wochenblatt, 1845, S. 449 ff.

„mein vornehmstes Augenmerk auf die Belebung des Geistes gewandt und durch die Herbeiziehung und Enthusiasmierung der jungen Männer ... das Interesse aller Familien an den Krieg gekettet“ [223a].

Großes hat Scharnhorst mit seinen Jägern vor. Sie sollen nicht nur die Formation sein, die das Bürgertum aufnimmt, weil Scharnhorst auf Grund der allgemeinen Abneigung gegen das stehende Heer sie nicht hier dienen lassen kann; nicht nur derjenige Verband, in dem ein neuer Geist herrscht, der dem stehenden Heer zum Vorbild dienen und in dem Bündnis zwischen Regierung und Nation seine Verwirklichung finden soll. Sie sind zugleich diejenige Formation, mit der Scharnhorst auf die Besetzung der Offiziersstellen im stehenden Heer maßgeblich einwirken will. Die Jäger-Detachements werden geradezu als eine „Pflanzschule der künftigen Offiziere“ bezeichnet. Durch sie soll das gesamte Heer ein neues Gesicht erhalten. Auch an die Einflußnahme auf die Neugestaltung des Unteroffizierkorps ist gedacht. So heißt es in der ersten Bekanntmachung über die Errichtung der Jäger-Detachements vom 3. Februar 1813:

„Aus diesen Jäger-Detachements werden nach Umständen Offiziers- und Unteroffiziersstellen in den Bataillonen und Regimentern besetzt.“

Jedoch tritt dieser Gedanke später bei der praktischen Verwirklichung zurück, obwohl er sehr wichtig ist, da ja die Unteroffiziere in besonderem Maße den alten Exerzier- und Drillmeistergeist im Heere verkörpern und erst mit der gleichzeitigen Einflußnahme auf das Offizier- wie Unteroffizierkorps die wirkliche Revolutionierung des Heeres erreicht werden kann.

Sonderanweisungen an die Kommandeure

Von der Ausbildung bis zum Gefecht umsorgt Scharnhorst seine Jäger. Die Art, wie dies geschieht, zeugt von der Einsicht in die Widerstände, die sich gegen das fremdartige Element im Heer von seiten der Kommandeure erheben können. Scharnhorst weiß, wie leicht noch so vernünftig gedachte Maßnahmen auf dem Verwaltungswege sabotiert werden können. Er überlegt sich daher genau sämtliche Winkelzüge, die die Kommandeure zu diesem Zweck machen könnten, und versucht, sie von vornherein zu durchkreuzen. Realistisch stellt er sich vor, wie sich ein in der alten Schule großgewordener Kommandeur verhalten wird, um mit den Jägern fertig zu werden:

[223a] *Scharnhorst* an seine Tochter vom 19. März 1813, abgedr. bei Linnebach a. a. O. S. 402.

Er wird aus Abneigung gegen den über die Jäger=Detachements voll=zogenen Einbruch in die traditionelle, geheiligte Ordnung des alten Heeressystems sich meldende Jäger aus irgendwelchen formalen Grün=den ablehnen. Daher wird bestimmt,

> „daß alle Militairbefehlshaber anzeigen sollen, ob sie, wenn sich junge Männer zu dem Dienst bei ihnen gemeldet haben, Einen oder den An=dern aus irgendeinem Grunde, und zwar aus welchem, zurückgewiesen haben“ [224].

Er wird den Jägern das Leben im Heer so schwer wie möglich machen, so daß viele von ihnen, und vielleicht gerade die besten, um ihren Ab=schied einkommen werden. Daher muß dem König persönlich gemel=det werden,

> „wenn schon eingestellte junge Leute den Abschied verlangten (und zwar) mit den Beweggründen der Originaleingabe des Individuums“ [225]

Um diesem Übel von Grund auf zu begegnen, erhalten die Komman=deure eingehende Anweisungen, wie sie die Jäger zu behandeln haben. Besonders ist darauf zu achten,

> „daß ihnen der Dienst auf keine Weise verleidet, aber zu gleicher Zeit auch nichts versäumt werde, um in ihnen den jeglichem Kriegsheere un=entbehrlichen Geist der Disziplin und Kriegszucht tief und unauslösch=lich zu begründen“.

An Entbehrungen nicht gewöhnt, sollen sie „allmählich nach Maßgabe ihrer körperlichen Konstitution zu den Strapazen des Krieges abgehärtet werden“ [226].

Überall da, wo die Jäger willig sind, aber in der ersten Zeit begreiflicher=weise Fehler machen, soll ihre

> „Zurechtweisung bei Unwissenheit oder Unbeholfenheit im Dienst jederzeit auf eine liebreiche und väterliche Art geschehen“.

Disziplinlosigkeit bedeutet dabei für Scharnhorst „zweckwidrige Un=gebundenheit“, echte Disziplin dagegen, die in der Belebung des kriege=rischen Geistes besteht, vermag sich mit einer sinnvollen Ungebunden=heit durchaus zu vertragen. Bei wirklicher Disziplinlosigkeit dagegen sind die Jäger genau „so streng wie das übrige Militair zu behandeln“.

Auch die Möglichkeit stellt Scharnhorst in Rechnung, daß Kommandeure die mißliebigen Jäger, wenn sie sie schon behalten müssen, zur Bagage,

---

224 „Fernerweite Bestimmung über die Jäger=Detachements vom 19. Februar 1813.“

225 Ebenda, Nr. 3.

226 „Instruction für die Regimenter, die Jäger=Detachements betreffend“, vom 19. März 1813.

Arbeits- und Transportkommandos, Ordonnanzdienst und Schildwachestehen abschieben. Dies wird ihnen daher ausdrücklich verboten [227] und die Anweisung erteilt, daß sie den Jägern die ihnen entsprechende „Ausbildung zum Felddienste" zu geben haben und darauf eine „ganz besondere Mühe und Sorgfalt" sowie „ein großer Fleiß" verwendet werden muß. Da die Jäger kraft ihrer geistigen Beweglichkeit als die geborenen leichten Truppen gelten, sollen die Kommandeure die Jäger nicht wie das stehende Heer „dressieren". Vielmehr sollen sie ihr „Hauptaugenmerk" bei der Ausbildung darauf richten, die Jäger den Dienst der leichten Truppen „gründlich zu lehren, wozu das richtige Schießen und die genaue Kenntnis des Gewehrs als erstes Erfordernis" betrachtet wird.

> „Ihre vorzüglichste Übung ist, ihre Waffen gehörig brauchen zu können."

Auch mit dem „Unterricht in der übrigen Elementartaktik" soll man die Jäger „nicht aufhalten".

> „Es ist hinreichend, ihnen den wahren militärischen Anstand zu geben, sie im Richten und Marschieren zu üben und endlich ihnen die Wendungen und das Schwenken zu lehren." [228]

Um diese Ausbildung zu garantieren, behält Scharnhorst dem König die Auswahl der Ausbilder, die aus dem stehenden Heer zunächst genommen werden müssen, selbst vor. Die Regimenter werden überdies darauf hingewiesen, „nach Pflicht und Gewissen" mit „größter Sorgfalt" zum Unterricht der Jäger „vorzugsweise die geschicktesten und gewandtesten Offiziere und Unteroffiziere auszuwählen". Jäger ausbilden zu dürfen soll eine besondere Ehre für den betreffenden Offizier sein.

Trotz dieser Vorsichtsmaßregeln gelten die Ausbilder lediglich als Instrukteure. Sie sind nur „kommandiert". Haben die Jäger zwei bis drei Monate gedient, so gehen die kommandierten Offiziere und Unteroffiziere

> „nach und nach ins Regiment oder Bataillon zurück und die Stellen derselben werden aus den Jägern, wenn sie sich qualifizieren, nach ihrer eignen Wahl ersetzt" [229].

---

227 „Bekanntmachung in Betreff der zu errichtenden Jäger-Detachements vom 3. Februar 1813", wo es heißt:

> „Zum inneren Dienst in Garnisonen, zu Schildwachen — außer zur Sicherheit des Regiments, Bataillons etc. — werden sie nicht gebraucht, auch nicht zu Arbeitskommandos, Ordonnanzen, Transport- und Bagagekommandos."

228 Erlaß vom 24. Februar 1813, abgedruckt *Fransecky*, a. a. O., S. 461.

229 Kabinettsorder vom 3. Februar 1813, ebenda, S. 454.

Durch die Wahl von Offizieren und Unteroffizieren aus den eigenen Reihen soll im Endziel der Gleichklang zwischen der revolutionären Truppe mit ihrem Führerkorps hergestellt werden. Um die Jäger zu ehren und gleichzeitig seine innere Verbundenheit mit ihnen zum Ausdruck zu bringen, hat beim Vorbeimarsch „der Kommandeur des Bataillons nebst seinem Adjutanten vor diesem Detachement" zu reiten [230].
Die letzte Gefahr für seine Jäger sieht Scharnhorst darin, daß verständnislose Kommandeure die jungen, übereifrigen Freiheitskämpfer auf besonders gefährliche Posten, „von ihren Regimentern und Bataillonen entfernt", stellen und sie der „Gefahr einer plötzlichen Aufreibung" aussetzen, vielleicht, um so das gesamte Jägerproblem auf die einfachste Weise für das Regiment zu lösen. Daher ordnet Scharnhorst allgemein an, daß die Jäger keiner „größeren Gefahr" ausgesetzt werden dürfen, „als das Bataillon oder Regiment selbst".
Nachdem Scharnhorst den Kommandeuren, deren Erfindungsgabe er kannte, wenn es galt, unbequeme Neuerungen abzubiegen, überall einen Riegel vorgeschoben und sie „nochmals zur gewissenhaften Befolgung" aller seiner Anordnungen angewiesen hatte, fordert er sie zum Schluß auf, ihre Phantasie positiv einzusetzen und verkündet ihnen:

> „Se. Majestät werden die Bemühung, diesen Verordnungen gemäß zu handeln, als ein besonderes Merkmal der Dienstergebenheit betrachten und anerkennen, und in der Geschicklichkeit, die Verhältnisse der Jäger-Detachements mit den Bestimmungen der respectiven Bataillone und Regimenter glücklich zu vereinigen, einen Maßstab finden, um den Grad der Klugheit und Gewandtheit der Herren Kommandeure beurtheilen zu können." [231]

Die tiefe politische Einsicht, die Scharnhorst dazu veranlaßte, in den Jägern eine Sonderformation zu begründen und sie gegen eine ihnen feindliche Umwelt durchzusetzen, wird gewöhnlich verkannt. Die allgemeine Geschichtsschreibung sieht überwiegend in den Jäger-Detachements nur eine Erscheinungsform, die auf das große Ziel der Durchführung der allgemeinen Wehrpflicht hinsteuert. Auch die kriegsgeschichtliche Darstellung verfolgt weitgehend diese Tendenz. Darüber hinaus mißt sie, da sie allein im stehenden Heer als der traditionellen Erscheinungsform ihr Ideal erblickt, das von der Sonderformation der Jäger im Grunde in unzulässiger Weise durchbrochen worden ist, die

---

230 Erlaß vom 24. Februar 1813, ebenda, S. 461.
231 Instruction für die Regimenter, die Jäger-Detachements betreffend, vom 19. März 1813, *Fransecky*, a. a. O., S. 463.

Jäger am stehenden Heer und qualifiziert sie unter diesem Gesichtspunkt ab.

Typisch dafür ist die Darstellung des Großen Generalstabes über „das preußische Heer im Jahre 1813". [232] Sie muß zwar zugeben, daß die freiwilligen Jäger hervorragend gefochten haben und alle Berichte aus jener Zeit über ihr persönliches Verhalten „nur Lobenswertes zu melden" haben. Sie steht aber weitgehend verständnislos vor dieser für sie völlig fremden Erscheinung. Sie vermag nicht zu begreifen, warum die freiwilligen Jäger oftmals „von ihren Führern Beweise persönlicher Tüchtigkeit und Vertrauenswürdigkeit verlangten, bevor sie geneigt waren, ihre Befehlsgewalt unbedingt anzuerkennen". [233] Sie bedauert es im Grunde, daß Scharnhorst „die ständige Einwirkung von Vorgesetzten, die aus der Linie stammten", ausgeschaltet hatte. Sie meint, es hätte sich auf diese Weise „die ursprüngliche Eigenart der freiwilligen Truppen allmählich vortheilhaft verändern können". [234] Sie glaubt überdies, „der Nutzen der Freiwilligen wäre dann noch viel größer gewesen", wenn Scharnhorst keine Sonderformationen geschaffen hätte, sondern die Freiwilligen gleich den einzelnen Truppenteilen zugewiesen und sie dort anständig in der alten Form hätte ausbilden lassen. „Die Schulung der jungen Leute, die später Offiziere und Unteroffiziere wurden, wäre gründlicher und besser geworden" [235] (sic!). Im übrigen betrachtet sie die aus den freiwilligen Jägern hervorgegangenen, später zur Linie überführten Offiziere nur unter dem Gesichtspunkt, daß sie „die bislang vernachlässigten soldatischen Pflichten und Dienstzweige bald kennen und in ihrem Wert richtig würdigen lernten". [236]

Damit verkennt diese Betrachtungsweise jedoch all das, was Scharnhorst mit der Sonderformation der Jäger erreichen wollte. Sie sieht die Jäger nur als Ersatz für das stehende Heer an, während Scharnhorst eine besondere revolutionäre Truppe mit revolutionärem Geist schaffen will, die dadurch, daß sie den Offiziersersatz für das stehende Heer und die Landwehr stellt, das ganze Heer mit einem neuen Geist durchdringt und die Enge des bisherigen Offizierkorps sprengt. Scharnhorst will das stehende Heer nach den Jägern und nicht die Jäger nach dem stehenden

---

[232] Das Preußische Heer im Jahr 1813, Urkundliche Beiträge und Forschungen zur Geschichte des preußischen Heeres, herausgegeben vom Großen Generalstab, Kriegsgeschichtliche Abteilung, II, 1914.

[233] Ebenda, S. 161.

[234] Ebenda, S. 160.

[235] Ebenda, S. 161.

[236] Ebenda, S. 160.

Heer ausrichten. Die vollendete Ausbildung ergibt sich von selbst und kann jederzeit durch entsprechende Maßnahmen nachgeholt werden. Was aber nur schwer wieder gut gemacht werden kann, ist die falsche Auswahl bei der Zusammensetzung des Offizierkorps.

Die Zeitgenossen verstanden sehr wohl, was mit den Jägerdetachements gewollt war. Das Bürgertum betrachtete die Jäger weitgehend als seine Truppe, rüstete gebildete, aber arme Angehörige seines Standes aus und übernahm Patenschaften für diese, die während der Feldzüge von 1813 bis 1815 aufrechterhalten wurden. Im übrigen ergriffen diese Kreise freudig die Gelegenheit, „in einer ihrer Erziehung und ihren übrigen Verhältnissen angemessenen Form" den Militärdienst zu leisten. Die Jäger erhielten stärksten Zulauf. Als bekannt wurde, daß auch, wer älter als 24 Jahre sei, bei den freiwilligen Jägern dienen könnte, meldeten sich viele Männer aus den gebildeten Klassen, hochstehende Beamte, Professoren, Lehrer, Gutsbesitzer, die wegen ihres Alters und wegen ihrer Stellung nicht mehr zu dienen brauchten. Durch Kabinettsorder vom 2. März wurde bestimmt,

> „daß allen zum freiwilligen Dienst eingetretenen und noch eintretenden Staatsdienern, welche Räthe oder mit diesen von gleichem Range, sowie den Besitzern größerer Landgüter, gestattet sei, die Offiziers-Uniform mit den Achselklappen der Jäger zu tragen; und 2. daß alle anderen Männer aus den gebildeten Klassen der Nation, welche, obschon das Gesetz sie von der Verpflichtung zum Kriegsdienst entbindet, solchem sich doch widmen, das Offizier-Portepée tragen sollten".

Die Möglichkeit zu einer weiteren Auflockerung des Offizierkorps war damit für Scharnhorst gegeben.

Und das tatsächliche Verhalten der Kommandeure zu ihren Jägern? Es vollzog sich im ganzen viel reibungsloser als Scharnhorst annahm. Die Bataillons- und Regimentskommandeure erkannten, welche wesentlichen Kräfte ihnen in den Jägern zuflossen. Der allgemeine Enthusiasmus, den der Freiheitskampf entfacht hatte, erleichterte die Verschmelzung.

Nach der Schlacht bei Groß-Görschen wurden auf Scharnhorsts Vorstellungen beim König erstmalig im großen Umfang durch Tod oder Verwundung freigewordene Offiziersstellen durch freiwillige Jäger, die sich im Felde bewährt hatten, besetzt. So mußten *Blücher* und *Yorck* je 500, *Bülow* 100 Freiwillige namhaft machen, die nur den Nachweis zu führen brauchten, daß sie „eine wissenschaftliche Ausbildung erhalten, sich auch im Dienste und in der Aktion untadelhaft betragen haben". [237] Scharnhorsts Pläne begannen sich zu verwirklichen.

---

237 Cabinets-Befehle an *Blücher* und *Bülow* vom 7. Mai 1813 (Dresden).

d. Die Gründung der Landwehr und ihre politische Bedeutung

Die Landwehr von 1813 hat nichts mehr mit derjenigen Institution zu tun, die Scharnhorst in seinem „Vorläufigen Entwurf zur Verfassung der Provinzialtruppen" vom März 1808 als Landwehr bzw. Nationalmiliz bezeichnete. Ihr fällt insbesondere nicht die Aufgabe zu, die Heeres=formation für den besitzenden und gebildeten jungen Bürger zu sein. Die Landwehr, die am Tage des „Aufrufs an mein Volk", am 17. März 1813, auf Grund der „Verordnung über die Organisation der Landwehr" ins Leben gerufen wurde, wird ohne Rücksicht auf Besitz und Bildung errichtet. Sie ist eine ureigene Schöpfung Scharnhorsts, die Form, in der die allgemeine Wehrpflicht für die Dauer des Krieges durchgeführt wird [238]. Sie schließt alle diejenigen Kräfte des Landes zusammen, die nicht vom stehenden Heer und den Sonderformationen der Jägerdetache=ments oder dem Landsturm erfaßt werden. Nur die Geistlichen und Lehrer sowie unentbehrliche Staatsbeamte sind befreit. Von der Landwehr wer=den insbesondere auch alle gewesenen Soldaten und verabschiedeten Offiziere erfaßt, die als Landwehrmänner und nicht mit ihrem früheren Rang eintreten. Ob sie Offiziersrang wieder einnehmen können, hängt davon ab, ob sie in den neuen Verhältnissen Vertrauen zu finden ver=mögen und gewählt werden.

Die Landwehr ist der Ausdruck der Organisation des Volkes in Waffen, das neben dem stehenden Heer und in Verbindung mit ihm „in dem letzten entscheidenden Kampf für Vaterland, Unabhängigkeit, Ehre und eigenen Herd" den Nationalkrieg führt. Sie ist kein bürgerliches Heer. Bei ihr geht es nicht darum, die aktiven Kräfte des Bürgertums mit dem stehenden Heer zu versöhnen. Sie wird unter dem Gesichtspunkt, daß das Vaterland in Gefahr ist, provinzmäßig eingerichtet und ausgebildet. Sie dient in erster Linie zur Verteidigung der Provinz, enthält aber eine vollkommene militärische Organisation, damit sie imstande ist, gegebe=nenfalls auch mit den übrigen Truppen gemeinschaftlich zu fechten [238a]. Sie steht gleichberechtigt neben dem stehenden Heer, wenn sie auch in der militärischen Leistungsfähigkeit diesem nicht gleichkommt. Die Offiziere

---

238 Verordnung über die Organisation der Landwehr vom 17. März 1813, Preuß. Gesetzsammlung 1813, Nr. 163; zu den Verordnungen über die Land=wehr im einzelnen vgl. die Sammlung *Gerwiens*, Errichtung der Landwehr und des Landsturms in Ostpreußen, Westpreußen, am rechten Weichselufer und Litauen im Jahre 1813, Beiheft zum Militär=Wochenblatt 1846, Januar bis Oktober.

238a Vgl. den „Krieges=Katechismus für die Landwehr", Breslau im März 1813, II.

der Landwehr haben den gleichen Rang und die gleichen Vorrechte wie die Offiziere des stehenden Heeres. Außerdem besteht die Möglichkeit, ganze Formationen der Landwehr in das stehende Heer zu übernehmen.

Wie aber steht es mit der politischen Grundlage der Landwehr von 1813? Sie beruht ebenfalls auf dem Bündnis zwischen Regierung und Nation, jedoch nicht in der uns bisher bekannten Form, bei der es darauf ankam, das Bürgertum mit Hilfe eigener Heeresformationen und ihm gewährter Vorrechte an das reformierte Heer heranzuziehen. Die Partnerschaft auf seiten der Nation hat sich stark ausgeweitet. Während bisher die Nation stets im Stand der Gebildeten und Besitzenden ihren Ausdruck fand, tritt sie uns in der Landwehr im Gesamtvolk entgegen [239], das der König aufruft und nur auf der Basis des Bündnisses zwischen Regierung und Nation aufrufen kann. Die Scharnhorstsche Fassung des Aufrufs sagt kennzeichnend:

> „Zur Erreichung und festen Begründung der Selbständigkeit des Staats, des Glückes und der Ehre meines Volkes fordere ich meine Unterthanen, Adel, Bürger= und Bauernstand auf, die Waffen zu ergreifen."

Die Stände gelten dabei als Repräsentanten der Nation. „Die Stände errichten gemeinschaftlich die Landwehr." Andererseits erklärt der König: „Ich und alle Prinzen des Hauses stehen an der Spitze der Landwehr." Nicht von Staats wegen wird also die Landwehr konstituiert, sondern von der Nation auf Anruf des Monarchen.

Die typischen Formen, die man verwandte, um die Initiative des Bürgers zu wecken, indem man ihn sich selbst kleiden und bewaffnen ließ, finden wir auch hier wieder. So wird bestimmt:

> „Die Landwehrmänner kleiden sich selbst, oder sie werden von den Ständen oder Kommunen gekleidet, nachdem es die Umstände erfordern." [240]

Auch Waffen und Munition sollen in erster Linie in den Kreisen angefertigt werden. Nur wenn das nicht möglich ist, darf die Landwehr die Waffen „aus dem Zeughaus auf Kosten des Staates erhalten". Der Kreis sorgt, sowie die Landwehr zur Übung im Kreise zusammengezogen ist, für ihre Verpflegung.

Ebenfalls wird die Wahl der Offiziere weitgehend der Nation überlassen. Die Landwehroffiziere werden

---

239 Vgl. dazu *Velhagen, C. F.*, Preußens Landwehr, 1815, S. 3 ff.

240 § 13 der „Vollständigen Verordnung über die Organisation der Landwehr vom 17. März 1813".

> „von dem Ausschuß der Kreise bis einschließlich den Kompanie= und Schwadronchef, ohne Rücksicht aufs Alter, aus der ganzen Volksmenge gewählt" (§ 8).

Sie werden dem König zur Bestätigung vorgeschlagen, die Bataillons= und Brigadekommandeure sowie die Divisionäre dagegen vom König eingesetzt. Doch will der König auch hier auf eine „Wahl des Aus= schusses" Rücksicht nehmen. Nach Errichtung der Landwehr werden freigewordene Offiziersstellen durch Wahl der Offiziere neu besetzt, wo= bei geeignete Unteroffiziere zugelassen sind. Welch eine Wandlung! [241]

Das Bündnis zwischen Regierung und Nation findet seinen besonderen Ausdruck in der Inschrift „Mit Gott für König und Vaterland", die der Landwehrmann auf dem Kreuz aus weißem Blech an seiner Mütze trägt. Nahe hätte es gelegen, auch den Eid entsprechend auf „König und Vaterland" abzustellen. Ausdrücklich wird jedoch bestimmt, daß die Landwehr und ihre Offiziere „den gewöhnlichen Eid des stehenden Heeres leisten" (§ 12).

Während es sich in den ersten Entwürfen zur Verfassung der Provin= zialtruppen darum handelt, den Gedanken, daß man dem Bürger ein Vaterland geben müsse, wenn er es verteidigen solle, erst durchzufech= ten, geht man hier davon aus, daß sich die Gesamtreform bereits voll= zogen hat. Die Reformen auf politischem und militärischem Gebiet haben, jedenfalls in den altpreußischen Provinzen, bereits das Bewußt= sein geschaffen, daß der reformierte preußische Staat ein Vaterland sein kann, für das es sich zu kämpfen lohnt. Jedoch nicht mehr bloß, und das ist das Wesentliche, ein Vaterland für den Bürger, sondern für die Gesamtnation, insbesondere für den Bauern, der in der Zwischen= zeit befreit worden war, sowie den kleinen Handwerker und Gewerbe= treibenden. Auf die Nichtbesitzenden hinweisend, hatte der Oberfinanz= rat *Schön* bereits im Jahre 1807 erklärt:

> „Wenn der stehende Soldat unbemittelt ist, so hat er kein ander Fun= dament der Vaterlandsliebe als die Vorzüglichkeit der Staatsverfas= sung." [242]

---

[241] Vgl. dazu das Kapitel „Offizierswahl und Bündnisgedanke", S. 233 ff. dieses Buches.

[242] Nicht dagegen „in den neuen erst drei Jahre preußisch gewesenen und dann wechselnden Regierungen unterworfenen Provinzen". Hier läßt sich, wie das Oberpräsidium in Münster zur Rechtfertigung der zahlreichen Deser= tionen bei der Landwehr dem König mitteilt, „billig der gute Geist, welchen die Verordnung über die Landwehr wohl voraussetzt, nicht fordern und er= warten". Acta, betr. die Berichte an des Königs Majestät 1813—1835, Ober=

Und Gneisenau hatte dem hinzugefügt:

> „Auch die der Armeeverfassung, wodurch es dem ärmsten Taglöhnersohn möglich wird, die höchsten Stufen zu ersteigen." [243]

Wenn so bei der Errichtung der Landwehr von 1813 das Bündnis zwischen Regierung und Nation weit über die Repräsentation der Nation durch das Bürgertum hinauswächst, so behält andererseits das besitzende und gebildete Bürgertum auch hier eine gewisse führende Stellung. Deutlich zeigt sich dies insbesondere bei der Wahl der Offiziere. In der zweiten Beilage zur Organisation der Landwehr wird ausdrücklich erklärt:

> „Seine Majestät der König haben das Vertrauen, daß die Kreisausschüsse ohne alle Partheilichkeit ihre Wahl auf Männer richten werden, die sich durch mehrere Bildung, durch Rechtlichkeit und durch das Vertrauen, welches sie im Kreise oder in der Stadt besitzen, dazu am besten qualifizieren" (§ 4).

In seiner Führung soll das Bürgertum auch nicht durch Eingriffe des stehenden Heeres beschränkt werden. Ähnlich wie bei der Ausbildung der Jäger wird bestimmt, daß die Gendarmerie-Offiziere, Unteroffiziere und Gemeinen, die in erster Linie zur Ausbildung der Landwehr bestimmt waren, nur so lange Dienst leisten, als erforderlich. Keinesfalls dürfen etwa die Ausbildungsoffiziere der Landwehr als ihre Offiziere aufgedrängt werden, sondern verbleiben hier nur, wenn sie durch das „Vertrauen" ihrer Mitbürger berufen werden, sonst haben sie zu ihrer Truppe zurückzutreten. Entsprechendes gilt von den pensionierten Offizieren, die zur Unterstützung der Ausbildung herangezogen werden.
Im Ergebnis gelingt es, auf den verschiedenen Wegen diejenigen Kräfte zu mobilisieren, die für die Verteidigung des bedrohten Staats in Frage kommen können. In der Landwehr ficht die gesamte Nation, die nur noch in ihrem Offizierkorps durch das Bürgertum repräsentiert wird, und in der alle Angehörigen des preußischen Staates vereinigt sind, soweit sie nicht im stehenden Heer, den Jägerdetachements oder dem Landsturm Verwendung finden, unter der Devise „mit Gott für König und Vaterland". Im Gesamtbild tritt an Stelle des Nebeneinander von stehendem Heer, Jägerdetachements und Landwehr das Miteinander in Erscheinung. Freilich war es von dem Aufruf zur Bildung der Landwehr bis zu ihrem Einsatz ein harter Weg. Man war bereits mit dem stehenden Heer zu

---

präsidium B, Nr. 1 a, Staatsarchiv Münster, Bl. 15 ff., 29 ff., 54 ff. Publikationen, a. a. O., S. 201.

243 Publikationen, a. a. O., S. 201.

fechten gezwungen, aber über die ersten Schritte zur Bildung der Landwehr noch nicht hinaus. Scharnhorst nahm ihre Organisation selbst in die Hand, verfügte „zur Vermeidung alles Aufenthalts" eigenmächtig die Bewaffnung der Landwehr [244], legte den Zeitplan für die Aufstellung der Mannschaft, die Einteilung in Kompagnien, die Wahl der Offiziere, für die Bekleidung, Bewaffnung und Remontierung fest. Am 1. Mai 1813 sollten die Landwehrmänner soweit sein, um gegen den Feind geführt zu werden. Als die Termine nicht eingehalten wurden, übernahm er die betreffende Abteilung im Kriegs-Departement und beseitigte durch sein Ansehen die Hindernisse, mit denen neue Einrichtungen überall zu kämpfen haben [244a]. Was sich hier vollzog, war für den im alten Geist denkenden Offizier unfaßlich. Improvisation und immer wieder Improvisation. Es fehlte an Montierungen. Scharnhorst schlug vor, sich mit den primitivsten selbsthergestellten Ausrüstungsstücken zu behelfen. Entscheidend sei nur eines, daß die Mannschaften mit der Waffe umzugehen verstünden und nicht, wie sie gekleidet seien. Die Landwehr war kaum eingeübt. Scharnhorst ordnete an, das die Übung auf den wochenlangen Märschen zur Front erfolgen solle, wobei die Truppe unaufhörlich im Schießen nach der Scheibe zu unterrichten sei. „Nur diese Übung macht sie brauchbar, gibt Zutrauen." In Schlesien ist es Gneisenau, der als Militärgouverneur seine ganze Kraft darauf verwendet, die Landwehr zu organisieren, zu kleiden, zu bewaffnen und einzuüben. Der Waffenstillstand kam ihm dabei zustatten.

Bei der Bildung der Landwehr war man davon ausgegangen, daß sie nur zur Verteidigung des eigenen Landes zwecks Unterstützung des stehenden Heeres herangezogen werden sollte. Bei ihrem Einsatz zeigte es sich, daß die völlig anders geartete militärische Aufgabe dazu zwang, große Teile der Landwehr im engen Zusammenwirken mit der Feldarmee bei deren offensiven Operationen heranzuziehen. Notwendigerweise mußte sich die Landwehr dem Feldheer angleichen. Sie lernte durch verlustreiche Kämpfe sich den neuen Bedingungen anzupassen. Was ihr an Ausbildung und Übung fehlte, ersetzte der Enthusiasmus, mit dem sie focht. In allen Kriegsberichten findet sich der Hinweis, welch hervorragende Tapferkeit und Hingabe sie bewies. Sogar Yorck, der unbestechliche Kritiker, mußte zugeben, daß sich die Landwehren zum Teil „wie alte Grenadierregimenter" schlügen.

---

[244] *Scharnhorst*, Immediatbericht vom 28. März 1813.

[244a] *Clausewitz*, Über das Leben und den Charakter von Scharnhorst, a. a. O., S. 189.

e. Der Landsturm als Organisation des Volksaufstandes

So revolutionär die Aufstellung einer Nationalmiliz in der Form von Jägerdetachements und die Bildung der Landwehr auch war, so knüpfte man mit ihnen bei der Ausnutzung der Volkskraft doch an das stehende Heer an. Diese Heeresformen strebten gewissermaßen aufeinander zu. Wie die Regierung mit der Nation, so soll sich die Nationalmiliz mit dem stehenden Heer verbinden. Obwohl ein Volksheer, führt sie nach den Gesetzen und Gebräuchen des Völkerrechts Krieg und wird auch von ihm anerkannt.

Mit dem Landsturm, der durch Verordnung vom 21. April 1813 verkündet wird, tritt ein Element in der Kriegführung auf, das die überkommene staats- und völkerrechtlich anerkannte Ordnung negiert. Durch diese Verordnung wird der Volksaufstand, der dem modernen Partisanenkampf in vielem nahe kommt, gesetzlich verankert und die Art und Weise, wie er zu führen ist, in 85 Paragraphen festgelegt.

Die Kampfprinzipien im Volksaufstand

„Jeder Staatsbürger ist verpflichtet", so heißt es im § 1 der Verordnung,

> „sich dem eindringenden Feind mit Waffen aller Art zu widersetzen, seinen Befehlen und Ausschreibungen nicht zu gehorchen, und wenn der Feind solche mit Gewalt betreiben will, ihm durch alle nur aufzubietenden Mittel zu schaden" [245].

Die Altersgrenze für den Landsturm bewegt sich zwischen dem 15. und 60. Lebensjahre. Nur Gebrechlichkeit, Kinder- und Greisenalter schließen die Teilnahme aus. Der Krieg gilt als ein

> „Kampf der Notwehr, der alle Mittel heiligt. Die schneidendsten sind die vorzüglichsten, denn sie beenden die gerechte Sache am siegreichsten und schnellsten" [426].

Unter diesem Gesichtspunkt wird die Fechtweise des Landsturms festgelegt. Seine Bestimmung ist es,

> „dem Feinde den Einbruch wie den Rückzug zu versperren, ihn beständig außer Atem zu halten; seine Munition, Lebensmittel, Curiere und Rekruten aufzufangen; seine Hospitäler aufzuheben, nächtliche Überfälle auszuführen; kurz ihn zu beunruhigen, zu peinigen, schlaflos zu machen, einzeln und in Trupps zu vernichten, wo es nur möglich ist" [247].

---

245 Preußische Gesetzsammlung 1813, Nr. 184, S. 79 ff.

246 § 7.

247 § 8.

Stößt der Feind, selbst „50 Meilen weit" durch, so bringt ihm dies nur geringen Vorteil, denn er darf

> „nicht mehr wagen, kleine Detachements zum Fouragiren und Rekognosziren (auszusenden) ohne die Gewißheit, daß sie ihm erschlagen werden".

Überall da kann der Landsturm aufgeboten werden,

> „wo nur Muth und Körperkraft gelten und entscheiden, bei nächtlichen Überfällen, bei Stürmen wie auch beim hartnäckigen Behaupten von Verschanzungen und Wällen" [248].

Die Landsturmmänner sind nicht als Soldaten gekennzeichnet. Verboten ist für sie, Uniform und Trachten anzufertigen, weil sie sonst damit ihren Zweck, unbekannte Kräfte zu sein, die dem Feinde gerade deshalb entscheidend zu schaden vermögen, nicht erfüllen können [249].
Andererseits aber ist der Landsturm mit dem stehenden Heer und der Landwehr verbunden. Er soll

> „den Rückhalt und die Mauer bilden, an der das Heer und die schon ausgezogene Jugend sich lehnen; sowie, wenn sie im Lande augenblicklich zurückweichen müssen, die Macht, die in des Feindes Rücken ihm allen nur möglichen Abbruch zu tun verbunden ist" [250].

Für seine Aufgaben wird der Landsturm besonders geschult. Er muß lernen

> „in Massen und Gliedern zusammenzustehen und sich zu bewegen, geräuschlos und schweigend zu marschieren, sich im Schießen zu üben; mit einem Trupp sich in Thälern, hinter Höhen und Waldungen fortzuschleichen, sich einzeln auf Kundschaft zu legen und zu patroulliren; hinter Dörfern und Scheunen, in Waldungen, hinter Höhen mit Trupps zu verstecken, dann plötzlich und unvermutet hervorzubrechen, schwärmend und geschlossen anzugreifen, sich in Gräben, hinter Hecken, Zäunen, Häusern zu postieren, sich geteilt oder in Masse zurückzuziehen" [251].

Als Waffe kann, was sich bietet, gebraucht, in Ermangelung von Kugelbüchsen darf „jede Art von grobem Schrote benutzt werden". [252] Erbeutete Waffen und Munition gehören der Gemeinde. „Geld und andere Dinge behält, wer sie gewinnt." [253] Die Spionage wird zur Ehrensache erklärt. An ihrer Spitze stehen die „Ortsobrigkeiten, Gutsbesitzer, Pfarrer, Postoffizianten, Schullehrer, Aktuare" und ähnliche Persönlichkei-

248 § 9.
249 § 39.
250 § 3.
251 § 46.
252 § 43.
253 § 58.

ten. Sie wird diesen Männern besonders zur „ausdrücklichen Pflicht" gemacht [254].

Der Landsturm ist zunächst nur als latente Organisation vorhanden. Er tritt erst in Tätigkeit, wenn er aufgeboten wird, und dies geschieht überall da, „wo der Feind versucht, in unser Land einzudringen". Die bürgerliche Ordnung wird in dem Augenblick aufgehoben, in dem die Gefahr droht, daß der Feind einen Bezirk besetzt. Sie gilt automatisch als aufgelöst, wenn eine Stadt oder ein Bezirk vom Feinde so plötzlich eingenommen wird, daß eine besondere Aufhebungserklärung nicht mehr möglich ist. Eine vom Feind besetzte Stadt wird als Kriegsschauplatz betrachtet, auf dem Kriegsrecht herrscht. Alle bürgerlichen Verhältnisse in dieser Stadt sind aufgehoben, die Behörden aufgelöst. Jedes Bestreben, hier eine Ordnung zu schaffen, etwa „National= oder Bürgergarden unter Einfluß und Aufsicht des Feindes" einzurichten, gilt als Kriegsverrat und „ist bei Strafe schimpflicher Landesverweisung untersagt", denn

> „diese scheinbaren Ordnungsmittel haben dem Feind schon oft Garnisonen in den eroberten Städten erspart. Es ist weniger schädlich, daß einige Ausschweifungen zügellosen Gesindels stattfinden, als daß der Feind frei im Schlachtfelde über alle seine Truppen gebietet" [255].

Um das Bewußtsein zu stärken, daß der Bürger im Krieg lebt und sich unmittelbar auf dem Kampfplatz befindet, sobald der Feind eine Stadt besetzt hat, wird

> „wie bei tiefster Trauer verboten, irgendein Schauspiel, Ball oder öffentliche Lustbarkeit zu besuchen. Kein Geistlicher darf darin ohne besondere Erlaubnis einer dem Feind nicht unterworfenen höheren Behörde ein Paar ehelich einsegnen" [256].

Bei Todesstrafe darf

> „niemand dem Feinde einen Eid leisten. Wird er mit Gewalt dazu gezwungen, so bindet ihn kein gezwungener Eid. Erpreßt der Feind Nachrichten, so ist jeder verpflichtet, zu verschweigen, was er kann".

Der Belagerungszustand, den der Gegner verhängt, trifft auf diese Weise völlig ins Leere und verliert seine Basis. Setzt er doch zur Wirksamkeit voraus, daß eine bürgerliche Ordnung vorhanden ist, die zu militärischen Zwecken modifiziert wird. Jeder Einwohner muß „nach dem Einrücken des Feindes zu entkommen suchen". Gelingt ihm dies nicht, so darf er

---

254 § 64.
255 § 84.
256 § 85.

keinerlei Beziehungen zum Feind aufnehmen. Seine Aufgabe ist vielmehr,

> „dem Feinde das Leben möglichst zu erschweren, sich allen seinen Anordnungen mit Gewalt zu widersetzen, alle Leistungen und Lieferungen für ihn zu versagen, ihn einzeln zu vernichten und Abbruch zu tun"[257].

Dem Bewohner einer Stadt ist die Möglichkeit, als Zivilist in einer bürgerlichen Ordnung weiterzuleben, verschlossen.
Für die Dörfer gelten besonders einschneidende Vorschriften. Hier wird die Politik der verbrannten Erde gesetzlich sanktioniert. Ständig muß sich der Landsturm

> „mit Weibern, Kindern, Greisen und der besten Habe zum Auswandern bereit halten" ... „Rückwärts liegende erhebliche Städte, Inseln, in grossen Wäldern liegende einzelne Orte, von Seen und Sümpfen rings umschlossene Gegenden sind hauptsächlich zu Zufluchtsörtern zu erwählen"[258].

Bei Gefahr in Verzug sind die folgenden Maßnahmen zu treffen:

> „Unter den Vorräten ist das Mehl zuerst fortzubringen oder zu verderben. Die Getränke, Bier, Wein und Branntwein lasse man auslaufen."
> „Die Mühlen werden verbrannt, die Brunnen verschüttet ... die zeitigenden Früchte werden abgeschlagen. Korn und Getreide jeder Art, wenn es der Reife nahe, wird in Asche verwandelt."
> „Pferde und Rindvieh, die in die Hände der Feinde fallen, werden niemals ersetzt. Sie sind für den Eigenthümer auch dann verwirkt, wenn ein Zufall sie ihm zurückgibt. Jeder, der sie nicht bei Zeiten wegbrachte, hat sich einen solchen Verlust selbst beizumessen."[259]

Die Dörfer selbst werden „geräumt und in einen solchen Zustand versetzt, der den Aufenthalt des Feindes darin unmöglich macht", d. h. praktisch zerstört. Denen, die darüber klagen und sich nicht mit diesem Gedanken vertraut machen können, wird erklärt:

> „Ein jeder bedenke, daß es kein zerstörtes Dorf gibt, das im Verhältnis seiner Größe nicht weniger aufzubauen kostete, als feindliche Einquartierung und Brandschatzung desselben kosten würden."[260]

Todesstrafe wird demjenigen angedroht, der dem Feinde ein Waffendepot verrät. Des weiteren wird,

> „wer dem Feinde eine Wasserfurth freiwillig verräth, Mann oder Weib, oder ihm als Wegweiser dient, erschossen. Wer es gezwungen gethan,

---

[257] § 81.
[258] §§ 66, 68.
[259] §§ 70, 71, 73, 74.
[260] § 65.

ist wegen Mangel an Standhaftigkeit zur Verantwortung zu ziehen, und überall hinten an zu setzen. Auch steht einem solchen der Beweis zu, daß er Zwang erlitten"[261].

Soweit die Kampfprinzipien im Volksaufstand.

Volksaufstand und Bündnisgedanke

Die bewußte Organisierung des Volksaufstandes muß vom Gesichtspunkt absolutistischen Staatsdenkens als etwas Ungeheuerliches betrachtet werden. Der absolute Staat hatte für Volksaufstände den Begriff der Insurrektion gewählt, wobei er natürlich nur an die gegen seine innere Ordnung aufstehenden Kräfte dachte. Zwar richtet sich der im Landsturmedikt verankerte Volksaufstand gegen den äußeren Feind, doch kehrt er sich zugleich gegen die innere Ordnung des Staates. Die Entfesselung des Chaos ist die Voraussetzung für seine militärische Wirksamkeit. Damit nimmt man dem Feinde die Möglichkeit, als Hüter der bürgerlichen Ordnung aufzutreten und diejenigen, die bisher diese Ordnung wahrten, gegen sie selbst ausspielen zu können. Gleichzeitig wird das napoleonische Prinzip, daß der Krieg den Krieg zu ernähren habe, wirkungslos. Setzt es doch voraus, daß auch im Feindesland noch eine Friedensordnung vorhanden ist, von der der Krieg zehren kann.
In seiner radikalen Konsequenz bedeutet der Volksaufstand die Selbstaufgabe des absoluten Staates. Nach seiner Auffassung war die Aufrechterhaltung der bürgerlichen Ordnung durch den Feind gegenüber der Entfesselung des Chaos das geringere Übel. Seit der Französischen Revolution wird der Volksaufstand stets mit der Schreckensherrschaft der Jakobiner verknüpft.
Gleichzeitig bedeutet der Volksaufstand einen schweren Verstoß gegen allgemein anerkannte völkerrechtliche Grundvorstellungen. Indem der Landsturm, sich tarnend, im Falle der Unterlegenheit in den Zustand der bürgerlichen Friedensordnung ausweicht, um im günstigen Moment wieder militärisch in Aktion zu treten, wird die grundsätzliche Trennung zwischen bürgerlicher Ordnung und „Kriegstheater" verwischt. Dabei wird in Kauf genommen, daß der Gegner seinerseits die bürgerliche Ordnung nicht mehr respektiert.
Politisch versuchen Scharnhorst und sein Kreis den Volksaufstand mit dem Bündnis zwischen Regierung und Nation zu rechtfertigen und von hier aus die von den Verfechtern der absolutistischen Ordnung vor-

---

261 § 78.

gebrachten Argumente zu zerstreuen. Dieses Bündnis ist, so argumentiert man, geschlossen worden, um König und Staat zu erhalten. Man hat dabei zum Volk als Bündnispartner das Vertrauen, daß es seine Macht nur im Rahmen des Bündnisses gegen den äußeren Feind gebrauchen werde. Zwar gibt sich der absolute Staat mit der Entfesselung des Volksaufstandes dem Volke weitgehend in die Hand. Scharnhorst wie Gneisenau gehen jedoch davon aus, daß das Volk im Chaos nicht den letzten Sinn sieht, sondern von der Notwendigkeit seiner Partnerschaft durchdrungen, sich der am siegreichen Ende des Krieges stehenden neuen bürgerlichen Lebensordnung verpflichtet fühlt. Insofern erhält das Bündnis zwischen Regierung und Nation mit dem Übergang zum Volksaufstand eine weitere entscheidende Bedeutung. „Gefahren für den Thron gibt es bei uns nicht", erklärt Gneisenau, „dagegen sichert die Persönlichkeit des Königlichen Paares". Dazu wird „eine gute, vom Throne ausgehende, von anderen Völkern beneidete Konstitution die Anhänglichkeit an den Regenten vermehren" [262]. Verteidigt das Volk ein Vaterland, dann ist es gleichgültig, in welcher Form dies geschieht, ob als Nationalmiliz dem stehenden Heere angeschlossen, oder im Volksaufstand.

So zweckmäßig diese Begründung auch sein mag, so ist sie doch keinesfalls richtig. Nur zusammen mit seinem Bündnispartner kann das Volk bisher auftreten. Es stellt zwar seine Kraft dem Staat zur Verfügung. Es vertraut die Abwehr des äußeren Feindes aber weiter dem Staate an, auch wenn es ihm dabei hilft. Im Volksaufstand kehren sich die Verhältnisse um. Hier tritt das Volk als eine eigene Größe auf, dem sich der Staat anvertraut, weil er mit seinen eigenen Mitteln nicht mehr weiter weiß. Das Volk ficht für seine eigene Existenz und Substanz, für, wie es in der Denkschrift Ferdinand Delbrücks heißt,

> „die Erhaltung des Staates, des Volkes, der nationalen Eigenart, der Sprache, Sitte und von allem, was das Leben lebenswerth macht" [263].

Welch eine Wandlung in den letzten 7 Jahren! Zur Zeit der Schlachten von Jena und Auerstedt war das Volk noch die Summe der Untertanen, deren Stellung sich im Gehorsam erschöpfte. Es brauchte nicht davon berührt zu werden, daß die Armee sich schlägt. Durch das Bündnis zwischen Regierung und Nation wird das Volk aus seiner Nur-Untertanen-

---

[262] *Gneisenau*, Denkschrift vom August 1808, Publikationen, a. a. O., S. 552.
[263] *Delbrück, F.*, Flugschrift „Erläuterungen der Königl. Verordnung über den Landsturm", 1813, z. T. wörtlich wiedergegeben bei *Blumenthal*, Der Landsturm von 1813, 1900, S. 126.

stellung herausgehoben, wird der einzelne als Person anerkannt, die es an den Staat heranzuziehen gilt. Nur auf dieser Basis ist die Partnerschaft möglich. Im Volksaufstand wird das Volk als selbständig kämpfende Gemeinschaft betrachtet. Nicht mehr der Gehorsam gegenüber dem absoluten Herrscher und seinem Staatsapparat bestimmt sein Verhalten, sondern der Kampf um seine Existenz, damit zugleich für die Erhaltung von König und Staat.

Daß man von seiten der Reformer solche Schritte zu gehen wagte, zeigt einerseits, welche Kraft man der Reform zutraute; andererseits wirkte hierbei auch die Volksvorstellung Scharnhorsts mit[264]. Er sah nicht jenseits der absolutistischen Ordnung den Kampf aller gegen alle. Für ihn lebte ebenfalls wie für Arndt das Volk in einem naturhaft vegetativen Zustand, der eine organische Ordnung bereits in sich trägt. Die bestehende Ordnung, also auch die des absoluten Staates, stellt nur eine historisch bedingte Herrschaftsform dar. Ihre Auflösung bedeutet Rückkehr zu natürlichen und ursprünglichen Kraftquellen. Insofern ist der Volksaufstand eine natürliche Kampfesform, mit deren Hilfe alle Kräfte zum Einsatz gebracht werden können und müssen, wenn es um das Letzte geht, wenn

> „kein Mittelweg zwischen Untergang und Schande auf einer, Unabhängigkeit und Ehre auf der anderen Seite“[265]

mehr übrig bleibt.

Die Steuerung des Chaos

Die Verordnung über den Volksaufstand hat ihre Geschichte. Vorsichtig und zurückhaltend verhält sich zunächst Scharnhorst. In seiner Denkschrift vom August 1808 hatte er gewisse vorbereitende Maßnahmen zur „Organisation einer Anstalt, um das Volk zur Insurrektion vorzubereiten“ vorgeschlagen[266]. Weitere Kreise sind damit jedoch vorläufig nicht zu befassen. Eine Geheimorganisation sollte „gutgesinnte und entschlossene Männer“ und „patriotisch gesinnte und entschlossene Offiziere“ benennen. Mit ihnen sind die Mittel und Wege für einen etwaigen Volksaufstand zu besprechen. Daneben sollte das Volk selbst „unvermerkt“ vorbereitet werden und dies insbesondere Sache der Geistlichen sein[267].

---

264 Vgl. dazu *Stadelmann, R.*, Scharnhorst und die Revolution seiner Zeit, S. 173.

265 *Gneisenau*, Denkschrift zum Volksaufstand, Publikationen, a. a. O., S. 552.

266 Publikationen, a. a. O., S. 555.

267 Ebenda, S. 556.

Scharnhorst gibt jedoch keine Theorie, kein Gesamtbild vom Volksaufstand, innerhalb dessen alle Einzelanordnungen streng ineinandergefügt sind und logisch aufeinander aufbauen, wie wir dies in seinen sonstigen Denkschriften gewohnt sind[268]. Er weist dem Volksaufstand auch keinen Platz im neuen Kriegsbild zu, er trifft lediglich mit aller Behutsamkeit Vorbereitungen für den Fall, daß glückliche äußere Umstände, insbesondere ein Krieg Napoleons mit Rußland oder Österreich das Land von französischen Truppen entblößen würden und man dadurch zu handeln in der Lage wäre.

Der eigentliche Theoretiker des Volksaufstandes ist Gneisenau. Militärisch geht es ihm darum, die Theorie des Massenkrieges mit den praktischen Erfahrungen bei den Volkserhebungen der letzten Jahre, besonders dem Aufstand der Bauern in der Vendée und in Spanien zu einer Einheit zu verschmelzen und auf diese Weise eine neue Kampfesart zu schaffen, die auf die besonderen Verhältnisse Preußens zugeschnitten ist. Preußen kann sich nach Gneisenaus Ansicht in seiner jetzigen Lage nur halten, wenn es zu militärischen Maßregeln greift, die völlig außerhalb des Überkommenen liegen. „Es gibt", so erklärt er in einer Denkschrift vom August 1808,

> „noch Widerstandskräfte, die die Regierungen zeither vernachlässigt haben und die uns mit hoher Wahrscheinlichkeit einem günstigen Ausgange des Kampfes entgegen sehen lassen. Dies sind die Volksbewaffnungen"[269].

Mit ihnen ist auf der einen Seite die Masse gegeben, die Preußen an Truppen nach der vernichtenden Niederlage von 1806 fehlt. Auf der andern Seite braucht der Staat keine solchen finanziellen Opfer zu bringen, wie sie ein gleichstarkes stehendes Heer verlangen würde.

Für die späteren Auseinandersetzungen ist die gleichzeitige Idealisierung des Volksaufstandes von größter Bedeutung. Mit einem im Volksaufstand kämpfenden Heer ist für Gneisenau die absolute Überlegenheit insbesondere auch gegenüber jedem stehenden Heer gegeben[270].

---

[268] Mit dem Gedanken eines Landsturms hatte sich Scharnhorst bereits vor dem Zusammenbruch beschäftigt. Um Hannover im Jahre 1803 vor den Franzosen zu retten, hatte er die Aufbietung des Landsturms für richtig gehalten, in seiner Denkschrift vom April 1806 hatte er den Nationalkrieg mit der Bewaffnung der „ganzen Masse des Volkes" vorgeschlagen, wobei er jedoch davon ausging, daß die Ausnutzung der Volkskraft unter der Kontrolle des absoluten Staates und in staatlich organisierter Form zu geschehen habe. (S. o. S. 155 ff.)

[269] Denkschrift *Gneisenaus* vom August 1808, Publikationen, a. a. O., S. 549.

[270] Ebenda, S. 551.

Die „mit so starkem Druck auf den Nationen lastenden stehenden Heere" können daher bedeutend vermindert werden. Dieses Heer verkörpert dazu die Harmonie zwischen Regent und Volk.

> „Jeder auf Eroberungen verzichtende Regent kann demnach fortan ruhig in seiner Residenz den Stürmen, die ihn umgeben, zusehen, sich ungestört nur mit dem Glücke seines Volkes beschäftigen, und er zieht nur dann an die Grenzen seines Landes, wenn ein übermütiger Feind dessen Unabhängigkeit und seine Ehre bedroht." [271]

Der Volksaufstand erscheint hiernach als ein Allheilmittel: Ein noch so schwacher Staat kann, ohne daß er sich kostenmäßig zu übernehmen braucht, mit Hilfe der Volksbewaffnung in Ruhe und Frieden leben. Wenn man Gneisenaus Vorschläge liest, wird die vorsichtige Haltung Scharnhorsts gegenüber dieser Art von Volksaufstand besonders verständlich. Scharnhorst ist eben dabei, das politische Bündnis zwischen Regierung und Nation in Preußen zu verwirklichen. Gneisenau sprengt bereits diesen Rahmen, das „nördliche Deutschland" soll mit einer freien Verfassung versehen Ausgangspunkt für den Volksaufstand werden und über Preußen hinaus „ein Bund zur Vaterlandsverteidigung" geschlossen werden [271a]. Dazu muß Gneisenau den an und für sich schon mißtrauischen König in seiner Haltung bestärken, wenn er „diejenigen deutschen Fürsten, welche niederträchtig genug sind, ihre Truppen gegen uns marschieren zu lassen, ihrer Throne verlustig erklärt" wissen will und vorschlägt, daß „ihre Untertanen sich würdigere Regenten an ihre Stelle wählen"; oder wenn er die Minister dieser Fürsten für „vogelfrei" betrachtet, „falls sie nicht sogleich für unsere Pläne mitwirken" [271b]. Das sind neue politische Belastungen, die zudem sehr wenig in Scharnhorsts Konzeption passen. Dazu kommen starke militärische Bedenken. Man braucht nur die unter Berücksichtigung aller Erfahrungen der letzten Kriege, insbesondere der Schlachtenkunst Napoleons, stehenden Vorträge Scharnhorsts in der militärischen Akademie mit der Volksaufstandsideologie Gneisenaus zu vergleichen, um sich ein Bild von der Einstellung Scharnhorsts zu Gneisenaus oft recht phantastischen Plänen machen zu können. Gewiß, der Volksaufstand ist zu brauchen, aber da, wo er hingehört. Man darf ihn jedoch nicht zum allein entscheidenden Faktor im künftigen Kriege erheben wollen.

---

271 Ebenda, S. 550.

271a *Gneisenau*, Auszug aus der Konstitution für die allgemeine Waffenerhebung des nördlichen Deutschlands gegen Frankreich, Denkschrift vom August 1808, Publikationen, a. a. O., S. 555.

271b Ebenda.

Andererseits sind Gneisenaus Vorschläge keinesfalls so ernst zu nehmen, wie dies später von den Liberalen im Kampf um die Volksbewaffnung und die Abschaffung des stehenden Heeres geschah. Sie sind geschrieben aus der Notsituation von 1808, als das preußische Heer vernichtet war, und, wenn man Widerstand leisten wollte, sich kaum andere Möglichkeiten boten, als sich des Volksaufstandes zu bedienen. Sie sollen dem König, der leicht geneigt war, am Widerstand zu verzweifeln, mit dem Zuruf: „Es gibt noch ein Mittel!" neuen Mut und neue Hoffnung einflößen. Sie sind gleichzeitig innerpolitisch bestimmt, weil sie die Forderung nach Reformen unterstreichen. Wenn man das Volk so weit einsetzen will, daß es für den König im Volksaufstand fechten soll, dann muß man ihm auch Ziele aufzeigen, für die es sich zu kämpfen lohnt. Gneisenaus Pläne stehen weiterhin im Zusammenhang mit den Hoffnungen auf den zwischen Österreich und Frankreich ausbrechenden Krieg und das Eingreifen Englands von der See her, das mit Landungstruppen im Gebiet zwischen Ems und Elbe erscheinen und außerdem auch in Hannover einen ähnlichen Aufstand im voraus organisieren soll [272].

Ganz anders ist die Situation, in der Gneisenau im Sommer 1811 den Volksaufstand fordert [272a]. Das preußische Heer ist in seinen grundlegenden Institutionen reformiert, das Krümpersystem funktioniert bereits im wesentlichen. Die Basis für eine Nationalmiliz ist geschaffen. Außenpolitisch besteht die Gefahr, daß in diesem Moment Frankreich zum Kriege drängen und das neu aufstehende Preußen endgültig niederschlagen wird. Dem sollen stehendes Heer und Landsturm entgegenwirken. Der Landsturm ist dabei darauf abgestellt, neben dem stehenden Heer zu seiner Unterstützung aufzutreten. Unter diesem Gesichtspunkt wird der Volksaufstand systematisch organisiert. Den Anlaß dazu gaben die Erfahrungen in Spanien. *Grolmann,* der im spanischen Aufstand aktiv mitgekämpft hatte, berichtete, daß Napoleon die Gefahr eines Volksaufstandes, sowie die in der Nation schlummernden Kräfte verkannt habe, man aber viel mehr hätte erreichen können, wenn eine

---

272 Vgl. dazu als instruktiv die beiden Denkschriften *Scharnhorsts* vom August 1808, insbesondere „Anträge, so an England geschehen würden", Publikationen, a. a. O., S. 561 ff. und *Gneisenaus* Denkschrift vom 24. August 1808, S. 565 ff.; sowie *Gneisenaus* „Betrachtungen über Preußens Lage im September 1808", S. 594 ff., 596.

272a *Gneisenaus* Denkschrift vom Sommer 1811, abgedr. bei *Pertz,* Gneisenau, II, S. 112 ff. Vgl. die eingehende Behandlung dieser Denkschrift bei *Höhn, R.,* Revolution, Heer, Kriegsbild, a. a. O., S. 630 ff.

zielbewußte militärische und politische Führung sowie vorausschauende Planung vorhanden gewesen wären. Daraus will man lernen, dem Volksaufstand gewisse Formen geben und die entfesselten Kräfte bewußt lenken.

Diesen Plänen steht Scharnhorst schon näher. Der Volksaufstand, der im Zusammenwirken mit dem stehenden Heer und zu seiner Unterstützung entfacht wird, ist für Scharnhorst ein Mittel, das in den künftigen Freiheitskampf einbezogen werden muß. So drängt denn auch Scharnhorst, als dieser beginnt, im Verein mit Gneisenau auf den Erlaß der Verordnung über den Landsturm als Schlußstein der Wehrverfassung „zur Mobilisierung der physischen und moralischen Kräfte der gesamten Nation“ [273]. Ohne Landwehr und Landsturm glauben sie nicht „für einen glücklichen Erfolg einstehen“ zu können [274].

Die Verordnung, die von Scharnhorsts Mitarbeiter, dem Staatsrat *Hippel* verfaßt wurde, geht ebenfalls wie Gneisenaus Denkschrift von einer systematischen Organisierung des Volksaufstandes aus, weicht aber in wichtigen Punkten von ihr ab [274a].

Die Elemente des Chaos, die den Gegner vernichten sollen, werden zwar vom Staat ausgelöst, dieser versucht aber, das Chaos selbst zu steuern. Der Militärgouverneur gilt als das natürliche Haupt des Landsturms. Er ernennt die Anführer der Landsturmbezirke und -unterbezirke. Die Hauptleute werden in den ersten drei Monaten von den Distriktskommandanten ernannt, „nachher bei eintretenden Vakanzen von der Mannschaft“, ebenso wie die übrigen Offiziere und Unteroffiziere gewählt. Dabei werden nur bestimmte Kategorien, die zum absoluten Staat in besonderer Beziehung stehen, als wahlfähig betrachtet: Grundbesitzer und Eigentümer, Staats- und Kommunalbeamte, Schulzen, Ökonomie-Verwalter, Schöffen, Förster und Schullehrer. Nicht

---

273 Vgl. die gemeinschaftliche Denkschrift *Scharnhorsts* und *Gneisenaus* vom April 1813 bei *Pertz*, Gneisenau, III, S. 130 ff. Instruktiv auch die Denkschrift von *Clausewitz* vom Februar 1812 und dessen Vorschläge für den Einsatz des Landsturms.

274 *Gneisenau* an *Eichhorn* vom 11. April 1813, *Pertz*, Gneisenau, II, S. 561.

274a Im übrigen übernimmt sie eine Reihe bedeutsamer Vorschläge aus Gneisenaus Denkschrift von 1811, ebenso wie in Scharnhorsts und Gneisenaus gemeinschaftlicher Denkschrift niedergelegte Gedanken, verwertet die spanischen Erfahrungen ebenso wie die russischen beim Rückzug Napoleons und die Lehren aus dem Aufstand der Tiroler. Daß Scharnhorst und Gneisenau im Grundsätzlichen mit dieser Verordnung übereinstimmten, ist ohne Zweifel. Sie ist der Niederschlag von Theorie und Praxis des bürgerlichen Volksaufstandes und insofern ein einzigartiges Zeitdokument.

bloß die Besitzenden, sondern Herr und Knecht, sind im Landsturm vereinigt; aber die mit dem König enger Verbundenen leiten ihn. Sie sollen die Gefahr bannen, daß sich der Volksaufstand gegen den Staat wendet. Im übrigen bestimmen die Korps- und Landwehrkommandanten darüber, wann der Landsturm in Tätigkeit treten soll.

Die Art der Aufhebung der bürgerlichen Ordnung ist auch weitgehend verschieden von der, wie sie Gneisenau in seiner Denkschrift vom Jahre 1811 proklamiert hatte. Hier galt nach Entfesselung des Chaos die ungeschriebene Ordnung des Volksaufstandes, die auf dem Vertrauen zum Volke beruht. Muß zum Beispiel das Allgemeine Landrecht bei feindlicher Invasion aufgehoben werden, damit der Feind keinerlei Möglichkeit hat, als Garant der damit gegebenen Ordnung aufzutreten, so hat die objektive Staatsordnung aufgehört zu existieren und würde nach der absolutistischen Theorie nunmehr der Kampf aller gegen alle beginnen müssen. Man setzte jedoch als selbstverständlich voraus, daß den Bewohnern Eigentum wie Leben heilig und unverletzlich sei, daß mit anderen Worten eine ungeschriebene Lebens- und Rechtsordnung weiter bestehe. Im Landsturm-Edikt vom April 1813 tritt mit dem Aufhören des bürgerlichen Rechtszustandes die Landsturmordnung in Kraft. Während Gneisenau in seiner Denkschrift von 1811 es dahingestellt sein ließ, was mit Leuten geschehe, die während der Aufhebung der bisherigen Rechtsordnung Diebstähle, Räubereien usw. begingen, wird hier im einzelnen bestimmt, daß Angriffe gegen das Eigentum oder den Besitz mit dem Tode bestraft werden. Da dies nach Außerkraftsetzung der bestehenden Gesetze nicht mehr selbstverständlich ist, müssen die Gemeinden, aus denen die Volksbewaffnung hervorgeht, diese Landsturmordnung im einzelnen beschwören. Der Staat trifft so von sich aus die Fürsorge, daß mit der Auflösung der bürgerlichen Ordnung nicht das Chaos im Innern, sondern nur in Richtung auf den Feind entsteht. Er führt zwar chaotische Zustände herbei, diejenigen aber, die hieran beteiligt sind, handeln vom Boden einer anderen Ordnung aus, die in den beschworenen Kriegsartikeln des Landsturms ihren Ausdruck findet.

Die Angst des absoluten Staates, daß sich das Chaos gegen ihn selbst wenden werde, ist unverkennbar. Todesstrafe wird daher auch denjenigen angedroht, die sich außer den befugten Personen, in erster Linie den Armee- und Korpskommandanten, „das Recht anmaßen, den Landsturm aufzubieten oder auch nur durch Reden zum Zusammentreten zu verführen“ [275]. Allen Behörden wird „zur besonderen Pflicht“ gemacht,

275 § 12.

„ganz vorzüglich dahin zu sehen und zu wachen, daß sich diese Maßregeln des Landsturms, wenn sie eintreten, nie ohne Noth gegen das Eigentum selbst kehren" [276].

Das Schicksal der Landsturmordnung

Praktisch ist der Volksaufstand, von kleineren Aufgeboten abgesehen, in den Freiheitskriegen nicht zum Zuge gekommen, obwohl Scharnhorst verschiedentlich seinen Einsatz mit in Erwägung gezogen hatte [277]. Es genügten stehendes Heer und Landwehr.

Im übrigen setzte gegen die Verordnung über den Landsturm gleich nach ihrer Verkündung der konsequente Kampf der Bürokratie ein, der es als ein frevelhaftes Beginnen schien, „dem Pöbel die Waffen in die Hände zu geben". Sie erachtete es für besser, eine Ordnung zu besitzen, die die Franzosen aufrecht erhielten, als im Chaos zu leben. Wortführer war der Staatsrat *Scharnweber,* der private und politische Vertraute Hardenbergs [278]. Es war verhältnismäßig leicht, die Landsturmordnung zu unterminieren. Der König stand dem Gedanken des Volksaufstandes skeptisch gegenüber und betrachtete ihn im Grunde als eine romantische Schwärmerei, die „als Poesie gut" sei, aber mit ein „paar Exekutionen" von seiten des Gegners rasch ihr Ende nehmen würde, wie er dies Gneisenaus Denkschrift von 1811 gegenüber zum Ausdruck gebracht hatte.

Zunächst sicherte sich der absolute Staat durch eine Sonderverordnung dagegen, daß der Landsturm „nicht zum Nachteil der Sicherheit des Eigenthums unserer getreuen Unterthanen gereicht" [279]. Jedes Verbrechen oder Vergehen, „zu dessen Ausübung Landsturmbewaffnung gemißbraucht worden", soll „mit einer geschärften Strafe" belegt werden. Die Verordnung zeigt besonders klar, was die Bürokratie befürchtete, wenn man dem Chaos freien Lauf läßt, und wie sie das Volk, das zum Schutze des Thrones aufgerufen werden soll, einschätzt.

Sodann wurde das Hauptstück aus dem Landsturmedikt dadurch herausgebrochen, daß man die Vorschrift, mit der Proklamierung des Volksaufstandes dem Feinde ein vernichtendes Chaos entgegenzustellen, auf-

---

276 § 85.

277 So plante Scharnhorst „den Insurrektionskrieg in Niedersachsen und Westfalen"; bei der Erwägung, sich des Landes zwischen Elbe und Weser zu versichern, spielte ebenfalls die Entfachung des Volksaufstandes eine Rolle. Vgl. *Lehmann,* Scharnhorst, Bd. II, S. 591, 593.

278 Vgl. dazu *Höhn,* Revolution, Heer, Kriegsbild, a. a. O., S. 648 ff.

279 Verordnung wegen Untersuchung der Bestrafung der Vergehen im Landsturm vom 21. Juni 1813.

hob. Zur Aufrechterhaltung der bürgerlichen Ordnung sollen die unteren Instanzen dem Feinde zur Verfügung stehen, „die Justizbehörden ohne Unterschied, die Lokalpolizei und die Kommunalbehörden", nur die Landräte werden ausgenommen [280]. Im Ergebnis wird aus dem Landsturm eine Landwehrreserve [281].

Zweifellos hatten Scharnhorst und Gneisenau mit der Landsturmordnung das, was man dem absoluten Staat zumuten konnte, überschätzt. Ob dies auch der Einsatzfähigkeit des Volkes gegenüber der Fall war, wie dies weitgehend die Literatur annimmt [282], ist zu bezweifeln. Die Unzulänglichkeiten, die bei der Organisierung des Landsturms auftraten, waren auch bei der Landwehr vorhanden. Hier halfen jedoch die Behörden mit, die vorhandenen Mängel zu beseitigen, weil sie von der Richtigkeit und Notwendigkeit der Landwehr überzeugt waren. Dies galt insbesondere von den Militärgouverneuren, aber auch von den Generalen, die in der Landwehr eine wichtige Reserve für das stehende Heer sahen. Anders war die Sachlage beim Landsturm. Die Einstellung der „Militärkommandanten" war zum Teil sehr reserviert. Die Zivilbehörden verhielten sich überwiegend ablehnend, sie sahen es als ihre besondere Aufgabe an, den König vor dem ihrer Ansicht nach durch den Landsturm drohenden inneren Umsturz zu bewahren. Typisch ist die Anfrage des Fürsten *Wittgenstein*, des Chefs der höheren Sicherheitspolizei, an die Militärgouvernements, welche Sicherheitsmaßregeln sie für den Fall getroffen hätten, daß Landsturmmänner ihre Bewaffnung benutzten, um bei Abwesenheit des Militärs „ihrer Privatleidenschaft zu frönen, um die öffentliche und Privatsicherheit zu stören" [283]. Die Polizei sah in den Landsturmmännern die künftig zu verhaftenden Meuterer. Der Polizeipräsident von Berlin, *Lecoq*, bescheinigte dem Kammergerichtsrat *Eichhorn* und dem Professor *Savigny*, die dem Ausschuß zur Organisation des Landsturms angehörten, daß sie zwar „dem gegenwärtigen politischen Verhältnisse des Staats mit dem glühendsten Enthusiasmus sich anschlössen", daß sie „aber eben deshalb von aller Mäßigung und von den schuldigen Begriffen des Gehorsams und der Unterwürfigkeit unter seiner Majestät oberste Landesherrliche Beschlüsse so weit entfernt seien, daß sie bei Abweichungen der letzteren

---

280 Verordnung vom 17. Juli 1813 in Betreff der Modifikationen des Landsturm-Edikts vom 21. April des Jahres.

281 Verordnung über die Errichtung einer Reserve zum Ersatz des Abgangs von der Landwehr vom 8. August 1813.

282 Vgl. *Meinecke, F.*, Boyen, Bd. I, 173 ff., 189.

283 *Blumenthal*, M., Der preußische Landsturm 1813, a. a. O., S. 135.

von ihren Ansichten vielleicht mit entgegengesetztem Streben aufzutreten bereit sein würden“ [284]. (!!)

Die innere Bereitschaft, im Volksaufstand zu kämpfen, war auf seiten breiter Kreise vorhanden. Die seelischen Voraussetzungen dafür waren gegeben, stand doch der Volksaufstand nicht am Ende eines verlorengegangenen Krieges, sondern zu Beginn eines allgemein als Freiheitskrieg empfundenen Kampfes. Bei so weitgehenden Anforderungen hätte es des engen Zusammenwirkens zwischen Zivilbehörden, Militär und Landsturm bedurft, insbesondere Militärgouverneuren, wie Gneisenau in Schlesien, der mit fester Hand alle divergierenden Strömungen zusammenzufassen wußte. Scharnhorst und Gneisenau hatten im übrigen die Landsturmordnung nicht als eine starre Norm, sondern nur als den Rahmen betrachtet, in dem der Volksaufstand seine gesetzliche Verankerung fand. Im Zusammenhang mit stehendem Heer und Landwehr hatte in der damaligen Zeit eine solche Organisation auch Sinn, zumal sich der Volksaufstand in Gegenden abspielen sollte, in denen die Wohnungen verstreut lagen, das Land durchschnitten und unzugänglich, die Wege schlecht waren und an und für sich bereits „das widerstrebende Prinzip überall und nirgends vorhanden war“ (Clausewitz).

So naiv, wie die späteren Kritiker es vielfach hinstellen, waren die Volksaufstandspläne nicht. Clausewitz hat bei einer sehr kritischen Betrachtung Jahrzehnte später in seinem grundlegenden Werke „Vom Kriege“ die „Volksbewaffnung“ als sehr wichtig bei der Verteidigung bezeichnet, wenn sie zweckmäßig gehandhabt und nach den ihr immanenten Möglichkeiten eingesetzt wird. Dann „zerstört sie wie eine still fortschwelende Glut die Grundfesten des feindlichen Heeres“ [285].

In der Folgezeit ist der Gedanke vom Volksaufstand nicht mehr zur Ruhe gekommen. In dem Kampf des Bürgertums um die Abschaffung des stehenden Heeres, das man durch ein im Volksaufstand kämpfendes Heer der allgemeinen Volksbewaffnung ersetzen wollte, spielte er in der Mitte des 19. Jahrhunderts eine große Rolle, so willkürlich und ungerechtfertigt die Bezugnahme auf Scharnhorst und Gneisenau auch war [286]. Seine Auferstehung erlebte der Volksaufstand im Kampfprinzip des Partisanenkrieges, der auch in seiner inneren Ordnung verblüffend ähnliche Züge trägt, so daß man die Frage aufzuwerfen verleitet wird, wie weit die Landsturmordnung vom 21. April 1813 hier Pate stand.

---

284 Ebenda, S. 46.
285 *Clausewitz*, Vom Kriege, herausgegeben von W. Hahlweg 1952, S. 698.
286 *Höhn*, R., Verfassungskampf und Heereseid, der Kampf des Bürgertums um das Heer, 1938.

D. SCHARNHORSTS KAMPF UM DEN GENERALSTAB

Der Generalstab ist die Krönung des Scharnhorstschen Werkes. Mitten in einem gewaltigen politischen und militärischen Umbruch, in dem die bisherige militärische Führerschicht des preußischen Staates versagt, tritt uns in Scharnhorsts Generalstab eine neue militärische Institution entgegen, die einen wahrhaft revolutionären Charakter trägt. Mit ihr wird der Durchbruch zu einem neuen Bild vom Kriege in Forschung, Lehre und der Praxis der Führung vollzogen. Scharnhorsts Generalstab ist zunächst unmittelbar auf die Meisterung einer Notsituation im Existenzkampf des preußischen Staates abgestellt. Die Basis aber, auf der diese Institution ruht, ist so breit angelegt und so stark fundiert, daß Scharnhorsts Generalstab zum Modell für den modernen Generalstab werden konnte.

Alle entscheidenden Lebensfragen eines echten militärischen Führertums werden bei der Geburt dieses Generalstabs von Scharnhorst aufgeworfen, durchdacht und beantwortet. Von der Schulung des Führernachwuchses über die Neuausrichtung der mittleren Chargen bis zur Heranbildung von Generalsgehilfen ist immer das Ziel dasselbe, die richtigen Mittel und Wege zu finden, um die Elite der militärischen Führung zu schaffen, zum sachgemäßen Einsatz zu bringen und dies für die Zukunft zu garantieren. Alle Hindernisse, die dem von seiten des bisherigen militärischen Systems entgegenstehen, werden dabei systematisch zu beseitigen versucht und die Wege, die gegangen werden müssen, im großen aufgezeigt. Wo sie bereits eingeschlagen werden können, werden sie beschritten, aber ebenso werden auch Teillösungen, wenn sie nur weiterführen, versucht, gleichgültig, ob auf dem Gebiete der Organisation, der Arbeitsmethode, der Schulung oder des praktischen Einsatzes. Scharnhorst ist sich auch hier der Richtigkeit des von ihm Gewollten mit innerer Sicherheit bewußt. Überall da, wo sich nur der geringste Ansatzpunkt bietet, sieht er eine günstige Gelegenheit zum praktischen Handeln im Sinne des großen Zieles. Jede Teillösung betrachtet er weniger unter dem

Blickpunkt dessen, was sie nicht gibt und worin sie das Gesamtwerk gefährdet, sondern als eine günstige Gelegenheit, um die Güte des Gesamtwerkes an der Teilausführung unter Beweis zu stellen und somit dieses am besten zu fördern. Die Erhabenheit des Zieles und die menschliche Größe, mit der es angestrebt und um seine Verwirklichung gerungen wird, entsprechen sich.

I. Die Ablehnung des Generalstabs als in sich geschlossene Kaste und Verkörperung des militärischen Positivismus

Als sich Scharnhorst zum erstenmal eingehend mit der Idee des Generalstabs befaßte, stand er noch in hannöverschen Diensten. Er hatte den Revolutionsfeldzug hinter sich und dabei gesehen, welche z. T. klägliche Rolle der Generalquartiermeisterstab spielte. Von diesen Erlebnissen ausgehend, entwickelte Scharnhorst seine ersten Gedanken über die Umgestaltung des Generalquartiermeisterstabes. Sie vermitteln in Verbindung mit seinen Plänen über die Umschulung des Offizierkorps bereits ein klar umrissenes Bild von der künftigen Rolle, die er dem Generalstab zugedacht hatte [1].

Der damalige Generalquartiermeisterstab war kümmerlich, er erschöpfte sich in einem technischen Büro für den Feldherrn, das sich hauptsächlich mit Terrainaufnahmen zum Zwecke der Anfertigung von Karten beschäftigte. Weiterhin gehörte zu seiner Tätigkeit Auswahl und Abstecken von Lagern für die Armee, das Rekognoszieren von Kolonnenwegen sowie die Führung von Kolonnen ohne vorherige Rekognoszierung. Insofern diente der Generalstab weitgehend den „Marschdispositionen des kommandierenden Generals". Darüber hinaus hatte er sich mit der Einführung der Truppen ins Lager, Ingenieuraufgaben, Bau von Verschanzungen usw. zu befassen. Einen militärischen Führungsauftrag besaß der Generalquartiermeisterstab nicht. In seiner Organisation war er weitgehend in sich abgeschlossen. Hier stand der „Geist des Pedantismus", durch die begrenzte Aufgabe und die kastenmäßige Organisation gefördert, in besonderer Blüte.

---

1 Die Begriffe Generalstab und Generalquartiermeisterstab werden in dieser Zeit, insbesondere auch von Scharnhorst nebeneinander gebraucht. Daher wird im Text ebenso verfahren.

Mit scharfen Worten kennzeichnet Scharnhorst das Wesen, den Geist und die Folgen einer solchen kastenartigen Organisation, die im Heere Hannovers, dem „deutschen China" (Stein), besonders hervortraten: Der Generalstab besteht lediglich „für sich" und läßt keinen Wechsel der ihm angehörigen Offiziere mit denen der Feldregimenter zu. Hier fehlt die Auslese, die Scharnhorst als erste Voraussetzung für einen leistungs=fähigen Generalstab betrachtet. Man hat nur „die Wahl zwischen den wenigen Subjekten, die gerade bey ihm zu dienen wünschen".[2] Da „Convenienz und Nepotisme" bei ihrer Auswahl „mit unterlaufen", so

> „kann man wohl behaupten, daß hier fast gar keine eigentliche Aus=wahl stattfinden wird und so muß der größte Teil des Corps vielleicht ohne vorzügliche Verstandesanlagen ein Studium und Geschäft unter=nehmen, welches durchaus vorzüglichen Verstand erfordert"[3].

In diesem kleinen, in sich geschlossenen Korps, „in dem man die Män=ner, so man einmal hat, behalten muß", mangelt es daher an „jener rastlosen Thätigkeit, jener ununterbrochenen Anstrengung, welche er=fordert wird, wenn man Fortschritte in der Wissenschaft machen will, von der die Nationalehre der Völker und die Erhaltung der Staaten abhängt". Wozu soll sich der Angehörige eines solchen Korps auch an=strengen? Weiß er doch, daß „hier seine Laufbahn beschränkt ist", daß er

> „durch Auszeichnung sich keine außerordentlichen Vortheile erwerben und bey gewöhnlicher Verrichtung seines Dienstes auch nicht zurück=geschickt werden kann".

So regieren denn hier die „mechanischen Köpfe, die immer die Leute von Talent überleben". In der Folge aber tritt ein

> „gewisser Mechanismus bei dem größten Theil der Individuen an die Stelle gründlicher Einsichten".

Dieser Mechanismus aber „beschränkt immer mehr und mehr den Geist" und läßt die Kriegskunst zum „Handwerk" werden. Da aller Wetteifer in einem solchen Korps wegfällt, lenken die mechanischen Köpfe die Ambition der Offiziere nur auf „kleinliche Mittel", wobei die „schöne Zeichnung" sowie das bloße „Aufnehmen einer Gegend" im Gesamt=rahmen dieses topographischen Büros eine besondere Rolle spielen, während die eigentlichen großen Aufgaben des Generalstabs dabei über=sehen werden.

---

[2] *Scharnhorst*, Von der Einrichtung eines Generalquartiermeisterstabes, Acta, Heeresarchiv Potsdam, Nachlaß Scharnhorst, B. 145.

[3] Ebenda.

Darüber hinaus schleicht sich in ein solches Korps ein noch viel schlim=meres Übel ein. An Stelle der „Liebe für das Allgemeine" entsteht der „Geist des Eigennutzes". Die Tätigkeit des Offiziers richtet sich auf „Dinge, die ihm einige Neben=Vortheile versprechen".

> „Einer rechtfertigt das Betragen des andern und so entstehet nach und nach ein Geist des Eigennutzes, der immer mit Beschränktheit ver=schwistert ist ... Der Geist dieses Corps leidet nicht, daß jemand einen Thaler anwendet, der ihm nicht einen unmittelbaren Vortheil gewährt"[4].

Nebenher aber führt

> „der Nepotisme eine Art Erschlaffung in diesem Corps mit sich, der vollends den geringen, überbleibenden Keim von militärischem Geist lähmt. Wo von Connexion und Verwandtschaftshülfe viel abhängt, da wird die Emulation unterdrückt" [5].

Ein solches „kleines, isoliertes Corps", ohne „vorzüglichen Geist und Ambition" vergleicht Scharnhorst mit einem

> „kleinen stehenden Wasser, welches nie die Eigenschaften eines großen oder eines fließenden hat, und in der Länge der Zeit seine ursprüngliche gute Eigenschaft fast gänzlich verliehrt".

Dieses in sich abgeschlossene Korps ist aber auch der gegebene Boden, auf dem der „Geistesdespotismus" [6], das pedantische Festhalten an der Tradition und der minutiösen Beobachtung überkommener Regeln, ver=bunden mit stärkster geistiger Überheblichkeit, blüht und gedeiht. Das Aufkommen jeder neuen Idee gilt hier als eine persönliche Beleidigung des Chefs und der höheren Offiziere, die nach den alten Regeln ver=fahren. Unter Bezugnahme auf ähnliche Verhältnisse im Ingenieurkorps im vorrevolutionären Frankreich erklärt Scharnhorst: Es sei dort so weit gekommen, daß

> „kein Ingenieur in den niederen Stufen eine neue Idee in der Fortifi=kation angeben durfte, wenn er nicht seinen Chef und die höheren Offi=ziere zu Feinden haben wollte. Viel weniger war es erlaubt, ein Werk zu schreiben, in dem Erfindungen oder bisherige Vorurteile aufgedeckt wurden. Der Chef und alle höheren Offiziere würden sich dadurch be=leidigt gefunden haben".

Gegenüber diesem Generalquartiermeisterstab verficht Scharnhorst mit allem Nachdruck eine Organisation des Generalstabs, in der eine Aus=lese von Offizieren mit ständigem Austausch zwischen dem General=

---

[4] Ebenda.
[5] Ebenda.
[6] Es ist dies eine treffende Bezeichnung Scharnhorsts für den Positivismus im Heer.

stab und den einzelnen Feldregimentern stattfindet, der sowohl dem Korps des Generalstabs als auch letzteren zugute kommt. Durch einen solchen Austausch von Offizieren aus allen Waffengattungen, die nach ihren Fähigkeiten in den Generalstab berufen werden, will Scharnhorst den Generalstab zu einer Rahmenorganisation umbilden, durch die eine „ganz andere Klasse von Offizieren", die von den Regimentern kommen und in diese zurückgehen, geschult werden soll. Sie „sehen ihre Lauf=bahn nicht bornirt", sondern wissen, „daß sie noch einmal die Aussicht zu höheren Stellen" haben. Sie bringen Felderfahrung mit und sind ins=besondere in der Lage, das, was ihnen theoretisch geboten wird, prak=tisch auszuwerten. Für sie sind dann bestimmte Regeln auch keine Dog=men mehr, an die man sich starr halten muß, sondern Richtlinien, mit deren Hilfe man „nach den Umständen agiren" kann. Mit diesen Män=nern kommt ein frischer Zug in die alte, muffige Institution. Durch ein solches „Heraus= und Hereintreten", so erklärt Scharnhorst,

> „würde der Geistes=Despotismus vermieden, ein jedes Individuum nicht sclavisch an den Geist der obern Offiziere gebunden sein, es hätte nicht durch sie sein Glück gemacht und sein ferneres Glück hinge nicht von ihnen ab" [7].

Das Ziel, das Scharnhorst insgesamt mit einem neuen Generalquartier=meisterstab zu erreichen versucht, steht bereits fest. Er will der Protek=tionswirtschaft zu Leibe gehen, die falschen militärischen Ausleseprin=

---

[7] Als Nahziel sollen insbesondere die „Generalflügel= und Oberadjutanten", denen nach dem bisherigen Turnus die maßgeblichen Stellen als Kommandeure in der Armee zufallen, durch diesen Ausleseprozeß gehen. Die Stellung eines solchen Ober=Adjutanten betrachtet Scharnhorst an und für sich als ideal für die Heranbildung künftiger Chefs. Sieht doch der Ober=Adjutant „den Zu=sammenhang des Ganzen und hat gewissermaßen das Recht, seinem General mit Rath und Tath zur Hand zu gehen". Die Gefahr solcher Adjutanten liegt darin, daß sie gewöhnlich weder höhere taktische noch strategische Kenntnisse besitzen, vielmehr durch Vetternwirtschaft in ihre Stellen gelangen und auf diese Weise durch sie eine Gegenauslese in den höheren Führerstellen erfolgt. Hier muß sofort eingesetzt werden. Läßt man die Oberadjutanten durch eine besondere Schule des Generalstabs gehen, dann hat man zweierlei erreicht: Man kann einmal der Protektion einen Riegel vorschieben, denn die Un=fähigkeit der Protegierten tritt in der Schule des Generalstabs insbesondere bei den Prüfungen zutage. Sie werden dann automatisch ausgeschieden. Be=währen sie sich jedoch, so hat man mit ihrer Bildung „eine Bildung des ganzen Corps auf künftige Zeiten" vorbereitet. Denn der Oberadjutant kann „zur Erhaltung der Ordnung und zur Ausführung einer Disposition mehr als irgend ein Stabsoffizier und oft mehr als ein Commandeur eines Regiments beytragen".

zipien beseitigen und dem militärischen Positivismus, der hier besonders günstige Lebensbedingungen findet, die Basis entziehen. Er will eine Einrichtung schaffen, die zwangsläufig den bisherigen Geist ändert und dem alten „Schlendrian" entgegenwirkt. Der Generalstab soll zu einer hohen Schule des Heeres werden. Hier sollen Forschung, Lehre und Praxis sich vereinigen und dem Heer die Möglichkeit geben, sich in der veränderten Umwelt zu behaupten [8].

II. Die Umschulung der Generalstabsoffiziere auf die neue Aufgabe

Aufgabe einer neuen Organisation des Generalstabs ist es, den Typus des Generalstabsoffiziers heranzuzüchten, der in der Lage ist, diese Institution mit Leben zu erfüllen, der als Vorkämpfer gegen das Glaubensdogma des militärischen Positivismus selbst auftreten kann, für alle Fortschritte im Heer aufgeschlossen ist, die höheren taktischen wie strategischen Führungsaufgaben beherrscht und insgesamt in seiner Haltung und seinem Können eine revolutionäre Geistesrichtung zu verkörpern vermag.

---

8 Scharnhorsts Argumente gegen den Generalstab, als in sich geschlossene Kaste, greift anderthalb Jahrzehnte später *Grolmann* auf, wenn er im Jahre 1814, als nach Scharnhorsts Tod die Diskussion über die zweckmäßige Form des Generalstabs erneut einsetzte, sich in schärfster Form dagegen wendet, „den Generalstab als ein geschlossenes Corps zu betrachten, in welchem die Individuen von Anfang an sich befinden und so allmählich im Corps heranavancieren".
Grolmann erklärt:

> „Jedes geschlossene wissenschaftliche Corps wird, wenn es auch in seiner ersten Zusammensetzung sehr gut ausgewählt würde, bald einem traurigen Handwerks-Geist sich ergeben, oder durch inneren Widerstreit sich selbst zerreißen, es wird in einem Nimbus von Vielwisserei sich einhüllen, über unausführbare Pläne brüten und die praktische Brauchbarkeit bald ganz verlieren."

Demgegenüber vertritt er im Geiste Scharnhorsts die These, daß der Generalstab im Frieden nur eine „Hauptbildungsschule" des Heeres ausmache. Daher muß man durch ihn „so viel Subjekte als möglich durchgehen lassen, um für den Krieg keinen Mangel an brauchbaren Männern für Aufträge aller Art zu haben". Vgl. *Grolmann*, Acta, Heeresarchiv Potsdam, Altes Kriegsarchiv, Kap. 45, Nr. 70, S. 105. Vgl. zu dem Gutachten Grolmanns im übrigen die Stellungnahme des Obersten *von Schoeler* vom 29. Oktober 1814, ebenda, S. 109, der sich weitgehend Grolmann anschließt.

Die Situation des allgemeinen geistigen Aufbruchs der Zeit ist dazu besonders günstig. Sie hat große Ideen, aber auch ebenso bedeutsame Taten hervorgebracht. Als Aufgabe der Generalstabsoffiziere betrachtet es Scharnhorst, alle Anregungen der Zeit auf ihre Fruchtbarkeit und die Möglichkeit zu untersuchen, wie man sie in die Praxis innerhalb des militärischen Bereichs umzusetzen vermag. Immer wieder, so führt er an, zeigt es sich als das grundlegende Gesetz in der Geschichte des menschlichen Fortschritts, daß oft nur „eine ganz abstrakte Idee von der Erhaltung irgend eines großen und wichtigen Endzwecks vorangeht". Sodann „versuchen die besten Köpfe, sich ihrer in der Anwendung zu bedienen" [9]. Wie einst *Folard* die Idee von der schiefen Schlachtordnung als einen bloßen theoretischen Satz im Bereich der Taktik aufgestellt hatte, der *Graf von Sachsen* oder der *Herzog von Braunschweig*, vor allem aber *Friedrich II.* ihn in die Praxis umzusetzen sich bemühten, so gilt es heute, rückblickend sich von der Vergangenheit erneut Rechenschaft zu geben und die Gedanken und Erfahrungen der Gegenwart auszuwerten. Diese große Aufgabe, so erklärt Scharnhorst,

> „liegt jetzt vor uns. Wir wären unwürdige Nachfolger, wenn wir sie nicht benutzten und darauf ein System aufbauten" [10].

1. *Die neue wissenschaftliche Forschungsmethode des Generalstabs*

Dabei ist es entscheidend, daß Scharnhorst für die Durchführung dieser politisch wie militärisch gleich wichtigen Forschungsarbeit auch die notwendige Anleitung in einer neuen wissenschaftlichen Methode zu geben vermag. Wie schwer es ist, die von ihm vorgeschlagenen Wege einer neuartigen kriegswissenschaftlichen Forschungsweise zu gehen, weiß Scharnhorst selbst. Ist doch die „Kunst, die Erfahrungen zu benutzen und aus ihnen allgemeine Regeln zu ziehen", bisher

> „nie gelehrt (worden) und erfordert auch schon einen großen Vorrat von Erfahrungen und Kenntnissen und eine sehr scharfe und richtige Beurteilung" [11].

---

[9] *Scharnhorst*, Sollte es nicht einer Armee von wesentlichem Nutzen sein, wenn den Offizieren ein Unterricht in der Kriegskunst mitgetheilt würde, a. a. O.

[10] Ebenda.

[11] *Scharnhorst*, Ohne Bildung der Offiziere in der Kriegskunst kann der Staat keine guten Anführungen von seinen Armeen erwarten, a. a. O., § 5.

Die Kriegstheorie sah Scharnhorst in zwei Richtungen festgefahren. Sie hatte sich auf der einen Seite im militärischen Dogmatismus verrannt. In einer Unterwerfung der Kriegsführung unter die Regeln der Mathematik oder der Topographie und einem unkritischen Festhalten an überlieferten Glaubenssätzen kam dies zum Ausdruck. Auf der anderen Seite war sie aus Protest gegen die Unfehlbarkeit der Dogmen in das entgegengesetzte Extrem eines kriegstheoretischen Skeptizismus verfallen. Diese „militärischen Skeptiker" behaupteten, die Kunst sei „den Zufällen unterworfen" [12], sie lebe von einer bloßen Täuschung. Dogmatiker wie Skeptiker verfälschen die Kriegswissenschaft. Die scharfe Waffe, die sich hier bietet, wird schlecht oder gar nicht benutzt. Gegenüber diesen beiden Richtungen stellt Scharnhorst die Kriegswissenschaft auf einen neuen Boden: Die Generalstabsoffiziere sollen weder blind glauben noch in grundsätzlichem Zweifel verharren, sondern eine kritische Methode handhaben lernen, die den Schlüssel zur Erkenntnis des Wesens der Kriegführung schlechthin und damit auch dessen, was praktisch in der Gegenwart notwendig ist, zu geben vermag.
Kritisch sollen die Generalstabsoffiziere der bisherigen Theorie gegenübertreten. Sie überträgt Werte und Vorstellungen [13] auf die Kriegsführung, die dem Kriege an sich wesensfremd sind und der „Natur der Sache" nicht entsprechen. Falsch ist demgemäß auch ihre Systematik, unwahr sind ihre Begriffe.
Kritisch hat sich der Generalstabsoffizier aber auch gegenüber dem unmittelbaren Eindruck der bloßen Erfahrung zu verhalten. Sind doch im Bereich der Erfahrung, so wichtig sie ist, eine Reihe von Irrtümern möglich, die man ausschalten muß, wenn man Nutzen aus ihr ziehen will.
Sehr vorsichtig hat man zunächst gegenüber der eignen Erfahrung zu sein, auf die sich der „bloße Praktiker, der alles durch sich selbst wissen will" [14], so gerne versteift. Die eigne Erfahrung des Offiziers ist „oft nur sehr gering". Wie wenig Gelegenheit hat der Offizier, ein größeres Maß wirklicher Erfahrung zu sammeln! Für ihn bedeutet es schon sehr viel, wenn er zwei Kriege während seiner Dienstzeit mitgemacht hat. „Armselig sind daher diejenigen an Hilfsquellen, welche nur aus den

---

12 *Scharnhorst,* Sollte es nicht einer Armee von wesentlichem Nutzen sein, wenn den Offizieren ein Unterricht in der Kriegskunst mitgetheilt würde, a. a. O.

13 Mathematischer und topographischer Art.

14 *Scharnhorst,* Wie man den jungen Offizier überhaupt ... durch einen wissenschaftlichen Unterricht und durch Arbeiten auf dem Felde so bilden kann, usw., a. a. O.

selbstgesehenen Tatsachen ihre Belehrungen ziehen" wollen. Unschlüssig und furchtsam sind sie im Ernstfall, etwas zu tun, was die Natur der Sache an sich erfordert, aber ihnen nicht in ihrer Laufbahn vorgekommen ist. Zudem ist gerade die reine Erfahrung der Nur-Praktiker besonders „vielen Vorurteilen unterworfen", wird doch sehr oft „eine Erfahrung für und wider eine Sache gebraucht". So zieht etwa der eine aus dem persönlichen Kampferlebnis zwischen preußischer Linieninfanterie und den Tirailleurs ohne systematische Untersuchung und Berücksichtigung der Gesamtumstände den Schluß, daß die Tirailleurtaktik wirkungslos sei, der andere, dessen Truppenteil durch sie übel mitgenommen worden war, schwört auf ihre Überlegenheit. Die bloße Praxis führt also, da sie auf den nur begrenzten Beobachtungsmöglichkeiten des einzelnen beruht, zu engen und daher schiefen Urteilen. Darauf eine Theorie zu gründen, wäre eine höchst mißliche und dazu äußerst gefährliche Angelegenheit.

Die kritische Einstellung gegenüber Theorie und Erfahrung bedeutet jedoch nicht, daß die Generalstabsoffiziere selbst keine Theorie benötigen. Sie bedürfen ihrer sogar dringend, wenn ihre Arbeit fruchtbar sein und ein höchstes Ausmaß an technischem, operativem und taktischem Wissen und Können erreicht werden soll. Aber sie muß so beschaffen sein, daß sie „der Natur der Sache" entspricht, „um daraus die richtigen Regeln ableiten zu können" [15]. Ohne eine solche Theorie

> „wird es uns unmöglich, die wahren (Regeln) von den falschen zu unterscheiden. Wir gleichen in diesem Falle einem Menschen, der ohne alle eigene Beurtheilung jedem nachahmt. Er weiß nie das Richtige von dem Unrichtigen abzusondern. Er erklärt sich bald für die eine bald für die andere Meinung, wie es der Zufall fügt".

Der Natur der Sache entspricht eine Theorie, wenn sie sich mit der richtigen Erfahrung verbindet. Die richtige Theorie erscheint dann gleichsam als Ergebnis konzentrierter Erfahrung. Als echter, wertvoller Maßstab gilt Scharnhorst die Erfahrung wirklich bedeutender Feldherrn, so daß die richtige Theorie als

> „ein auf die Erfahrung und Beurteilung der größten Krieger gegründeter Unterricht des Verfahrens bei den verschiedenen Vorfällen des Krieges" [16]

definiert werden kann. Mit einer solchen Theorie, deren Wesensgehalt in einer „genauen Untersuchung der Natur der Sache und der Benutzung

---

15 Ebenda.

16 *Scharnhorst*, Handbuch der Artillerie, 1804, Bd. 1, II. Kapitel.

der Erfahrung" besteht, gelangt man auch zu den „richtigen Begriffen" [17]. Sie entspringen dann keinen falschen Spekulationen, sind nicht mehr aus der Mathematik oder der Topographie und damit einer völlig anders gearteten Vorstellungswelt zum Zwecke der wissenschaftlichen Erforschung des Krieges willkürlich entlehnt, sondern werden aus seinem Wesen selbst neu abgeleitet. Da es in der Natur des Krieges liegt, daß hier die verschiedensten Umstände wirksam sind, vieles vom Zufall abhängt, physische, geistige und moralische Kräfte eine bedeutsame Rolle spielen, so müssen diese für eine lebenswahre Theorie mit nutzbar gemacht werden. Durch sie sind auch die Begriffe einer zweckmäßigen Theorie weitgehend in ihrem Gehalt bestimmt, wissen Wesentliches auszusagen und treffen das Entscheidende. Nur auf solche Weise vermag man eine sachgerechte Terminologie zu entwickeln. Die richtigen Klugheitsregeln, die ihrerseits wiederum nichts als konzentrierte Erfahrung bedeuten, ergeben sich dann gewissermaßen von selbst. Sie stellen keine toten Rezepte mehr dar.

Eine Theorie, die im Sinne einer genauen Untersuchung vom Wesen des Krieges und der Benutzung aller im Kriege gemachten, vornehmlich der jüngsten Erfahrungen getrieben wird, ermöglicht es ihrerseits wieder, neue Erfahrungen an Hand neuer Beobachtungen zu machen und daraus das jeweils zweckmäßigste Verfahren für das praktische Handeln zu gewinnen. Damit wird aber zugleich das Wesen lebensvoller, für den Generalstab allein brauchbarer Theorie klar umrissen und diese eindeutig in ihrem Wert und ihrer Substanz herausgestellt:

Theorie treiben bedeutet geistigen Kampf, einen Prozeß höchster und letzter Anstrengung, bei dem man in einer ständigen heimlichen Auseinandersetzung um die Gewinnung tieferer Einsichten, besserer Verfahren und wirksamerer Ausbildungsmethoden steht, die alten Gewohnheiten und Vorurteile verwirft, sich zu neuen Ansichten durchkämpft und immer wieder auf den Vorsprung bedacht ist. Theorie treiben heißt um den Fortschritt ringen, sich der ewigen Wandlung, die die „besonderen Umstände" des Krieges zur Folge haben, bewußt sein, sich stets von neuem fragen, wie weit sind die Grundvoraussetzungen, auf denen man aufbaute, bereits wieder überholt, und was ist heute von dem noch brauchbar, was man gestern für wesentlich und wertvoll hielt. Kriegswissenschaftliche Theorie ist somit alles andere als ein Sichverlieren in Begriffsspielerei.

In wahrhaft revolutionärer Weise legt so Scharnhorst die Methode für

---

[17] *Scharnhorst,* Wie man den jungen Officier usw., ebenda.

eine neue vorwärtsweisende Kriegswissenschaft fest. Diese braucht nun nicht mehr länger ihre Grundlagen von der Mathematik zu entlehnen, sondern steht gleichberechtigt neben den theoretischen Systemen anderer Wissenschaften. Der revolutionäre Charakter dieser jüngsten Wissenschaft tritt gegenüber ihren älteren Schwestern besonders hervor. Muß sie doch, ähnlich wie dereinst die moderne Chemie gegenüber der Alchemie, die Astronomie im Kampf gegen die Astrologie, sich freimachen von allem nicht ihrem Wesen Entsprechenden.
Diese von Scharnhorst entwickelte, umstürzend wirkende Methode kriegswissenschaftlicher Forschung ist von entscheidender Bedeutung für die Eigenart der Arbeit des künftigen Generalstabs. Ohne sie wäre der Generalstab lediglich eine lose Zusammenfassung begabter Offiziere. Die neue Forschungsweise schmiedet sie besonders zusammen und verleiht dem Generalstab Scharnhorstscher Prägung jenen eigentümlichen Charakter, der sich aus dem Zusammenklang zwischen einem revolutionären Wissen, Wollen und Können ergibt und damit die Voraussetzungen für ein entschlossenes Handeln schafft.
Eigene anstrengendste Arbeit ist notwendig, damit der einzelne Generalstabsoffizier in sich die Voraussetzungen schafft, um richtig beobachten zu lernen, richtige Erfahrungen sammeln zu können, auf diese Weise sich die Möglichkeit richtiger Beurteilung zu verschaffen und mit einer Theorie arbeiten zu können, die selbst immer wieder auf ihren Wahrheitsgehalt geprüft werden will. Viele praktische und theoretische Untersuchungen sind notwendig, bevor der Offizier zu dieser Höhe des Urteils gelangt. Der Weg, den der Offizier gehen muß, ist ihm jedoch, darauf weist Scharnhorst besonders hin, durch die jüngsten Erfahrungen der Geschichte wieder eindeutig gewiesen. Hat sie doch den überzeugenden Beweis erbracht,

> „daß von den theoretischen Kenntnissen von dem Studium der Kriegskunst und der Geschichte der Kriege am Ende doch die Bildung der Führer der Armeen, der Corps usw. abhänge; daß diese im Kriege bald die Fertigkeit der Ausführung erlangen und daß ohne jedes Studium weder der Krieg und noch viel weniger die großen Manöver den Offizier, der einzelne Abteilungen der Armee, Corps, Detachements usw. kommandieren soll, bilden" [18].

---

18 *Scharnhorst*, Ohne Bildung der Offiziere in der Kriegskunst kann der Staat keine gute Anführung von seinen Armeen erwarten, a. a. O.

2. Die neue Lehraufgabe des Generalstabs

Eine Forschung, die als praktischen Endzweck verfolgt, den Fortschritt in der Kriegskunst sicherzustellen, bedarf zur Vermittlung im Heer der Lehre. Neben dem Forscher, den Scharnhorst mit „jener rastlosen Thätigkeit, jener ununterbrochenen Anstrengung, welche erfordert wird, wenn man Fortschritte in der Wissenschaft machen will", am Werke sehen möchte, ist der Generalstabsoffizier Lehrer. Er hat den wissenschaftlich erarbeiteten Erfahrungsschatz weiterzugeben. Aufgabe des Generalstabs ist es, das Lehrpersonal für die strategische und taktische Neuausrichtung des Heeres zu stellen.

Mit den augenblicklichen Trägern der Generalstabsarbeit ist diese Aufgabe allerdings nicht zu lösen. Dazu bedarf es außer einer neuen Blutzufuhr, die die künftige Organisation des Generalstabes bewirken soll, einer inneren Umstellung der bisherigen Generalstabsoffiziere. Die Art, wie Scharnhorst sie anstrebt, ist bezeichnend für sein politisch-taktisches Verfahren, überall da, wo er nicht direkt vorgehen kann, auf Umwegen zum Ziel zu gelangen. Trotz seiner Abneigung gegen die Arbeit, die der Generalstab augenblicklich für wesentlich hält, will Scharnhorst, daß einzelnen besonders geschickten Generalstabsoffizieren der Unterricht an den neuen vorgeschlagenen Instituten übertragen werden soll, die er für die Heranbildung eines geeigneten Nachwuchses, und zwar insbesondere für die „Schulung auf dem Felde" braucht. Zur Begründung führt Scharnhorst an:

> „Es ist ausgemacht, daß bei jedem Unterricht im Anfange niemand mehr als der Lehrer profitiert ... Man kann daher von ihnen (den Generalstabsoffizieren) erwarten, daß ... die Vervollkommnung, welche ihre Bildung durch diesen Unterricht erhält, der Armee in der Folge von wesentlichem Nutzen sein werde."

Scharnhorst nimmt die fähigsten Generalstabsoffiziere zu Lehrern und sagt sich dabei: Wenn sie nach dem neuen Lehrplan vorgehen wollen, dessen Ausgangspunkt die Praxis des Feldkrieges ist und der in einer Lehre vom praktischen Handeln im Kriege einzumünden hat, so müssen sie sich innerlich gänzlich umstellen. Verbindet man die Methode, am eigenen Unterricht sich zu bilden, mit einem periodischen Wechsel der Lehrer, so wird unvermerkt der ganze Generalstab mit einem neuen Geist durchdrungen [19].

---

[19] „Wird von Anfang an bestimmt, daß alle Jahre mit den Lehrern gewechselt werden soll, so wird man nach und nach die vornehmsten Officiere vom

Die freie Konkurrenz der Generalstabsoffiziere als Lehrer untereinander wird im übrigen das Weitere tun. Sie wird die Offiziere veranlassen, sich gegenseitig übertreffen zu wollen, sie werden dadurch die

> „größte Anstrengung machen, um ihren Unterricht möglichst auf die Höhe der Zeit zu bringen und ihren Schülern etwas zu geben".

Gleichzeitig sind sie aber, während sie bisher im Dunkel der Anonymität verharren konnten, nunmehr der „Beurtheilung der Kenner" ausgesetzt, da ja „ihre Ausarbeitungen und ihre Aufgaben in mehrere Hände gelangen", insbesondere in die von denen, die mit der Schulung zu tun haben. Diese werden dem König Vortrag halten. Dazu werden die bejahrten Offiziere der mittleren Chargen, die von den Generalstabsoffizieren geschult werden sollen, mit einem guten Instinkt feststellen, ob ihre Lehrer etwas taugen oder nicht.

> „Fehlt es ihnen an Wissenschaft, an Einsicht oder Beurtheilung, so wird dies jetzt allgemein bekannt."

Sie können abgelöst werden.

So vermag über die Schulung in höchst unauffälliger Form der praktisch entscheidende Einbruch in das bisherige Korps des Generalstabs erzielt zu werden.

> „Der Unterricht, welcher den jungen Officieren der Armee ertheilt wird, wird im eigentlichen Verstande eine Übungs- und Prüfungsschule für die Officiere vom Generalquartiermeisterstab und dies ist eine wichtige Sache für die Armee, da so sehr viel von dieser Classe der Officiere abhängt und in der Wahl derselben so große Fehler gemacht werden." [20]

Der Generalstab soll auf diese Weise eine Selbstauslese treffen. Es sollen sich hier diejenigen Offiziere herauskristallisieren, die fähig sind, im neuen Geist zu forschen und zu lehren. Durch ihre Lehrarbeit helfen sie zugleich den Typus des „denkenden Offiziers" für das gesamte Heer mitheranzubilden.

Allgemeine, dem Offizier als Grundlage seiner Entschlüsse dienende Instruktionen „für den Felddienst und die Feldoperationen", müssen das erste Ergebnis dieser Lehraufgabe des Generalstabs sein. Damit soll zugleich eine besonders wichtige Lücke geschlossen werden. Immer wieder muß Scharnhorst auf die erstaunliche Tatsache hinweisen, daß, während man sich mit dem Exerzierreglement bis in alle Einzelheiten beschäftigte,

---

G. Q. M. St. zwingen, ihre Verrichtungen auf eine sehr ernstliche Art von neuem zu studiren und sich in ihren praktischen Arbeiten zu üben." Ebenda, § 11.

20 Ebenda.

so daß selbst die „unbedeutendsten Züge auf eine gleichförmige Art bestimmt sind“, Instruktionen für den Felddienst nur „hin und wieder existieren“. Dazu sind sie in einer Weise mangelhaft, daß man „über die wichtigsten Teile der Taktik“, sowie über die „Fechtart der verschiedenen Waffen“ fast keine Anleitung besitzt [21].

Diese Instruktionen setzen den Extrakt der Forschung in eine praktische Kunstlehre von der Kriegführung um. Sie stellen eine Art Leitfaden der angewandten Strategie und Taktik dar, wodurch

> „die mannigfaltigen Anordnungen, welche bei einer Armee vorkommen, simplifiziert und die Anführung derselben erleichtert“ [22]

werden. Wie einst Tempelhoff erst nach „tausend theoretischen und praktischen Versuchen“ die galileische „Idee von der Bestimmung der Bahn geworfener und geschossener Körper“ nutzbar machen konnte, so muß der Generalstab die „ausgearbeiteten Kenntnisse und tiefsten Einsichten“ so lange destillieren, bis sich Instruktionen für die praktische Handhabung im Felddienst herausbilden, die der individuellen Lage der Armee und den Anforderungen der Gegenwart angemessen sind. Insgesamt aber soll der Generalstab die Gedankenwerkstatt sein, die in rastloser Tätigkeit vom kühnen Vorstoß auf unbekannten, neuen Wegen der Kriegskunst an bis zum praktischen Leitfaden für den Felddienst alles in einem großen Zusammenhang verknüpft und bearbeitet. Die „denkenden Offiziere“ werden zur Forschung und zur höheren Führung angeleitet, die „mechanischen Köpfe“ erhalten in den Instruktionen diejenigen Brücken, die notwendig sind, um die Verbindung zwischen der obersten Befehlsgebung und der Ausführung in den untersten Stufen herzustellen. Dieser Katechismus der Instruktionen erhält seine Würde und sein Gewicht sowie seinen praktischen Wert dadurch, daß er den Erfahrungsschatz der Armee repräsentiert. Der Generalstab selbst steht in einem besonderen Verhältnis zu diesen Instruktionen. Sie sind für ihn nicht in der gleichen Weise wie für die Masse der Offiziere bindend. Die Instruktionen verkörpern für den Generalstab nur den aktuellen Stand des Wissens und Könnens. Sein Streben nach immer neuem Fortschritt darf in ihnen keine Schranke sehen. Insbesondere darf durch sie kein militärisches Glaubensdogma und damit die Grundlage für einen neuen militärischen Traditionalismus entstehen.

---

21 *Scharnhorst*, Über den Nutzen für die Armee, daß den Offizieren ein Unterricht in der Kriegeskunst mitgetheilt würde, a. a. O., vgl. dazu S. 112 f. dieses Buches.

22 Ebenda.

Die gesamte Arbeit des Generalstabs ist, das betont Scharnhorst in aller Schärfe, durch die Bedürfnisse der Praxis bestimmt. Seine Forschung erhält ihren Sinn und Wert durch das Bestreben, neue Erkenntnisse an Hand neuer Erfahrungen zu sammeln, um dadurch das jeweils zweckmäßigste Verfahren zum praktischen Handeln zu gewinnen. Seine Theorie ist das Resultat dieser Forschung, keine Anbetung und Auslegung von Dogmen. Sie verfolgt als Endzweck, den Fortschritt in der Kriegskunst sicherzustellen. Seine Lehre muß in praktischen Instruktionen für den Felddienst ihren Ausdruck finden können. Die Träger des Generalstabs selbst, Offiziere, die von der Front kommen und zur Front zurückgehen, sollen das Gewissen der Praxis verkörpern, an der sich jede Theorie bewähren muß.

III. Der Generalstab als Ersatz für den untalentierten Befehlshaber

Mit diesem Generalstab, der dazu bestimmt ist, die hohe Schule des Heeres im Geist einer neuen Zeit zu sein, wird eine sich aus der allgemeinen politischen Situation ergebende besondere Absicht verfolgt. Sie ist bedingt durch die eigentümliche Lage, in die die absoluten Staaten, insbesondere Preußen, gegenüber dem revolutionären Frankreich dadurch geraten sind, daß auf der einen Seite der große Feldherr und Staatsmann fehlt, auf der anderen eine Reihe von hervorragenden, talentierten Generalen steht, die nach neuen Methoden fechten und die den schmählichen Frieden von Basel erzwungen haben. Scharnhorst charakterisiert den augenblicklichen Zustand folgendermaßen:

> „Wenn ein geschickter Heerführer keine geschickten Gehülfen um sich hat, wenn seine Unterbefehlshaber nicht die Umstände zu beurtheilen oder von dem Augenblick zu profitiren wissen, wenn nicht im Cabinett und um den Monarchen Männer sind, welche jeden guten Plan beurtheilen können, welche die Vorbereitungen zu entfernten Ausrichtungen, die oft halbe Jahre vorher insgeheim eingeleitet werden müssen, treffen können, was ist dann zu hoffen?" [23]

In dieser Situation sollen die Generalstabsoffiziere, die bewußt geschult und auf ihre Aufgabe vorbereitet worden sind, eingreifen. Sie sollen die „ahnungslosen Generale", deren Wissen in Strategie und Taktik nicht über die Kenntnisse eines subalternen Offiziers hinausgeht, unterstüt=

---

[23] Ebenda.

zen. Diese Generale zu beseitigen ist unmöglich, ihre Autorität sowie die Tradition, die sie trägt, ist zu mächtig; sie bilden überdies eine Clique, die auf das engste zusammenhält und überzeugt ist, die Güte des Heeres vorbildlich zu repräsentieren. Man muß sich mit ihnen abfinden. Aber man kann ihnen fähige Gehilfen geben. Scharnhorst hatte es schon als einen großen Erfolg der Schulung der mittleren Chargen betrachtet, diese zu der Erkenntnis gebracht zu haben, daß sie „ohne einsichtsvolle Gehülfen zu konsultiren, ihre und die Ehre der Truppen kompromittiren" würden. Den Ersatz für das mangelnde Talent eines solchen Befehlshabers stellt die ihm beigeordnete Generalstabsorganisation, der Chef (damals Quartiermeisterleutnant genannt) mit seinem Stabe dar. Er wird von einer topographischen Auskunftsstelle, einem brauchbaren Werkzeug in der Hand des Feldherrn, zum taktischen und strategischen Berater. Er tritt helfend und ergänzend neben den seiner Führungsaufgabe nicht voll gewachsenen General, um die Aufgaben, die dieser nicht lösen kann, zu übernehmen [24]. Er verleiht „der ganzen Maschine" des Heeres jene „Kraft und Thätigkeit", die ihr der Befehlshaber nicht zu geben vermag [25].

Diese neue Aufgabe des Generalstabes, als Gehirn der Armee an Stelle des unfähigen Generals zu fungieren, drängt sich wirklich fähigen Generalstabsoffizieren geradezu auf. Sie wissen um „den Zusammenhang des Ganzen durch ihren täglichen Dienst. Sie kennen nicht allein das Terrain, sondern auch die Lage der Armeen besser als die einzelnen Kommandeurs" [26]. Sie sind darüber hinaus über die Endabsichten, die mit den Operationen verfolgt werden, orientiert. Sie haben mithin den größten Überblick und sind dazu prädesteniert, die entstandene Lücke auszufüllen. Insbesondere vermögen sie bei „unerwarteten Ereignissen" dem einzelnen Befehlshaber anzuzeigen, wie er im Zusammenhang mit dem Ganzen seine Bewegungen einrichten kann und ihm auch bei der Ausführung derselben behilflich zu sein. Diese Aufgabe, der denkende Teil

---

24 Kennzeichnend in diesem Sinne die Worte des Generalmajors *Jasky* vom 1. November 1814 zu Grolmanns Darlegung über die Aufgabe des Generalstabes: „Der General-Stabsoffizier hat sich die Talente des Generals zuzueignen." Acta, Heeresarchiv Potsdam, Altes Kriegsarchiv, Kap. 45, Nr. 70, S. 113.

25 *Scharnhorst*, Wie man den jungen Offizier überhaupt, insbesondere aber den von der Artillerie und Infanterie, durch einen wissenschaftlichen Unterricht und durch Arbeiten auf dem Felde so bilden kann, daß er gleich in Capagne die Dienste eines erfahrenen zu verrichten im Stande ist, a. a. O., Bl. 48.

26 *Scharnhorst*, Von dem Dienst der Offiziere des Generalquartiermeisterstabes im Kriege, a. a. O.

im Heer zu sein und so „zur Erhaltung der Ordnung des Ganzen" Wesentliches beitragen zu können, sieht Scharnhorst als „vielleicht die wichtigste aller ihrer doch sonst nicht unwichtigen Verrichtungen"[27] an. Aber auch da, wo der General in der Lage ist, Pläne zu entwerfen, „nach denen die Armee in diesem oder jenem Fall agiren sollte" [28], fällt den Generalstabsoffizieren eine bedeutsame Aufgabe zu. Sie nehmen ihm zunächst die gesamte Kleinarbeit ab, so daß er „sich der höheren Leitung der Armee gänzlich widmen kann". Er braucht nicht „der Menge von Klagen, Stubenarbeiten, Correspondenzen u. s. w." zu „unterliegen" [29]. Sodann haben sie ihm die Einzeldispositionen zu seinen Plänen vorzulegen und zu untersuchen, ob nicht „seinen Entwürfen etwas entgegenstände oder ob nicht vorläufig noch Arrangements zu ihrer Ausführung getroffen werden müßten" [30]. Die Generalstabsoffiziere sind also über die Ausarbeitung „detaillierter Dispositionen" hinaus auch zur Kontrolle da. Sie können zweckmäßige Abänderungen vorschlagen und Einwendungen erheben. Auf alle Fälle aber haben sie, wenn der General auf seinem Plan beharrt, ständig ihren eigenen noch als Ersatz für den Fall „zum Gebrauch bereit zu halten", daß die Angelegenheit anders verläuft, als man es sich gedacht hatte.

Von vornherein sollen die Generalstabsoffiziere alle Möglichkeiten, die eintreten könnten, in Betracht ziehen, sie durchspielen, sich in die Rolle des Feindes hineindenken und Gegenzüge erwägen, um die Schwächen ihres eigenen Planes aufzudecken. Dem General, der selbst fähig ist, zu führen, leisten sie damit eine wichtige Hilfsarbeit. Er kennt die Gefahren, die seinem Plan entgegenstehen, kalkuliert sie mit ein und handelt auf Grund eines reifen Urteils, das er sich durch die Zusammenarbeit mit einem Generalstab, der in aller Ruhe systematisch die Situation durchdenkt, bilden konnte. Auf der anderen Seite kann der General, der keine großen Dispositionen zu geben vermag, mit gutem Gewissen den Plan seines Quartiermeisters (Chefs) übernehmen. Er weiß, daß hier eine geistige Werkstatt für ihn tätig ist und ihm seine Sorgen abnimmt. Auf diesen Typus des kommandierenden Generals ist der berühmte Ausspruch Goethes gemünzt: Laß Du den Generalstab sorgen und der Feldherr ist geborgen.

---

27 Ebenda.

28 *Scharnhorst*, Nutzen einer Erweiterung des Generalstabs, a. a O.

29 *Scharnhorst*, Eine jede Armee muß einen wohlgeordneten Generalstab haben, Acta, Heeresarchiv Potsdam, Nachlaß Scharnhorst, B. 175.

30 *Scharnhorst*, Nutzen einer Erweiterung des Generalstabs, a. a. O.

Scharnhorsts Auffassung vom Generalstab geht mit solchen Erwägungen weit über die Lösung eines zeitbedingten, politisch-militärischen Problems hinaus. Dringend notwendig ist es zwar, dem strategisch und taktisch ahnungslosen, gegenüber den Anforderungen der neuen Zeit hilflosen und daher untauglichen General in sinnvoller Weise unter die Arme zu greifen. Aber darin erschöpft sich nicht die Aufgabe des Generalstabs. Er wird zugleich als Institution auf die Zukunft abgestellt, auf die Zeit, in der es wieder militärisch hochqualifizierte, mit den modernen Führungsprinzipien vertraute und erfahrene Generale geben wird, die dann selbst durch die Schule des Generalstabs gegangen sein werden. Gerade, wenn der Generalstabsoffizier die eigentliche Führungsaufgabe dem General nicht mehr abzunehmen braucht, wird die Bedeutung der neuen Institution für den Krieg der Zukunft voll zur Geltung kommen. Mit ihr ist dem kommandierenden General ein geistiger Führungsstab beigegeben, der seine eigene Leistungsfähigkeit zu steigern vermag und der es ihm ermöglicht, in idealer Form die Reife des Urteils mit der Schnelligkeit des Entschlusses zu verbinden. Der General muß auf ihn zurückgreifen, auch wenn er sich innerlich dagegen sträuben mag, weil der moderne Krieg mit seinen Anforderungen ihn dringend benötigt. Er muß sich des Generalstabs bedienen, wenn er sich die führungsmäßige Überlegenheit sichern will. Die Regierungen werden sich dieser Einsicht auf die Dauer nicht verschließen können. Scharnhorst verweist auf das französische Beispiel, wo die „Generalstäbe seit 1793 für die Armeen das waren, was die Regierungen für einen Staat sind". Hier

> „dirigierte der kommandirende General diese Maschine zwar nach seinem Gefallen, allein auch ohne ihn behielt sie ihren Mechanismus. Dies machte den Wechsel der Generale nicht so nachtheilig als er sonst würde gewesen sein und ein guter Generalstab verhinderte, daß ein schlechter General nicht sehr große Fehler machte" [31].

Der Einbau des Generalstabs als unentbehrliches Instrument in den militärischen Führungsapparat ist für Scharnhorst daher auch nur eine Frage der Zeit. Man braucht ihre Lösung nicht zu überstürzen. Im Augenblick ist nur erforderlich, alle Vorarbeiten zu treffen, für den Generalstabsdienst geeignete Offiziere systematisch heranzubilden, durch ihre Güte die Brauchbarkeit der Institution selbst unter Beweis zu stellen, im übrigen überall Teillösungen anzubahnen, um so eine Bresche in die

---

[31] *Scharnhorst*, „Entwicklung der allgemeinen Ursachen des Glücks der Franzosen in dem Revolutionskriege", a. a. O., S. 323.

Starrheit des bisherigen Führungsapparates zu legen und praktisch zu zeigen, daß eine mit einem Generalstab arbeitende Führung in ihrer Arbeit begründete Erfolge aufzuweisen hat, mit denen die Zufallserfolge der jetzigen Führung nicht mehr zu konkurrieren vermögen.
Diese grundlegenden Vorstellungen über den Aufbau eines zeitgemäß organisierten Generalstabs sowie dessen Arbeitsmethoden bringt Scharnhorst bei seinem Übertritt in die preußische Armee mit. Hier gerät er mitten in die Auseinandersetzung, die durch die Denkschriften des im Jahre 1806 als Chef des Stabes beim Fürsten Hohenlohe so unrühmlich bekanntgewordenen Obersten *von Massenbach* um die Reform des preußischen Generalstabs entfacht worden war. An Hand der Massenbachschen Angriffe auf die bisherige Organisation des Generalquartiermeisterstabes und seiner Reformvorschläge hat er Gelegenheit, seine eigene Position zu überprüfen. Er verhält sich zunächst abwartend, um dann in seinen eigenen Überzeugungen gestärkt, durch die Auseinandersetzung vielfach befruchtet, den praktischen Weg zur Verwirklichung seiner Gedanken einzuschlagen. Seine Lehrarbeit auf der Akademie zur Heranbildung von „Generalsgehilfen" [32], sowie seine eigene praktische Tätigkeit als verantwortlicher Bearbeiter des westlichen „Kriegstheaters" im preußischen Generalquartiermeisterstab waren die Stationen auf diesem Wege.

IV. Der Generalstab als Ersatz für das mangelnde Genie des Feldherrn

Der Geist des Positivismus, den Scharnhorst bereits im hannöverschen Generalstab erkannt und bekämpft hatte, beseelte den preußischen Generalstab in ausgesprochener Weise. Das Prestige der preußischen Militärmaschine sowie ihre Kriegstüchtigkeit galten als über jeden Zweifel erhaben, ihre Kriegskunst durch die überlieferten Rezepte, insbesondere durch die Testamente des großen Königs gesichert, so daß man glaubte, auch ein militärisch minderbegabter Herrscher werde an der Spitze des preußischen Heeres und seines Offizierkorps den künftigen militärischen Aufgaben des Staates gewachsen sein.
Friedrich der Große hatte die Operationspläne wie die notwendigen Dispositionen und Instruktionen zu seinen Feldzügen selbst entworfen. Die

[32] Vgl. S. 130 ff. dieses Buches.

Führung der Schlacht lag in seiner Hand. Er war nicht nur sein eigener Feldherr, sondern, wenn man den Begriff Generalstab hier überhaupt brauchen will, sein eigener Chef des Generalstabs. Soweit er Offiziere zur Mitarbeit heranzog, verwendete er sie als Adjutanten oder Ingenieure. Zu einer schöpferischen militärischen Tätigkeit im Bereich der höheren Kriegskunst wurde jedoch kaum einem dieser Offiziere Gelegenheit geboten. Als Friedrich der Große starb, bestand der sogenannte Generalquartiermeisterstab aus etwa zwei Dutzend von Offizieren, die sich hauptsächlich mit Terrainaufnahmen beschäftigten, während die sogenannten Ingenieurgeographen das Material zusammenstellten und die Karten ausfüllten. Neben diesen Quartiermeisteroffizieren gehörte das Feldjägerkorps mit seinen vielfältigen Diensten als Melder und Kuriere sowie den berühmten „Kolonnenjägern" als Einweiser der Truppen bei Märschen ebenso zum Generalstab wie die „Brigademajors", eine „Art mobiler Platzoffiziere" [32a]. Für die Beschäftigung dieser Art des Generalstabs ist eine Instruktion aus dem Jahre 1801 bezeichnend, die die bisher üblichen Aufgaben noch einmal kurz zusammenfaßt [33].

Massenbach erkannte die Situation richtig, in der sich der preußische Staat politisch und militärisch befand. Er geht davon aus, daß nach dem Tode Friedrichs II., der als Staatsmann und Feldherr die Leitung des Staates wie der Armee in der Hand hatte, niemand mehr in der Lage sei, diese Funktionen in sich zu vereinigen, während auf der anderen Seite durch das Genie Napoleons dies in hervorragender Form geschieht. Dazu sieht er das europäische Gleichgewicht durch die Französische Revolution empfindlich gestört. In einer Zeit, in der sich die Form einer neuen Kriegführung bereits klar abgezeichnet, und in der zugleich das militärische Genie Napoleons die Aufmerksamkeit der politischen wie militärischen Kreise immer stärker auf sich zieht, empfindet man in Preußen besonders stark das Fehlen einer Institution, die unter einheit=

32a *Görlitz, W.*, Der deutsche Generalstab, 1951, S. 17.

33 In ihrem ersten Abschnitt enthält sie eine Vorschrift, „worauf die Ingenieur=Geographen und Kolonnen=Jäger bei Rekognosziren und bei der Rapport=Erstattung zu sehen haben". Der zweite Abschnitt behandelt dasjenige, was die „Kolonnen=Jäger bei Führung einer Kolonne oder beim Quartiermachen zu beobachten haben". Eine entsprechende Instruktion befaßt sich mit der Tätigkeit des Generalquartiermeisters und der Quartiermeister=Lieutnants im Felde. Ihre Aufgabe besteht im Abstecken des Lagers für die Armee, im Rekognoszieren von Kolonnenwegen, Führung von Kolonnen auf dem Marsch, ohne vorherige Rekognoszierung, Einführung der Truppen ins Lager, Ingenieuraufgaben, Bau von Verschanzungen, der Leitung des Nachrichten= und Spionagewesens u. a. m.

licher Leitung und großen Gesichtspunkten die militärischen Aufgaben des preußischen Staates hätte lösen können.

Massenbach verlangt zunächst den „Einklang" zwischen Politik und Kriegführung, der seit dem Tode Friedrichs nicht mehr gewährleistet war. Sodann fordert er eine gänzliche innere Wandlung in der Einstellung der Führung des preußischen Staates zum Krieg. „Der König und seine Herren Brüder" müssen auf die große Kunst, „auf das Wissenschaftliche des Krieges aufmerksam gemacht werden" [34]. Sie sollen sich losmachen vom „Mechanismus des Exerzierens und nicht länger darin das Heil des Staates erblicken". Es ist dies „die allerwichtigste Vorbereitung zum Kriege" [35]. Sie sollen erkennen, daß künftige Feldzüge Entwürfe verlangen, die von dem Krieg „im Großen" und „im Ganzen" ausgehen, die „reif und tief durchdacht werden". Deshalb dürfen in Zukunft nur Könner den König beraten, Männer, „welche sich dem Studio des großen Krieges ganz vorzüglich gewidmet", ihn „zum allgemeinen Studio eines ganzen Lebens" gemacht haben [36] und nicht wie bisher der Generaladjutant. Er nimmt, da der König von der Kriegführung nichts versteht, eine überragende Stellung ein, obwohl er keinerlei taktische oder strategische Kenntnisse besitzt, im übrigen weder die Armee noch die „Kriegstheater" des Staates kennt. Zu diesem Zweck soll der Generalstab als eine Sachverständigenorganisation geschaffen werden, die sich besonders der Aufgabe widmet, auf Grund ihres Wissens um die Zusammenhänge zwischen Politik und Kriegführung dem König fundierte Ratschläge zu geben.

Massenbach sieht den entscheidenden Mangel, der im preußischen Staat hinsichtlich der Kriegführung besteht. Es gibt niemanden, der sich „mit dem großen Krieg" eingehend beschäftigt, vor allem Operationspläne auf Grund des Zusammenhangs zwischen Politik und Kriegführung ausarbeitet. Sein Argument, daß der König keine Entscheidung fällen kann, weil er „den großen Krieg nicht kennt, ihn nicht zu seinem Studio gemacht hat" [37] und daher unverantwortlichen Ratgebern Gehör schenkt, ist durchaus zutreffend. Wie mangelhaft insbesondere die durch den Generaladjutanten erfolgte Beratung des Königs war, hat Scharnhorst später bestätigt, wenn er erklärte: „Der Generaladjutant, gewöhnlich

---

[34] *Massenbach* an den General von Geusau, 13. April 1802, Acta, Heeresarchiv Potsdam, Nachlaß Massenbach, Heft 38, S. 99.

[35] *Massenbach* an den Oberst von Köckritz, vom 10. April 1802, ebenda, S. 92.

[36] *Massenbach* an Köckritz vom 6. Februar 1802.

[37] *Massenbach*, Heft 38, S. 7 und 8.

ein Infanterie=Offizier ohne höhere militärische Kenntnisse, trug ohne Vorbereitung und Beratung alle Gegenstände des Ingenieur= und Artilleriewesens, der höheren Anordnungen zum Kriege, des Details der Infanterie und Cavallerie u. s. w. vor". Der König erhielt „gewöhnlich von keiner anderen Sache gehörige Auskunft, als von den niederen Gegenständen des Infanterie Dienstes" [38]. Diesem Zustand will Massenbach abhelfen. Die hier vorhandene Lücke soll durch den Generalstab geschlossen werden.

Im Generalstab sollen

> „die Kenntnisse, die Wahrheitsliebe und der Scharfsinn mehrerer sich in einem Centralpunkt vereinigen" [39].

Dies wird „Kriegsentwürfen das Dasein geben, welche nach den richtigsten Grundsätzen bearbeitet worden sind". „Keine schwankenden, auf falschen Grundsätzen beruhende Meinungen werden dann in Zukunft dem König vorgetragen", sondern nur „lange geprüfte, reine Wahrheit". Der Generalstab selbst ist die Institution, die dem König

> „reine, ewige, unabänderliche Wahrheit, rein wie gediegenes Gold" [40]

in ihren Plänen vorlegt. Wenn der König sie genehmigt, so erteilt er nur der „ewigen, unabänderlichen Wahrheit" Sanktion, die dann im Grunde nur eine Formalität ist. Kann doch der König gar nicht anders als zustimmen, wenn ihm auf dieser Wahrheit beruhende Vorschläge gemacht werden.

Der Generalstab repräsentiert so nach Massenbach in einer Kollektivorganisation das Äußerste, was an Wissen und Können im preußischen

---

38 *Scharnhorst*, Vergleichung der ehemaligen Geschäftsführung der militärischen Oberbehörden mit den jetzigen, a. a. O. Gneisenau hat das zu dieser Zeit allgemein übliche Beratungssystem mit folgenden Worten gekennzeichnet:

> „Sollte eine strategische Maßregel genommen werden, so mußte man erst die Häupter des Generalstabes versammeln und beratschlagen lassen. Trat hier eine Verschiedenheit der Meinungen ein, so war unter den Dienern Sr. Majestät Niemand vorhanden, der mit Autorität des Ranges und Verstandes zugleich den Ausschlag geben konnte, denn der Herzog von Braunschweig entschied über nichts, und huldigte in der Regel, wenigstens äußerlich, der Meinung des Generaladjutanten. Wenn nun dieser, der eigentlich nicht für die Geschäfte der höheren Armeeführung, sondern nur für die Wahrnehmung der persönlichen Verhältnisse der Armee aufgestellt war, zufällig keine Meinung haben konnte, so blieb die Sache unentschieden und Se. Majestät ohne Rath."

Gneisenau, Vergleichung der ehemaligen preußischen Armeeverfassung mit der jetzigen, a. a. O.

39 *Massenbach*, ebenda, S. 202.

40 *Massenbach*, ebenda, S. 201, 202.

Heer vorhanden ist. In ihm sitzen denkende Offiziere, auf Grund einer „strengsten Prüfung" in einem besonderen Verfahren ausgesucht, keine bloßen „Majors mit Federhüten" [41]. Der Generalstab bietet damit denjenigen Ersatz, den das preußische Heer beim Fehlen des Genies aus sich heraus zu stellen vermag. „Die vorige Regierung hat keiner neuen Generation großer Männer das Daseyn gegeben." Statt zu warten, ob ein neues Genie auftritt und sich der Hoffnung auf „den Zufall" zu überlassen, trifft das preußische Heer mit der Errichtung des Generalstabes

> „Anstalten, brauchbare Männer zu bilden und überall Geisteskraft und Genie zu wecken" [42].

Der König selbst kann sich den Ersatz für sein eigenes fehlendes Genie im Generalstab organisieren. Die einzelnen, dem Generalstab angehörenden Offiziere stellen dann ihrerseits den Ersatz für die mangelnden Feldherrntalente der mittleren Führung dar. Sie beraten und ergänzen sie in ihrem fehlenden Wissen.

Die Auffassung vom Generalstab als Ersatz für das Genie des Feldherrn ist in der Situation des preußischen Staates, in der Massenbach schreibt, berechtigt. Das entscheidende Problem ist nur, wie dieser Gedanke durchgeführt werden soll. Massenbach ist Fanatiker der Topographie. Zwar nimmt sein beweglicher Geist alle Ideen, die in der Zeit liegen, auf und bringt sie irgendwie zum Ausdruck [43]. Im Ergebnis werden sie jedoch nur zur Rechtfertigung seiner Lieblingsidee, der terrestrischen Kriegskunst, benutzt. „Von der Tanne bis zum Schilfrohr" muß man, so hören wir von dem Oberleutnant *Valentini*, der Massenbachs Brigade als Offizier zugeteilt war, „alles beschreiben und zeichnen" [44]. *Clausewitz* spricht von Massenbachs „schlimmer Tendenz, überhaupt den räumlichen Beziehungen eine übermäßige Wichtigkeit beizulegen, die Streitkraft selbst aber sowie das Gefecht und seine Folgen aus den Augen zu verlieren". Wer Massenbachs Anweisungen darüber liest, „worauf die Officiere des Generalstabs bei der Bereisung einer Provinz zu sehen haben" [45], findet dies bestätigt. Da, wo Massenbach die mathematisch orientierte Manöverstrategie überwinden und von den Fesseln der Geometrie befreien

---

[41] *Kleist* an Massenbach vom 14. Mai 1802, ebenda, S. 116.
[42] *Massenbach*, ebenda, S. 203.
[43] Vgl. hierzu etwa den Briefwechsel zwischen Massenbach, Phull, Geusau, Moellendorff und Kleist, Acta, Heeresarchiv Potsdam, Nachlaß Massenbach, Nr. 38, III.
[44] *Valentini* an Berenhorst vom 31. März 1804, a. a. O., Bd. I, S. 159.
[45] *Massenbach*, ebenda, S. 64 ff.

will, landet er in der Militärgeographie. Jede große strategische Zielsetzung hemmt er durch seine geographischen Prämissen. Sein strategisches Wertsystem ist topographisch gebunden. Der geniale Feldherr ist für Massenbach das topographische Genie, das auf Grund seiner topographischen Kenntnisse überall strategische „Punkte", die ihm bestimmte Operationen vorschreiben, sieht, von denen es sich dann in seinen Überlegungen abhängig macht. Der Generalstab ist dementsprechend Ersatz für das fehlende topographische Genie und selbst in seiner Arbeit weitgehend topographisch festgelegt.

V. Der Zusammenstoß zwischen Generalstab und Militärhierarchie

1. Die Angst der Generale vor dem Übergriff in ihre Kompetenz

Der König hatte die Denkschriften Massenbachs an die hohe Generalität, den *Herzog von Braunschweig*, den Fürsten *Hohenlohe*, den Feldmarschall *von Moellendorff*, den Generalleutnant *von Geusau* und den Generalmajor *von Zastrow*, einen zweiten Entwurf Massenbachs an die Generalleutnante *von Rüchel* und *Tempelhoff* gesandt und zur Stellungnahme aufgefordert. Der Grundthese Massenbachs, daß „der große Krieg" durch ein besonders qualifiziertes Gremium bearbeitet und vorbereitet werden müsse, stimmten die Generale im allgemeinen mit freundlichen Worten zu [46]. *Rüchel* erklärte:

> „Das Bild des Krieges muß man im Frieden entwerfen und das Bild des Friedens im Kriege ins Auge fassen." [47]

Die Einheit von Politik und Kriegführung zu schaffen, sei gleich wichtig, denn

> „beide Gegenstände greifen ineinander ein, scheinen nur separiert durch den Begriff des Degens und der Feder, sind aber in Wirklichkeit nur eins für den Staat" [48].

Tempelhoff meinte, es könne „die Bearbeitung besonders der wahrscheinlichsten Fälle, auf welche Art der preußische Staat mit seinen Nachbarn

---

[46] Acta, betreffs Gutachten mehrerer Generale über das von Oberst von Massenbach an Seine Majestät eingereichte Projekt betreffs die Neuorganisation des Generalquartiermeisterstabes, Heeresarchiv Potsdam, Altes Kriegsarchiv, Kap. 45, Nr. 58.

[47] Ebenda, S. 30.

[48] Ebenda, S. 35.

in einen Krieg verwickelt werde, von einem sehr ausgebreiteten Nutzen seyn", denn

> „wenn gleich die Fälle nie wirklich so eintreten, als sie in der Einbildung gedacht werden, so sind sie doch eine ganze vortreffliche Übung für den Strategen, und wer eine Menge von Fällen schon durchdacht hat, dem fällt es gar nicht schwer, neue und noch nicht gedachte Fälle im Kriege mit einer Leichtigkeit, Gründlichkeit und Schnelligkeit zu bearbeiten, die man von demjenigen nicht erwarten kann, der mit dieser Art von Arbeit noch nicht so bekannt ist" [49].

Die Generale bejahten also den Generalstab in der Form eines den König beratenden militärischen Gremiums, des später sogenannten „großen Generalstabs". Von dessen Tätigkeit sahen sie sich auch wenig betroffen. Sie würde sich, so glaubte man, in dem engen Kreis um den König in der Form der Diskussion von Projekten vollziehen. Man kannte diese Methode und wußte, wie ungefährlich sie bei dem schwankenden Charakter des Königs war. Ob zu den ständig neu hier auftauchenden Vorschlägen und Plänen noch solche über die Möglichkeiten künftiger Kriegführung traten, war im Grunde gleichgültig. Man ging dabei von der selbstverständlichen Voraussetzung aus, daß die hohe Generalität in ihren hervorragendsten Vertretern zu dem den König beratenden Kreis gehören würde. Man hatte dann die Möglichkeit, jederzeit in die Diskussion einzugreifen und solche Pläne, mit denen man nicht übereinstimmte, zu Fall zu bringen.

Anders war die Situation jedoch, soweit es sich um den Truppengeneralstab handelte und der Chef des Stabes Befugnisse ausüben sollte, die den Bereich umfaßten, in dem der kommandierende General bisher allein schaltete und waltete. Hier stoßen Massenbachs Ideen auf schärfste Ablehnung. Die Generalität war gewohnt, im Generalquartiermeisterstab nichts anderes als einen technischen Apparat, den „stato" des Feldherrn zu sehen. Sie wollte von den Offizieren des Generalquartiermeisterstabes in bezug auf ihre Operationen lediglich die Frage beantwortet haben, „wo die Eigenheiten der Erdoberfläche einer Stellung", die es zu nehmen galt, „zustatten kommen und ihr einige Festigkeit mehr geben oder nicht". [50] Je eindeutiger der Generalquartiermeisterstab auf diese engbegrenzte Aufgabe festgelegt war, desto besser erschien es ihnen. Sie glaubten, die Bewegungen des Heeres „nicht nur allein bestimmen und festsetzen zu können, sondern auch allein berechnen und entwerfen" zu müssen und sprachen sich scharf gegen den neuen, viel „zu großen

---

49 Ebenda, S. 60, 61.

50 Ebenda.

Wirkungskreis" aus, den der Generalstab nach Massenbachs Vorschlägen erhalten sollte. Insbesondere sahen sie es als „unter der Würde des kommandierenden Feldherrn" stehend an, „dieses Geschäft mit anderen zu beraten" [51]. Sie beriefen sich wie immer, wenn es das Alte zu erhalten galt, auf die Autorität Friedrichs des Großen [52]. Sie versuchten insbesondere der Ausdehnung der Zuständigkeit des Generalstabs auf den Bereich des kommandierenden Generals mit dem Einwand zu begegnen, eine solche Maßnahme stünde im Widerspruch zu den Grundprinzipien der preußischen Armee. Ihre tragenden Pfeiler, die Subordination im Heer und der von allen preußischen Königen anerkannte und immer wieder bewährte Grundsatz, daß nur einer, und zwar der kommandierende General, führen und die Verantwortung tragen könne, gerieten ins Schwanken. Sie wußten, daß sie mit diesem Hinweis eine besonders empfindliche Stelle beim König trafen.

Massenbach änderte auf diese Argumente hin seine Taktik. Er hatte dem König die überragende Bedeutung des Generalstabs als derjenigen Organisation darzustellen gewußt, deren Erkenntnisse als „reine, ewige, unabänderliche Wahrheit" zu gelten hätten, die von ihm im Interesse der Erhaltung des Staates zu akzeptieren seien. Den Generalen gegenüber bagatellisierte er die Stellung des ihnen beigeordneten Chefs mit seinem Stabe. Statt dessen rückte er die Person des Generals in den Vordergrund, die nur deshalb bisher nicht die ihr zukommende Position einzunehmen vermöchte, weil der General sich zu sehr um das Detail zu kümmern hätte. Dies würde mit der Durchsetzung der neuen Pläne anders werden. Aufgabe des Generalstabs sei es, gerade das Detail dem General abzunehmen, um ihm auf diese Weise zu ermöglichen, sich mit den seiner Stellung angemessenen Aufgaben zu beschäftigen, insbesondere „den Operationenplan des Feldzuges und des ganzen Krieges zu überdenken" [53]. Erst dann sei er in der Lage,

> „gleichsam wie ein Wesen höherer Art über diesen Gegenständen, deren detaillierte Bearbeitung seiner Sache nicht wert (sei), sondern dem Generalstab zugehöre, zu schweben" [54].

Die entscheidende Tätigkeit des Chefs des Stabes, die gerade in der Beratung des unfähigen kommandierenden Generals bestehen sollte,

---

[51] Ebenda.

[52] Ein Argument, auf das im übrigen *Knesebeck* dringend jedem dieser Generale die Frage zur Selbstbeantwortung empfahl: „Ist er Friedrich der Große?" Massenbach, Heft 38, S. 42.

[53] Ebenda, S. 135.

[54] Ebenda.

konnte man jedoch schlecht als Abnahme des Details bezeichnen. Sie wurde von den Generalen auch keinesfalls so gewertet, sondern gerade hierin der Eingriff in ihre bisherige Führungskompetenz gesehen. Aber auch demgegenüber versuchte sich Massenbach mit der Bagatellisierung der Aufgabe des Generalstabs zu helfen. Er erklärte, der Chef des Stabes sei nur der „Registrator des Generals", der die für das kriegerische Geschehen wesentlichen „Materialien hervorsuche und sie ihm nach und nach im Lauf der Operationen, soweit sie erfordert werden, vorlege". Diese wiederum seien „keineswegs Vorschrift", sondern „nur Leitfaden, an den man sich einigermaßen halten" könne.

Von Massenbachs Sicht aus war dieses Argument gar nicht schlecht gewählt. Inbegriff der Tätigkeit des Generalstabs ist für ihn eine bis ins einzelne gehende topographische Bearbeitung des Landes als unabdingbare Voraussetzung für alle strategischen Maßnahmen. Mit jedem Sumpf, Fluß oder Hügel als strategischen „Punkten" sieht Massenbach bereits den Zwang zu einem bestimmten Handeln gegeben. Das gesamte operative Handeln ist durch die topographischen Gegebenheiten weitgehend bereits im voraus bestimmt. Wer die von Massenbach entworfenen „Tabellen zur topographisch-militärischen Kenntnis eines Landes" durchgeht, spürt deutlich die Fesseln, die jeder operativen Tätigkeit angelegt werden. Breitet der im Massenbachschen Geiste geschulte Generalstabsoffizier das im Laufe der Operationen jeweils erforderliche Material vor seinem General aus, so verbindet er damit bereits eine stille, aber sehr eindeutige Mahnung zu einem ganz bestimmten Handeln. Massenbach kann daher den Chef des Stabes, ohne viel von der diesem zugedachten Position aufzugeben, äußerlich zum „Registrator" erniedrigen. Er übt allein durch die Vorlage der topographischen Materialien ein gut Teil seiner Beratungsfunktion aus. Der General, der dieses Material zu deuten versteht, wird daraus seine Konsequenzen ziehen. Wer dazu nicht das Talent besitzt, wird sich von selbst seines Stabschefs bedienen.

Massenbachs Argumente vermögen die Generalität nicht umzustimmen. Sie empfinden trotz seiner Beteuerungen die Einschränkung ihrer Bewegungsfreiheit, die das orthodoxe, unduldsame System strategisch-topographischer Glaubenssätze, verfochten von einer Bürokratie von Ingenieurgeographen, bewirken würde. Zum Teil ist es ihnen für ihr Verständnis zu kompliziert, zum anderen wesensfremd. Sie halten an ihrer Behauptung fest, daß die Einrichtung eines Generalstabs einen Eingriff in ihre bisherige Kompetenz darstelle und mit ihrer Ehre und Würde nicht verträglich sei.

2. *Die Ablehnung des im Generalstab liegenden neuen geistigen Prinzips*

Unter ganz anderen Gesichtspunkten als Rüchel und die übrigen Generale wendet sich der Generalmajor *von Zastrow* gegen die Verwirklichung von Massenbachs Ideen. Zastrow sieht in der Einrichtung des Generalstabs den Beginn einer gefährlichen Entwicklung. Die Armee würde auf diese Weise mit einer „Pépinière" für die Generale versehen, einem Unternehmen, dem gegenüber man die Frage aufwerfen müsse,

> „ob es ein Glück für eine Armee ist, wenn alle ihre Generale mit Feldmarschall-Talenten begabt sind, wo keiner gern dem anderen nachstehen will" [55].

Mit dem sarkastischen Vergleich des künftigen Generalstabs als „gute Pépinière", in der man die Offiziere militärisch aufklärt und sie in die Wissenschaft der höheren Führung einweiht, die bisher als Geheimnis dem König als Staatsmann und Feldherrn sowie einigen obersten militärischen Würdenträgern vorbehalten war, rührt Zastrow an das entscheidende Problem, das die bisher führende Schicht des preußischen Heeres auf das tiefste beunruhigt. Ist es möglich, im Heer den Geist einer akademischen Wissenschaftlichkeit, die nur auf dem Boden der Gleichheit und Freiheit der Meinung gedeihen kann, freie Bahn zu geben, ohne dabei die Grundpfeiler des Heeres, die Autorität und die Subordination, umzustürzen? Diese stellen mehr als nur zweckmäßig bedingte Formen dar, sie sind als Elemente einer gottgewollten Ordnung zu betrachten. Wird diese Ordnung nicht dadurch zerstört werden, daß die rationale und kritische Arbeitsmethode der Wissenschaft Eingang ins Heer findet und man die wissenschaftliche Wahrheit über die mit dem Rang verbundene Autorität setzt? In der Pépinière des Generalstabs werden in Zukunft verschiedene wissenschaftliche Meinungen gleichberechtigt einander gegenüberstehen. Kann man ein Heer noch zusammenhalten, wenn hier das Gewicht der Meinung die mit der Rangordnung gegebene Hierarchie untergräbt? In der praktischen Auswirkung werden die Generalstabsoffiziere sich auch dazu berufen fühlen, die entscheidende „Operation" selbst durchzuführen. Sie werden den Ehrgeiz haben,

> „die Ehre des glücklichen Erfolgs jeder Unternehmung mit dem General zu teilen" [56].

---

[55] Vgl. die instruktiven Bemerkungen *Zastrows* zu Massenbachs Plänen, Heft 38, S. 136.

[56] *Zastrow*, ebenda, S. 170.

Die Mißerfolge dagegen werden sie darauf zurückführen, daß der General sich nicht nach ihren Grundsätzen gerichtet habe. Ist es demgegenüber nicht an der Zeit, sich auf die tiefe Weisheit des Anciennitätsprinzips als Garant einer wohlausgewogenen Ordnung im Heere zu besinnen, anstatt die Offiziere „nach ihren Fähigkeiten avanciren zu lassen?" [57]

Zastrows Gedanken sind nicht neu. Der Major der Kavallerie *von Brenkenhoff* hatte in seinem Kampf gegen das Eindringen der Aufklärung in das Offizierkorps und den damit verbundenen Versuchen, den Bildungsstand des Offizierkorps zu heben, sich ähnlich geäußert. Er hatte gegenüber dem Drängen der Aufklärung unter dem Beifall der Zunft erklärt, nach wie vor sei das Idealbild eines Heeres jenes, „an dessen Spitze einige denkende Köpfe stehen, bey dem die übrigen blos maschinenmäßig handeln, aber jeder die Pflichten seines Postens gehörig erfüllt" [58]. Glücklich ist für ihn die Armee,

> „bei der ein jeder Untergebener seine Vorgesetzten für Wesen höherer Art hält und unglücklich die, bei der der niedere Offizier, ja wohl der gemeine Mann philosophiert und auf den sehr gegründeten Gedanken kommt, daß wir alle Adamskinder, aus einem Stoff gemacht sind und öfters der Untergebene mehr Verdienste und Einsichten als sein Vorgesetzter besitzt" [59].

Brenkenhoff, Adjutant des Herzogs von Braunschweig, hatte sich zum Wortführer jener Richtung im Heere gemacht, die Wissenschaft und Bildung für den Offizier als unnötig, ja sogar als schädlich und die bisherige Ordnung zerstörend betrachtete. Die 3. Auflage seines vielgelesenen Büchleins hatte er dem General Rüchel zugeeignet. Brenkenhoffs Werke werden von Zastrow in abgewandelter Form zur Abwehr eines Unternehmens benutzt, mit dessen Durchsetzung man die Zerstörung der bisherigen Ordnung von oben her befürchtete.

3. Der Generalstab als Jesuitenorden

Zastrows Behauptung, Massenbach führe mit seinem Generalstab in die festgefügte Ordnung des preußischen Heeres ein fremdartiges Element in Gestalt einer auf der Grundlage akademischer Freiheit arbeitenden

---

[57] Ebenda, S. 136.

[58] *Brenkenhoff, A.* Paradoxa, größtenteils militärischen Inhalts, 1. Auflage 1780, zit. nach 3. Auflage, 1798, S. 27.

[59] Ebenda, S. 9.

Institution ein, er untergrabe damit den Gehorsam und die Autorität im Heere, traf diesen zutiefst. Gerade Massenbach war es um alles andere zu tun, als zersetzender Kritik und Freigeisterei im Heere die Bahn freizumachen. In seiner Auseinandersetzung mit dem großen Widersacher der bestehenden Heeresordnung, Heinrich von Berenhorst, hatte er in dieser Hinsicht eindeutige Positionen bezogen[60]. Massenbach versucht Zastrow mit dem Hinweis auf das Beispiel des Jesuitenordens zu widerlegen und erklärt:

> „Der Generalstab würde in Absicht der Subordination einige Ähnlichkeit mit dem Jesuiter-Orden haben, dessen Mitglieder bekanntlich ihren Oberen einen sehr strengen Gehorsam schuldig waren. Ohne diesen Gehorsam kein Heil." [61]

Der Jesuitenorden, der von Ignaz von Loyola, einem ehemaligen Offizier, geschaffen und als ausgesprochene Kampforganisation das „Fähnlein Christi" genannt wurde, hat für Massenbach den Beweis erbracht, daß man auf der einen Seite durchaus geistig beweglich und höchst gebildet, auf der anderen bis zur Hörigkeit gehorsam sein kann. Wissenschaft und Bildung brauchen so nicht notwendig ein zersetzendes Element zu sein und eine Zerstörung der bisherigen Ordnung zur Folge zu haben. Sie lassen sich mit der strengen Zucht eines aristokratischen Ordens, der eine geistige Elite zur Erfüllung wichtiger Spezialaufträge darstellt, sehr wohl vereinigen. Die Vorstellung, daß mit dem Eindringen des Geistes der Wissenschaftlichkeit und Bildung in das Heer dessen Verfall beginne, weist nur auf die möglichen negativen Folgen hin. Die positive Seite, durch die Übernahme von Wissenschaft und Bildung in das Heer und die dadurch erreichte geistige Beweglichkeit und Anpassungsfähigkeit in Verbindung mit dem Gehorsam das Heer in seinen Grundfundamenten zu festigen und zu stärken und es dadurch siegreich aus den Anfechtungen der Zeit hervorgehen zu lassen, hat man nach Massenbach bisher weder erkannt noch in Erwägung gezogen. Das soll mit dem neuen Generalstab geschehen.

Abgesehen davon, ob der Vergleich des Generalstabs mit dem Jesuitenorden glücklich war, um diese Institution der preußischen Generalität näherzubringen, war er für Massenbachs Grundeinstellung sehr bezeichnend. Wie der Jesuitenorden kämpft Massenbachs Generalstab für ein Dogma. Es ist die militärisch-topographische Glaubenslehre. Zur Durchsetzung dieses Dogmas will er wissenschaftlich hochgebildete Offiziere

---

60 Vgl. *Höhn*, R. Revolution, Heer, Kriegsbild, a. a. O., S. 215, S. 220 ff.
61 *Massenbach* an *Zastrow*, 15. August 1802.

in einem straff organisierten Orden zusammenfassen. Der Generalquartiermeisterleutnant (Chef des Stabes), der nach Massenbach als der „ständige Begleiter des kommandierenden Generals" auftreten soll, ist dann — um im Bild des Jesuitenordens zu bleiben — der Beichtvater und geistliche Berater, der sich zwar demütig und bescheiden im Hintergrund hält, aber von dort die Anerkennung des militärischen Glaubensdogmas überwacht und damit eine ausschlaggebende Rolle spielt.

Wie der Jesuitenorden hat auch Massenbachs Generalstab eine konterrevolutionäre, gegenreformatorische Tendenz. Sie richtet sich gegen die revolutionäre napoleonische Strategie und Taktik und verficht ihr gegenüber die friderizianische Erbschaft. Daß Massenbach diese nicht wie die Generale in dem Dogma des Exerzierreglements, sondern dem der Topographie und der terrestrischen Kriegskunst sah, ist in diesem Zusammenhang gleichgültig. Die Auseinandersetzung zwischen Zastrow und Massenbach ist im Grunde als ein interner Streit auf dem Boden der alten Welt innerhalb der preußischen Armeeführung zu bewerten. Massenbach versucht, die ungeistigen Generale und den von ihnen abhängigen König, die angesichts der europäischen Krise durch ihre Unzulänglichkeit den Staat ins Verderben zu führen drohen, unter die Diktatur des Generalstabs nach dem Vorbild eines geistlichen Ordens zu bringen, der der wahre Träger der friderizianischen Erbschaft sein und diese in neuer Form als Heilsbotschaft und Ausweg gegenüber dem drohenden Unheil verfechten soll.

Die Bedeutung der hier verfochtenen Positionen tritt besonders klar hervor, wenn man der Massenbachschen die Scharnhorstsche Auffassung vom Generalstab entgegenhält. Scharnhorst stimmt mit Massenbach in der Forderung nach einem Generalstab als Ersatz für das Genie eines Napoleon und die mangelnden Talente der kommandierenden Generale überein. Scharnhorsts Generalstab ist jedoch alles andere als eine Nachahmung des Jesuitenordens. Er soll nicht für ein militärisches Glaubensdogma kämpfen und diesem zur Durchsetzung verhelfen. Er hat auch keine konterrevolutionäre, gegenreformatorische Tendenz. Er soll im Gegenteil der Träger und Verfechter einer neuen militärisch-wissenschaftlich-revolutionären Geisteshaltung im Heer sein. Die Art und Weise, wie das fehlende Genie praktisch ersetzt werden sollte, war bei Massenbach im Grunde naiv und rein mechanisch gedacht. Vier überdurchschnittlich begabte Offiziere sollten sich zusammensetzen und als der sogenannte „engere Ausschuß" die Operationspläne für „den großen Krieg" entwerfen. Scharnhorst hält es zwar für verdienstvoll, wenn man eine Plattform schafft, auf der sich überdurchschnittliche

Offiziere treffen können, um gemeinsam künftige Operationspläne auszuarbeiten. Was nützen jedoch, so fragt er, die schönsten organisatorischen Formen, wenn die strategischen Grundsätze in ihrer Güte und praktischen Brauchbarkeit höchst anfechtbar sind, wenn auf dem Gebiete der Strategie geradezu abergläubische Vorurteile über die Bedeutung der Topographie und ihre strategischen Punkte herrschen, ihre Regeln zu Zauberformeln und die Kriege damit zum Glücksspiel werden?
Nicht nach überkommenen Dogmen und Theorien ist die Arbeit des Generalstabs auszurichten. Sie ist vielmehr auf die Anwendung derjenigen strategischen und taktischen Grundsätze abzustellen, nach denen der große Gegner Krieg führt und Schlachten gewinnt. Was sein Genie in genialer Intuition leistet, muß durch eine aufs höchste gesteigerte neue Methode der Forschung eingehend wissenschaftlich von talentierten Köpfen erarbeitet werden. In einer Theorie vom praktischen Handeln sind sodann diejenigen Grundsätze, nach denen das Genie unbewußt verfährt, systematisch und methodisch bewußt zu machen. Dabei muß man sich hüten, daraus wieder ein System abzuleiten und etwa mit Bestimmtheit erklären zu können glauben:

> „Dies sind Bonapartes Feldherrnmaximen und so wird er in Zukunft handeln, weil er einmal oder zehnmal vielleicht so gehandelt hat.“ [62]

Ein neues Ausleseprinzip, verbunden mit einer wissenschaftlich vorwärtsweisenden Forschungsmethode, die wirklich neue Erkenntnisse in der höheren Kriegführung zu vermitteln vermag, gibt nach Scharnhorsts Ansicht erst die Möglichkeit, dem Genie Napoleons wirksam begegnen zu können.

VI. Die mißglückte Reform des Generalstabs

Die Diskussion um die Reform des Generalstabs fand in der Instruktion für den Generalquartiermeisterstab vom 26. November 1803 ihren Abschluß [63]. Sie trug dem Gedanken Rechnung, daß nur besonders qualifizierte Offiziere in den Generalstab übernommen werden. Ihre Eignung wird durch Ablegung eines Examens in Form einer mündlichen und

---

[62] *Knesebeck*, Über Bonapartes Feldherrn-Eigenheiten, Acta, Heeresarchiv Potsdam, Nachlaß Knesebeck, Nr. 25.

[63] Acta, betr. die Einrichtung von General-Kommandos des Quartiermeisterstabes und der General-Adjutanten, 1803—1817, Heeresarchiv Potsdam, Altes Kriegsarchiv, Kap. 45, Nr. 70.

schriftlichen Prüfung in „Geometrie, Trigonometrie, Fortifikation, Taktik, Kriegskunst und Kriegsgeschichte" festgestellt. Diejenigen Offiziere, die durch die höheren Militärschulen der großen Garnisonen gegangen sind, sollen bei der engeren Auswahl bevorzugt werden [64]. Wer sich im Generalstab nicht bewährt, wird wieder zur Truppe zurückversetzt, andernfalls bleibt er im Korps, jedoch hält man es nicht für tunlich, die Offiziere des Generalstabs zu lange in ihrer Stellung zu belassen. Der König behält sich daher vor, sie „von Zeit zu Zeit in die Armee zu placiren" (§ 2). Auch dem Vorschlag, „die Officiere des Generalstabs bey vorkommenden Gelegenheiten zur Führung von Brigaden und Bataillons in der Linie anzustellen" [65], steht der König sympathisch gegenüber. Aufgabe des Generalstabs soll es sein, die „Fundamentalarbeiten" zu erledigen, d. h. die Grundsätze zu entwickeln, „auf welchen die Bearbeitung der Operationsplane beruhet". Daneben hat der Generalstab die laufenden Geschäfte zu versehen, worunter vornehmlich

> „die gründlichste Bearbeitung aller wahrscheinlichen Kriegsfälle, in welche der Staat unter mancherlei Voraussetzungen verwickelt werden kann",

zu verstehen ist (§ 8). Die Art, wie dies zu geschehen hat, ist jedoch die alte. „Die genaue Kenntnis des Landes in militärischer Hinsicht" ist der Ausgangspunkt der Arbeit des Generalstabs. Der Generalquartiermeister gibt den „Operationsplan" an, die Tätigkeit des Generalquartiermeisterleutnants erschöpft sich in einer Klärung der topographischen Verhältnisse des Kriegstheaters, auf dem der Operationsplan verwirklicht werden soll. Damit diese topographische Aufnahme möglichst lückenlos erfolgt, lösen sich die Generalquartiermeister ab, sowie sie mit dem „ihnen zugetheilten Kriegstheater fertig sein werden" [66]. Der „engere Ausschuß", der aus dem Generalquartiermeister und seinen drei

---

[64] Dazu in der praktischen Durchführung Acta, betr. Beurteilung junger Offiziere für den Generalstab, 1801—1804, Heeresarchiv Potsdam, Altes Kriegsarchiv Kap. 45, Nr. 76, sowie die „Conduitenlisten der Offiziere, welche in Potsdam geprüft worden sind, behufs Vermehrung des Generalquartiermeisterstabes 1803", Acta, Heeresarchiv Potsdam, Altes Kriegsarchiv, Kap. 45, Nr. 77. Vgl. insbesondere die Beurteilung von Müffling, Valentini, Rühle, Boyen und Schöler.

[65] Schreiben *Friedrich Wilhelms* an *Geusau* vom 11. Februar 1804, ebenda, S. 28.

[66] „Die ostpreußische Brigade soll das südpreußische und schlesische Kriegstheater bereisen, also die Arbeiten der 2. Brigade kennenlernen, sie prüfen, berichtigen, vervollkommnen, so die 2. die Arbeiten der 1., die 3. Brigade die Arbeiten der beiden ersten" (§ 11).

Generalquartiermeisterleutnants besteht, gilt vor dem König als derjenige Kreis, dessen fachmännisches Urteil als wissenschaftlich stichhaltig betrachtet wird. Er wird als Träger der Wahrheit angesehen. Ausdrücklich wird bestimmt,

> „daß nur dasjenige als wahr angenommen und seiner Königlichen Majestät zur Allerhöchsten Genehmigung vorgelegt werden kann, was in diesem engeren Ausschuß beschlossen worden ist" (§ 18).

Massenbachs Ideen haben hier Pate gestanden.

Die Umorganisation des Generalstabs bedeutet zweifellos einen Schritt nach vorwärts. Der Ansatzpunkt, um den Generalstab von einem rein technischen Büro zu einer bedeutenderen militärischen Institution zu erheben, ist gegeben. Die neue Instruktion bestimmt immerhin, daß der Generalstab sich auch mit den theoretischen Vorarbeiten für die Aufstellung von Operationsplänen für alle wahrscheinlichen Kriegsfälle zu beschäftigen hat und dem König seine Ansichten darüber vorlegen darf. Dasselbe gilt für die den kommandierenden Generalen zugeteilten Generalstabsoffiziere. Die gesteigerte Bedeutung des Generalstabs kommt auch darin zum Ausdruck, daß „die sämtlichen wirklichen Mitglieder des Generalstabs (an) der Tafel auf dem Schlosse zu Potsdam theilnehmen sollen" [67]. Sie werden damit in den intimen Kreis des Königs einbezogen.

Die Instruktion von 1803 ist das Spiegelbild des internen Gegensatzes in der militärischen Führung. Der durch diese Instruktion geschaffene Generalstab ist im ganzen als eine politische und militärische Mißgeburt zu betrachten. Das bisherige schädliche Führungsprinzip bleibt in Geltung. Die alten Praktiker in der oberen Führung, ungeistig, eng, pedantisch und mechanisch eingestellt, behaupten mit Erfolg weiterhin ihren Einfluß auf den König. Typisch dafür ist, daß die Institution des Generaladjutanten, der, wenn der Generalstab überhaupt praktische Bedeutung erhalten sollte, nicht mehr das „Medium" sein konnte, durch welches dem König „Ideen mitgeteilt wurden", die entscheidende Fragen der Kriegführung betrafen, aufrechterhalten blieb [68]. Er hätte wieder auf seine Stellung als eine Art militärischer Zeremonienmeister, der die Paraden in Potsdam inszenierte und die Konduitenlisten führte, beschränkt werden müssen. Die Grundforderung Massenbachs, den Generaladjutanten beim König wie bei dem kommandierenden General auszuschalten und dem Generalquartiermeister als Chef des Generalstabs stän-

---

[67] Schreiben des *Königs* an *Geusau* vom 11. Februar 1804, a. a. O., S. 29.
[68] *Massenbach*, Heft 39, S. 401.

digen Immediatvortrag zu sichern[69], war nicht erfüllt worden. Mit Bedauern stellt Massenbach fest, daß in der neuen Instruktion für den Generalquartiermeisterstab weiterhin

> „der jedesmalige Generaladjutant des Königs die höchst wichtige Rolle fortdauernd spielen konnte, die er bisher zum Nachtheil des Königs und zum Verderben des Staates gespielt hatte" [70].

Neben dieser alten Führungsordnung darf der Generalstab ohne entscheidenden Einfluß auf die militärische Führung seinen Platz einnehmen. Er kann auch unbedenklich raisonnieren, solange er die neuralgischen Punkte der Heeresverfassung und der alten Kriegsanschauung nicht antastet und die handwerksmäßigen, überkommenen Aufgaben zur Zufriedenheit der Praktiker erfüllt. In ihm vermag sich der kritische Geist der Pépinière hemmungslos auszubreiten, hier können die verschiedensten Auffassungen frei zur Geltung kommen. So verwirklicht die alte Generalität den Generalstab gerade in der ihr trotz aller grundsätzlichen Bedenken weniger gefährlich erscheinenden Form einer in akademischer Freiheit schaltenden und waltenden „Pépinière", um einem Generalstab in der Gestalt eines „Jesuitenordens" zu entgehen.
In der Tat wurde auf drei scharf voneinander getrennten Kriegstheatern nach drei verschiedenen Kriegstheorien geforscht, gelehrt, gesammelt und registriert. Hier kam die schädliche Rivalität einander bekämpfender Schulen zum Zuge, die ihre Anhänger und ihre Schüler in den maßgeblichen Stellen unterzubringen versuchten[71]. So verfolgte etwa *Phull*, dem das ostpreußische Kriegstheater unterstand, mit Hohn und Spott

---

69 Die interessante Begründung lautet: „In Abwesenheit des Königs hat der Generalquartiermeister diesen unmittelbaren Vortrag beim kommandierenden General. Geschäfte dieser Art leiden keinen Aufschub und die Methode, sie dem König oder dem kommandierenden General durch eine Mittelsperson, welche diese Gegenstände, wegen ihrer übrigen, weitläufigen und dringenden Geschäfte nicht selbst bearbeitet, und deren Leben dem Studio der General=stabs=Arbeiten nicht ausschließlich gewidmet seyn konnte, vortragen zu lassen, ist dem Gang dieses Geschäfts äußerst nachtheilig, weil nur derjenige, der eine Sache selbst bearbeitet hat, sie mit der gehörigen Deutlichkeit und der zweckmäßigen Stärke des Ausdrucks vortragen kann. — Es muß also eine scharfe Grenzlinie zwischen dem Geschäftskreis des Generalquartiermeisters, besonders im Kriege, gezogen werden. Diese beiden ersten Geschäftsmänner des Königs oder des kommandierenden Generals müssen aber Freunde und Männer seyn, die von jenem edlen Patriotismus beseelt sind, der keinen Egoismus kennt." Ebenda, S. 182.

70 Ebenda, S. 400.

71 Vgl. die Prüfungsakten für die Übernahme in den Generalstab aus dem Jahre 1804, Acta, Heeresarchiv Potsdam, Altes Kriegsarchiv, Kap. 45, Nr. 76.

die Arbeiten seines Kollegen *Massenbach,* dem das schlesische Kriegs=theater zugewiesen war, und berechnete, daß er bei der Durchführung der Massenbachschen Methode in dem ihm unterstellten kleinsten Kriegstheater 56 Jahre brauchen würde, um die topographischen Vor=bedingungen für einen einzigen Feldzug zu schaffen [72]. *Phull* selbst, der „das Wort Position nicht einmal hören wollte" [73], gründete als Schüler Tempelhoffs seine Pläne und Operationen auf ein mathema=tisches System von Magazinverpflegungsradien, innerhalb deren sich die Operationen zu bewegen hatten [74]. *Valentini,* der dem Massenbach=schen schlesischen Kriegstheater zugeteilt war und das gesamte Treiben genau beobachten konnte, vergleicht die Tätigkeit dieses Generalstabs, wo „ein jeder nach seiner Neigung arbeitet", mit dem „Bild vom Thurm zu Babel" [75].

Äußerlich hielt den Generalstab in seinem Verhältnis zur Generalität ein formaler Gehorsam zusammen. Ausdrücklich stellt die Instruktion für den Generalstab fest, daß

> „die Grundveste des preußischen Militärs vorzüglich auf der strengsten Subordination und auf der pünktlichen Befolgung der Befehle eines je=den Obern beruht" (§ 8)

und verlangt von den Offizieren des Generalstabs, daß sie

> „als ausgezeichnete Männer, die Wichtigkeit davon um so richtiger ein=sehen, und anerkennen, mithin diese Pflicht stets gegen ihre Vor=gesetzten sowohl im Generalquartiermeisterstabe als in der Armee vor Augen haben und sich auf keine Weise von derselben entfernen wer=den".

---

72 *Valentini* an Berenhorst vom 31. März 1804, a. a. O., Bd. 1, S. 159.

73 *Valentini* an Berenhorst vom 22 April 1808, a. a. O., Bd. 2, S. 131.

74 *Scharnhorst* äußert sich später zu Tempelhoffs Annahme, daß man „aus einer willkürlich angenommenen Anzahl von Brot= und Proviant=Wagen alle Bewegungen, welche eine Armee unternehmen könnte", zu bestimmen ver=möchte, folgendermaßen:

> „Er dachte sich die Verpflegung als die Centripedal= und die Operation als die Centrifugal=Kraft, wo bei 15 Meilen Halbmesser das Gleich=gewicht erfolgte. Über den hübschen Kalkul vergaß man tausend Erfah=rungen, welche diesem widersprechen. Diese Krankheit war so epide=misch, daß die gesundesten Körper von ihr ergriffen wurden."

In „Über die Taktik der Infanterie" (1811), Acta, Heeresarchiv Potsdam, Nachlaß Scharnhorst B 429.

75 „G. v. Scharnhorst wird sich wohl begnügen, in der Gegend des Brocken — denn weiter dürften ihn die Franzosen wohl nicht lassen — eine Vor=lesung zu halten. So arbeitet denn also ein jeder nach seiner Neigung, und wir haben das Bild vom Thurm zu Babel erneuert." *Valentini* an Berenhorst, ebenda.

Im übrigen appellierte man an das Taktgefühl der Generalstabsoffiziere und sprach die Hoffnung aus, daß sie sich bemühen würden, Achtung und Vertrauen der Generale, denen sie zugeteilt seien, zu erwerben, um auf diese Art und Weise Konflikte zwischen ihrer Tätigkeit als Berater und dem Prinzip der Subordination überhaupt nicht aufkommen zu lassen[76].

Mit seiner politischen Zielsetzung, die geistige Diktatur des Generalstabs zu begründen und das steuerlose Schiff der preußischen Armeeführung unter sein Kommando zu bringen, war Massenbach gescheitert.

VII. Scharnhorsts Lösung

1. Scharnhorsts Wirken als General-Quartiermeister-Leutnant bis zum Jahre 1806

a. Zurückhaltung im Kampf um den Generalstab

In diesem Streit der Haudegen mit den Intellektuellen des alten Systems um den Generalstab und damit um die Möglichkeiten der Einflußnahme auf den König hatte sich Scharnhorst geschickt zurückgehalten. Er wußte, wie schwierig es war, auch nur die dringendsten organisatorischen Veränderungen in einem auf lauter „persönliche Verhältnisse" aufgebauten System vorzunehmen. In überlegener Beurteilung der Situation antwortet er *Knesebeck*, der ihm einen Plan über die Notwendigkeit der Vereinigung von Generaladjutant und Generalquartiermeister vorträgt[77]: Knesebeck habe „das Wesen einer guten Geschäftsorgani-

---

[76] Der entscheidende Satz lautet:
„Je ehrenvoller die Aufträge sind, welche sie, vorzüglich zu Kriegszeiten erhalten, desto mehr werden sie diesen Vorzug rechtfertigen, wenn sie den Mann von feiner Erziehung charakterisierende Bescheidenheit dabei zu Tage legen, und sich dadurch die Achtung und das Vertrauen der Generale zu erwerben trachten, denen sie zugetheilt werden."

[77] *Knesebeck*, Ideen über die Geschäfts-Verwaltung zum weiteren Nachdenken bei der erledigten Generaladjutantur, Acta, Heeresarchiv Potsdam, Nachlaß Knesebeck, N. 16, Bl. 58 ff. Es ist interessant, daß Knesebeck in seiner späteren Stellung als Generaladjutant (1813) den Dualismus zwischen Generaladjutant und Generalquartiermeister aufrechtzuerhalten suchte und darüber in Differenzen mit Scharnhorst kam. Vgl. die Ausführungen bei *Janson*, Scharnhorsts militärisches Testament und sein Verhältnis zu Knesebeck, Beiheft zum Militär-Wochenblatt 1806, S. 407 ff.

sation" schon richtig erfaßt, wenn er es in der „Einheit der Leitung", der „Theilung in der Bearbeitung", der „Zurückwirkung der Einheit nach der Bearbeitung" [78] sehe und dementsprechend die Konsequenzen für das richtige Verhältnis zwischen Generalquartiermeisterstab und Generalstab zöge. Damit würden auch die „bisherigen Verwirrungen aller Art" beseitigt. Jeder müsse den „Nutzen", den der Staat davon habe, einsehen. Es sei „aber sehr zu befürchten", daß dieser Nutzen

> „mit vielleicht eingeforderten Gutachten von Männern, zu denen man großes Zutrauen hat, nicht übereinstimmt. Gewöhnlich wird bei der Wahl eines Mannes zu einer wichtigen Stelle mehr auf persönliche Verhältnisse als auf die Geschicklichkeit und Brauchbarkeit Rücksicht genommen" [79].

Viel wichtiger war es, daß Scharnhorst im Zuge der Neuordnung des Generalstabs am 26. März 1804 zum Generalquartiermeisterleutnant ernannt und ihm das westliche Kriegstheater, die 3. Brigade, übertragen wurde. Damit besitzt Scharnhorst innerhalb der Organisation des Generalstabs selbst eine wesentliche Position, vermag sie mit seinem Geiste zu erfüllen und den unter ihm arbeitenden Offizieren zu zeigen, wie der Generalstab arbeiten muß, um den modernen Anforderungen zu genügen. Äußerlich sind ihm zwar die Hände weitgehend gebunden. Die königliche Instruktion für den Generalquartiermeisterstab geht von der topographischen Arbeit des Generalstabs aus, sie verlangt „genaue Kenntnis des Landes in militärischer Hinsicht". In diesem Sinne entwirft Scharnhorst auch seine Instruktion für die Generalstabsarbeiten seiner Brigade für das Jahr 1804 und 1805 [80]. Sie wird von dem Chef des Generalquartiermeisterstabes, dem Generalleutnant von Geusau, einem ausgesprochenen Anhänger der alten Schule, auch mit „vollkommener Zufriedenheit" aufgenommen [81]. Die Jünger Massenbachs, mit dem Scharnhorst wissenschaftliche Auseinandersetzungen über die Arbeitsmethode des Generalstabs, schon um das gute Einvernehmen der Häupter des Generalstabs nicht zu stören, weitgehend vermied, blickten zwar mit Argwohn auf die Arbeit dieses eigentümlichen Topographen, für den zu ihrem Leidwesen „ein Berg nur ein Berg und ein Thal nur ein Thal" war [82]. Die von Scharnhorsts Brigade gelieferte aktenmäßige Re=

---

78 Ebenda.

79 *Scharnhorst* an *Knesebeck* vom 26. 4. 1802, ebenda, Bl. 57.

80 Vgl. die „Generalstabsarbeiten der westlichen Brigade", Acta, Heeresarchiv Potsdam, Altes Kriegsarchiv, Kap. 45, Nr. 85.

81 Dazu die Notiz des Majors *von Rauch*, Geusaus Mitarbeiter, vom 29. März 1804, ebenda, S. 5.

82 *Valentini* an Berenhorst vom 1. März 1809, a. a. O., Bd. II, S. 178.

gistrierung des Terrains war sachlich jedoch unangreifbar, entsprach dem Höchstmaß der an diese Arbeit zu stellenden Anforderungen und wurde von dem Chef des Generalquartiermeisterstabes entsprechend bewertet.

Wenn man sich jedoch ein Bild von der Beurteilung, die die topographische Arbeitsmethode des Generalstabs im Kreise Scharnhorsts genoß, sowie über den Geist der Brigade machen will, muß man *Knesebecks* „Ideen über die Geschäfte des General=Quartiermeister=Stabes" lesen [83]. Knesebeck gehörte zu jener Zeit zu den mit Scharnhorst in enger Verbindung stehenden jüngeren Offizieren und war nach Scharnhorsts Ernennung zum Quartiermeisterleutnant diesem zugeteilt. Mit einer besonderen Formulierungsgabe von der Natur beschenkt, die er als junger Offizier ganz in den Kampf um die Durchsetzung neuer, vorwärts weisender Ideen stellt [84], vermag er die im Grunde einander gegenüberstehenden Fronten in aller Klarheit herauszuarbeiten. So wirft er denn auch hier die entscheidende Frage auf: Ist das Terrain bei den Geschäften des Generalstabs „die Hauptsache oder nur eine wichtige Nebenrücksicht"? Wenn der Generalstab „die Bewegungen der Armeen entwerfen soll", und „diesen seinen Entwurf dem kommandierenden General zur Abänderung oder Sanction vorzulegen hat", darf er sich dann überhaupt auf die Darstellung der „Eigenheiten des Terrains" beschränken? Wir hören Scharnhorst sprechen, wenn Knesebeck diese Frage beantwortet:

> „Die Hauptsache im Entwurf einer Bewegung ist die zweckmäßigste Anwendung der Kräfte, die da bewegt werden zu ihrer gemeinschaftlichen Zusammenwirkung auf einem Fleck; und diese liegt in der Berechnung der Zeit, die ich brauche, des Raumes, den ich zurückzulegen habe, der Mittel, die mir zu Gebote stehen, die geistigen Kräfte für meine Mittel zu entflammen, die physischen zu ernähren ... damit ich nach aller jener Abwägung, nach jenen mir zu Gebote stehenden Kräften mit Übergewicht auf diesem einen Fleck auftreten kann."

Es sind die besonderen Umstände des Krieges, die Scharnhorst immer wieder als die maßgebenden Faktoren herausstellte. Dieser Gesamtschau des Krieges gegenüber ist das Terrain in der Tat nichts anderes als

> „die ebene und unebene Fläche, worauf die Krieges=Kräfte bewegt werden. Es kann vermöge seiner Eigenheiten der Anwendung dieser Kräfte hinderlich oder beförderlich seyn und verdient deshalb Rücksicht".

---

83 *Knesebeck,* Ideen über die Geschäfte des General=Quartiermeister=Stabes, a. a. O.

84 Über Knesebeck und sein Wirken während des Kampfes der Geister um ein neues Kriegsbild, vgl. *Höhn,* Revolution, Heer, Kriegsbild, a. a. O., S. 449 ff.

Es darf als „todte Kraft", die bei „Abwägung der Kräfte" ins Gewicht fallen kann, nicht außer acht gelassen werden, es ist deshalb durchaus sachgerecht, daß sich „ein Zweig" des Generalstabs mit dem Terrain beschäftigt, aber nicht sämtliche Offiziere des Generalstabs. Ihrem eigentlichen Zweck, der „Bearbeitung militärischer Operationen", können sie sich nicht widmen, werden vielmehr zu armseligen „Karten=Machern", zu Mitgliedern eines

> „im Grunde nicht mehr als etwas kostbarer gesetzten Bureau topographique".

Anstatt daß der Generalstabsoffizier „seine Blicke auf das ganze Land" richtet, „in dem er einst manövrieren soll, ist sein Auge allein auf die Quadratmeile angewiesen, die er aufzunehmen hat". Hat er 20 Jahre gearbeitet, dann hat er „20 Meilen kennengelernt und das andere Land ist ihm fremd geblieben". Nie und nimmer kann diese topographische Aufnahme das Mittel sein, um sich „die zu einem Generalstabsoffizier nötigen Kenntnisse zu verschaffen". Niemals können diese „nur mittelmäßigen Mappirer" auch nur den Anspruch darauf erheben, „brauchbare Subjekte für den Generalstab" zu sein. Man errichte ein eigenes „bureau topographique", gliedere es dem Generalstab an und mache im übrigen die Wege frei für die wirkliche Arbeit und praktische Ausbildung der Generalstabsoffiziere.

b. Getarnte Arbeit im bisherigen Rahmen

Die Instruktion für den Generalstab enthielt jedoch neben der eindeutigen Festlegung seiner Arbeit auf die topographische Linie einen darüber hinausweisenden Passus. Der Generalstab sollte sich mit den theoretischen Vorarbeiten für die Aufstellung von Operationsplänen auf den verschiedenen Kriegstheatern beschäftigen und diese dem König vorlegen. Hier hatten die Forderungen Massenbachs in seinem Kampf um die Erweiterung der Stellung des Generalstabs ihren Niederschlag gefunden. Massenbach verstand zwar unter Operationsplänen nur solche, die auf dem Boden der topographischen Arbeit erwüchsen und sich aus ihr zwangsläufig ergäben. In ihnen sah er die Krönung des Werkes der Topographie. Scharnhorst deutete demgegenüber Operationspläne im modernen Sinn, leitete aus der Anweisung zur Vorlage einen Auftrag für die ihm unterstellten Offiziere zur Entwicklung solcher Pläne ab und begann mit einer umfassenden, völlig neuen Art der Arbeit im Rahmen der bisherigen Generalstabsorganisation. Die um=

fangreichen ständigen Reisen des Generalstabs, die für die Durchführung der topographischen Methode als notwendig betrachtet wurden und sich über Monate erstreckten, boten gute Möglichkeiten [85].
Scharnhorst stellte als erstes den Offizieren seines Stabes die Aufgabe, die „Schlachtfelder und Positionen" vergangener Feldzüge zu untersuchen [86]. Er veranlaßte damit die Offiziere, am Tatort des kriegerischen Geschehens dieses zu rekonstruieren, um ihnen die Möglichkeit zu geben, sich ein wirkliches Bild von dem Ablauf der Schlachten, den vorhandenen und genutzten oder im richtigen Augenblick versäumten Gelegenheiten zu verschaffen, die Umstände auf sich wirken zu lassen und sich in die einzelnen Situationen einfühlen zu können.
Bei dieser Art von praktischem Unterricht ging er stufenweise vor. Erst brachte er seinen Offizieren das Prinzip der bisherigen Strategie und Taktik zum Bewußtsein und zeigte seine rein handwerksmäßige Durchführung an entsprechenden Beispielen auf, dann erstand vor ihnen, wiederum am Beispiel der rekonstruierten Operation, die meisterhafte Handhabung dieses Prinzips und seine Abwandlung durch geniale Feldherrnpersönlichkeiten, wie Friedrich den Großen. Gerade darauf versuchte er den Sinn der Offiziere zu lenken, sie über das Handwerksmäßige, das sie kennen mußten, wieder zu erheben und sie den Hauch des künstlerischen Genius verspüren zu lassen.
In diesem Geiste veranlaßte er sie endlich, Operationen unter Anwendung der Grundprinzipien der Strategie und Taktik der Zeit des Siebenjährigen Krieges und den Einsatz der gegebenen Waffen selbst zu entwerfen und durchzuspielen. Ständig stellte er ihnen in diesem Sinne neue Aufgaben. Ließ er seine Offiziere in den Rollen der Feldherrn des Siebenjährigen Krieges auftreten und sie etwa auf der österreichischen Seite fechten, so verlangte er genaue Kenntnis der Gesamtlage der österreichischen Armee, ihrer Einsatzfähigkeit, der Persönlichkeit ihres Feldherrn, der vorhandenen Reserven etc. Hierbei konnte er jeweils am Beispiel demonstrieren, welche ungemein praktische Bedeutung die Kriegsgeschichte habe, wenn über bestimmte Situationen keinerlei Material vorlag und man daher im Dunklen tappte, nicht zu rekonstruieren und daher auch nicht zu lernen vermochte.
Scharnhorsts Bestreben war, die jungen Generalstabsoffiziere zunächst zu vollendeten Kennern und Beherrschern der bisherigen Kriegskunst zu

[85] Vgl. zu den Generalstabsreisen der Jahre 1804 und 1805, *Lehmann*, Scharnhorst, I., S. 344 f.
[86] Vgl. die „Generalstabsakten der westlichen Brigade", a. a. O., S. 75.

machen. Jederzeit sollten sie in der Lage sein, Operationspläne nach dem Stand des militärischen Wissens der Zeit anzulegen und konsequent unter letzter Ausnutzung aller hier gegebenen Möglichkeiten durchzuführen. Nur wenn ihnen Sinn und Wesen der überkommenen Art der Kriegführung aufgegangen war und sie die Grenzen dessen, was man hiermit zu leisten in der Lage war, selbst verspürt hatten, war die Gewähr gegeben, daß sie die moderne Art der Fechtweise und der Anlage der Operationen in ihrer Notwendigkeit und Zwangsläufigkeit begriffen und nicht als von außen kommende fertige Regeln betrachteten, als eine Mode, die die bisherige ablöste. Diese Methode, aus dem Alten selbst das Neue hervorgehen zu lassen und die Ansatzpunkte aufzuzeigen, aus denen es sich infolge der „Eigentümlichkeiten" einer anderen Zeit entwickeln mußte, lag zutiefst im Wesen Scharnhorsts. Sie hatte sich im Hörsaal bewährt [87] und trat in der praktischen Übung auf dem Felde in ihrer Bedeutung besonders hervor.

Mit der Heranbildung von in der bisherigen Strategie und Taktik wohl erfahrenen Generalstabsoffizieren verfolgte Scharnhorst noch einen Zweck. Sie mußten künftig bei Generalen Dienst tun, die z. T. noch durch die Schule Friedrichs des Großen gegangen waren oder die wenigstens glaubten, ihre Operationen im Sinne des großen Königs zu führen. Wenn sie als Generalstabsoffiziere nicht von vornherein scheitern und sich nicht zwei grundverschiedene Anschauungen, die sich nicht finden konnten, gegenüberstehen sollten, war es notwendig, sie in der angegebenen Weise systematisch auszubilden. Nur dann konnte es ihnen gelingen, sich in einer Zeit durchzusetzen, in der sich alles noch im Übergang befand und keine festen Richtlinien für die Arbeit und den Einsatz des Generalstabsoffiziers bestanden. Verständnisvoll vermochten sie auf die Ansichten eines Generals, der starr in der alten Linie sich bewegte, einzugehen, wenn sie innerlich darüber standen. Auf diese Weise waren sie in der Lage, das Beste aus der Situation herauszuholen, gegebene Anordnungen geschickt zu modifizieren, neue Methoden im Gewande des Althergebrachten vorzuschlagen und im richtigen Augenblick, wenn man mit dem Alten nicht mehr weiterkam, vielleicht noch die rettenden Entschlüsse zu fassen. Stets weist Scharnhorst seine Offiziere darauf hin, wie notwendig es unter diesen Gesichtspunkten sei, sich das Zutrauen ihres Generals zu erringen [88].

---

87 Vgl. S. 134 dieses Buches.

88 Vgl. Scharnhorsts Instruction für die Generalstabsoffiziere, die ihren Dienst bei den Divisionen im Jahre 1806 antraten, wo dies besonders betont wird. *Lehmann*, Scharnhorst, I., S. 411.

Erst wenn Scharnhorst davon überzeugt war, daß den Offizieren die überkommenen Formen der Strategie und Taktik praktisch geläufig waren und sie es verstanden, Operationen in diesem Sinne durchzuführen, ging er dazu über, den Maßstab moderner Strategie anzulegen und zu zeigen, wie derartige Operationen unter neuen Gesichtspunkten verlaufen würden. Nunmehr wurden die starren Linien aufgelöst, erschienen auf den Schlachtfeldern selbständige, aus allen Waffen gemischte Korps und Divisionen, wurde den jungen Offizieren verdeutlicht, wie diese in der Elastizität der Bewegungen bereits entscheidend das Bild veränderten. Alles war zunächst wieder in der möglichst vereinfachten Form nur darauf abgestellt, den Unterschied in den Grundprinzipien deutlich zu machen, um diese festes geistiges Eigentum der Lernenden werden zu lassen, die Entwicklungslinien verständlich zu machen und die großen Zusammenhänge aufzuweisen. Erst dann zeigte Scharnhorst, worauf es ihm im Grunde immer ankam, den überlegenen Einsatz dieser neuen Formen in großangelegten, mit Konsequenz verfolgten kühnen Operationen. Nunmehr beherrscht Napoleon das Schlachtfeld. Die Grundprinzipien seiner Strategie, soweit sie sich in seinen Feldzügen in Italien bereits abzeichneten, werden in den Mittelpunkt gestellt: Das Abgehen von der Ermattungsstrategie, die Gesamtanlage des Feldzuges, der auf die Vernichtung der feindlichen Hauptmacht gerichtet ist, die höchste Konzentration der eigenen Kräfte an den Punkten, an denen die Entscheidung gesucht wird, die Anlage der Schlacht selbst, die nicht durch einen einzigen großen Schlag entschieden wird, sondern mehr in der Art einer Kette von zusammenhängenden Gefechten aufgebaut ist, wobei im Höhepunkt, in der Krise der Schlacht, der letzte siegbringende Stoß der für diesen Moment zurückgehaltenen Reserven angesetzt wird. Die Fragen, die sich daraus für Napoleons Heer in seinen organisatorischen wie geistigen Qualitäten ergeben, werden genauestens geklärt, dieses selbst im einzelnen analysiert und dann die Nutzanwendung für das preußische Heer zu ziehen versucht: Ist es in Art seiner Zusammenstellung mit seiner Strategie und Taktik von vornherein unterlegen oder bestehen nicht große Möglichkeiten, um bei überlegener Führung voller Vertrauen Napoleon gegenübertreten zu können? Wo muß es bei Wahrung seiner Eigenart unbedingt fortentwickelt werden, wo bieten sich dazu die natürlichen Anknüpfungspunkte, was kann man ihm in dieser Hinsicht überhaupt zumuten, ohne sein Gefüge zu sprengen, unter welchen Bedingungen ist es am besten zum Einsatz zu bringen, um die Überlegenheit seines Gegners auszugleichen? Welche Aufgaben fallen bei einer solchen Kampfesweise einem Generalstab zu,

der hier systematisch eingesetzt wird, worauf muß sich der Generalstabsoffizier auf alle Fälle unter den gegebenen Umständen vorbereiten? Dabei weckt Scharnhorst in seinen Offizieren den Eindruck, daß man es bei Napoleons Erfolgen nicht mit Wundern zu tun habe, es nur darauf ankomme, daß sich Männer fänden, die die von ihm angewandten Prinzipien in demselben Geist handhabten, um ihm gegenüber siegreich bestehen zu können.
In diesen Formen vollzieht sich die praktische Erziehung eines Teiles der Offiziere des Generalstabs im modernen Sinn, in Fortsetzung und Ergänzung der Arbeit, die Scharnhorst als Lehrer auf der Akademie für junge Offiziere bei der Heranbildung von „Generalsgehilfen" leistete [89]. Unauffällig und unbemerkt in den anerkannten Rahmen der topographischen Arbeit eingebettet, geschieht dies ebenso unauffällig, wie sich die Schulung in der Akademie vollzog. Scharnhorst vermeidet es grundsätzlich, in seinen Berichten an den Generalquartiermeister von Geusau Mitteilung über die neuartige Form der Ausbildung, die er den Offizieren seines Stabes zuteil werden ließ, zu machen. Der Eindruck beim Generalquartiermeister, daß die herkömmlichen Methoden der Arbeit des Generalstabs verlassen würden, konnte das gesamte Werk gefährden. Nur hier und da läßt er seine Auffassungen über seine Tätigkeit durchblicken, so, wenn er in seiner Instruktion von 1804 erklärt, die Gehilfen müßten so geleitet werden,

> „daß sie nicht bloß den abgesonderten bearbeiteten Theil, sondern das Ganze zu sehen bekommen" [90],

oder, wenn er in einem Bericht an Geusau mitteilt, daß er und seine Offiziere sich systematisch darauf einstellen, „gerade so zu arbeiten, wie im Kriege bei wichtigen Operationen" [91].

2. Der Generalstab Scharnhorstscher Prägung

Scharnhorst hatte als Chef des „westlichen Kriegstheaters" die ihm unterstellten Offiziere mit den Methoden der Kriegführung des hier auftretenden großen Gegners theoretisch und soweit möglich praktisch bekannt zu machen versucht. Als die Stunde der Entscheidung heranrückte, standen der Führung des preußischen Heeres eine Reihe von talentierten

---

[89] Vgl. S. 110 ff., 134 dieses Buches.
[90] „Generalstabsakten der westlichen Brigade", S. 5.
[91] Ebenda.

und qualifizierten Generalstabsoffizieren zur Verfügung, die auch auf wichtigen Posten in der Armee verteilt waren, ohne daß jedoch die Scharnhorstsche Schule als solche mit Scharnhorst als Generalquartiermeister selbst einen entscheidenden Einfluß nehmen konnte. Diese Gründe haben wir bei der Beurteilung des verlorenen Krieges bereits dargelegt [92]. Zusammenfassend soll hier nur gesagt werden:
Es fehlte diesem Generalstab an einer einheitlichen allgemein anerkannten Schule, die Beratungen im Hauptquartier, in denen der Gegensatz der Anschauungen zum Ausdruck kam, zeigten es. Es fehlte die Generalität, die bereit war, sich von den im neuen Geist erzogenen Generalstabsoffizieren beraten zu lassen, weil sie von der Richtigkeit und Leistungsfähigkeit der überkommenen Strategie und Taktik überzeugt und nicht durch die Schule dieses Generalstabs gegangen war. Es fehlten dementsprechend ein mittleres und unteres Führerkorps, in dessen Befehlen sich die neuen Anschauungen im Gefecht umsetzen konnten. Es gab keinerlei einheitliche Instruktionen, die dazu die Hilfsstellung gaben. Überall hervorragende Ansätze, fähige Einzelpersönlichkeiten, die die militärische Situation klar erkannten und auch entsprechend zu handeln verstanden hätten, aber nicht an entscheidenden Plätzen und ohne eine einheitliche, auf ein Zusammenspiel abgestellte Organisation, ohne die auch die fähigsten Köpfe praktisch nicht zur Auswirkung zu gelangen vermögen. Der Stoß Napoleons erfolgte gegen eine Armee, die in ihrer inneren geistigen und organisatorischen Umstellung begriffen war und noch nicht die neuen ihr entsprechenden Formen gefunden hatte.

a. Die neue Organisation und Arbeitsmethode des Generalstabs

Die organisatorischen Voraussetzungen für eine Reform der militärischen Führung schafft Scharnhorst, nachdem er an die Spitze der Reorganisation des Heeres berufen worden war, in der Weise, daß er, um „Einheit, Übersicht und Schnelligkeit, das Wesentlichste einer guten Geschäftsführung“ [93] zu gewährleisten, den Chef des Generalstabs und den Chef des allgemeinen Kriegsdepartements, gelegentlich bereits Kriegsministerium genannt, in einer Person vereinigt. Die Grundsätze, die Scharnhorst bereits während seiner Dienstzeit in Hannover als maß=

---

[92] Vgl. S. 164 ff. dieses Buches.

[93] *Scharnhorst,* Vergleichung der ehemaligen Geschäftsführung der militärischen Oberbehörden mit der jetzigen, a. a. O.

geblich für die Tätigkeit des Generalstabs aufgestellt hatte, wenn er damals „Schnelligkeit, Einheit und Zusammenstellung in allen Geschäften" verlangte [94], werden hier verwirklicht. Jetzt stehen nicht mehr verschiedene Gewalten – der Generaladjutant, das Ober-Kriegskollegium, die Generalinspekteure der Truppen, die Gouverneure der großen Garnisonen und das Militär-Departement – „koordiniert" nebeneinander, ein Verfassungszustand, dem es an „Konzentrität und Einheit" fehlte, so daß, wie dies Gneisenau zum Ausdruck brachte, „niemand da war,

> der mit der Autorität des Ranges und des Verstandes zugleich den Ausschlag geben konnte" [95].

Jetzt laufen „die Zügel der Armeeregierung in einer Hand zusammen" [96]. Insbesondere ist der Generaladjutant, um dessen Beseitigung Massenbach einen so erbitterten Kampf geführt hatte, wieder auf seine eigentliche Aufgabe, die „Wahrnehmung der persönlichen Verhältnisse seiner Armee", beschränkt. Die Beratung des Königs erfolgt jetzt erst nach sachgemäßer Vorbereitung durch mit der Bearbeitung der „höheren Theile des Krieges", der „persönlichen Verhältnisse" sowie der „auf die Recrutierung und Formation bezughabenden Geschäfte" besonders vorgebildete Offiziere [97]. „Sämtliche offiziellen Schreiben, Resolutionen und

---

94 *Scharnhorst*, Eine jede Armee muß einen wohlgeordneten Generalstab haben. Dritter Vorschlag, a. a. O.

95 *Gneisenau*, Vergleichung der ehemaligen preußischen Armeeverfassung mit der jetzigen, a. a. O.

96 Ebenda.

97 *Scharnhorst*, Vergleichung der ehemaligen Geschäftsführung der militärischen Oberbehörden mit den jetzigen, a. a. O. Den Gesamtberatungsvorgang hat Scharnhorst folgendermaßen geschildert: „Ein Offizier vom Generalstabe bearbeitet die eingekommenen Gegenstände, welche auf die höheren Theile des Krieges, die eigentliche Krieges-Kunst, Bezug haben, ein anderer die persönlichen Verhältnisse; ein dritter die auf die Recrutierung und Formation Bezug habenden Geschäfte und andere innere sachliche Verhältnisse. Alle die Gegenstände werden unter dem Chef des allgemeinen Kriegs-Departements unter einen Gesichtspunkt gebracht und mit den obigen Offizieren und einem Ingenieur- und Artillerie-Offizier beratschlagt, ehe sie Seiner Majestät vorgetragen werden. Dieses geschieht jeden Tag, damit keine eingekommenen Sachen aufgehalten werden. Die Ökonomie und Geldangelegenheiten sind ganz separirt und haben ihren eigenen Departementschef, der mit in dem Vortrage bei Se. Majestät ist. Dieser sowie die vorher genannten Offiziere haben die Ausfertigung der Befehle Se. Majestät und leiten auch nachher die Ausführung, wodurch Schnelligkeit und Einheit vereinigt werden." Dazu die Kabinettsorder vom 25. Dez. 1808 betr. Einrichtung des Kriegsdepartements, Publikationen, a. a. O., S. 833 ff.

Befehle an die Armee" erfolgen durch Vermittlung oder mit Kenntnis des Kriegsdepartements, damit dieses „die vollständigste Übersicht habe und für die Ordnung des Ganzen verantwortlich sein könne" [98].

Die Macht der Adjutantur bei den Generalen bricht Scharnhorst dadurch, daß er in Zukunft die Adjutantenstellen mit Generalstabsoffizieren besetzt. Für diese gilt überdies noch die Vorschrift, daß sie als Offiziere des Generalstabs

> „auch fernerhin in ihren Verhältnissen bleiben und von allem, was bei der Brigade Wichtiges vorfällt, Nachricht zu geben haben. (Sie) sollen auch ihre jetzige Anstellung nicht als bleibend betrachten" [99].

Die Adjutanten werden damit prinzipiell von der Person des Kommandeurs gelöst, der sie sich nicht mehr selbst wählen und auch nur so lange behalten darf, wie dies dem Chef des allgemeinen Kriegsdepartements gefällt [100]. Daneben erhalten die Generale in den ihnen zugeteilten Generalstabsoffizieren ihre „taktischen, strategischen und ökonomischen Rathgeber" [101].

Aber auch der Frage, inwieweit die Einrichtung des Generalstabs sich mit der Autorität und der Subordination im Heer verträgt, die zu so großen Schwierigkeiten geführt hatte, wird Scharnhorst Herr. Allerdings nicht auf dem Wege rein formaler Abgrenzung und der Bestimmung, daß das Gehorsamsprinzip auch für die Mitglieder des Generalstabs gelte, sondern dadurch, daß Scharnhorst dieses Problem von der Substanz her in Zusammenhang mit der inneren Umschulung des Offizierkorps löst. Wenn alle höheren Offiziere durch dieselbe Schule gegangen sind, so stehen sie in den entscheidenden Fragen, die die Führung des Heeres betreffen, auch auf derselben Basis. Es kann dann nicht mehr vorkommen, daß ein Kommandeur nach den Grundsätzen der alten

---

[98] Kabinettsorder an das Oberkriegskollegium vom 25. Dezember 1808, Abschnitt „Verhältnis des Kriegsdepartements zu dem König", Publikationen, a. a. O., S. 835.

[99] Zit. nach Valentini, a. a. O., Bd. II, S. 178.

[100] *Valentini* berichtet über die Folgen dieser Maßnahmen: „Die Brigadiers, welche mit Scharnhorst uneins sind, und es gibt deren mehrere, betrachten den vom Generalstabe ausgegangenen Adjutanten als einen Aufseher oder Kundschafter, welches ihm das Vertrauen seines Chefs im minderen Grade erwerben wird als seinem Kollegen, der mehrenteils von ihm selbst gewählt ist" ... In Verfolg der ständigen Angriffe gegen diese wichtige Maßnahme, hielt der König die Linie nicht konsequent durch und ließ eine Reihe von Ausnahmen zu.

[101] *Gneisenau*, Vergleichung der ehemaligen preußischen Armeeverfassung mit der jetzigen, a. a. O.

Manöverstrategie führt und dadurch mit seinem Generalstabsoffizier, der nach ganz anderen Prinzipien ausgebildet ist, in schwerste Konflikte gerät. Auf diesem Boden erhält auch der Gehorsam wieder seine innere Berechtigung. Er führt nicht mehr zur Tyrannei des Vorgesetzten. Niemals kann ja ein Generalstab bestehen und wirken, wenn der General die Arbeit des Generalstabs als mit seiner Ehre nicht verträglich ansieht. Die Beratung setzt eine gemeinsame geistige Basis voraus, die auch in einer allgemein anerkannten Terminologie mit festen Begriffen ihren Ausdruck finden muß. Nur auf einer solchen Ebene kann man sich verständigen, verschiedene Pläne gegeneinander abwägen, so läßt sich ein „Konzertieren"[102] zwischen dem Kommandeur und seinem Chef des Stabes erreichen. Schon im Frieden erhalten im übrigen die Gouverneure und Brigadegenerale Generalstabsoffiziere zugeteilt, um sich an ihre Tätigkeit zu gewöhnen und sie nicht als ein ihnen für den Ernstfall aufgezwungenes fremdes Element zu betrachten[103].

Diese Gesamtlösung war die geistige Voraussetzung dafür, daß nach Scharnhorsts Tod Gneisenau als Chef des preußischen Generalstabs die Stellung der Stabschefs gegenüber den Kommandeuren weiter ausbauen[104], eine Mitverantwortung der Stabschefs bei deren Entschlüssen und einen Sonderdienstweg bei Meinungsverschiedenheiten zum Chef des Generalstabs schaffen konnte, auf dem der Stabschef seine abweichenden Ansichten zur Kenntnis bringen durfte. Jede folgende Erweiterung der Position des Generalstabs wurde von den kommandierenden Generälen im Grunde nur akzeptiert, weil der geistige Boden, auf

---

102 *Knesebeck*, Einige Ideen über die Geschäfte des General-Quartiermeister-Stabes, a. a. O.

103 „Eintheilung der Officiers vom Generalstabe u. s. w. bei den Brigaden der Armee und den Gouvernements", Königsberg, 26. Dezember 1808, Publikationen, a. a. O., S. 863 ff., 678 ff.

104 Des Grafen *Schlieffen* Ansicht, daß „Gneisenau, nicht etwa Scharnhorst der Stifter des modernen Generalstabs geworden ist", ist offensichtlich irrtümlich. Schlieffens Begründung lautet: „Bereits 1811 hatte er (Gneisenau) eine Denkschrift eingereicht, in der er die Unzulänglichkeit des Quartiermeisterstabes und die Notwendigkeit eines technisch ausgebildeten Generalstabs nachwies, dessen Offiziere dem Feldherrn und Nebenfeldherrn die Details der Truppenführung abzunehmen, seinen Geist für das Wesentliche und Entscheidende frei zu halten hatten" (*Schlieffen*, Gesammelte Schriften 1913, Bd. II, S. 433). Zu dieser Zeit war jedoch der geistige Kampf um den Generalstab beendet, stand bereits die neue Organisation. Die von Schlieffen als originelle Gedanken gewerteten Ausführungen Gneisenaus sind der Scharnhorstschen Schule, zu der Gneisenau gestoßen war, geläufige Wendungen, deren sich Gneisenau bedient.

dem der General und sein Stabschef arbeiteten, derselbe war und sie sich hier treffen konnten.

Die Überwindung der Zersplitterung in der militärischen Führung hätte für sich allein nicht genügt. Entscheidend war, daß durch Scharnhorst, als Chef des allgemeinen Kriegsdepartements und des Generalstabs, die Arbeit des Generalstabs ihre Richtung von dem neuen Kriegsbild erhielt, und man damit nicht nur organisatorisch, sondern auch in der Arbeitsmethode auf einer einheitlichen Basis aufbaute[105].

Die Grundlagen für die Arbeit eines „gehörig instruierten, theoretisch und praktisch gebildeten und geübten Generalstabs" wurden in einer Denkschrift des Majors *von Rauch,* des früheren Mitarbeiters Geusaus, und nunmehrigen Direktors der zweiten Division im Kriegsministerium der Reorganisationskommission eingereicht. Rauch hatte sie im unmittelbaren Auftrage Scharnhorsts angefertigt[106]. Sie knüpft an die „Instruktion für den Generalquartiermeisterstab" vom November 1803 an, die weiterhin Gültigkeit besaß, modifizierte sie jedoch in einer dem neuen Kriegsbild entsprechenden Weise und legte sie im neuen Geiste aus. Eindeutig ist die Abkehr von der terrestrischen Kriegslehre:

> „Die bisherigen langen und weiten Reisen des Generalstabes, welche 5—6 Monate dauerten, und die während derselben vorgenommenen Beschäftigungen, die in einigen Brigaden zu detailliert, weitläufig und pedantisch betrieben wurden und das Personale größtenteils geraume

---

[105] Auch nach seinem mit Rücksicht auf Napoleon vollzogenen zeitweiligen Rücktritt vom Posten des Kriegsministers behielt Scharnhorst die Stellung als Chef des Generalstabs bei. Dazu mußten ihm alle wichtigen Gegenstände seines bisherigen Ressorts auf Grund einer geheimen Kabinettsorder des Königs weiterhin vorgelegt werden. Zu „allen wichtigen, allgemeinen Verfügungen, Anordnungen und Instruktionen" war seine Zustimmung erforderlich. Praktisch blieb er bis zum Februar des Jahres 1812, wo die äußeren Verhältnisse ihn zwangen, Berlin zu verlassen und nach Schlesien zu gehen, tatsächlicher geistiger Leiter des Kriegsdepartements und garantierte damit eine kontinuierliche Entwicklung. „Strengstes Geheimnis" ruhte auf Grund der Kabinettsorder vom 6. Juni 1810 über diesem Vorgang. Die Beteiligten, der Oberst *von Hake,* der nach außen an Scharnhorsts Stelle trat, und der Major *von Boyen,* der mit eingeweiht war, hatten die Verpflichtung übernommen, auch nur „jede Vermutung über das mit großer Vorsicht zu bestimmende Verhältnis zu entfernen".
Vgl. dazu: „Verabredete Verhältnisse zwischen dem General von Scharnhorst und Oberst von Hake, gemäß dem Befehle der allerhöchsten Kabinettsorder vom 6ten d. M.", abgedruckt bei *Linnebach,* a. a. O., S. 406, vgl. ferner die Kabinettsorder vom 6. Juni 1810.

[106] Vgl. dazu die „Vorschläge zur künftigen Einrichtung des Generalquartiermeisterstabes der preußischen Armee", Publikationen, a. a. O., S. 205 ff.

> Zeit auf einem Flächenraum von einigen Quadratmeilen mit Dingen beschäftigte, welche man als bloße Übung betrachtet, ebensogut in der Nähe von Potsdam als an den äußersten Grenzen des Staates mit gleichem Nutzen betreiben konnte, scheinen vornehmlich den Endzweck verfehlt zu haben." [107]

Die Ausbildung der Generalstabsoffiziere soll im Frieden „wissenschaftlich-theoretisch und vor allen Dingen praktisch geübt werden, um im Kriege mit gehörigem Nutzen Dienste leisten zu können und den Erwartungen zu entsprechen, zu welchen man berechtigt ist". Ihre allseitige Ausbildung umfaßt im einzelnen eine

> „genaue Bekanntschaft mit der inneren Verfassung und den taktischen Manövers der Truppen, der Terrainkenntnisse im Allgemeinen, der Anwendung der Truppenbewegungen und dem Terrain im großen sowohl als im kleinen, dem Aufnehmen pp." [108].

Zur Kenntnis von der Beschaffenheit des Landes kommt noch die Kenntnis der Schlachten und Feldzüge, die sich in der Vergangenheit abgespielt haben. Die Generalstabsoffiziere sollen daher die Feldzüge der Vergangenheit an Ort und Stelle studieren, aus besonders „darin stattgefundenen merkwürdigen kriegerischen Vorfällen alter und neuerer Zeit", die notwendigen Lehren ziehen und sich mit allen Umständen, die den Krieg betreffen, vertraut machen. Die Ausbildung des Generalstabs soll vom neuen Kriegsbild bestimmt werden.
Die Bearbeitung von „taktischen und strategischen Anordnungen"[109], die Aufstellung von Operationsplänen im Sinne der neuen Strategie sowie die Anfertigung der zu ihrer Begründung notwendigen Denkschriften wird zu einer Hauptaufgabe des Generalstabs. Im Krieg erhält der Chef des Generalstabs die Stellung des Generalquartiermeisters im Hauptquartier, ein Generalquartiermeisterleutnant wird ihm zur Unterstützung beigegeben. Den Korps sind Generalstabsoffiziere in der Stellung von Quartiermeistern — meist ältere Stabsoffiziere — den Divisionen Quartiermeisterleutnants im Hauptmanns- oder Majorsrang jeweils mit entsprechenden Gehilfen zugeteilt[110]. Im September 1808 besaß die preußische Armee 34 Generalstabsoffiziere.
Die neugeschaffene Organisation des Generalstabs war gegenüber der

---

107 Ebenda, S. 209.
108 Ebenda.
109 *Scharnhorst*, Übersicht über die Organisation des Generalstabs für ein Armeekorps in Hinsicht seiner Geschäftszweige, Publikationen, a. a. O., S. 216.
110 *Scharnhorst*, ebenda, und „Übersicht der Organisation eines Generalstabs für eine Division", ebenda, S. 218.

späteren Entwicklung freilich nur ein bescheidener Anfang. Noch fehlte es an der selbständigen Stellung des Chefs des Generalstabs gegenüber den übrigen obersten Militärbehörden sowie an der Trennung zwischen großem Generalstab und Truppen-Generalstab. Aber in seinen Grundfesten war das Ganze so angelegt, daß man darauf weiterbauen konnte. Die wissenschaftliche Arbeitsmethode des Generalstabs mit ihrem Zusammenklang von Forschung, Lehre und Praxis der Führung liegt jetzt endgültig fest und gilt als *die* Methode generalstabsmäßiger Arbeit. Auf ihr beruht die geistige Macht des Generalstabs, die ihn befähigte, durch Leistung die entsprechende endgültige Form zu finden. An Stelle der drei bisherigen verschiedenen Schulen gibt es nur noch eine einzige, die Scharnhorstsche Schule. Damit war das innere Problem des Generalstabs gelöst.

b. Scharnhorsts Erziehungsarbeit im Generalstab

In einer systematischen Erziehungsarbeit bereitet Scharnhorst in Fortsetzung der Linie, die er bereits vor dem Jahre 1806 auf der Akademie für junge Offiziere [111] und als Quartiermeisterleutnant der westlichen Brigade [112] verfolgt hatte, die Offiziere des Generalstabs für die höhere Führung vor. Nach seinen Vorschlägen waren durch Kabinettsorder vom 3. Mai 1810 unter Aufhebung der bisherigen Kriegsschulen in Berlin, Königsberg und Breslau drei Kriegsschulen zur Vorbereitung auf das Offiziersexamen und unter Anlehnung an die Akademie, auf der Scharnhorst bisher die Offiziere des Generalstabs erzogen hatte, die „Kriegsschule für Offiziere" mit dem Sitz in Berlin gegründet worden [113].
Das Schwergewicht seiner Arbeit verlegte Scharnhorst wie bisher auf die Kriegsakademie in Berlin. Für diese „höhere Kriegsschule für Offiziere" hatte Scharnhorst neben der militärischen eine besondere Studiendirektion eingerichtet. Zu ihr zählten neben 2 Offizieren, 2 „Mitglieder des gelehrten Standes", insbesondere Scharnhorsts Freund, Professor Stützer. Die Gesamtorganisation war auf die „Ausbildung reiferer Köpfe und mehr zur Erlernung gewisser Berufsgegenstände" abgestellt [114]. Die Leitung der obersten Klasse, der sogenannten „Selekta",

---

111 Vgl. S. 134 ff. dieses Buches.
112 Vgl. S. 337 ff. dieses Buches.
113 Vgl. S. 227 dieses Buches.
114 Zirkularverordnung des allgemeinen Kriegsdepartements vom 5. Juni 1810 an sämtliche Regimenter und Bataillone die neue Einrichtung sämtlicher militärischer Bildungsanstalten betreffend, in Verbindung mit der Kabinettsorder vom 3. Mai 1810.

die auch als „Generalstab" bezeichnet wurde, behielt sich Scharnhorst selbst vor. Vor dieser und dem zugezogenen Kreis von Offizieren, die Scharnhorst ihrer Persönlichkeit und ihrer Bildung nach für geeignet hielt, lehrte er persönlich.

Eindeutige Ausrichtung auf die moderne Strategie

Wiederum geht Scharnhorst in der uns aus seiner bisherigen Lehrtätigkeit vor den Offizieren des Generalstabs bekannten Form vor. Er lehrte „vorzüglich in Beispielen", um „soviel als möglich den Mangel an Kriegserfahrung" bei den jungen Offizieren „zu ersetzen" und diese nicht in die Gefahr zu bringen, „sich in Visionen zu verlieren"[114a]. Das Schwergewicht aber liegt jetzt eindeutig in der Behandlung der Operationsweise Napoleons. Seine Strategie, die sich in den italienischen Feldzügen zwar schon deutlich erkennbar abzeichnete, in seinen letzten Schlachten, deren Opfer die preußische Armee wurde, sich jedoch so vervollkommnete, daß man sie von da ab als auf der letzten Stufe der Vollendung stehend betrachten konnte, stehen im Mittelpunkt. Er ist der künftige große Gegner. Die Quellen zu kennen, aus denen er die Kraft seiner Überlegenheit zog, ist das Gebot der Stunde.

Als Hauptgrund für die Überlegenheit Napoleons betrachtet Scharnhorst die Tatsache, daß von diesem „die ganze Masse der Streitkräfte in Tätigkeit zu einem großen Zweck gesetzt wird" [115]. Die „größere Mobilität sowohl in den Operationen als in den Gefechten und Schlachten" hat, so erklärt Scharnhorst, „ihren Grund in dieser Organisation" [116]. Seit Napoleon kennzeichnen „Einheit, Concert und Kraft" die Schritte der französischen Armeen[117]. Der Vorteil der Schnelligkeit ist bereits durch die Organisation bedingt. Sie gibt dem Feldherrn von vornherein größte Möglichkeiten an die Hand. Jedes Armeekorps ist „ein für sich beste=

114a *Scharnhorst*, Immediat=Bericht über den Zustand der Kriegsschule zu Berlin am Schluß des ersten Jahres 1811, a. a. O., S. 304. In derselben Form gingen seine Schüler *Clausewitz* und *Tiedemann* vor, die zu Scharnhorsts Unterstützung an die Kriegsschule berufen worden waren und hier über Taktik, Strategie, den „kleinen Krieg" und die Generalstabsverrichtungen lasen.

115 *Scharnhorst*, Einige wichtige Vorzüge der französischen Armee vor allen andern, also auch vor der preußischen von 1806/07, Acta, Heeresarchiv Potsdam, Nachlaß Scharnhorst, B 19.

116 Ebenda.

117 *Scharnhorst*, Einige allgemeine Bemerkungen über das Krieges=Glück, abgedruckt bei Klippel, Scharnhorst, III., S. 624 ff., 627.

hendes Ganzes oder vielmehr so ausgerüstet, als wenn es ohne höhere Leitung, ohne die Geschäftsverwaltung anderer Behörden operieren sollte" [118], besitzt seinen Generalstab und seine Verpflegungsbehörde. Jede Division ist in der gleichen Weise aufgebaut, eine kleine Armee für sich und imstande, geschickt abgesondert, in jedem Terrain mit allen Waffen bei wechselseitiger Unterstützung derselben zu agieren [119]. Die Führer der Armeekorps und Divisionen handeln im Rahmen der allgemeinen Richtlinien des Oberbefehlshabers nach eigenem Ermessen. Mehr Verantwortung auf der einen, größerer Spielraum auf der anderen Seite kennzeichnen die Stellung des Unterfeldherrn als Divisionskommandeur. Diese Form der Organisation stellt eine Art idealer Lösung dar. Mit ihr lassen sich alle Probleme der Strategie in überlegener Form lösen. Sie hat den Vorteil der Beweglichkeit, den kleine Armeen bisher bereits besaßen, ohne durch deren Nachteil der geringen Zahl belastet zu sein, sie verbindet Übermacht mit Schnelligkeit, ist im Angriff wie in der Verteidigung in gleicher Weise dem bisher stehenden Heer überlegen, das demgegenüber plump und schwerfällig, in seinem Aufbau starr, in seinem Verpflegungsapparat grenzenlos überaltert erscheint. Diese Struktur des Napoleonischen Heeres bringt es mit sich, daß es in der Entscheidungsschlacht tatsächlich immer das letzte Wort zu sprechen vermag.

In dieser Organisation seiner Kräfte ist Napoleon nachahmungswertes Vorbild. Wer ihm wirksam begegnen will, muß in gleicher Weise verfahren. Preußen hatte zwar im Jahre 1806 noch die Napoleonische Einteilung in Divisionen übernommen, mit der Übernahme der äußeren Form aber war wenig getan. Scharnhorst setzte im Kriegsdepartement seine ganze Überzeugungskraft dafür ein, um die Organisation des preußischen Heeres nach dem Geiste des Napoleonischen Vorbildes durchzuführen. Bei der Schulung der Generalstabsoffiziere ging er davon aus, daß dieser Umbau bereits vollzogen sei. Er ließ sie das neuartige Schützengefecht zur Anwendung bringen, mit der Kolonnentaktik operieren, als Chef von selbständig handelnden preußischen Korps und Divisionen nach einem in den großen Zügen gegebenen Operationsplane fungieren, stellte ihnen nach den Prinzipien der überkommenen Strategie und Taktik fechtende bestgeführte Armeen entgegen, ließ sie geschlagen werden und bewies ihnen warum und weshalb. Auf der anderen Seite trug er ihnen des Schweizer Jomini „Traité des grandes

---

118 *Scharnhorst*, Einige wichtige Vorzüge der französischen Armee; a. a. O.
119 Ebenda.

opérations"[120] vor, der z. T. die Schlachten Napoleons mitgemacht hatte, als der eigentliche Systematiker der Napoleonischen Strategie galt und dessen Ansehen noch dadurch erhöht wurde, daß Napoleon erklärt hatte, Jominis Buch verrate seine Kriegführung dem Feinde[121]. Hieran wiederum zeigt Scharnhorst, daß die Napoleonische Feldherrnkunst nicht, wie Jomini meinte, in der Wahrung der inneren Linie als Hauptgesichtspunkt mit einigen Regeln zu erfassen sei, sondern daß Napoleon mit einem so aufgebauten Heer die Größe echten Feldherrntums verband, indem er großangelegte Feldherrnpläne mit Energie und Konsequenz durchführte, die Entschlossenheit zur letzten Entscheidung besaß, dazu mit sicherem Blick die Schwächen seines Gegners erkannte, sie blitzartig auszunutzen und die ganze Operation mit überlegenem Geiste zu führen verstand. Diesen Geist sollen die Führer des Generalstabs nachahmen, demgemäß zu handeln sich innerlich bereit machen und nicht glauben, die napoleonische Strategie in einige Regeln einfangen zu können.

Die weiteren Feldzüge Napoleons, seine Schlachten und Einzelmaßnahmen, sowie die Wandlung, die sich durch den übermäßigen Kräfteverbrauch in seinem Heer vollzog, waren der ständige Gegenstand der Schulung der Offiziere des Generalstabs.

Seine Hauptaufgabe sieht Scharnhorst darin, die Offiziere aus den Fehlern der Vergangenheit lernen zu lassen. Zu diesem Zweck läßt er die Schlachtfelder des vergangenen Krieges genau erkunden. Da die staatlichen Mittel vielfach fehlen, ermuntert er sie, in ihren Ferien auf eigene Kosten „militärische Reisen ins Gebirge oder auf Schlachtfelder zu machen"[122]. Er läßt die Bewegungen der verschiedenen Heere kartenmäßig festlegen, bespricht die Fehler, die von der eigenen Führung gemacht wurden, spielt die Schlachten selbst unter ständig neuen Aspekten durch, zeigt, mit welchen Maßnahmen man Napoleon hätte begegnen können, wenn man seine eigenen Mittel zweckmäßig eingesetzt hätte und wie man ihm nach dem Umbau des Heeres mit einem im neuen Geist strategisch-sachgemäß geschulten Offizierkorps begegnen müßte.

---

120 Vgl. dazu *Jomini*, Abriß der Kriegskunst, herausgegeben von Boguslawski, 1881.

121 Ebenda, S. IX.

> „Wie hat Fouché ein solches Buch drucken lassen können!
> Das heißt, meinen Feinden mein ganzes Kriegssystem lehren!
> Das Buch muß unterdrückt werden, bevor es sich ausbreitet!"

122 Genehmigung dieser Vorhaben durch den König am 3. 7. 1811, abgedruckt bei *Priesdorf*, III., S. 235.

In diesem Sinne stellt er den Offizieren ihrem Können und ihrer fortschreitenden Ausbildung entsprechende Aufgaben [123].
Neben diesem akuten Teil der historischen Arbeit wird die ältere Vergangenheit nicht vergessen. Hier verlangt Scharnhorst zunächst sachgerechte Berichte über den wirklichen Ablauf der Schlachten und aller dafür wesentlichen Momente nach den besten hierfür vorhandenen Quellen, um sodann diese Schlachten nach den Prinzipien moderner Strategie schlagen und die Beschäftigung mit der Historie unmittelbar nutzbar machen zu lassen. Die von Scharnhorst gestellten Aufgaben [124] sind zugleich darauf abgestellt,

> „die Urteilskraft der jungen Leute zu üben, ihre Fähigkeiten zu prüfen und ihnen Gelegenheit zu geben, ihre Talente zu versuchen" [124a].

Sie vermitteln ein überaus eindrucksvolles Bild von dieser Tätigkeit, der Scharnhorst sich mit Liebe und Hingabe widmete und die er als Vorbedingung dafür ansah, um den mit der Neuorganisierung des Generalstabs geschaffenen Rahmen sinnvoll auszufüllen.

Die Aufgabe des Generalstabs bei der Umsetzung der modernen Strategie und Taktik in die Praxis

Von entscheidender Bedeutung war es, die Voraussetzungen zu schaffen, um diese Anschauungen von der modernen Kampfesweise auf den verschiedenen Stufen im Heer umzusetzen. Scharnhorst hatte die hier zu leistende Arbeit, als er sich vor dem Zusammenbruch mehr theoretisch als praktisch mit diesem Problem beschäftigte, bereits klar gekennzeichnet. Da die gesamte Arbeit des Generalstabs durch die Bedürfnisse der Praxis bestimmt ist, seine Forschung ihren Sinn und Wert nur dadurch erhält, um das jeweils zweckmäßigste Verfahren zum prak=

---

123 Vgl. etwa „Die Schlachten bei Heilsberg und Friedland und die Operationen der russischen Armee zwischen der Passarge und der Allee" 1807. Am 14. Juli 1810 dankt der König Scharnhorst für die gute Ausbildung der Generalstabsoffiziere und läßt den Offizieren, die einen Plan der Schlacht bei Eylau vorlegten, seine Zufriedenheit aussprechen.

124 Vgl. dazu „Beantwortung der vom General von Scharnhorst gestellten Aufgaben im Jahre 1811", Acta, Nachlaß Scharnhorst, A 48, I und II. Vgl. fernerhin Acta, betr. Anstellung und Beförderung von Offizieren 1810—11, Altes Kriegsarchiv, Kap. 48, Nr. 19, sowie Acta betr. die Diensttätigkeit der Offiziere des Generalstabs 1809—10, Altes Kriegsarchiv, Kap. 48, Nr. 20, sämtlich Heeresarchiv Potsdam.

124a *Scharnhorst*, Immediatbericht über den Zustand der Kriegsschule zu Berlin am Schlusse des ersten Jahres 1811, a. a. O., S. 304.

tischen Handeln zu gewinnen, muß seine Lehre in „Instruktionen" ihren Ausdruck finden können und dadurch ihre Richtigkeit und Brauchbarkeit erweisen. In diesen Instruktionen über „Felddienst und Feldoperationen", über die „wichtigsten Teile der Taktik" sowie die „Fechtart der verschiedenen Waffen", muß der Erfahrungsschatz der Armee seinen Ausdruck finden, müssen die Brücken geschlagen werden, um die Verbindung zwischen der obersten Befehlsgebung und der Ausführung in der mittleren und untersten Stufe herzustellen[125]. Dieser Lehraufgabe des Generalstabs widmet sich Scharnhorst mit größter Tatkraft und Konsequenz. Eine Reihe von besonders dazu befähigten Offizieren wie *Clausewitz, Krauseneck* und *Natzmer* von der Infanterie, *Tuchsen* und *Monhaupt* von der Artillerie, unterstützen ihn dabei.

Mit der „Instruktion über den Gebrauch des dritten Glieds" vom 27. März 1809 und der „Instruktion zum Exercieren der Infanterie" vom 16. Juli 1809 wird diese wichtige Arbeit begonnen. In diesen Instruktionen wird die Frage, die im Kampf der Geister eine so große Rolle spielte, ob man nämlich in Zukunft in der Tirailleur- oder der Lineartaktik fechten soll, ein Problem, das man vielfach mit einem bloßen Entweder-Oder beantworten zu können glaubte, für die Praxis entschieden. Gefochten wird in Zukunft in der Linie, in der Kolonnen- und Tirailleurtaktik. Bei dem Kampf in der Linie handelt es sich jedoch nicht mehr um die alte lineare Fechtweise, wie sie in der Manövrierkunst ihren Ausdruck fand, sondern um die Einordnung der Linie in ein neues Kampfsystem unter dem Blickpunkt der neuen Gesamtstrategie. Die Gefechtsübung in der Linie verliert ihre überspitzte Kompliziertheit und wird auf gewisse Grundformen zurückgeführt, die sich in der Praxis als wirkungsvoll erwiesen haben. Kennzeichnend heißt es in der „Instruktion zum Exercieren der Infanterie" vom 16. Juli 1809:

> „Um sowohl den Elementar-Unterricht des Soldaten mehr zu vereinfachen, als auch von den auf wirkliche Gefechte abzuzweckenden Bewegungen der Bataillone jede unnöthige Förmlichkeit zu entfernen, complizierte, mit dem jetzigen Charakter des Krieges unerträgliche Stellungs-, Marsch- und Fechtarten aus dem Gebieth der Übungen zu verweisen, wird nachstehende Instruction als vorläufige Norm festgesetzt."

Ausdrücklich wird dabei bestimmt:

> „Alle bisher üblichen aber nicht anwendbaren Bewegungen, deren die Instruktion nicht erwähnt, sind als abgeschafft zu betrachten."

---

125 Vgl. den Abschnitt „Die neue Lehraufgabe des Generalstabs", S. 309 ff. dieses Buches.

Vom gleichen Geist ist die Einstellung zum Tiraillieren getragen. Bülow wollte in der Übersteigerung des Tirailleurgedankens die Schlacht in ein einziges Tirailleurgefecht auflösen. Scharnhorst weist der Tirailleurtaktik innerhalb des gesamten Kriegsbildes ihren Platz zu. „Das Gefecht der Infanterie", so erklärt er,

> „ist eine wechselseitige Unterstützung der zerstreuten Fechter und der geschlossenen; im durchschnittenen Terrain wird mehr einzeln und zerstreut, im offenen mehr in Masse und geschlossen gefochten" [126].

Tirailliert wird im dritten Glied, d. h. innerhalb der Einheit des Bataillons erhält das dritte Glied vornehmlich die Aufgabe, elastisch nach Tirailleurart zu kämpfen. Diese Tirailleure sind jedoch in der Kolonnentaktik wie auch im Kampf der Linie ausgebildet, so daß sie zu dieser Fechtweise wieder überzugehen vermögen. Andererseits ist es auch statthaft, daß das gesamte Bataillon in Tirailleurtaktik ficht. Das große Problem der Auseinandersetzung vor 1806, ob es möglich sei, Tirailleure wieder zum Kampf in der Linie einzusetzen, oder ob beide Kampfesarten sich nicht so widersprächen, daß ein guter Tirailleur notwendigerweise ein schlechter Kämpfer in der Linie sein müßte, wird dadurch gelöst, daß die Linie selbst eine starke Auflockerung in ihrer Kampfesart und zugleich auch eine Vereinfachung in ihrer Ausbildung erfährt, so daß der Kampf in der Linie und das Tirailleurgefecht keinen unüberbrückbaren Gegensatz mehr bilden. In der Instruktion finden sich revolutionäre Sätze wie:

„Derjenige ist der beste leichte Infanterist, der am wenigsten Maschine ist." Alles „Formale" hat beim Tiraillieren wegzufallen, jeder einzelne aber sich „nach eigner Beurteilung des Terrains" so zu verhalten, wie es „die vorhandenen Umstände" erfordern. Einst hart umkämpft, gelten diese Sätze nunmehr als tragende Prinzipien einer neuen Kampfordnung [127]. Im Bündnis zwischen Regierung und Nation bildet im übrigen der Tirailleurkampf den Beitrag, den das Bürgertum auf Grund seiner Elastizität und Vitalität auf militärischem Gebiet zu leisten vermag [128].

Die Instruktion zum Exerzieren der Infanterie findet ihre Ergänzung auf der höheren Stufe in einer Instruktion „in betreff der Stellung der

---

[126] *Scharnhorst*, Schlachtordnung und wechselseitiger Gebrauch des geschlossenen Bataillons und der zerstreuten Schützen und Tirailleure, 1811, Acta, Heeresarchiv Potsdam, Nachlaß Scharnhorst B., Nr. 101.

[127] Vgl. dazu die endgültige Formulierung im „Exerzierreglement für die Infanterie" vom 15. Januar 1812, Zweites Kapitel, § 1—5.

[128] Vgl. dazu *von Krauseneck*, Bemerkungen über die leichte Infanterie 1809, Acta, Heeresarchiv Potsdam, Altes Kriegsarchiv, Kap. 48, Nr. 2.

Brigade zum Gefecht, zum Angriff usw." vom 17. Juli 1809, in der die Kriegserfahrungen aus den Jahren 1806—07 für das Gefecht der verbundenen Waffen niedergelegt sind, und in der Yorckschen Instruktion für die leichten Brigaden [129]. Sie gibt in besonders eindrucksvoller Weise Vorschriften für die mittlere Stufe der Gefechtsführung. Wie im Tirailleurgefecht der einzelne Soldat, so sollen auch die kleinen und mittleren Einheiten selbständig, in freier Form, mit eigener Initiative am Kampf teilnehmen. Ganz im Sinne Scharnhorsts will Yorck, der Inspekteur für die leichten Brigaden, in diesen Instruktionen keine „bestimmten Formeln für alle Fälle geben", sondern nur allgemeine Regeln der Erfahrung entwerfen,

> „deren zweckmäßige Anwendung auf die Lage der Umstände den denkenden Offizier vor demjenigen auszeichnen, der seine Functionen nur wie einen Mechanismus behandelt oder in der Zusammenstellung erlernter Evolutionen schon das vollendete Bild der Kriegeskunst sieht"[130].

Das Gefecht ist kein mechanischer Ablauf errechneter Evolutionen mehr, die sich von den Manövern im Frieden nur durch die Anwendung scharfer Patronen unterscheiden, sondern ein Ringen lebendiger Kräfte miteinander. Angriff und Verteidigung entwickeln sich aus dem Zusammenspiel. Die leichte Brigade soll im Gefecht eine elastische Front besitzen, Reserven möglichst verdeckt im Hintergrund halten, um mit ihnen unter Umständen einen Schwerpunkt bilden zu können. Jeder kommandierende Offizier hat sich selbst dabei die Frage zu stellen:

> „Wo muß ich bei einem Angriff den Impuls hinlegen, um dem Feind den empfindlichsten Stoß beyzubringen?" [131]

Da der Sinn und Zweck des Krieges darin liegt, daß man

> „nach einem einzigen, vorher nach Feind, Lage und Umständen wohl überdachten Zweck operiert und durch einen völlig übereinstimmenden Krieg auf die Kräfte des Gegners die Sache möglichst bald zur Entscheidung bringt" [132],

sind die Operationen der leichten Brigaden darauf zu richten, in „die Operationen des Hauptkorps" einzugreifen und sie zu unterstützen. Die

---

[129] *Yorck*, Instruction für sämtliche leichten Brigaden zu den Übungen im Jahre 1810, Acta, Heeresarchiv Potsdam, Altes Kriegsarchiv, Kap. 48, Nr. 35, sowie „Instruktionen des Generals von Yorck zu den Felddienstübungen der leichten Truppen im Jahre 1811", Acta, ebenda, Nr. 38.

[130] *Yorck*, Instruktionen für sämtliche leichten Brigaden zu den Übungen im Jahre 1810, a. a. O., Einleitung, Bl. 27.

[131] Ebenda, Bl. 36.

[132] Ebenda, Bl. 44.

Offiziere müssen den Zusammenhang zwischen dem Einsatz der leichten Truppen und Gesamtoperation begreifen lernen, um in ihrem Befehlsbereich sinngemäß handeln zu können. Bei allen Manövern und erst recht im Ernstfalle gilt es daher, dem Gefecht in größeren Verbänden einen klaren und durchdachten Gedankenvorgang zugrunde zu legen und sich von der „dunklen Idee" freizumachen, die „eigenen Bewegungen immer erst nach denen des Feindes einzurichten". Dadurch

> „räumt man gleichsam dem Feind freywillig das intellectuelle Übergewicht schon von Anfang ein, und das physische ist dann nur durch ungeheure Anstrengungen zu erringen" [133].

Für die „zweckmäßige Ausbildung" der leichten Truppen und den Einsatz der „ihnen eigenthümlichen Fertigkeiten und Kenntnisse" wurden in jeder Brigade besonders ausgesuchte Stabsoffiziere zu ihren Befehlshabern, im ganzen sechs, ernannt. Ihre Tätigkeit dürfen die Regimentskommandeure „durch keine engen Vorschriften unnütz einschränken", sondern müssen ihr „einen angemessenen freien Spielraum" lassen [135]. Im übrigen haben sämtliche Offiziere den leichten Dienst sachgemäß unter Anleitung der Kommandeure der leichten Bataillone zu lernen und werden zeitweise entsprechend versetzt.

Wie die Infanterie erhält die Kavallerie und die Artillerie neue Instruktionen. Während bei der Kavallerie der entscheidende, revolutionäre Kopf fehlt, der den Geist der neuen Kriegführung bei dieser Waffe entsprechend umzusetzen versteht, gelingt dies bei der Artillerie besonders gut. Hier gestaltet Scharnhorst persönlich.

Nach den neuen Grundsätzen übten erstmals im Jahre 1809 größere Truppenverbände das Gefecht der verbundenen Waffen, Übungen, die im Jahre 1811 und 1812 fortgesetzt wurden [136]. Die neue Strategie, die auf der Kriegsakademie gelehrt wurde, kann nicht mehr wie vor der Niederlage vor 1806 als die unverbindliche Ansicht einer Schule gewertet werden, sondern wird praktisch im Felde durchzuführen versucht, freilich mit all den Mängeln und Unzulänglichkeiten, die die Umstellung eines bisher in einem ganz anderen Geiste erzogenen Heeres mit sich brachte. Man braucht nur die heftigen Beschwerden Yorcks an Scharnhorst zu

---

[133] Kabinettsorder vom 17. Februar 1810.

[135] Instruktion über die Verhältnisse der Regimentskommandeure und der Kommandeure der leichten Bataillone vom 26. Dezember 1808, Publikationen, a. a. O., S. 860 ff.

[136] „Das preußische Heer im Jahre 1812", a. a O., S. 263 ff. Vgl. dazu die instruktiven „Manöverbemerkungen des Königs vom 31. Oktober 1810", abgedruckt ebenda, S. 508 ff.

verfolgen, um zu lesen, welche Schwierigkeiten es Yorck bereitet, die Regimentskommandeure dahin zu bringen, daß sie den leichten Truppen ihre Eigenart belassen und sie nicht durch Sonderinstruktionen allenthalben binden und einengen [137]. Aber der neue Weg ist festgelegt. Auch die heftigsten Gegner müssen, nachdem er seinen Ausdruck in Instruktionen gefunden hatte, sich anschließen und werden in dem Gesamtprozeß assimiliert. Die Offiziere des Generalstabs als die vornehmlichsten Träger des neuen Geistes treten während der Manöverzeit zur Dienstleistung bei der Truppe ein und haben hier reichlich Gelegenheit zu sehen, wie sich die große Konzeption in der Praxis verwirklichen läßt, um mit neuen Erfahrungen zurückzukehren. Auf Grund einer Kabinettsorder vom 29. Januar 1810 wird darüber hinaus bestimmt, daß die Generalstabsoffiziere abwechselnd bei den verschiedenen Waffen Dienst zu leisten haben. Die Einheit der geistigen Schulung wird zur Einheit in der Erkenntnis und der Beurteilung der verschiedenen Waffen erweitert und damit die Möglichkeit geschaffen, ein im gleichen Geist erzogenes Korps allseitig praktisch verwendbar zu machen. Scharnhorst hofft, daß

> „aus dieser Amalgirung der verschiedenen Waffen nicht nur gegenseitiges Vertrauen und Achtung, sondern auch in Zukunft richtige Würdigung desjenigen, was eine jede leisten und nicht leisten kann und richtiger Gebrauch einer jeden, einzeln sowohl als mit andern gemischt, entstehen wird" [137a].

Insgesamt vollzieht sich auf diese Weise ein allgemeiner Durchdringungsprozeß von größten Ausmaßen. Auf die Revolution im Geist und der Zusammensetzung des Heeres folgt Schritt für Schritt die Revolution in der Kampfesweise, die wiederum durch die Revolution des Geistes bedingt ist und sich bis zum letzten Mann auswirkt. Diese systematische Umformung des Heeres auf die neue Strategie und Taktik ist nicht minder bewunderungswürdig als die Konzeption selbst.

Aus all den Erfahrungen mit den Einzelinstruktionen, die man in der Zwischenzeit zu sammeln Gelegenheit hatte, zieht Scharnhorst den Schluß, daß es an der Zeit sei, nunmehr ein alle Teile der Exerzier- und

---

137 *Yorck* an *Scharnhorst* vom 11. Februar 1811, Acta, Die Anfertigung eines neuen Reglements für die Infanterie und Kavallerie betreffend, Heeresarchiv Potsdam, Nachlaß Scharnhorst, A. 29. Dazu das Yorck beipflichtende Schreiben *Scharnhorsts* vom 22. Februar 1811 und das Schreiben des Oberst *von Bülow* an den ihm unterstellten Major *von Rochelle* vom 1. November 1811, ebenda.

137a *Scharnhorst*, Immediatbericht über den Zustand der Kriegsschule am Schlusse des ersten Jahres 1811, a. a. O., S. 306.

Gefechtsausbildung umfassendes Exerzierreglement zu schaffen, das den letzten Stand der Erfahrungen und des Wissens in der Armee vermitteln sollte. Unter dem Vorsitz von Scharnhorst legt die Infanteriekommission, der Clausewitz, Krauseneck und Natzmer angehören, in wenigen Monaten das neue Exerzierreglement zur Genehmigung vor, das am 15. Januar 1812 der Armee übergeben wird. Kurz gefaßt, kein Rezeptbuch, wogegen sich Scharnhorst immer gewehrt hatte, künftigen Erfahrungen alle Wege offen lassend, treten hier „Geist und Kriegskunde an Stelle von Pedanterie und Formenwesen". Den „denkenden Offizier" setzt das Reglement als selbstverständlich voraus.

Ähnliches gilt für das Exerzierreglement der Artillerie, das vom November 1812 der Armee zur Verfügung stand. Seine Ansichten über die Reform der Artillerie hatte Scharnhorst vor dem Zusammenbruch so klar und prägnant dargelegt [138], daß man daraus nur die Folgerungen für die Instruktion zu ziehen brauchte. Die Artillerie ist nur nach dem Gesichtspunkt auszubilden, was sie im Felde zu leisten hat. Darauf ist die ganze Kraft zu verlegen. Mit dem für sie unnötigen Infanteriedienst, sowie einem nur auf äußeren Effekt abgestellten Geschützdienst ist sie zu verschonen. Höchstmögliche Einfachheit in allen Verrichtungen, Beseitigung aller „schädlichen Spielereien" [139], ständige Übungen im Scheibenschießen und Bombenwerfen kennzeichnen das neue Reglement. Es entsteht mit starker Förderung durch den jungen Chef der Artillerie, den Prinzen August von Preußen, der stets den erfahrenen Rat Scharnhorsts einzuholen pflegte. Es hatte sich bereits im Offizierkorps durchgesetzt, bevor es offiziell wurde. Scharnhorst beteiligte nämlich sämtliche Artillerieoffiziere bis zum jüngsten Leutnant an diesem Reglement. Sie alle haben ihre fachmännischen Gutachten über eine Instruktion abzugeben, die in Zukunft die Grundlage für die vollendete Handhabung ihrer Waffe bildet. Sie sollen das Gefühl haben, daß sie ihnen nicht aufgezwungen sei und daß sie den größten Fachkennern der Armee ihr Urteil unterbreiten dürfen. Auch da, wo Scharnhorst die Macht in der Hand hat, bleibt er sich treu, überzeugen ist ihm wichtiger als befehlen. Auf diese Weise konnte man in der Tat ein Offizierkorps gewinnen.

Freilich fehlte viel daran, um das Werk als vollendet bezeichnen zu

---

138 Vgl. *Scharnhorst*, Handbuch der Artillerie, Bd. 2, erster Abschnitt, elftes Kapitel.

139 *Scharnhorst* an den Prinzen August vom 27. Februar 1810: „Meine Begriffe von Geschützbedienung reduzieren die Sache auf wenige wesentliche Dinge, u. alles übrige halte ich für schädliche Spielereien."

können. Insbesondere ließen die Instruktionen über die Gefechtsführung der verbundenen Waffen in Form der gemischten Brigade [140] manches zu wünschen übrig. Der Feldzug des preußischen Hilfskorps gegen Rußland im Jahre 1812 und der Frühjahrsfeldzug von 1813 gegen Napoleon zeigten, wie wenig gerade die Idee von der Verbindung aller Waffen im Kampf in das Offizierkorps eingegangen war und gestaltende Kräfte zu wecken vermocht hatte [141], und was hier noch zu leisten war.

c. Das geistige Gesicht von Scharnhorsts Generalstab

Scharnhorst erhebt den Krieg vom Handwerk zur Wissenschaft. Wissenschaftliche Methoden beherrschen die Kriegführung. Im Generalstabsoffizier erscheint der militärische Akademiker auf dem Plan, der die „mechanischen Köpfe" der Handwerker verdrängt. Scharnhorsts Generalstab selbst ist jedoch keine militärische Universität, wo jeder unverbindlich seine Theorien entwickeln kann, eine Kathederstrategie sich breit macht, Schulen entstehen, die fruchtlos miteinander streiten und sich in Spitzfindigkeiten verlieren. Mit seinem Generalstab schafft Scharnhorst vielmehr eine Institution eigener Prägung, in der sich die Elite der militärischen Führung formieren und auf das militärische Geschehen Einfluß nehmen soll. Die für diese Elite gültigen Arbeitsmethoden sowie ihre Terminologie legt Scharnhorst fest. In Scharnhorsts Generalstab soll der forschend undogmatisch-vorwärtsweisende Geist echter Wissenschaftlichkeit, wie ihn eine wahre Universität besitzt, herrschen, er soll jedoch in einer Lehre vom praktischen Handeln gipfeln, wozu der Jurist und der Theologe, die Scharnhorst gern zum Vergleich heranzieht, auf der Universität nicht erzogen werden. Die Ausrichtung auf die Praxis wird noch dadurch unterstrichen, daß eine Auslese von Offizieren, die von der Front kommen und zur Front zurückkehren, Träger dieses wissenschaftlichen Geistes sein sollen.

Zum ersten Male werden von Scharnhorst zur Erforschung des Krieges auf wissenschaftlicher Basis wesensgerechte Methoden entwickelt. Scharnhorst ist sich der grundlegenden Wandlung, die hier vor sich geht, bewußt. Zur Verdeutlichung zieht er mit Vorliebe die modernen Naturwissenschaften heran, die sich von der Pseudowissenschaft der Alchimie freigekämpft haben. Gegenüber Massenbach und Phull sowie anderen

---

140 Sie war als 5. Abschnitt in das Exerzierreglement vom 15. Januar 1812 übergegangen.

141 Vgl. die von dieser Tatsache ausgehende Instruktion vom 10. August 1813 und die Versuche, hier abzuhelfen.

militärischen Alchimisten, die das Lebenselexier und den Stein der Weisen der Kriegskunst gefunden zu haben meinen, erklärt er: Die Kriegskunst muß man wie die „angewandten Wissenschaften", die Physik, Mechanik und Astronomie betreiben. Ihre Hypothesen und Theorien müssen durch Beobachtung und Experiment erhärtet und berichtigt werden [142]. Mit Hilfe seiner neuen Kriegswissenschaft macht es Scharnhorst möglich, daß sich die Generalstabsoffiziere von dem Dogmatismus der Zauberformeln, von dem Glauben an die Unfehlbarkeit der Rezepte, aber auch von der Überbewertung der reinen Praxis und Routine zu lösen vermögen. Gleichzeitig stellt Scharnhorst klar, wie weit die Aufgabe des einzelnen Generalstabsoffiziers reicht. Er ist Forscher, aber auch zugleich Lehrer und Praktiker, er muß die Kriegsgeschichte kennen, die Lehren daraus ziehen und weitergeben. Er muß aber zugleich praktisch geführt haben.

Der Generalstab war auf die Verhältnisse der damaligen Zeit abgestellt. Er wird aus der Katastrophen- und Zweifelsituation dieser Zeit geboren. Er entsteht in einer staatlichen, nationalen und weltanschaulichen Krise, in der der große Feldherr und Staatsmann fehlt, andererseits aber die Tradition Friedrichs des Großen vorhanden ist, die zwar das Ganze noch trägt, aber in der erstarrten Auffassung der Zeit die Wege verbaut. In dieser Lage sollte der Typus des wissenschaftlich hochgebildeten Generalstabsoffiziers helfend eingreifen. Er sollte auf preußischer Seite den Ersatz für das fehlende Genie Napoleons und die mangelnden Talente der kommandierenden Generale bilden.

In Scharnhorsts Generalstab saßen die Vertreter der revolutionären Schicht im Heer. Die Generalstabsoffiziere waren diejenigen Männer, die ein neues Geistesgut in ihrer Person verkörperten. Gerade die Einrichtung des Generalstabs in der politisch-militärischen Krisenzeit gab dieser Institution jenen eigentümlichen, revolutionären Charakter, der durch die Verbindung mit den beiden im Heer bisher verpönten Begriffen Wissenschaft und Bildung noch besonders unterstrichen wurde. Die Kriegskunst, als Erfahrungswissenschaft betrieben, wird zum Garanten für die revolutionäre, dynamische Tätigkeit des Generalstabs gegenüber dem unwissenschaftlichen, scholastischen und alchimistischen Charakter des militärischen Positivismus. Nicht umsonst weist Scharnhorst, wenn er von der Umwälzung in der neuen Kriegskunst im Zusammenhang mit der Aufgabe des Generalstabs spricht, auf das Vorbild Galileis hin,

---

142 *Scharnhorst*, Über den Nutzen der Bildung der Offiziere in der Kriegskunst für die stehenden Armeen, a. a. O., S. 12.

der den Durchbruch zu einem neuen Weltbild vollzog [143]. Die General=stabsoffiziere sind nicht die Gralshüter der alten Kriegskunst oder die militärischen Testamentsvollstrecker der friderizianischen Erbschaft. Sie bilden auch nicht lediglich eine Versammlung der fachlich qualifizier=testen Köpfe, der Experten in der Armee. Scharnhorst schafft mit seinem Generalstab vielmehr eine avantgardistische, militärisch=revolutionäre Gruppe für die Beseitigung der alten Armeeverfassung und den Durch=bruch des neuen Kriegsbildes. Sie soll eine moderne Strategie und Taktik durchsetzen und die militärische Führung reorganisieren.

Diesem Typ von Generalstabsoffizieren haftet von vornherein das Suchen nach den letzten Zusammenhängen, ein spekulatives Streben, ein gewisser, ins Militärische gewandter faustischer Drang an, geboren aus der Katastrophen= und Zweifelsituation der Zeit. Im Spekulativen, des=sen Grundlage der ewige Zweifel am Gegebenen ist, sowie in der Zu=rückführung auf das Wesenhafte bei der Bearbeitung einer militärischen Aufgabe, liegt die Stärke des Generalstabs Scharnhorstscher Prägung. Eine neue militärische Grundlagenforschung, das Suchen nach neuen Mitteln zur Bekämpfung des Gegners in enger Verknüpfung mit den weltanschaulichen und politischen Voraussetzungen, deren man sich be=wußt ist, klingen zusammen. Das revolutionäre Element der Bildung wird in Verbindung mit dem militärischen Drang zur Tat gebracht und feiert hier seinen Triumpf. Mit seiner Geschichtsbetrachtung und seiner Lehre vom praktischen Handeln zeigt Scharnhorst die Wege, die es er=möglichen, dem Durcheinander von Halbwahrheiten und abstrusen Ideen in der Kriegskunst zu begegnen und den Gedanken, das fehlende militärische Genie zu ersetzen, überhaupt in Erwägung zu ziehen.

Die Generalstabsoffiziere sind daher als die „Scharnhorstleute", die „Handlanger der neuen Ordnung bei den Parteinehmern der alten Un=ordnung" [144] verhaßt. Insbesondere erblickt die alte Generalität allent=halben in den Generalstabsoffizieren diejenigen Kräfte, deren Aufgabe es ist, „den mechanischen Geschäftsgang der inneren Verwaltung und des Dienstes, wo alles nach dem alten Schlendrian ging" [145] und dem dadurch erzeugten „geistlosen Formenwesen" entgegenzuwirken, den „Geist der Invalidität" [146] im Heer zu bekämpfen, überall vorwärts=

143 *Scharnhorst*, Über den Nutzen für die Armee, daß den Offizieren ein Unterricht in der Kriegskunst mitgeteilt wurde, a. a. O.
144 *Scharnhorst*, Vergleichung der ehemaligen Geschäftsführung der militä=rischen Oberbehörden mit der jetzigen, a. a. O.
145 Ebenda.
146 Ebenda.

weisende Kräfte zu wecken und neue Formen der Kriegführung durchzusetzen. Der Kampfruf „Vivat die Adjutantur, pereat der Generalstab", der Scharnhorst und seinen Offizieren, die den greisen General von L'Estocq beraten und der hier herrschenden militärischen Unfähigkeit abhelfen sollen, entgegenschallt, kennzeichnet deutlich die Frontenstellung. Die Durchsetzung der Umformung des Generalstabs wurde als Sieg der revolutionären Richtung gegen die Reaktion im Heer empfunden. Es war keineswegs so, daß sich die bisherige preußische Führung von selbst trotz der vernichtenden Niederlage einer höheren Einsicht unterwarf, die Methoden der Kriegführung aus dem 18. Jahrhundert kampflos ablegte und etwa zugab, „wie nachtheilig die alte Verfassung der Militair-Behörden der Erhaltung des Staates gewesen war" [147]. Ihre Anhänger empfanden es als einen schweren Schlag, daß Scharnhorst sich seinem König gegenüber in scharfen Worten dagegen aussprach, „alte in das Formenwesen versunkene Männer" in das allgemeine Kriegsdepartement zu übernehmen und die These verfocht:

> „Männer von 30 Jahren, ausgezeichnet durch Kopf und Muth hielt ich zu diesen Stellen vorzüglicher! Denn der Geist der Oberbehörden geht in die Armee sehr bald über." [148]

Immer wieder versuchen auch die Generale gegen die neue Führung und ihre Anordnungen beim König „Vorstellungen zu erheben, statt zu gehorchen" [149].

Auf der anderen Seite ist die Einrichtung eines Generalstabs, der Anspruch darauf erhebt, in der Krisensituation des Staates die Wege zu weisen, wie man dem Genie Napoleons in irgendeiner Form beikommen kann, für den Kreis der talentierten Offiziere, die die Revolutionsfeldzüge mitgemacht haben, z. T. im Banne des Genies von Napoleon stehen und von ihm völlig gefangen sind, von größter politischer Bedeutung. Sie bewerten die führenden Männer des absoluten Staates, einen Herzog von Braunschweig oder die Feldmarschälle Moellendorff und Rüchel, aber auch einen Prinzen Louis Ferdinand nach *Napoleons* Format. Seine Persönlichkeit wird ihnen zum Maßstab. Sie bedauern, daß das Schicksal Preußen nicht einen derartigen Mann gesandt habe, dem sie folgen könnten und der ihre Talente auszuwerten verstünde. Sie sind zwar selbst nicht in der Lage, die revolutionären Schritte zu tun, nehmen jedoch aus einem sicheren Instinkt das Überkommene nicht mehr für

147 Ebenda.

148 Ebenda.

149 *Gneisenau*, Vergleichung der ehemaligen preußischen Armeeverfassung mit der jetzigen, a. a. O.

absolut und stehen ihm nicht kritiklos gegenüber. Sie sehen, wo das Neue liegt. Sie bilden einen Herd der Unruhe, ein Ferment der Gärung innerhalb des absoluten Staates. Ihr allgemeiner Ruf nach dem Genie, dem sich anzuschließen sie sofort bereit sind, war zugleich der elementare Ausdruck der Hilflosigkeit und des Unterlegenheitsgefühls gegenüber dem genialen Feldherrn und Staatsmann Napoleon. Der ständige Blick auf das Genie Napoleons lähmte ihr Selbstvertrauen und ihre Initiative, sich aufzuraffen und selbst das Nötige zu tun.

Diese Elemente vermag Scharnhorst mit der Idee vom Generalstab als Ersatz des Genies zu gewinnen. Ihnen kann er erklären: Das Genie ist ein Geschenk, man weiß nicht, wann es einem Staat zuteil wird. Aber eins kann der Staat unternehmen, um sich die Stetigkeit einer hochqualifizierten obersten militärischen Führung zu sichern, die annähernd dem Wert des Genies gleichkommt. Er vermag Institutionen zu schaffen, die all das auffangen, was an Neuem vom Genie hervorgebracht wird, um es mit talentierten, überdurchschnittlichen Offizieren wissenschaftlich zu bearbeiten. Was das Genie aus genialem Impuls leistet, wird hier auf die zugrunde liegenden Prinzipien überprüft, ihre allgemeine Anwendungsfähigkeit wird erprobt und das Genie mit seinem eigenen Geist zu schlagen versucht. Auf solche Weise wird man das Genie auf der Gegenseite schließlich auf die Knie zwingen können. An diese Arbeit sollen die jungen Offiziere herangehen und hier ihre Kräfte, die sich zwischen Hoffnung und Zweifel verzehren, nutzbringend einsetzen, um sich auf den Waffengang mit dem Genie vorzubereiten.

Alles in allem ist der Generalstabsoffizier Scharnhorstscher Prägung nicht der hochqualifizierte neutrale Techniker und Spezialist, sondern bei all seinem fachlichen Wissen und Können der politische Offizier, der in den großen Ideen seiner Zeit wurzelt und von ihnen getragen wird. Die Spitzentypen dieses Generalstabs, Männer wie Clausewitz und Grolmann, Boyen und Tiedemann, von Gneisenau nicht zu reden, der nicht durch die eigentliche Generalstabsschule Scharnhorsts gegangen ist, sondern zu ihr stieß, aber sie außerordentlich befruchtete, sind ausgesprochen politische Offiziere. Sie erkennen nicht nur den Zusammenhang zwischen der politischen und militärischen Reform klar, sondern leben in dieser politischen Welt und fördern den Durchbruch der neuen Ideen mit allen Kräften, mögen sie in den Kommissionen an Entwürfen zur Reform der Armee arbeiten oder an den Kriegsschulen tätig sein oder zu besonderen Missionen Verwendung finden. Daß sie mit dem äußeren Feind, der das Land besetzt hält, und einer politisch-militärischen Reaktion, die sich mit ihm zum Teil verbündet, im Rücken, wirken müssen,

erhöht den eigentlichen politischen Spannungszustand, in dem sie sich ständig befinden. Er wird für sie z. T. so unerträglich, daß sie wie Clausewitz und Grolmann in fremde Dienste treten, die ihrer politischen Haltung entsprechen, eben weil sie nicht als neutrale Techniker fungieren wollen. Scharnhorst brauchte zur Durchsetzung der Reform ein von den neuen politischen Ideen durchdrungenes Offizierkorps; ihm gelang es insbesondere, innerhalb der führenden Schicht des Generalstabs die Homogenität in den politischen und militärischen Grundanschauungen herzustellen; nicht in der Art einer mechanischen Schulungsarbeit, mit der an den Offizier politischer Lehr- und Wissensstoff herangetragen wird, sondern mit Hilfe der der generalstabsmäßigen Erziehung entsprechenden Arbeitsmethode. Der Offizier muß sich in ernster Arbeit ein Bild von der militärischen wie der politischen Wirklichkeit machen. Wo an der Zuständigkeit gezweifelt wird, wird auf dieses Gebiet als „politischen Teil der Kriegswissenschaft" verwiesen. Im Grunde gibt es für Scharnhorst keine verschiedenen, voneinander getrennten Bereiche, sondern nur eine Einheit des Lebens und der geistigen Anschauung.
Die zeitlose, über die damalige Situation, in der der Generalstab entstand, hinausgehende Weisheit in der Organisation des Generalstabs liegt darin, daß mit ihm eine Einrichtung im Heer geschaffen wurde, die in ausgesprochener Weise Verfechter und Träger des Fortschrittes in der Armee sein soll, dem jede Verengung, Spezialisierung und Dogmatisierung zuwider ist und die schon auf Grund ihrer Arbeitsmethode immer wieder Vorkämpfer für große, neue, vorwärtsweisende Ideen und ihre Umsetzung auf militärischem Gebiet sein kann. Das ist das Gesetz, nach dem der Generalstab Scharnhorstscher Prägung angetreten ist, die große Erbschaft, die er zu bewahren hatte, wenn er dem Geist seines Gründers treu bleiben und nicht auf das Niveau einer Generalstabsbürokratie herabsinken wollte. Niemals ist ja die Organisationsform an sich das Entscheidende, sondern der lebendige Geist, der in ihr herrscht und die Persönlichkeiten, die sie tragen. In eindrucksvoller Weise hat dies Scharnhorst, als er sich zum erstenmal mit diesem Problem des Generalstabs beschäftigte, bereits erklärt:

> „Nach dem Grad der Brauchbarkeit der Mitglieder des Generalstabs, nach dem Geist des Oberbefehlshabers der Armee und des Generalstabes wird derselbe seinen Zweck erfüllen. Die Organisation an sich ist ein todtes Wasser, nur durch das innere Leben und die innere Kraft kann sie von Nutzen sein." [150]

---

150 *Scharnhorst,* Eine jede Armee muß einen wohlgeordneten Generalstab haben. Dritter Vorschlag, a. a. O.

E. ZWISCHEN DEN FRONTEN

„Fremdling im Lande und im Heere, ohne Familienverbindungen, selbst ohne Bekannte und Freunde, ohne Talent und Übung in den Sitten der Höfe und vornehmen Welt, der Ratgeber eines Monarchen zu werden, dem er, der Person nach, völlig fremd war, auf dessen völliges Vertrauen er in den ersten Jahren keine Ansprüche haben konnte, und von diesem Standpunkt aus eine Hauptveränderung mit dem ganzen Heer vorzunehmen, und wieder in einer Zeit, wo der Staat niedergeworfen und gefesselt dalag, und alles nur an unbeschränkte Hingebung dachte, in der Stille die Mittel zu einem riesenhaften Widerstande vorzubereiten, das ist wohl, was man in Friedenszeiten kühn nennen kann." [151]
Mit diesen Worten kennzeichnet Clausewitz Scharnhorsts Werk. Die Wege, die Scharnhorst einschlug, um es zu vollbringen, haben wir verfolgen können. Zum Teil haben wir ihnen in der Schilderung von Scharnhorsts Methode im ersten Abschnitt seines Wirkens bis zur Niederlage nachzugehen versucht, ohne sie damit jedoch in ihrer Gesamtheit erfassen zu können. Anders ist das Verhalten Scharnhorsts, so lange es darauf ankommt, sich innerhalb des Apparates durchzusetzen, wieder anders, als er selbst an die Spitze dieses Apparates gestellt wird und die Verantwortung trägt.

Grundlegend für Scharnhorsts gesamte Tätigkeit ist seine Stellung gegenüber dem König, von dessen Billigung im Rahmen der monarchischen Ordnung die Durchführung aller Maßnahmen abhängt. Das Vertrauen des Königs zu gewinnen und zu erhalten, war die Voraussetzung für jede politische Arbeit auf lange Sicht. Scharnhorst kannte wie keiner den König und wußte genau, was man ihm zumuten konnte und was nicht. Wie Hammerschläge mußte die Sprache, die der Freiherr vom Stein, aber auch Gneisenau zur Durchsetzung ihrer Forderungen an=

---

151 *Clausewitz*, Über das Leben und den Charakter von Scharnhorst, a. a. O., S. 203.

wandten, auf den empfindsamen Monarchen wirken, der zwischen zwei Parteien stand, den Verfechtern des Alten, denen er durch Tradition und das Gesetz der adligen Hierarchie verbunden war, und den Vertretern der neuen, umstürzend wirkenden Ansichten, und der beiden gerecht werden wollte.

Mit aller Behutsamkeit versuchte Scharnhorst demgegenüber dem König klarzumachen, daß es im Grunde nur das Alte sei, das er wieder zur Wirksamkeit zu bringen vorhabe, nur „etwas modifiziert und wohlverstanden". Ein Musterbeispiel ist die Art, wie er dem König die Zustimmung zur Einführung der allgemeinen Wehrpflicht, gegen die dieser sich sträubte, abzuringen versuchte. Sie sei nichts anderes, so argumentiert er, als die alte Kantonpflicht, nach der bereits jeder Untertan Heeresdienst zu leisten rechtlich verpflichtet sei. Er schlägt ihm vor, doch die „so lange übliche Benennung Kantonpflicht" beizubehalten. Er bittet ihn, die neuen Maßnahmen nur als eine „nothwendige Erweiterung der schon bestehenden Verfassung" anzusehen, die im Grunde nichts anderes bezwecke, als „jene uralte preußische Verfassung in ihrer ersten Reinheit wiederherzustellen". [152]

Da Scharnhorst die Bedeutung kannte, welche das Gewicht von Namen und der historische Beweis allgemein auf die Menschen auszuüben pflegen, so suchte er auch dem König gegenüber stets nach historischen Vorbildern, um „mit der Kraft des historischen Beweises die Kraft der Autorität zu verbinden". Wo er es für nützlich erachtete, trat er bei den von ihm dem König vorgeschlagenen Projekten mit seinem eignen Namen zurück und gab Männer als Urheber an, die nicht in dem Verdacht standen, der Partei der Reformer anzugehören, deren vorwärtsweisende Ansichten daher um so größeres Gewicht beim König besitzen mußten. Auch die kühnsten neuen Pläne pflegte er so darzustellen, als ob sie des Königs geheimste Gedanken zum Ausdruck brächten, „alle Mißbräuche nach den eignen Ideen des Königs abgeschafft" wären und Scharnhorst „nur diese Ideen zweckmäßig und streng zur Ausführung" gebracht hätte [153]. Um so mehr konnte er darauf hinweisen, daß man, „wenn man die neue Organisation der Armee angriff, die Ansichten des Königs angriff" [154].

Mit zäher Beharrlichkeit hielt Scharnhorst auch dem König gegenüber

---

[152] Vgl. S. 258 dieses Buches.

[153] Vgl. das instruktive Schreiben *Scharnhorsts* an den ihm befreundeten sächsischen General von Zeschau, bei Linnebach, a. a. O., S. 407, 408 vom 30. August 1810.

[154] Ebenda.

an dem einmal als richtig Erkannten fest und gelangte beim Scheitern des einen Weges durch Ersinnung neuer zu dem erstrebten Ziel. *Von der Marwitz* hat diese Behandlungsmethode des Königs in die folgenden, widerwillig anerkennenden, z. T. überspitzten, aber im Grunde richtigen Worte gefaßt: Scharnhorst hatte, so schreibt er,

> „ein eignes Talent, mit dem König umzugehen. Wenn dieser eine Sache zurückwies, so schwieg er, und brachte sie am anderen Tag wieder vor, und den dritten Tag wieder. Und wenn der König sagte: Schon hundertmal gesagt, will nicht haben! oder: Mir damit vom Halse bleiben, gar nicht weiter davon reden hören! so schwieg Scharnhorst wieder und rückte nach vierzehn Tagen oder drei Wochen aufs Neue damit hervor, bis der König, in dem Gedanken, es möchte doch wohl gut sein, weil Scharnhorst darauf so versessen sei, zuhörte und nachgab." [155]

Zwei Parteien hatten sich nach der Niederlage gebildet, von denen die eine an keine Möglichkeit glaubte, „Frankreich von seiner Höhe (je) gestürzt zu sehen" und deswegen im engsten Anschluß an Frankreich den „einzigen Rettungsweg" sah. „Kleinmütig und hoffnungslos" hielt diese Partei

> „jeden Schein des Widerstandes, jede den Franzosen mißfällige Maßregel für wahren Verrat an dem Lande".

Die andere Partei hoffte auf

> „unvorhergesehene Ereignisse, fürchtete nichts so sehr, als daß durch ein solches Anschließen Preußen sich selbst für den günstigen Moment die Hände binden oder gar, anstatt ihn herbeizuführen, ihn entfernen würde" [156].

Der König glaubte an die Genialität und Unüberwindlichkeit Napoleons und sah gegenüber dessen Macht sein eigenes Land in einer hoffnungslosen Lage. Er mißtraute seinem Volk, der Kraft seines reformierten Heeres und dem Können seiner Generalität. Er wollte unter keinen Umständen die traurigen Erfahrungen, die man im letzten Krieg gemacht habe, wiederholt sehen, sich am liebsten aus allen Verwicklungen heraushalten und neutral bleiben. Sollte dies aber nicht erreicht werden können, so gab er dem Bündnis den Vorzug, bei dem der geringste Verlust an Land und Leuten zu befürchten war. Tief aus der Seele gesprochen war ihm die von Hardenberg anläßlich der Beratung über die Frage, ob französisches oder russisches Bündnis, geäußerte Ansicht, das Wichtigste sei es jetzt, „die Existenz zu erhalten".

Äußerst schwierig war in dieser Lage die Stellung Scharnhorsts. Er war

155 *Von der Marwitz*, Lebensbeschreibung, I, S. 300.
156 *Clausewitz*, ebenda, S. 182.

davon überzeugt, daß es eine Neutralität bei der künftigen großen Auseinandersetzung zwischen Napoleon und den Russen nicht geben könne, daß Preußen sich für die eine oder andere Seite entscheiden müsse. Er sah in dem Bündnis mit Napoleon die endgültige Vernichtung Preußens und versuchte alles, um es zu verhindern. Scharnhorst mußte „den Geist des Widerstandes, das empörte Gefühl über die Unterdrückung", die sich hie und da zeigten, „gerade als die edelsten und wirksamsten Mittel betrachten", die es in der Hand des Monarchen zu vereinigen galt. Er mußte zwischen dieser Richtung und dem Thron ein enges Band schmieden, wenn er sie nicht in eine unfruchtbare und gefährliche Opposition abgleiten lassen wollte. Er versuchte daher im König das Gefühl zu stärken, daß die guten Absichten, die die Partei des Widerstandes verfolge und ihre Gefühle „Achtung verdienten", daß sie sogar sehr nützlich zu werden vermöchten, „wenn einmal der Himmel glückliche Ereignisse herbeiführe, und daß es in jedem Falle klug sey, sie auf diese Weise im Auge zu behalten". [157] Er verfolgte diese Linie auch dann noch mit zäher Konsequenz, als ihm wenig Hoffnung auf die Erhaltung des Staates übrig blieb.

Auf der anderen Seite suchte Scharnhorst in jeder Form der schwierigen Stellung des Königs gerecht zu werden, keinesfalls sein Verhältnis zu Frankreich, in dessen Abhängigkeit sich Preußen befand, zu gefährden, und den König, der allseitig mißtrauisch beobachtet wurde, in den Geruch zu bringen, ein Doppelspiel zu treiben. Er hielt ihn daher auch nicht davon ab, die einmal eingeschlagene Bahn weiterzugehen und war nur darauf bedacht, ihm immer wieder zum Bewußtsein zu bringen, daß dies nur e i n Weg sei, der im Augenblick begangen werden könne, wenn man glaube, dadurch Staat und König vor der völligen Vernichtung zu schützen. Stets von neuem führte er ihm jedoch vor Augen, welche anderen Möglichkeiten sich noch böten, die es in das Spiel einzubeziehen gelte. Vor allem sei es notwendig, in der Rüstung Maßnahmen für den Fall zu ergreifen, daß die Situation sich ändere und die Vorsehung „das Wunder" tun wolle, Preußen zu erhalten. Keine Regierung könne sich entschuldigen, wenn sie die Verteidigung des ihr anvertrauten Landes versäumt habe. Sie müsse „beschämt verstummen und sich für unwürdig erklären, eine Nation zu regieren". Durch Reisen an den Petersburger und Wiener Hof versuchte Scharnhorst sich ein eignes Bild darüber zu verschaffen, wieweit sich der Plan „zu einem neuen Widerstand mit Vernunft entwerfen ließ", um ihn nicht vor

---

157 *Clausewitz,* ebenda S. 185.

dem König und seinem Staatskanzler „auf leere Voraussetzungen zu gründen“[158].

Alle vom Gegner getroffenen Maßnahmen untersuchte Scharnhorst genauestens daraufhin, wie er sie durch geschickte Schachzüge durchkreuzen und den Zwecken seines Landes nutzbar machen könnte. So wußte er die umfassenden Rüstungen des Jahres 1811 unter dem unerschöpflichen Vorwand der Küstenverteidigung gegen eine eventuelle Flottenunternehmung Englands, Napoleons gefürchteten Gegner, unter den Augen der Franzosen und mit deren Billigung vorzunehmen. Um die endgültige Mobilisierung zu tarnen, schuf er sogenannte „Arbeitsbrigaden“, die den an der Küste stehenden Regimentern zugeteilt wurden, damit ihnen „nicht die zu den Munitions-, Brot- und Mehlwagen erforderlichen Knechte fehlten“. Desgleichen verstand er, die eignen Truppenverbände so zu stationieren, daß sie der Gefahr entgingen, von den Franzosen kassiert zu werden. Auch sonst benutzte er jeden nur erdenklichen Vorwand zur Förderung der Rüstung. Dringend ermahnte er von Breslau aus, indem er sich zur Tarnung noch auf den Boden des französischen Bündnisses stellte, alles zu tun, um die Streitkräfte zu vermehren und die Festungen zu versorgen, dabei die ungewöhnlichsten und schnellsten Mittel anzuwenden. Auf den Einwand, daß es zu spät sei, antwortete er nur:

> „Daß es zu spät, kann niemand wissen, man beschleunige nur die Sache.“[159]

Die Bedenken, daß die Russen annehmen könnten, die Rüstung sei gegen sie gerichtet, sucht er zu zerstreuen. „Glaubt man etwa“, so schreibt er dem Major von Thile, dem Nachfolger Boyens im Kriegsdepartement,

> „die Russen würden unser Land besser behandeln, wenn wir nichts tun? ... Auch sie werden nur dann Achtung für uns haben, wenn wir unsere Festungen stark besetzt und dotiert haben, wenn unser neutraler Teil des Landes und die darin liegenden Festungen durch Truppen gedeckt und verteidigt werden können.
> Ohne alle militärischen Streitkräfte muß die Achtung und das Zutrauen der Untertanen zur Regierung fallen und diese sich allen zufälligen Ereignissen preisgeben.
> Dies sind Wahrheiten, die jedem in die Augen fallen und bei denen jede anderen Rücksichten billig verschwinden.“[160]

---

[158] Ebenda, S. 187.
[159] *Scharnhorst* an den Major von Thile vom 29. Dezember 1812, abgedruckt bei *Linnebach*, a. a. O., S. 447.
[160] An denselben vom 9. Januar 1813, ebenda, S. 449.

Man muß Vorsorge treffen und nicht glauben, ohne alle Anstrengungen kommende Ereignisse überstehen zu können.

> „Kleine Staaten können mit einem leidenden Verhalten durchkommen, sie erregen keine Besorgnisse und Eifersucht: Größere gehen ohne innere Kraftanstrengungen zu Grunde. Wir können nicht in den Verhältnissen von Bayern, Württemberg und Sachsen unsere Erhaltung finden." [161]

Dem Mächtigen zu begegnen ist nur durch die Mobilisierung eigner, physischer wie moralischer Machtmittel möglich. Die Kühnheit seiner Pläne gilt es durch die Kühnheit der eigenen zu überbieten. Nur auf dieser Ebene liegt der Erfolg.

So sorgfältig Scharnhorst die militärischen Dispositionen seines Gegners verfolgte und darauf zu reagieren bedacht war, so genau beobachtete er die Art und Weise, wie dieser den Kampf um die Geister führte und versuchte, dem entgegenzuwirken. Ungleich schwerer war diese Art des Kampfes. Erfahrungen in der Bekämpfung eines Gegners, der militärische Macht mit geistiger zu verbinden und sie gegenseitig zu steigern wußte, lagen kaum vor. Zudem waren die Ideen des Gegners die Ideen der Zeit. Die führende Schicht war von ihnen durchdrungen. Diesen geistigen Kampf führte Scharnhorst defensiv und offensiv. Durch die Stein-Hardenbergsche Reform war in der geistigen Kriegführung ein wichtiger Schritt getan worden. Dadurch, daß man die Fortschritte der Revolution in einer dem preußischen Staat entsprechenden Form nutzbar machte, nahm man den Franzosen die Möglichkeit, diesem Staat gegenüber weiterhin als Befreier aufzutreten. Die hinter den Weltbefreiungsplänen stehende imperialistische Politik Napoleons führte Scharnhorst Freunden wie Gegnern eindringlich vor Augen. Der ständigen Infiltration in den eignen Reihen suchte er dadurch zu begegnen, daß er offen oder versteckt alles daran setzte, um die Entfernung der Anhänger des Gegners aus den Regierungsstellen zu erreichen. Wo dies nicht möglich war, benutzte er die Freunde des Gegners, um über sie als Verhandlungspartner möglichst viele Vorteile für den eignen Staat herauszuschlagen oder aber den Gegner über die eignen Absichten zu täuschen. Jede vom Feind im Land getroffene, sich für die Bevölkerung nachteilig auswirkende Maßnahme war Scharnhorst eine willkommene Gelegenheit, um die Mißstimmung zu schüren, die anfängliche Gleichgültigkeit in Ablehnung zu verwandeln und systematisch den Haß zu steigern. Bei den Volksaufstandsplänen wird der geistige Kampf als entscheidendes

---

161 Schreiben an Thile vom 14. Januar 1813, ebenda, S. 451.

Kriegsmittel betrachtet und zur Voraussetzung für jedes militärische Handeln. Als der Krieg mit Napoleon beginnt, dringt Scharnhorst bei Hardenberg darauf, daß die Vorschläge *Schleiermachers* und *Niebuhrs* zur Herausgabe einer Zeitung angenommen werden, „um das deutsche Publikum den gegenwärtigen politischen Zwecken gemäß zu dirigieren". [162]

Obwohl Scharnhorst so tatsächlich zum „Kern und Schwerpunkt des politischen Widerstandes" wurde, wußte er durch sein taktvolles, ruhiges, tief verschlossenes Wesen und die bescheidene Zurückhaltung seiner Person sich der Aufmerksamkeit und des Verdachtes der Franzosen lange Zeit zu entziehen. Sie hielten ihn für einen „unpraktischen Gelehrten", eine Ansicht, in der er sie auf jede Weise bestärkte. Als ihm dies nicht mehr möglich war, entzog er sich der Gefahr, daß man offiziell auf seiner Entfernung bestehen würde, wodurch ihm jede weitere Wirksamkeit genommen worden wäre, durch einen freiwilligen Rücktritt von seiner Stellung als Kriegsminister (Chef des Kriegsdepartements), behielt aber die Aufrüstung der Armee, die Aufsicht über die Kriegsschulen, die Leitung des Generalstabs und damit die entscheidenden Positionen in seiner Hand [164]. Ein gewiß nicht alltägliches politisches Phänomen!

Daß Scharnhorst bei dem Einfluß seiner politischen Ansichten als Staatsmann, seinen tiefgreifenden revolutionären Maßnahmen und seiner eindeutigen außenpolitischen Stellungnahme von den verschiedensten Richtungen heftige Gegnerschaft erwachsen würde, war selbstverständlich.

---

162 *Scharnhorst* an Hardenberg vom 9. März 1813, bei Linnebach, a. a. O., S. 457.

164 „Verabredete Verhältnisse zwischen dem General von Scharnhorst und Oberst von Hake, gemäß dem Befehle der allerhöchsten Kabinettsordre vom 6. d. M.", bei Linnebach a. a. O., S. 400, vgl. S. 346 dieses Buches. Dieses Verhältnis wurde vom König am 26. April 1812 auf Grund der Allianz mit Frankreich als „unter den gegenwärtigen Umständen suspendiert" bezeichnet. Scharnhorst hat alle Schwierigkeiten einer solchen Zwischenstellung erfahren müssen. Er schreibt darüber: „Der Oberst von Hake hat das Verhältnis, in welchem ich bisher stand, tief empfunden, immer getrachtet, sich davon loszureißen, und mich immer so behandelt, wie er mein augenblickliches Verhältnis ansah. Erzeigten Se. Majestät mir Zutrauen, so kommunizirte er mich alles und war offen. Glaubte er, ich sei ohne Einfluß, so war er gleich anders. Ich habe daher mit ihm mehrere Male unangenehme Korrespondenzen und Unterredungen gehabt. Zuletzt noch, als ich hier aus Schlesien wieder zurückgekommen war; und erst als er sah, daß Se. Majestät der König mir nach wie vor gnädig war, zog er andere Saiten auf." *Scharnhorst* an Hardenberg, März 1812, bei Linnebach, a. a. O., S. 426.

Stein und dessen Freunde, so polemisierte von der Marwitz, erstreben die „Revolutionierung des Vaterlandes“, den „Krieg der Besitzlosen gegen das Eigentum“, der „Industrie gegen den Ackerbau“, des „krassen Materialismus gegen die von Gott eingeführte Ordnung“, des „Augenblicks gegen die Vergangenheit“, des „Individuums gegen die Familie“. Yorck hatte den Rücktritt des Freiherrn vom Stein mit den bezeichnenden Worten begrüßt:

> „Ein unsinniger Kopf ist schon zertreten, das andere Natterngeschmeiß wird sich in seinem eigenen Gift bald auflösen. Ich hoffe, es wird bald besser werden.“[165]

Seinen Widersachern begegnete Scharnhorst mit der Klarheit der eigenen Konzeption, der Unbeirrbarkeit in der Verfolgung seiner Absichten, der Mäßigkeit und Billigkeit des Urteils, mit dem er ihnen gerecht zu werden sich bemühte. Gerade dies brachte ihm wiederum beim König, der stets auf den Ausgleich bedacht war, höchste Achtung und Vertrauen ein. Die Unzahl der täglichen kleinen Angriffe, die aus Neid und Mißgunst auf Grund seiner Wirksamkeit nahe dem Throne erfolgten, überging er, über persönliche Gegnerschaften sah er hinweg. Gewichtige Argumente waren für ihn der Anlaß, seine eigene Stellungnahme zu überprüfen und sie noch klarer zum Ausdruck zu bringen. Im übrigen benutzte er Angriffe auf sein Werk dazu, um dem König in aller Offenheit die Mängel der alten Armeeverfassung und demgegenüber den Stand des bisher Erreichten darzulegen, auf Grund dessen die Armee von den Mißbräuchen befreit, innerlich verjüngt ein neues Selbstgefühl erhalten habe. Gleichzeitig war er bemüht, die neue Gedankenwelt in Verordnungen und Erlassen so zu festigen, daß daraus ein Gebäude entstand, innerhalb dessen sich auch seine Gegner bewegen mußten, die die Grundideen zu diesem Bau ablehnten, wenn sie nicht auf jede Mitarbeit verzichten wollten.

Entscheidend aber kam es ihm darauf an, auch die Kräfte seiner Gegner, da, wo er sie nicht gewinnen konnte, so einzusetzen, daß sie dem großen Werke nutzbar gemacht werden konnten. Verständlich wäre es gewesen, wenn Scharnhorst den General Yorck, der die Reformer haßte und mit dem er schwere persönliche Auseinandersetzungen hatte[166], ausgeschaltet hätte. Scharnhorst betrachtet Yorck gänzlich objektiv als einen Mann „von seltener Entschlossenheit“, fähig und klug, „der die Menschen und die Welt kennt und mit diesem die richtigen Ansichten über die Art, wie

---

165 Publikationen, a. a. O., S. 742.

166 Ebenda, S. 758.

der Krieg geführt werden muß, verbindet". Er schiebt ihn daher in den Vordergrund. Da Scharnhorst Yorcks Befähigung als Kommandeur der Jäger während des Feldzugs von 1806 hatte feststellen können, betreibt er seine Ernennung zum Inspekteur der leichten Truppen und erlebt die Genugtuung, daß derselbe Mann auf militärischem Gebiet zum Vorkämpfer für Ideen wird, die nur die Umsetzung des von ihm abgelehnten revolutionären Denkens ins Militärische sind. Weiterhin tritt Scharnhorst dafür ein, daß Yorck zum Brigadekommandeur und damit zum kommandierenden General für Westpreußen ernannt wird, da er das Vertrauen besitzt, „in außerordentlichen Lagen ein Korps selbst kommandieren zu können". [167] In Scharnhorsts Plänen über ein evtl. gemeinsames preußisch-russisches Vorgehen gegen einen französischen Angriff im Jahre 1811 spielt Yorck eine sehr bedeutsame Rolle. Er soll den König, mit dessen Ausfall man rechnen mußte, notfalls in der Entscheidung darüber vertreten, ob der Bündnisfall gegeben ist [168]. Als es darum geht, wer dem auf den Wink der Franzosen ernannten, aber kränklichen und altersschwachen General *Grawert* als stellvertretender Kommandeur des preußischen Hilfskorps gegen Rußland beigegeben werden soll, schlägt Scharnhorst Yorck vor. Unter seiner Führung sollen die preußischen Truppen den „Krieg lernen" [169], um ihre Kenntnisse gegen ihre Lehrmeister verwenden zu können. Er schafft mit Yorcks Ernennung die Voraussetzungen für das schicksalsschwere Ereignis, das durch diesen herbeigeführt werden sollte.

Im Endergebnis erreicht Scharnhorst, daß die verschiedenen gegensätzlichen Kräfte sich gleichrichten, Reformer wie Reaktionäre für das eine Ziel, die Befreiung vom Fremdjoch kämpfen. Immer wieder weist er angesichts der verzweifelten Lage darauf hin, die Auseinandersetzungen über die innenpolitischen Gegensätze zu vergessen, die darauf verschwendeten Kräfte gegen den gemeinsamen Feind zu kehren und stets daran zu denken, daß mit dessen Sieg alles verloren sei. In ähnlicher Form sucht er auf Beilegung der Zwistigkeiten zwischen der Generalität zu wirken, innerhalb deren Bülow mit Blücher, Yorck mit Blücher und später Yorck mit Gneisenau und Blücher verfeindet waren und heftige Fehden führten. Inständig bittet er Yorck, „der Staats- und unserer militärischen Ehre und vorzüglich der Erhaltung des Königs wegen" mit dem ihm

---

167 *Scharnhorst* an Yorck vom 29. August 1811, bei Linnebach, a. a. O., S. 418.

168 An Yorck Mitte August 1812, ebenda, S. 438; vgl. auch *Droysen*, Das Leben Yorcks, 1851, I, S. 259 ff.

169 An Yorck vom 29. August 1811, ebenda, S. 420.

unterstellten starrköpfigen Bülow, dem späteren Bülow von Dennewitz, ein erträgliches Verhältnis zu schaffen.

Für die Durchsetzung von Scharnhorsts Werk ist es entscheidend, daß er nicht allein steht, sondern zusammen mit einer Gruppe zu kämpfen vermag. Es sind nicht nur die Gneisenau und Clausewitz, Grolmann, Boyen, Tiedemann, Thile, Dohna und Schöler, die in sich einen einzigartigen Stab darstellen. Es ist der Kreis derer, der sich wiederum um diese bildete. Es sind darüber hinaus die vielen, die auf Grund von Scharnhorsts Lehrarbeit und seiner praktischen Tätigkeit in seinen Bannkreis gerieten. Ihre Gefolgschaft beruhte auf der Gleichartigkeit der Gesinnung, der Anerkennung der Überlegenheit und Originalität von Scharnhorsts Ideen, der Kraft seiner Persönlichkeit und der Macht der Überzeugung, die von ihr ausging. Es ist kein Ausdruck bloßer Bescheidenheit, daß Clausewitz, dessen Verhältnis zu Scharnhorst allerdings als einmalig angesehen werden muß, Scharnhorst als den „Vater seines Geistes" bezeichnet und Gneisenau bekennt: „Ich bin ein Pygmäe gegen diesen Riesen, dessen Geist ich nur bewundern, niemals aber ergründen kann."

Seine Gefolgschaft suchte Scharnhorst auf eine höhere Stufe zu heben, indem er sie in der Selbständigkeit des Denkens förderte, und ihr, wo er nur konnte, die Bahnen zu eigener hoher und höchster Verantwortung öffnete. Das sachlich militärische Über= und Unterordnungsgefüge wurde durch die persönlichen Bande, die Scharnhorst und seinen Kreis umfaßten, zu einer besonderen Wirksamkeit erhoben. All die Reibungen, die im Spiel der Intrigen und der persönlichen Mißgunst innerhalb des militärischen Apparates üblich waren, fielen hier weg. Dazu besaß Scharnhorst eine besondere Gabe, die Menschen bei ihrem Ehrgeiz zu packen und die Tätigkeit, zu der sie sich angespornt fühlten, zu Nutzen von Staat und Heer einzusetzen.

Die Bedeutung dieser Gefolgschaft zeigte sich besonders, als ihre maßgeblichen Vertreter Preußen verließen und in fremden Diensten weiter im Sinne der gleichen Idee wirkten. Die wichtige Rolle, die Clausewitz im Stabe des russischen Generals *Diebitsch* beim Zustandekommen der Konvention von Tauroggen spielte, ist ebenso bekannt wie das Wirken Gneisenaus in England und Grolmanns in Spanien. Die Arbeit, die von diesen und Männern wie Boyen, Tiedemann, Friedrich Dohna und Schöler für die gemeinsame Sache geleistet wurde, ist in ihrem Wert nicht abzusehen.

Zähigkeit und Beharrlichkeit sind es, die Scharnhorst bei der Verfolgung aller seiner Pläne auszeichnen, mit denen er „das militärische Gebäude

vollenden und in dem Sturm, der ihm bevorsteht, zu erhalten" sucht[170], eine unermeßliche Geduld und das Vertrauen, daß am Ende doch, auch wenn dies noch so unwahrscheinlich sei, die Sache, die er verfocht, siegen würde. Niederlagen entmutigen ihn nicht, bilden im Gegenteil nur einen Ansporn. Während alle voll Verzweiflung über die vom König eingeschlagene Politik eines Bündnisses mit Frankreich in fremde Dienste gehen, bleibt er und ordnet bereits diejenigen, die in Moskau oder in London eine Wirkungsstätte finden, in das künftige Spiel ein. Obwohl auf kurze Zeit zu weitgehender Untätigkeit verdammt, bildet er den geistigen Mittelpunkt für alle, die zu handeln in der Lage sind, seien es die Freunde im Ausland oder die Schüler, die in wichtige Positionen einrücken, ihn von hier aus unterrichten und seine Ratschläge einholen.
Mit größter Aufmerksamkeit verfolgt Scharnhorst die sich anbahnenden kriegerischen Entwicklungen, um jede sich hier bietende Chance auszunutzen. Besonders aktuell wird dies, als die preußisch-französische Allianz geschlossen wird und der Angriff Napoleons auf Rußland bevorsteht. Im vertrauten Kreise erörtert Scharnhorst die Möglichkeiten, wie man von russischer Seite dem begegnen könne. Als erster vertritt Scharnhorst, wie dies Clausewitz berichtet, die Ansicht, daß

> „Bonaparte an den großen Dimensionen des russischen Reiches zu Grunde gehen müsse, wenn Rußland diese gehörig ins Spiel bringe, d. h. seine Kräfte bis auf den letzten Augenblick aufsparte und unter keinen Bedingungen Frieden machte." [171]

Scharnhorst hielt das zahlenmäßig schwache russische Heer den kriegsgeübten Truppen Napoleons und seiner Feldherrnkunst gegenüber in der offenen Feldschlacht für hoffnungslos unterlegen und sah nur eine Möglichkeit für die Russen, sich durch einen planvollen freiwilligen Rückzug in das Innere ihres gewaltigen Reiches der ihnen „eigentümlichen Hilfsmittel" zu bedienen. Von dem Zaren wurde diese Ansicht Scharnhorsts, die Graf Liewen, der russische Gesandte in Berlin, ebenso wie Clausewitz überbrachten, nicht übernommen. Bei ihm fungierte zur damaligen Zeit noch als militärischer Ratgeber der General Phull, der ehemalige Sachbearbeiter des ostpreußischen Kriegstheaters im preußischen Generalstab vor der Niederlage von 1806, der in russische Dienste übergetreten war. Völlig im alten Denken verhaftet geblieben, versprach er sich alles von der Verteidigung des verschanzten Lagers bei

---

170 *Scharnhorst* an den Regierungspräsidenten in Gumbinnen, Theodor von Schön, vom 10. Oktober 1809, bei Linnebach, a. a. O., S. 378.
171 *Clausewitz,* Hinterlassene Werke, VII, S. 28.

Drissa, das ihm als unangreifbar galt. Für eine so großzügige Konzeption, wie sie Scharnhorst entwickelt hatte, bestand bei ihm daher kein Verständnis. Unter diesen Umständen schreibt Scharnhorst Mitte August 1812 dem General Yorck:

> „Die Russen werden bald bezwungen werden, weil sie sich nicht ihrer eigentümlichen Hilfsmittel zu bedienen wissen, nichts von der Führung der Armeen verstehen und soweit darin zurück sind, daß sie diese nicht so bald erlernen können." [172]

„Absichtslos", wie sich Clausewitz ausdrückt, kamen die Russen in die Lage, die Dimensionen ihres gewaltigen Reiches ins Spiel bringen zu können. Ihr Rückzug war zwar kein freiwilliger, sondern durch die verlorenen Schlachten bei Borodino und vor Moskau erzwungen. Napoleon kam ihnen dabei selbst zu Hilfe. Er lebte in dem Glauben, mit den Russen Frieden schließen zu können, ließ die drohende Jahreszeit heranrücken, marschierte zu spät ab, gab dem russischen Heer Gelegenheit, sich neu zu bilden und den durch die vorausgegangenen Schlachten stark mitgenommenen Truppen, denen die Kälte auf ihrem Rückzug sehr zusetzte, gefährlich zu werden [173]. Das zögernde Vorgehen des russischen Oberbefehlshabers bei der Verfolgung, sein mangelndes Vertrauen an den unfehlbaren Sieg ermöglichten Napoleon jedoch noch mit den Trümmern seines Heeres eine „Art von Sieg" an der Beresina. Vor allem wurde es möglich, daß sich ein beträchtlicher Teil der Unteroffiziere und Offiziere retten konnte, der den Kern für die neu aufzustellenden Cadres bildete.

Als Scharnhorst die ersten Nachrichten über den verhängnisvollen Rückzug Napoleons erhält, sieht er sofort die große Chance. Über seine dringenden Ermahnungen zur vermehrten Rüstung, wobei „die ungewöhnlichsten, die schnellsten Mittel" anzuwenden seien, hinaus, rät er in der Folge, den Franzosen keine Zeit zu lassen, sich wieder zu verstärken, sondern sie abzuschneiden, mit geringem Aufgebot über die Elbe zu treiben und ganz Norddeutschland in Aufruhr zu bringen. Noch seien die Oderfestungen, die die Franzosen besetzt hielten, nicht gehörig ausgerüstet, noch besäße die französische Armee weder Kavallerie noch Artillerie, noch sei sie moralisch durch den Schrecken der Katastrophe in Rußland stark angeschlagen.

---

172 *Clausewitz*, Vom Kriege, 16. Auflage, a. a. O., S. 695.

173 Vgl. dazu die Würdigung bei *Clausewitz*, a. a. O., S. 922 ff. und *Bernhardi*, Th. v., Die Befreiungskriege 1812—1814, sowie „Der Feldzug 1812 in Rußland noch einmal", in „Vermischte Schriften", Bd. 1, 1879, S. 19 ff., 222 ff.

Daß Scharnhorst mit seinen Plänen nicht durchdrang, ist bekannt. Nunmehr mußte der systematische Kampf gegen Napoleon, der seine Kräfte neu sammeln, ausrüsten und ergänzen konnte, im Rahmen der Koalition geführt werden. Dem großen inner- und außenpolitischen Spiel ist Scharnhorsts Tätigkeit für die Wirksamkeit dieser Koalition gleichzuachten. Nur ein gemeinsamer Generalstab könne die Vielzahl der mit einer Koalition gegebenen Probleme lösen, hatte Scharnhorst angesichts des Versagens der Koalitionsarmee gegenüber den revolutionären Heeren Frankreichs einstmals erklärt [174]. Da dies für die damalige Zeit nicht möglich war, hatte er einen anderen Weg beschritten und systematisch die Generalstabsoffiziere auf ihre Aufgabe bei den künftigen Bundesgenossen vorbereitet. Als Berater bei ihnen verwandt, sollen sie das Mögliche aus deren Armeen herauszuholen versuchen. Die Erfahrungen im Feldzug von 1807 mit den Schlachten bei Preußisch-Eylau, Heilsberg und Friedland, in dem auf seiten des russischen Partners preußische Generalstabsoffiziere: Grolmann und Tiedemann, Hofmann und Dohna, sämtlich der Scharnhorstschule angehörend, berieten, hatten gezeigt, welche Möglichkeiten sich hier boten. Darüber, daß es auf ihr geschicktes Verhalten ankommen würde, die Bundesgenossen auch zu Maßnahmen zu bewegen, die außerhalb des Herkömmlichen lägen, hatte Scharnhorst seine Offiziere nicht im Zweifel gelassen.

Scharnhorst stand selbst nach Ausbruch des Krieges als unsichtbar lenkende Macht hinter der Koalition. Er verstand es, die auseinanderstrebenden Kräfte zusammenzuführen und auf das große Ziel auszurichten. Mit Klugheit und Takt gelang es ihm zunächst, die Differenzen um den Oberfehl zu beseitigen. Er ließ ihn den Russen anbieten, obwohl Preußen die Mehrzahl der Truppen stellte. Als Ausgleich hierfür erhielt Preußen die Führung einer der beiden anderen Armeen. Sie konnte, darüber war sich Scharnhorst klar, durch die Art und Weise ihres Vorgehens das Gesicht der Kriegführung bestimmen. Alles kam darauf an, wer sie führte. Die alte Generalität hoffte darauf, daß einer der ihren ernannt würde, ein Rüchel, Kalkreuth oder Tauentzien, vom greisen L'Estocq ganz zu schweigen. Scharnhorst setzte die Ernennung Blüchers durch. Nicht deshalb, weil er in ihm den überragenden Strategen sah, sondern weil er ihn als denjenigen Mann betrachtete, der sowohl frei von Furcht gegenüber Napoleon war, als auch der neuen strategischen Gedankenwelt aufgeschlossen gegenüberstand, seine eignen Grenzen kannte und sich von seinem Chef des Stabes beraten ließ.

---

174 Vgl. S. 81 dieses Buches.

Mit Blüchers Entschlossenheit, seiner Begeisterung für die Durchsetzung kühner Pläne und der hinreißenden Kraft seiner Persönlichkeit ließ sich dann Großes vollbringen. Er war, wo es galt, „immer mit einem guten Geist am Platze". [175] Es sind die Imponderabilien, die Scharnhorst bei der Übertragung des Kommandos auf Blücher miteinbezieht, die gerade bei der Besetzung solch wichtiger Positionen eine bedeutsame Rolle spielen.

Scharnhorst hatte sich als Generalquartiermeister die Stellung des Chefs des Stabes bei Blücher vorbehalten, eine Position, die bei der Rolle, die Scharnhorst der von Blücher geführten Armee zugedacht hatte, sehr wichtig war. Als Platzhalter war bereits an Gneisenau gedacht, da Scharnhorst voraussah, daß er, wie dies auch tatsächlich geschah, „bald bei der einen, bald bei der andern" der vorrückenden Armeen sein mußte, um die „Schwierigkeiten in der Ausführung großer Pläne" zu überwinden [176]. Auf Yorck, der sein militärisches Können als Kommandeur des preußischen Hilfskorps im Rußlandfeldzug erneut unter Beweis gestellt und die höchste Anerkennung des französischen Oberbefehlshabers gefunden hatte, konnte man sich verlassen. Er besaß die neusten Kriegserfahrungen. Diejenigen Kommandeure, von deren Fähigkeiten Scharnhorst wenig überzeugt war, erhielten besonders ausgesuchte Generalstabsoffiziere: Der General von Tauentzien den aus der Verteidigung Kolbergs bekannten Ingenieuroffizier Pullet, der General Schuler von Senden den Major von Blumenstein. Dem Obersten Horn, Brigadier im Yorckschen Korps, der zwar „ein großes Kommando" hatte, es „aber nicht zu führen versteht" [177], wird der Graf Dohna beigegeben. Bei dem Obersten von Dolffs, dem die Reservekavallerie des Blücherschen Korps untersteht, wird Grolmann „angesetzt, um ihn zu führen". [178]

Gerade bei der Auswahl der Chefs geht Scharnhorst mit besonderer Sorgfalt vor. Er versucht sie so zu treffen, daß sich in sachlicher wie persönlicher Hinsicht eine fruchtbare Zusammenarbeit erwarten läßt. Hier gilt es, die persönlichen Voraussetzungen für das Gelingen des großen Spiels im Rahmen der Koalition zu schaffen. Diese Maßnahmen waren um so wichtiger, als die preußischen Korps z. T. unter direktem rus=

---

[175] Vgl. *Scharnhorsts* Schreiben an seine Tochter vom 2. Mai 1813 nach der Schlacht bei Großgörschen: „Mein alter Blücher ist ein braver Mann, ich habe für ihn alles getan, denn von der Führung der Armee weiß er nichts, aber er ist immer mit einem guten Geiste am Platze", bei Linnebach, a. a. O., S. 473.

[176] *Scharnhorst* an seine Tochter vom 19. März 1813, ebenda S. 462.

[177] *Scharnhorst* an seine Tochter vom 2. April 1813, ebenda, S. 465.

[178] Ebenda.

sischem Oberbefehl fochten. Wenn man eine eigne Konzeption und einheitliche Linie durchsetzen wollte, waren charakterlich starke, dazu in der Form gewandte und militärisch fähige Chefs erforderlich.
In der sachlichen Auseinandersetzung über die Art der Kriegführung erwies es sich als sehr wichtig, daß Scharnhorst selbst kein Kommando führte. Nur so konnte er zum Mittler und zum maßgeblichen geistigen Faktor der Koalition werden, den diese dringend benötigte. In seiner Persönlichkeit, seinem militärischen Wissen und Können anerkannt, den Parteien in ihren entscheidenden Vertretern gleich vertraut, frei von Eigennutz, in seinem Handeln nur von dem Gedanken der Niederringung des Gegners bestimmt, war er es

> „hauptsächlich, welcher die Verbindung und Einheit in den Operationen hervorbrachte, die bei dem Mangel eines eigentlichen Oberbefehlshabers so leicht fehlen konnten" [179].

Seine für die Koalition so entscheidende Tätigkeit hat Scharnhorst selbst in die bescheidenen Sätze zusammengefaßt:

> „Ich habe die Gelegenheit, auf die Operationen einen entscheidenden Einfluß zu haben, die unzähligen Schwierigkeiten des Fortgangs derselben zum Teil zu heben, wenigstens viel Gutes zu stiften — dabei habe ich kein Kommando nehmen können, ich habe mich nur begnügt, gute brauchbare Männer hervorzuziehen, ich konnte nur dies durchsetzen, wenn ich selbst allem entsagte." [180]

Von dem Gelingen des großen Planes, der gegen Napoleon begonnen worden war, ist Scharnhorst fest überzeugt. „In den ersten Monaten", so meint er, müsse man zwar „viel vom Glück erwarten", späterhin aber werde es „wohl ohne dies gehen". [181] Für ihn, der von sich selbst sagt, daß er „eher schwarz als rosenfarbig" sehe, ist „die ganze Anlage des Krieges so", daß den Alliierten „im Laufe des Feldzuges sowohl die Überlegenheit als der Sieg nicht entgehen kann".
Der tatsächliche Verlauf des Krieges, während dessen die von Blücher geführte schlesische Armee nach der Vernichtungsstrategie vorging und die im Sinne der alten Manöverstrategie vielfach operierenden Bundesgenossen sich beizuordnen verstand, entsprach Scharnhorsts Konzeption von der Führung eines modernen Koalitionskrieges. Die Generalstabsoffiziere aus Scharnhorsts Schule trugen das Ihre dazu bei, daß die

---

179 *Clausewitz*, Über das Leben und den Charakter von Scharnhorst, a. a. O., S. 189.
180 *Scharnhorst* an seine Tochter vom 19. März 1813, bei Linnebach, a. a. O., S. 462.
181 *Scharnhorst* an seine Tochter vom 6. April 1813, ebenda, S. 466.

Kriegführung trotz des Schwergewichts des Alten in einer dem Gegner angemessenen Form geschah. Das berühmteste Beispiel für ein Handeln im Geiste der Koalition ist das Verhalten Gneisenaus. Er schlug, statt sich von dem abziehenden Wellington zu trennen und Preußen zu decken, wie dies Napoleon annahm, die Volte und faßte diesen im Rücken. Er bezwang Napoleon und vollendete das große Werk auf der militärischen Seite.

Scharnhorst beendete sein Leben im Dienst der Koalition. Anstatt die in der Schlacht bei Großgörschen erhaltene Wunde auszuheilen und sich zu schonen, brach er im Auftrage des preußischen und russischen Hauptquartiers auf, um Österreich zur aktiven Teilnahme an der Koalition zu bewegen. Unterwegs vom Wundfieber gepackt, von Schmerzen gepeinigt, hielt er mit eisernem Willen an der Durchführung seiner Mission fest. Er starb am 28. Juni in Prag an den Folgen seiner Verwundung.

F. SCHARNHORSTS VERMÄCHTNIS

Dieses Buch begann mit der Erklärung, Scharnhorsts Vermächtnis liege in dem Vorbild seiner staatsmännischen Leistung. Besinnen wir uns zum Schluß noch einmal darauf, was es eigentlich ist, was uns an Scharnhorst so stark und überzeugend anspricht: Es ist die Art und Weise, wie er auf die aggressiven Impulse der Revolution reagiert, die Antwort, die er in der Zeit der Ratlosigkeit und des Versagens der alten Führerschicht zu geben vermag. Es sind die neuen Wege, die er inmitten einer völligen Wirrnis aller Vorstellungen, Anschauungen und Begriffe einzuschlagen weiß, die Methoden, deren er sich bedient, um mit umwälzenden neuen Ideen fertig zu werden, der hartnäckige Widerstand, den er dem Kleinmut der Zeit entgegensetzt, die neuen positiven Formen, in denen er die eigenen Kräfte zu gebrauchen lehrt. Mit anderen Worten: Es ist das Staatsmännische im Soldaten, das uns so tief berührt. Alle Fragen nach einem möglichen Ausweg beantwortet Scharnhorst mit einer kategorischen Forderung: Man muß sich zunächst ein richtiges Bild von der durch die Revolution geschaffenen neuen Wirklichkeit machen, von ihren militärischen, aber auch von ihren geistigen und politischen Kräften. Man muß versuchen, sie in der Mannigfaltigkeit ihrer Erscheinungen, ihren Proportionen, inneren Bedingungen und in ihrer Gesetzmäßigkeit zu begreifen. Ein solches Bild gibt erst die Grundlage für jeden ernstzunehmenden Lösungsversuch. Ohne die restlose Klärung dessen, was wirklich ist, bewegen sich alle Vorschläge im Bereiche reiner Spekulation.

Wo Scharnhorst mit dieser Forderung auftritt, ist es mit dem Geschwätz der Zeitgenossen, ihren Spekulationen und rein theoretischen Maßstäben zu Ende, aber auch mit der unbegründeten Überheblichkeit, daß man auf die eine oder andere Weise schon mit der Revolution fertig werden würde. Mit wissenschaftlicher Exaktheit geht Scharnhorst der die Zeit aufs tiefste bewegenden Frage, worin die eigentliche Überlegenheit der Revolution besteht, nach. Erst durch Scharnhorst wird den aufgeschlos=

senen Köpfen bewußt, welche Veränderungen sich in Politik und Kriegführung tatsächlich vollzogen hatten. Durch Scharnhorst wird es klar, daß die Kriege der Zukunft nicht mehr allein durch Waffen entschieden werden, daß die psychischen und moralischen Kräfte, die durch eine überlegene politische und soziale Idee gespeist werden, eine entscheidende Rolle spielen.

Indem Scharnhorst einer Zeit, die ihrer Tradition und ihren verehrten Vorbildern verhaftet ist und sich nicht von ihnen trennen will, das ungeschminkte Bild des Gegners vor Augen hält, zwingt er sie, zum Bewußtsein ihrer selbst zu gelangen und die Frage zu stellen, was geschehen müsse, um sich behaupten zu können. Er schafft damit die innere Bereitschaft, die Bewährung am Gegner als Maßstab zu akzeptieren. Der so selbstverständlich klingende Scharnhorstsche Satz, daß man nach den Prinzipien, nach denen „der Feind verfahre, seine eigenen auf eine angemessene Art formen" müsse, daß die Ausrichtung auf den Gegner in allen Lebensbereichen das Gesicht der Armee zu bestimmen habe, begründet eine zentrale politische und militärische Position, die ein völlig neues Denken zur Folge hat und gänzlich neue Wertmaßstäbe schafft. Unter diesem Gesichtspunkt läßt sich eine Sichtung von größten Ausmaßen vollziehen, stürzen die alten Vorbilder von selbst, wird eine Reform möglich, die fast einer Revolution gleichkommt, ohne daß man sich auf die Barrikaden zu bemühen braucht. Auf die bange Frage der Zeit, wie man sich in der veränderten Umwelt zurechtfinden könne, wie man sich anzupassen vermöge, ohne sich selbst zu verlieren, können nunmehr klare Antworten gegeben werden. Das gesamte Problem ist den Ideologen und Schwärmern, aber auch der Beschränktheit der Positivisten entzogen. Im Vorfeld der geistigen Auseinandersetzung sind ebenso wie in der Schlacht das Gewicht des Gegners und dessen Maßnahmen bestimmend. Aus dieser Sicht stammen jene, die Zeiten überdauernden Leitsätze: „Tradition in der Armee hat es zu sein, an der Spitze des Fortschritts zu marschieren"; „der Enthusiasmus ist die Höchststufe des Fortschritts im Heer"; „das Wesen echter Disziplin beruht in der Belebung kriegerischen Geistes"; „denkende Offiziere heranzubilden ist das Ziel jeder Schulung im Offizierkorps"; „allenthalben gilt es nach den Umständen zu agiren". Es sind geistige Pfeiler, die die Grundlage für den Aufbau einer jeden modernen Armee zu bilden vermögen.

Scharnhorst besitzt einen unbestechlich scharfen Blick bei der Prüfung der Wirklichkeit und der Untersuchung der hier maßgeblichen Ursachen, eine eigentümlich gestaltende Kraft zur letzten Vereinfachung, zur Hinführung auf das Wesentliche. Seine unübertreffliche Stärke liegt in der besonderen Gabe, im richtigen Augenblick die notwendige politische Fragestellung zu finden. Unter dem Gesichtspunkt der Ausrichtung auf den Gegner vermag er systematisch zugleich mit hohem pädagogischem Talent die gesamte Umerziehung des Offizierkorps vorzunehmen. Er begründet eine Schule der Wissenden, die das Bild des Gegners in sich tragen, zugleich der Sehenden, die die klare Erkenntnis darüber besitzen, daß der bestehende Staat und sein Heer sich mit diesem Gegner nicht messen können. Er schafft damit die Voraussetzung für die Wirksamkeit der revolutionären Köpfe im Heer, die den glühenden Wunsch in sich tragen, Heer und Staat umzuformen und für die künftige Auseinandersetzung fähig zu machen. Er gibt ihnen dazu die Methode und das geistige Rüstzeug.

Während der erste große Abschnitt in Scharnhorsts Wirken mehr auf die Erkenntnis und die Klärung der neuen Wirklichkeit sowie die Herausarbeitung der Methode und der Prinzipien, wie man sie meistern kann, gerichtet ist, tritt uns im zweiten nach der Niederlage der im großen schöpferisch gestaltende Staatsmann entgegen. Von ihm wird in einem Staate, „der durch die Verbindung der Umstände selbst fast zum Mittelpunkt des europäischen Staatensystems geworden war“ [182], der Versuch unternommen, die ganze Konsequenz eines Zeitalters zu ziehen. An der Spitze steht die grundlegende Erkenntnis, daß eine militärische Kraftanstrengung nicht mehr möglich ist, ohne daß ihr die Vorstellung vom Kampf um eine neue Lebensform den notwendigen inneren Impuls gibt, daß das militärische Problem ohne vorherige Meisterung des politischen und sozialen nicht zu lösen ist. Im Bündnis zwischen Regierung und Nation findet diese Erkenntnis ihre politische Umsetzung.

Dieser genialen Konzeption entstammt eine Fülle von schöpferischen Ideen und Formen, die der eigentümlichen Lage Preußens gerecht werden. Sie besitzen sämtlich neben dem militärischen einen ausgesprochen politischen Charakter, mag es sich um das Krümpersystem, die Nationalmiliz, die Sonderformation der Jäger, die Landwehr oder den Landsturm handeln. Sie zeigen uns, daß das Heer für Scharnhorst keine lediglich technische Organisation ist, die nur unter dem Gesichtspunkt ihrer maschinellen Funktionen zu betrachten ist, sondern als ein Teil der politischen Gesamtverfassung zu gelten hat und daher von denselben politischen Prinzipien wie diese getragen sein muß. Wesentlich sind sie darüber hinaus noch insofern, als man hier den schöpfe=

---

182 *Clausewitz*, Über das Leben und den Charakter von Scharnhorst, a. a. O., S. 175.

rischen Geist am Werke sieht, der aus den vielen Wegen, die sich für die Reorganisation boten, praktisch und undoktrinär die den gegebenen Umständen am besten entsprechenden zu wählen verstand. Sie ermöglichen ihm ein Manövrieren nach allen Seiten, ein stetes Sich=anpassen an die Maßnahmen des Gegners, ein Ausbalancieren seiner Schachzüge, eine Verschiebung des Schwergewichts und des jeweiligen Akzents. Sie sind im Grunde eine einzigartige Bestätigung dafür, daß man nach den Prinzipien, nach denen der Gegner verfährt, seine eignen zu richten habe.

Aus dem Zusammenhang zwischen dem Militärischen und Politischen geht als neuer Typus der politische Offizier Scharnhorstscher Prägung hervor. Er beruht auf dem grundlegenden Gedanken, daß ein Offiziers=ideal, dessen Stellung sich in der wenn auch vollendeten Anwendung reiner Technik erschöpft, ohne gleichzeitig in den die Gegenwart be=herrschenden geistigen Kräften fundiert zu sein, in kritischen Situatio=nen nicht bestehen kann. Der politische Offizier bildet die Krönung des Bündnisses zwischen Regierung und Nation und findet im Generalstab die höchste Stufe der Vollendung. Männer wie Clausewitz, Grolmann und Boyen verkörpern diesen neuen Typ auf der Ebene der General=stabsoffiziere, die aus den Reihen einer militärischen Sonderformation hervorgehenden Jägeroffiziere auf der untersten Stufe des Offiziers=korps.

In einer ungeheuren Staatskrise zwischen zwei Kriegen hat Scharnhorst die Grundlage für die geistige und militärische Revolutionierung des Heeres gelegt. Alle politischen und weltanschaulichen Konflikte seiner Zeit hat er durchlebt. Kaum tritt das Schicksalsmäßige in der Verbindung der politischen und militärischen Aufgabe so scharf wieder bei einem Mann der Vergangenheit hervor wie bei ihm. Mit seltener innerer Sicherheit und einem überragenden Blick für das Mögliche wußte er einer neuen revolutionären Gesinnung Gestalt zu geben. Die Sicht ist dabei viel weiter als der konkrete Anlaß. Er gibt keine lediglich für den monarchischen Staat passenden Rezepte, keine Patentlösung, sondern zeigt die Lebensgesetze auf, die ein Heer in sich tragen muß, wenn es seine Funktionen erfüllen will. Scharnhorst starb, ohne sein Werk voll=enden und behüten zu können. Es ist müßig, die Frage aufzuwerfen, ob die Entwicklung anders verlaufen wäre, wenn Scharnhorst Gelegen=heit gehabt hätte, das Steuer in einer langen Friedenszeit in der Hand zu behalten.

Ein großer Teil der Scharnhorstschen Reformen ist der Armee erhalten geblieben, so die allgemeine Wehrpflicht, die Grundsätze über die Aus=

wahl des Offizierkorps, die Arbeitsmethode des Generalstabs, die Erziehung und Schulung des Nachwuchses. Der entscheidende Gedanke jedoch, der die gesamte Reform durchzog, der Gleichklang zwischen der politischen und militärischen Ordnung mit dem politischen Offizier Scharnhorstscher Prägung als Konsequenz, ist verlorengegangen.

Dies bedingte die politische Entwicklung nach den Freiheitskriegen. Die geistige Basis für das Bündnis zwischen Regierung und Nation zerfällt. Außenpolitisch braucht der absolute Staat den Bündnispartner Nation nicht mehr. Er sichert sich durch die Heilige Allianz und den Legitimismus. Innerpolitisch erhalten, sobald die unmittelbare Gefahr vorüber ist, diejenigen Kräfte das Übergewicht, die in den Maßnahmen Scharnhorsts nichts anderes als die Durchführung jakobinischer Gedanken gesehen hatten. Die große staatsmännische Leistung Scharnhorsts, der das Bürgertum mit einem neuen Geist erfüllen wollte, damit es mit Enthusiasmus zu fechten in der Lage sei, wird bagatellisiert. Man erklärt nunmehr, in den Freiheitskriegen sei kein anderer Geist zu verspüren gewesen als der Geist der Pflicht. Der König habe gerufen, das Volk sei gekommen, ohne jede Begeisterung, nur aus Pflichtgefühl. Überall da, wo „Begeisterung“ Platz gegriffen habe, habe sie den größten Schaden angerichtet und „unbegeisterte Männer“ hätten viel Mühe gehabt, diesen Schaden wieder gutzumachen [183].

Vergeblich wenden sich die Kämpfer der Freiheitskriege, die an dem Bündnis zwischen Regierung und Nation festhalten, gegen eine derartige Verfälschung des Geistes, mit dem diese Kriege geführt worden waren. Heute noch eindrucksvoll ist die Erklärung, die der Gouvernementsrat Koppe, gebürtiger Rheinländer aus Aachen, der bei Großbeeren, Dennewitz und Leipzig mitgefochten hatte, abgibt. Die Reaktion möchte nun nachträglich, so erwidert er,

> „in dem preußischen Volke von 1813 nur eine Koppel Jagdhunde sehen, die sich gierig auf die Beute stürzen, nachdem der Jäger sie vom Stricke losgemacht“ [184].

---

183 Vgl. dazu die berühmt gewordene Schrift des Geheimrats *Schmalz*, Über politische Vereine, und die gegen diese Schrift erschienenen Aufsätze in „Deutsche Blätter“ 1815, Bd. III, 1., 10., 12., 18. Stück, sowie *Niebuhr, B. G.*, Über geheime Verbindungen im preußischen Staate, „Deutsche Blätter“ 1815, S. 315, ferner *Schleiermacher, F.*, An den Herrn Geheimrat Schmalz, „Deutsche Blätter“ 1815, S. 401.

184 *Koppe*, Die Stimme eines preußischen Staatsbürgers in den wichtigsten Angelegenheiten dieser Zeit, veranlaßt durch die Schrift des Herrn Geheimrats Schmalz, Über politische Vereine, 1815, S. 401.

Sie, die „die Früchte der Begeisterung jetzt genießen", möchten „diese Begeisterung wegdemonstrieren", indem sie erklären, daß „Preußen nicht durch den Geist gerettet worden sei, sondern allein durch den Gehorsam" [185]. Die Französische Revolution habe „die Geister aufgerüttelt, die Franzosen hätten jedoch ihre Überlegenheit nur so lange besessen, bis man in Europa zu der Erkenntnis gekommen sei", daß „Geister sich nur durch Geister bekämpfen lassen". Der berühmte Stern und das Glück Napoleons sei nichts anderes gewesen,

> „als das natürliche Übergewicht concentrierter, revolutionärer Kräfte über die isolierten, schwachen und langsamen Operationen eines veralteten Schlendrians in Kabinett und im Krieg".

Im Sinne des Bündnisses zwischen Regierung und Nation verlangen die Freiheitskämpfer die Erfüllung dessen, was ihnen versprochen worden war. Sie lassen sich nicht damit abspeisen, daß es Aufgabe des „rechtlichen und ruhigen Bürgers" sei,

> „nach beendigter Theilnahme am großen Kampfe ruhig zu seiner Bestimmung zurückzukehren, zufrieden und belohnt, für die Unabhängigkeit des Vaterlandes, des Thrones und der eigenen Heimat mitgekämpft zu haben".

Sie fordern die endgültige Durchführung jener

> „so unscheinbaren und doch so nachhaltigen, so vorsichtig und doch so tief angelegten kühnen Griffe in den Schlendrian unserer Militär- und Civil-Verfassung, durch welche die Namen Stein und Scharnhorst unsterblich in Preußens Annalen geworden sind, und durch welche der Mechanismus unseres Staats- und Kriegswesens zu dem Geiste, der es treiben und beleben sollte, in ein richtiges Verhältnis gebracht ward" [186].

Die Jahre unmittelbar nach den Freiheitskriegen sind für die weitere politische Entwicklung im 19. Jahrhundert hochbedeutsam. Hier wird die Entscheidung darüber gefällt, ob das Vermächtnis der Freiheitskriege erfüllt wird. Nach dem Siege der Reaktion zieht sich ein Teil der Kräfte, die das Bündnis zwischen Regierung und Nation als die Basis ihres politischen Handelns betrachten, resigniert ins Privatleben zurück. Der andere, politisch aktive Teil, gerät Schritt für Schritt in einen ausgesprochenen Gegensatz zum bestehenden Staat. Die Partnerschaft des Bürgertums mit dem Staat wandelt sich zur Gegnerschaft.

Das Heer selbst führt eine jahrzehntelange heftige Auseinandersetzung

---

[185] Ebenda, S. 16/17.

[186] Ebenda, S. 10. Vgl. auch *Förster, Fr.*, Von der Begeisterung des preussischen Volkes im Jahre 1813 als Verteidigung unseres Glaubens, in „Deutsche Blätter" 1816, Nr. 37, S. 582.

mit dem Bürgertum über die Möglichkeiten bürgerlicher Einflußnahme auf die Armee. Sie gipfelt in dem Kampf um die Vereidigung des Heeres auf die Verfassung [187]. Nach dem endgültigen Sieg des Heeres in dieser Frage zieht es sich auf seine politische Neutralität zurück. Nicht der politische Offizier Scharnhorstscher Prägung, sondern der neutrale Offizier wird zum Ideal des 19. Jahrhunderts [188]. Er findet im Offizier der Weimarer Verfassung seinen besonderen Ausdruck. Mit einem solchen Offiziersideal läßt sich zwar im Frieden operieren, bei einer Auseinandersetzung jedoch, die ein ganzes Volk in einen totalen Krieg einbezieht, tritt die Frage nach dem Zusammenklang der politischen und militärischen Ordnung erneut auf. Das 19. Jahrhundert ist über die einmalige Lösung Scharnhorsts hinaus mit diesem Problem nicht fertig geworden, das 20. hat sich mit derselben Aufgabe auseinanderzusetzen.

187 Vgl. *Höhn, R.*, Verfassungskampf und Heereseid. Der Kampf des Bürgertums um das Heer, 1938.

188 Eine besondere Rolle spielt dabei Clausewitz' Werk „Vom Kriege". Clausewitz hatte es im Geiste Scharnhorsts auf den Zusammenklang von politischer und militärischer Ordnung aufgebaut und der politischen die Stellung eingeräumt, die ihr gebührt. Wenn Clausewitz vom Krieg der Zukunft spricht, so stellt er sich diesen Krieg als eine ideale Abstraktion der inneren und äußeren Gesamtlage vor, wie sie die Revolutionskriege und die Situation von 1813 kennzeichnen: Ein Volk, zum Kampf auf Leben und Tod entschlossen, zusammengefaßt in der zweckmäßigsten Wehrverfassung, die seine Wehrkraft total auszuschöpfen vermag, führt den Krieg. Völker, die in einer solchen Weise gegeneinander antreten, entwickeln ein Höchstmaß an kriegerischer Kraft. Der Krieg wird in einer bisher unbekannten Form zum „absoluten Krieg", als Ausdruck des äußersten Maßes an geistiger und physischer Kraftentfaltung. Sehr interessant ist es nun, zu verfolgen, wie die Militärliteratur auf Clausewitz reagiert. Sie übernimmt die rein militärischen Konzeptionen von Clausewitz. Diese erlangen eine überragende Bedeutung für die Arbeit des Generalstabs. Mit den politisch-philosophischen Grundlagen dieser Konzeptionen weiß sie dagegen wenig anzufangen. Soweit sie die Diskrepanz zwischen den auf dieser Grundlage sich ergebenden Forderungen von Clausewitz und den tatsächlichen politischen Gegebenheiten sieht, rückt sie davon ab oder rät den Lesern von Clausewitz, solche Äußerungen zu übergehen. (Dazu die ausführliche Darstellung von *Hahlweg, W.*, Das Clausewitzbild einst und jetzt, in der Dümmlerschen 16. Auflage von Clausewitz „Vom Kriege", 1952, S. 15 ff.) Mit Recht hat Linnebach, der als Scharnhorstforscher die tieferen Zusammenhänge kannte, erklärt, es sei dies ungefähr so, wie wenn man jemandem, der sich mit der Mathematik beschäftige, raten würde, er möge sich nur an die fertigen Lehrsätze halten, die Ableitung könne er sich schenken. Auf solche Weise gehe man an dem Besten, was Clausewitz biete, vorbei. (*Linnebach*, Die wissenschaftliche Methode in Clausewitz' Werk „Vom Kriege", in Wissen und Wehr, 1933, S. 501.)